대중견성론 ②

붓다의 대중견성운동

우리 시대 인류견성운동의 불교적 패러다임

DOPIANSA
到彼岸社

붓다의 대중견성운동

지은이 김재영
펴낸이 김인현
펴낸곳 도피안사

2001년 9월 15일 1판 1쇄 발행
2006년 10월 10일 1판 2쇄 발행

영업 혜국 정필수
관리 법해 김대현, 혜관 박성근, 원명 안영희
인쇄 동양인쇄(주)
등록 2000년 8월 19일(제19-52호)
주소 경기도 안성시 죽산면 용설리 1178-1
전화 031-676-8700 / 팩시밀리 031-676-8704
E-mail·dopiansa@kornet.net

ⓒ 2006, 김재영

ISBN 89-951656-5-0 03220

· 책값은 뒤 표지에 있습니다.
· 잘못된 책은 바꿔드립니다.
· 이 책의 저작권은 도서출판 도피안사에 있으므로 내용 전부 또는 일부를
  다른 곳에 사용하려면 반드시 도피안사의 서면 동의를 받아야 합니다.

眞理生命은 깨달음[自覺覺他]에 의해서만 그 모습[覺行圓滿]이 드러나므로
도서출판 도피안사에서는 '독서는 깨달음을 얻는 또 하나의 길'이라는 신념으로 책을 펴냅니다.

반드시 이 땅에 다시 태어나서
반야바라밀결사 구국구세운동을 펼칠 것을 서원하신
金河堂 光德 大禪師의 환생 후신전에
삼가 이 책을 바칩니다.

여자종 뿐나의 쌀겨 빵 공양과 즉시견성 사건

밤새 방아를 찧은 여자종 뿐나가 붓다에게 거친 쌀겨 빵을 공양 올리자, 즉시에 견성하고 많은 시민들이 깨달음의 길에 들어서다. (Dhp 226 ; 본문 p. 352 참조)

그림·이규경

붓다·예수·간디의 동행

붓다가 가고, 예수가 가고, 간디가 가고, 수많은 대중들이 가고—
그들은 인류견성·비폭력·평화의 빛을 찾아가고 있다.
(사진, 인도 델리 간디박물관 소장)

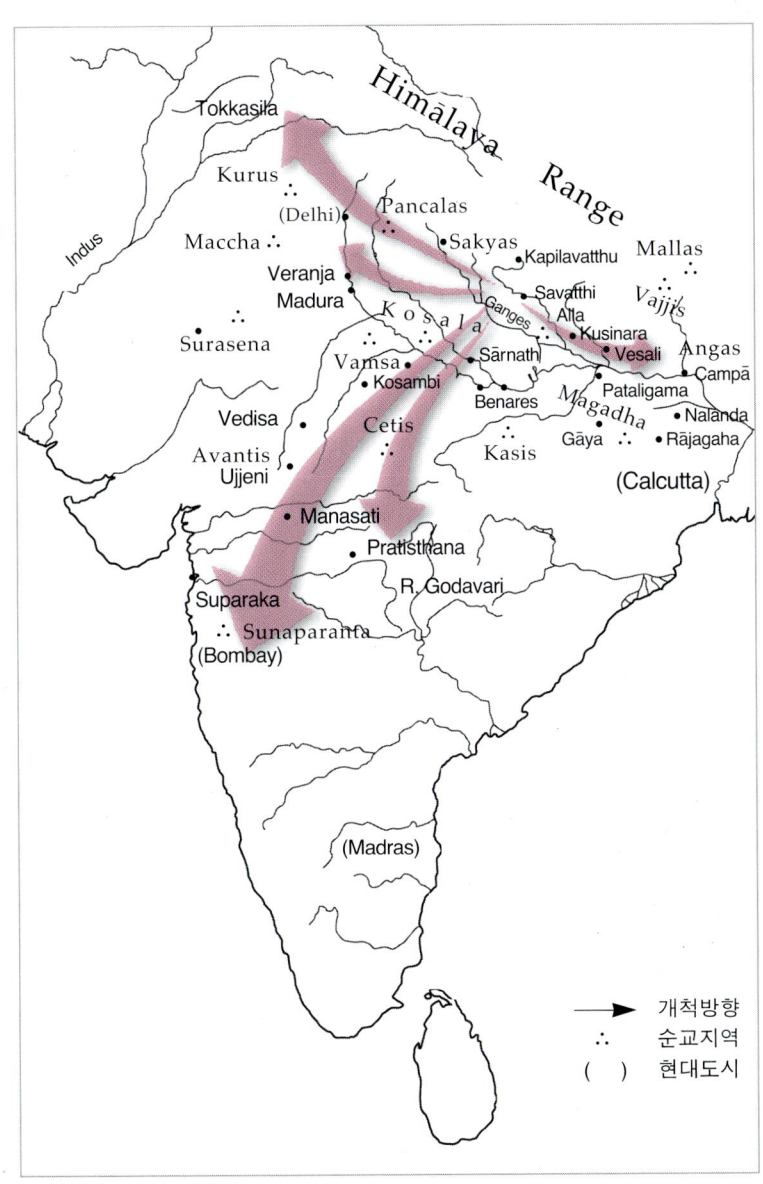

<cf.DN 18.ii 200>

[지도 1] 붓다와 초기 민중들의 개척 · 순교도

Dhammapada-Aṭṭhakathā(法句經古註釋書)
스리랑카 판원본(야자나무잎)

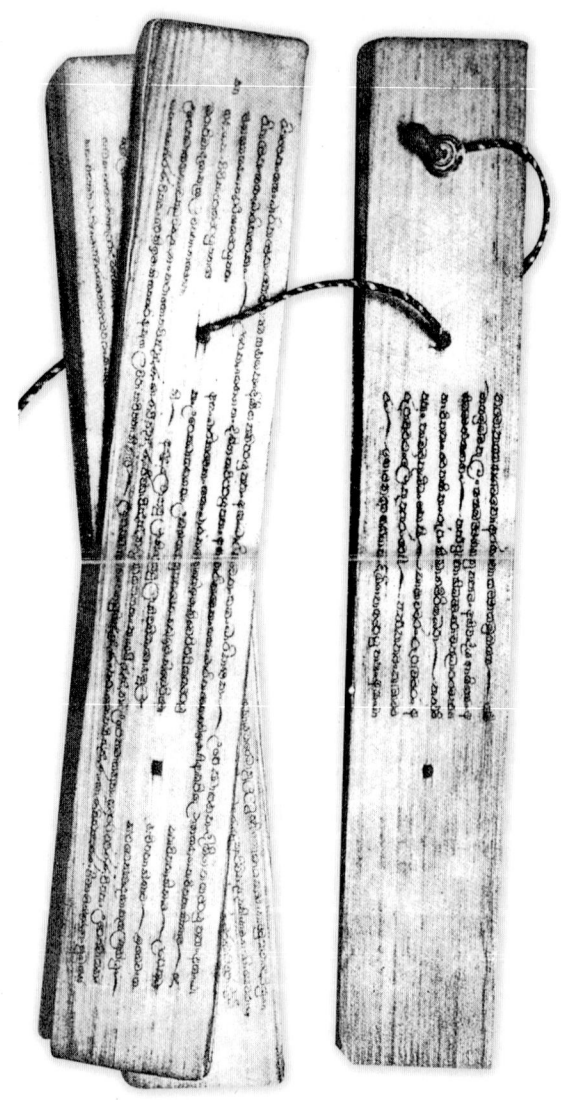

cit.E. W. Burlingame, *Dhammapada-Commentry* (Buddhist Legends)

붓다의 대중견성운동

> 종이거울 자주보기 – 유리거울은 내 몸을 비춰주고
> 종이거울은 내 마음을 비춰준다

도서출판 도피안사 '독서는 깨달음' 운동본부

머리말
'당신도 이미 깨달아 있을지 모릅니다'

(1) 이 책 '대중견성론(大衆見性論)'은 1984년 이래 18년 간의 불교대학 강의를 바탕으로 새롭게 전개한 것이다. 붓다의 삶과 깨달음의 원형을 공부하려는 수행자·시민·학도들에게, 이 책은 하나의 탐구적 교재가 될 것이다.

(2) 한 소식 기다리며

일상(日常)의 현장을 떠나서, 삶의 고통을 떠나서
닦고 닦아서 견성하기를 바라며 하염없이 앉아 있다면
그들이 과연 살아 있는 수행자일까? 언제 일어설 날이 올 것인가?

(3) 초기불전 빠알리 장경(Pāli-Nikāya)의 *Dhammapada*(『法句經』)에는 '뿐나(Puṇṇa) 여인의 거친 빵 공양 견성사건'이 기록되어 있다.〔p.4 주제화 참조) 뿐나 여인은 사밧티의 한 노비로, 밤새 땀흘리며 방아를 찧고 아침에 쌀겨로 거친 빵을 만들어 허기진 배를 채우려고 강가로 나가다가 탁발중인 붓다를 만나 공양 올린다. 붓다는 길에 앉아 공양을 마치고 뿐나에게 담마를 설한다. 여인은 즉시 견성, 성자(聖者, Ariya)가 되었고, 수많은 시민들도 깨달음 가까이 다가섰다.〔Dhp Com. 2.1(vers. 21-23). cf. 이책 pp.351~354〕

이것은 얼마나 놀라운 일인가? 그러나 더욱 놀라운 것은 Pāli-Nikāya 속에는 이러한 즉신견성(卽身見性) 사건들이 수없이 기록되어 있다는 사실이다.

(4) '대중견성론(大衆見性論)'은, Pāli-Nikāya를 기본 텍스트로 삼아서, 붓다와 사부대중의 주역들이 전개한 대중견성-만인견성의 원리와 삶의 원형(原形)을 발굴·복원하려는 연속적인 연구작업이다. 언제 느닷없이 들이닥칠지 모르는 집단광기(集團狂氣)로부터 인류를 구하는 길은 한 사람 한 사람이 붓다가 선행한 인류견성의 길을 '단순하게, 겸허하게' 다시 걷는 길밖에 달리 희망이 없다는 믿음으로부터 이 연구작업은 출발하고 있다.(p.6 주제화 참조)

(5) 『붓다의 대중견성운동』은 이 연구작업의 두 번째 결실이다. 여기서, 그들은 보잘것없는 이 몸으로, 이 일상의 현장에서 깨달음을 실현하는 수많은 견성대중을 목격하고, 문득 '당신도 이미 깨달아 있을지 모른다'는 목소리를 듣게 될 것이다.

일러두기

① 인명·지명·술어 등의 원어는 Pāli어를 기본으로 하고, 부수적으로 Sanskrit·영어·한자 등을 병기하였다. 다만 관용화된 몇몇 경우에는 Sanskrit를 그대로 썼다.(예 : 붓다 입멸지 Kusinagara, P. kusināra)

② Pāli어의 한글 표기는 대개 전재성 역주의 『쌍윳따 니까야』(한국빠알리성전협회, 1999, p.552)에 의거하였다. 다만 일반적으로 관용화된 단어 표기는 그대로 이어 받았다.(예 : Sākyamuni-석가모니, Kapila-가빌라, Kuśinagara-구시나가라, Bhikkhu-비구 등)

ka—까	kha—카	ga—가	gha—가	ca—짜	cha—차
ja—자	jha—자	ta—따	tha—타	da—다	dha—다
pa—빠	pha—파	ba—바	bha—바	sa—싸, 사	ha—하
va—바, 와	ra—라	la—ㄹ라	na—나	na—냐	

모음의 장·단 발음은 거의 표기하지 않았다.

③ 붓다 연기(佛陀年紀, Buddha Era)는 남방 불교국가들의 오랜 싱할리(Singhalese) 전승에 근거하여 합의한 A.D. 1956년-불탄 2,500년설을 채택하였다.(붓다탄생 연도 : 기원전 624년, 불멸연도 : 기원전 544년)

경전 약호표

- AN : Aṅguttara-Nikāya, ed. E. M. Hare, *The Book of the Gradual Sayings* (P.T.S.)
- Cv : Cullavagga(Vinaya), ed. I. Horner. M. A., *The Book of the Discipline 5* (P.T.S.)
- Dhp : *Dhammapada*, ed.E. W. Burlingame, Buddhist legends
- Dhp-Com : *Dhammapada-Commentry*, ed. E. W. Burlingame, Ibid
- DN : Digha-Nikāya, ed. Maurice Walshe, *The Long Discourses of the Buddha*
- Jāt : Jātaka
- MN : Majjhima-Nikāya, ed. I. B. Horner, *The Collection of the Middle Length Sayings* (P.T.S.)
- Mv : Mahāvagga(Vinaya), ed. I. B. Horner, *The Book of the Discipline 4* (P.T.S.)
- SN : Saṅgyutta-Nikāya, ed. F. L. Woodward, *The Book of the Kindred Sayings* (P.T.S.)
- Sn : Sutta-nipāta, ed. Bhikkhu Thanissaro, Microsoft Word 6
- Thag : Thera-gāthā, ed. Bhikkhu Thanissaro, Microsoft Word 6
- Thīg : Therī-gāthā, ed Bhikkhu Thanissaro, Microsoft Word 6
- Ud : Udāna, ed Bhikkhu Thanissaro, Microsoft Word 6.

차례

머리말	2
일러두기	4
경전 약호표	5
서론	11
제1장 대중견성의 사상적 구조	29
1. 연기법(緣起法) – 우주적 상관성의 보편적 진리	33
1) 우루벨라의 자설(自說)	33
2) 연기법 – 붓다 정각(正覺)의 보편적 진리	35
3) 우주적 상관성의 원리, 미래세계의 등불	41
2. 중도(中道) – 견성하는 실제적 방법	50
1) 바라나시의 첫 법문 – 중도(中道)	50
2) 중도 – 모순 파기, 정견 발로의 지혜	53
3) '중도는 곧 연기다'	58
4) 견성의 길, 4제 8정도	65
3. 무아(無我) – 비이기적(非利己的) 삶의 실천	72
1) 바라나시의 두 번째 법문, 무아(無我, Anattā)	72
2) 무아설(無我說)의 논리와 비(非)논리	75
3) 무아(無我), '의식(意識)'의 문제	79
4) 식(識)의 소멸, 생사(生死)의 소멸	87
5) 건전한 자아의 확립을 위하여	95

제2장 대중견성운동에 관한 몇 가지 질문　　　　　　　　109
　1. [질문1] 보통 사람들도 견성할 수 있는가?　　　　　115
　　1) '직조공 부녀의 견성사건'　　　　　　　　　　　115
　　2) 사부대중의 평등한 민중적 공동체　　　　　　　118
　　3) 12,975(+α)명의 Dhammapada 견성대중들　　　122
　　4) 견성하는 수많은 보통 사람들, 하층민들　　　　128
　2. [질문2] 세속의 재가대중들도 견성할 수 있는가?　　131
　　1) 해상(海商) 바히야의 아라한 사건　　　　　　　131
　　2) 수많은 재가성중(在家聖衆), 재가 견성대중들　134
　　3) '견성 열반 사부대중 평등'의 담마　　　　　　 142
　　4) 재가 아라한 0.1%의 의미　　　　　　　　　　　147
　3. [질문3] 전문적 선정, 명상을 통하지 않고서도 견성할 수
　　　　있는가　　　　　　　　　　　　　　　　　　　153
　　1) '곡예사 욱가세나의 즉시견성 사건'　　　　　　153
　　2) 깨달음에 선(禪)은 필수인가?　　　　　　　　　155
　　3) 즉시견성 하는 수많은 대중들　　　　　　　　　159
　4. [질문4] 대중들이 집단적으로 견성할 수 있는가?　　162
　　1) '상낏짜와 500 도둑 견성사건'　　　　　　　　162
　　2) 집단 견성의 도도한 시대적 물결　　　　　　　164
　　3) 만인의 길, 보통의 길　　　　　　　　　　　　171

제3장 대중견성의 길과 깨달음의 삶　　　　　　　　　177
　1. 견성에 대한 발상의 대전환　　　　　　　　　　　178
　　1) '수빠붓다 견성사건'　　　　　　　　　　　　　178
　　2) 견성은 보고 이해하는 것　　　　　　　　　　　181
　　3) 담마공부 하는 법　　　　　　　　　　　　　　186
　　4) 깨달음을 만인에게 돌려주다　　　　　　　　　192

2. 팔정도, 오직 하나의 길 197
      1) '500 비구 견성사건' 197
      2) 붓다-담마의 진수이며 심장 199
      3) 신해행증(信解行證), 8정도의 실천적 구조 203
      4) 지혜와 자비, 8정도의 근본정신 208
   3. 분명한 이해와 확신으로 215
      1) 깨달음에 관한 분명한 정의 215
      2) 분명한 이해가 깨달음의 패스워드 217
      3) 분명한 이해, 어떻게 가능한가? 222
      4) 정사유(正思惟), 치열한 염원과 의지 227
   4. 다함없는 연민과 헌신으로 232
      1) 모든 생명에 대한 우주적 사랑과 연민으로 232
      2) 조그마한 나눔 하나로 236
      3) 보시와 5계, 이욕(離慾)의 삶으로 242
      4) 대중 참회의 오랜 전통 247
   5. 마음집중과 살펴봄으로 259
      1) 호흡집중(數息觀), 선(禪) 수행의 출발점 259
      2) 4념처, 붓다 참선법의 실제 과정과 그 본질 264
      3) '있는 그대로' 본다 280
   6. 선(禪)을 던져라, 화두를 놓아라 288
      1) 선(禪)의 체계, 거대한 미로 288
      2) 참선은 본래 이름이 없다 291
      3) 화두(話頭), 놓아 버려라 293
      4) 선(禪)을 던져 버려라 295

제4장 즉신견성(卽身見性)의 원리 299
   1. 견성 열반은 수행의 결과인가? 300
      1) 길도 아니고 길의 결과도 아닌 것 300

2) 거기 그렇게 빛나고 있는 것　　　　　　　　　　305
　　3) 자성청정(自性淸淨), 인류 구원의 메시지　　　311
　2. '그대들은 이미 깨달아 있다'　　　　　　　　　　317
　　1) '앙굴리마라의 순법(殉法) 사건'　　　　　　　317
　　2) 인류 무죄(無罪) 선언　　　　　　　　　　　　319
　　3) '그대들은 이미 깨어 있다, 깨달아 있다'　　　321
　3. 보잘것없는 이 몸, 이 생각으로　　　　　　　　　323
　　1) 보잘것없는 이 몸, 이 고통 속에　　　　　　　323
　　2) 이 몸으로 세상의 고통을 짊어지고　　　　　331
　　3) 수행으로 드러낸다　　　　　　　　　　　　　338
　　4) 떨치고 일어나 빛을 발하라　　　　　　　　　347
　4. 대중견성운동의 마지막 키워드(Key-Word)　　351
　　1) '여자 종 뿐나의 쌀겨 빵 공양사건'　　　　　351
　　2) '순수 헌신'　　　　　　　　　　　　　　　　354
　　3) 사제의식(司祭意識)을 넘어서　　　　　　　　360
　　4) 피땀 흘리는 삶의 현장으로　　　　　　　　　364
　　5) 현대인들을 향한 붓다의 경고　　　　　　　　369
　　6) '들꽃공양 하나의 노래'　　　　　　　　　　　371

결론　이 몸, 이 일상(日常)의 삶으로　　　　　　　374

참고문헌　　　　　　　　　　　　　　　　　　　　387
부록 / Dhammapada-Commentry 내용 분석표　　393
후기 / 나팔꽃 한 송이의 명상　　　　　　　　　　408
찾아보기　　　　　　　　　　　　　　　　　　　　412

표차례

〔표 1〕 Dhammapada 전체대중 신분계층별 분석표　　119
〔표 2〕 Dhammapada의 견성대중 신분계층별 분포　　124
〔표 3-1〕 Dhammapada 견성대중 신분그룹별 분석표(출가)　　136
〔표 3-2〕 Dhammapada 견성대중 신분그룹별 분석표(재가)　　137
〔표 4〕 Dhammapada 견성대중들의 견성 계위별 분포　　138
〔표 6〕 Dammapada의 500인 이상 집단 견성 사례　　166
〔표 7〕 8정도의 수행과정　　205

서 론[1]

1. 문제의식 : 몇 가지 질문

1) 깨달음이, 지금 여기서, 만인 앞에 활짝 열려 있는가?

'붓다-담마'[2]는 깨달음의 길이다.

깨달음은 본질적으로 모든 사람들에게 평등하게 열려 있는 대중견성-만인견성의 길이다.

초기불교는 대중견성-만인견성의 이념을 추구하고 훌륭히 실현해 왔다. 이러한 대중적·민중적 견성운동의 에너지에 의하여, 초기불교의 주역들은 비교 우위의 경쟁력을 확보하고 'Buddhist India'의 장엄한 역사를 개척하였다.

지금까지의 관찰을 통하여, 이러한 인식이 역사적 사실로 규명되었다. 오늘의 불교 속에 이러한 인식은 여전히 유효한가? 많은 불교도들이 '나도 깨달을 수 있다, 우리도 부처님같이 견성 열반할 수 있다.'고

---

1) 총체적인 연구방향, 방법론에 관해서는 '대중견성론'의 서론 참조 ; 1집 『초기불교 개척사』(졸고, 도서출판 도피안사, 2001), pp.11~33.
2) 불교를 'Buddhism'으로 일컫는 것은 옳지 않다. 이것은 불교를 하나의 유한한 'ism'으로 규정하는 것이기 때문이다. 원래대로 'Buddha-Dhamma', 'Dhamma'라는 빠알리어 명칭을 보편화하는 것이 좋을 것으로 생각된다.

인식하고 있는가? 대중견성-만인견성이 여전히 엄연한 역사적 사실로 실현되고 있는가? 만인 앞에 깨달음의 문은 활짝 열려 있는가? 수많은 사람들이 그때의 대중들같이 직지견성의 길로 들어서고 있는가?

만일 만인 앞에 깨달음의 길이 활짝 열려 있지 못하다면, 그것이 과연 불교일까? '나도 깨달을 수 있다,' '금생에, 지금 여기서, 우리도 견성 열반할 수 있다.' 많은 불교도들이 이렇게 확신하지 못하고, '깨달음은 지극히 어려운 것이다. 보통 사람들은 도달하기 어려운 것이다,' '다음 생에나 성불하여지이다.' 이런 생각에 사로잡혀 있다면, 이것이 과연 불교일까? 불교도라 할 수 있을까? 대중견성-만인견성운동이 지구촌의 변방을 향하여 역동적으로 개척되지 못하고 있다면, 그것이 과연 불교일까? 불교사(佛敎史)일까?

2) 그들은 8정도를 알고 있는가? 8정도를 살고 있는가?

'8정도(八正道, ariyo atthangiko maggo)는 유일한 길이다.

4제 8정도(四諦 八正道, cattari ariyasaccani-ariyo atthangiko maggo)는 깨달음에 이르는 유일한 길이다.

누구든지 이 4제의 담마를 잘 이해하고 8정도를 진지하게 살아가면, 즉시에 견성하고 성자의 길로 들어선다.'

빠알리-니까야 도처에서 이렇게 설하고 있다.

오늘 불교 속에 이 담마는 여전히 살아 있는가? 8정도는 깨달음의 유일한 길로 불교도들의 삶 속에서 진지하게 추구되고 있는가? 그들은 4제 8정도와 4제 8정도의 근본이 되는 붓다-담마의 기본적 체계를 잘 이해하고 있는가? 그들의 삶과 수행은 8정도의 근본담마에 철저히 입각하고 있는가? 오늘의 선(禪) 수행은 붓다의 염처법(念處法)에 엄격히 준거하고 있는가?

만일 오늘 불교 속에 8정도가 망각되어 있다면, 그것이 무슨 불교인가? 오늘의 불교도들이 8정도로서 삶의 지표로 삼지 않고 있다면, 그들이 무슨 불교도인가? 4제 8정도를 '소승법'으로 규정하고 '무고집멸도(無苦集滅道)'를 빙자하여 숭상하지 않는다면, 과연 그것이 불교인가? 아니면 아류(亞流)인가? 붓다의 염처법을 외면한 채 '조사선(祖師禪)'을 논하고 '살불살조(殺佛殺祖)'를 운운한다면, 그것이 과연 불교 수행일까? 아니면 외도선(外道禪)일까? 8정도의 전체적인 삶의 현장을 무시하고, '참선 만능,' '화두 제일'을 주장한다면, 과연 그것이 견성법일까? 아니면, 소수 프로들의 사제적(司祭的) 특권의식의 발로일까?

3) 그들은 일상의 삶으로서 깨달음을 삼고 있는가?
'평상심(平常心)이 곧 도(道)이다.
번뇌가 곧 보리이고(煩惱菩提) 생사가 곧 열반이다(生死涅槃).
자성은 청정한 것이다(自性淸淨). 마음은 번뇌로 물들지 않는다.
열반은 무위이다(涅槃無爲). 견성 열반은 이미 스스로 거기 있는 것이다. 깨달을 것도 없더라.'

초기불교 이래 역대로 이렇게들 규정하고 있다.
오늘의 불교 속에 이러한 규정은 여실히 살아 있는가? 오늘의 불교도들은 평상의 삶, 일상의 삶으로서 깨달음으로 삼고 있는가? 일상의 고통과 실패를 발심의 기회로 기꺼이 활용하고 있는가? 생사가 본래 없는 불생불멸(不生不滅)의 경지를 실제로 살고 있는가? '역사와 인류'를 위하여 그들의 몸을 주저없이 던지고 있는가? 그들은 본래로 맑고 빛을 발하는 제 마음을 투철히 보고 있는가? 업장(業障)이 쌓일 자리가 없고 원죄(原罪)가 들어설 여지가 없는 순수무구의 마음을 보고 있는가? 그들이 이미 온전히 깨달아 있다는 놀라운 사실을 보고 있는가?

만일 그들이 일상의 삶을 버리고 떠나서 깨달음을 찾는다면, 과연 그것이 불교일까? 불교도일까? 삶의 번뇌를 완전히 끊어서, 목석처럼 되어서 깨달음 얻기를 기다리고 있다면, 그것이 과연 불교일까? 수행일까? 직지견성·확철대오 한 소식 기다리며 언제까지니 앉아 있다면, 그것이 과연 참선일까? 수행일까? 그것으로 과연 깨달을 수 있을까? 그들이 일어설 날이 과연 올 것인가? 그것이 언제일까? 또 그렇게 깨닫는다고 해서 그것이 무슨 의미가 있는 것일까? '역사와 인류'를 위해 그것이 과연 무슨 이익이 되겠는가?

2. 연구방향과 연구목적 :
   삶의 현장으로서의 깨달음을 찾아서

1) 연구방향

"종교라는 말이 영적 존재에 관한 믿음과 실천을 의미한다는 한가지 측면에서 볼 때, 불교는 본래 종교가 아니라 비(非)종교적인 철학이었다. 보다 세련된 의미에서의 종교는 성스러운 것, 개개인의 실존을 재가해 주는 것에 대한 자각을 가리키는데, 이러한 측면에서 아시아 지역의 불교는 다음과 같은 점을 보유하고 있다. 그것은 본래 성(聖)스러운 참모습이라고 생각되는 것의 성질에 어긋나지 않게 사람들의 일상생활과 인간의 의식(意識)을 재구성하려 시도하는 방법이었다.

현대에 이르러 이러한 중요한 차원이 모습을 감추어가고, 따라서 불교는 현대 세계가 종교를 통해 이해라는 문명으로부터 멀어져 가고 있다는 징조가 있다."3)

T. 링이 적절히 지적하고 있는 바와 같이, 붓다-담마는 본질적으로 신(神)이니 영혼(靈魂)에서 신성(神聖)을 구하는 '신(神)과의 관계', 곧 'religio'·'religion'이 아니다. 붓다-담마는 처음부터 일상(日常) 속에서 성(聖)스러움을 추구하는 삶의 방식이며, 의식(意識)-마음의 변화와 재구성, 곧 깨달음을 실현하려는 깨달음의 철학, 깨달음의 삶인 것이다. 불교를 'Buddha-Dhamma'라고 규정할 때, 'Dhamma'는 바로 이러한 '삶의 방식', '일상적인 삶의 법도'를 의미하는 것이다.

그러나 장구한 역사를 경험하면서, 붓다-담마는 이러한 초기불교의 본래적 정신에서 일탈해 온 것으로 보인다. Dhamma가 삶의 현장을 잃고 깨달음이 일상(日常)의 고뇌를 떠나 초월적 관념론(觀念論)으로 변질되어 온 것이 부정할 수 없는 현상으로 보인다. 그 결과 오늘의 세계불교는 '역사와 인류', '삶의 문제와 일상의 현장'을 상실하여, 현대 세계가 불교에서 기대할 것이 별로 없다는 T. 링의 비판이 설득

---

3) Trevor Ling, *The Buddha*(London, Temple Smith, 1973), p.64. cit. P. 딧사나야케·정승석,『불교의 정치철학』(대원정사, 1988), p.5.

력을 얻고 있는 것이다.

'대중견성론(大衆見性論)' 2집 『붓다의 대중견성운동』은, 빠알리-니까야의 견성사건들에 대한 객관적 분석을 통하여 이 몸 이대로, 이 삶 이대로, 이 일상의 현장에서 깨달음을 실현해 가는 즉신견성(卽身見性)의 원리와 '깨달음의 삶'-'Dhamma'의 원형을 발굴하는 작업을 시도하고 있다. 이러한 시도들이 우리 시대 인류견성운동의 실천적 패러다임(paradigm)-전형(典型)을 확립하기 위한 필수적 선행작업이기를 기대하기 때문이다. 이것은 빠알리-니까야의 '초기불교(初期佛敎, Early Buddhism)'를 단순하고 명료한 '최초의 근원적이며 실천적인 순수 원형의 불교'로 규정하는 기왕의 논의에4) 근거하고 있는 것이다.

2) 연구목적
① 깨달음의 근거가 되는 근본 담마의 명료한 확립을 위하여
깨달음은 내밀한 주관적 체험의 경계이지만, 붓다의 근본 담마에 의하여 판단될 때 비로소 객관적이며 보편적인 진리성(眞理性)을 확보할 수 있는 것이다. 그래서 성도 직후 붓다는 담마를 열어 보임〔開示〕으로써 전법륜의 길을 열고 있다. 그런 의미에서 근본 담마는 불교의 당간(幢竿)이며 지주(支柱)라 할 것이다.

그러나 오늘날 이 담마들은 수많은 교리의 체계의 미로 속에서 법수화(法數化)되고 박제화(剝製化)되어 단순 소박하고 명료한 생명력

---

4) cf. '대중견성론' 1집, 『초기불교 개척사』, pp.26~27.

을 상실하고 있다. 이것이 오늘 불교 속에서 깨달음을 일탈시킨 결정적 원인 가운데 하나로 판단된다.

이 연구는 붓다의 최초의 3회 설법을 통하여 붓다의 근본 담마를 발굴 확립하고, 그 의미를 실제적인 삶의 현장을 통하여 이해하려고 시도할 것이다. 특히 무아(無我)의 오랜 논쟁을 통찰함으로써 자아의 실상을 발로하고 '지은 자는 없어도 받는 자는 있다'라는 오랜 주장의 허구성을 혁파하려고 시도할 것이다.

② 대중견성-만인견성의 실체적 상황을 드러내기 위하여

초기 불교운동을 '대중견성-만인견성운동'으로 규정하는 경전적 근거는 무엇인가?

초기 견성운동은 실제 어떤 양상으로 전개되고 있는가? 얼마나 많은 대중들이, 어떠한 과정을 통하여 견성 열반을 실현하고 있는가? 평범한 세속의 보통 사람들에게도 깨달음은 가능한 일인가?

빠알리-니까야의 사례 분석을 통하여 대중견성운동의 실체적 상황을 드러내는[開示] 것이 이 연구의 가장 긴요한 목적이 될 것이다. 이것은 이러한 작업이 오늘날 만인견성-인류견성의 진로를 가로막고 있는 장애요인들, 허위의식(虛僞意識)들을 극복하려는 이 연구의 궁극적 목표에 대한 필수과정이기 때문이다. 이 과정에서, 깨달음에 대한 소수 전문적 수행자들의 사제적(司祭的) 권위의식-독점의식이 집중적으로 관찰될 것이다.

③ 8정도의 일상적 견성법을 회복하기 위하여
'팔정도가 최상의 길이요,

사성제가 가장 훌륭한 진리라네.
욕망을 벗어나는 것이 최선의 상태이고,
볼 수 있는 눈을 가진 사람이
인간 가운데 으뜸이라네.

오직 이 길뿐이다.
그 어디에도 청정한 눈으로 이끄는 다른 길은 없느니.
그대들은 마땅히 이 길을 따르라.
그러면 마라를 어리둥절하게 할 수 있으리라.

그대들은 마땅히 이 길을 따르라.
그러면 모든 고통의 끝을 보리라.
나는 이 길로써 번뇌의 화살을 뽑을 수 있었기에
그대들에게 이 길을 보여 주는 것이다.'5)

"오직 이 길뿐이다."
(Esewa maggo natthanno-
This is the only Path-.)
500명의 대중들을 앞에 놓고, 붓다는 8정도가 유일한 길이라는 견성의 담마를 이렇게 심혈을 기울여 토로하고 있다. 그 결과, 500명의 대중들이 즉시 그 자리에서 견성하고 아라한의 경지로 나아갔다. 대중

---

5) Dhp-Com. 20.3(text. N. iii. 401-404, vers. 273-276) ; E. W. Burlingame, *Dhammapada-Commentry 3* (Munshiram Manoharlal Pub. Ltd., New Delhi, 1999) p.149. cf. tr. 거해, 2, pp.167~170.

견성-만인견성의 한 현장이다. 참으로 인류 정신사의 일대 장관이라 할 것이다.

이 담마, 이 8정도의 견성법은 만고불변(萬古不變)으로 보인다. 불교가 불교인 한 이 담마에서 벗어날 수 없을 것이다. 대승(大乘)도 선(禪)불교도 이 8정도의 근본 견성법을 벗어나면, 그것이 아무리 수승한 결과를 가져온다 할지라도, 그것은 이미 외도일 뿐, 불교일 수 없을 것이다.

오늘 이 시점에서, 만인견성-인류견성의 대장정을 열기 위해서 가장 긴급히 요구되는 것은 이 8정도의 견성법을 복원하고 회복하는 작업이라 판단된다. 이 연구는 8정도의 견성법을 현대적인 일상의 삶의 방식으로 회복하고 실현하기를 시도하고 있다. 4제 8정도의 복잡한 체계를 여지없이 해체하고, 문득 지금 여기서 살아날 수 있는 삶의 현장으로 재현하기를 시도하고 있다. 아비다르마화(abhidharma化)의 복잡한 체계 속에서 이미 프로적 기술로 변질해 버린 간화선(看話禪)의 허구를 비판하고 염처법에 입각한 붓다 참선법의 간결한 원형을 복원하기를 시도하고 있다.

④ 보잘것없는 이 몸으로 깨닫는 즉신견성(卽身見性)의 실천을 위하여

빠알리-니까야에서는, 앞의 '500 대중 견성사건'의 사례에서 보듯, 삶의 현장에서 깨달음을 실현하는 사건들이 흔히 목격되고 있다. 한번의 만남으로, 단 한번의 담마를 듣고, 즉시 견성하는 사건들이 도처에서 빈번히 목격되고 있는 것이다. 이것은 초기불교시대에 이 몸으로, 보잘것없는 이 몸으로 깨달음을 이루는 즉신견성(卽身見性)의 원리

가 잘 이해되고, 또 대중들에 의하여 실천되고 있었다는 역사적 상황을 반영하는 것으로 보인다.

　즉신견성의 원리는 깨달음이 삶 그 자체이며, 때묻고 번뇌하는 지금 이 몸속에 이미 견성 열반의 경지가 구족해 있다는 본질적 담마를 열어 보이고 있는 것으로 생각된다. 이것은 일상의 현장을 버리고, 한 소식을 기다리며 삶을 떠난 수행을 통하여 직지견성을 얻으려는 오늘날의 왜곡된 수행의식(修行意識)을 타파하는 일대 경종으로 들린다. 이 연구는 평범한 일상적 삶을 통한 깨달음의 실천을 시도하고 있다. 그리고 즉신견성을 가능하게 하는 일상적 삶의 원형을 발굴함으로써 만인에게 견성 열반의 키-워드(key-word)를 제공하기를 시도하고 있다.

3. 연구과제

1장 : ① 붓다가 최초에 열어 보인 근본 담마의 진의는 무엇인가? 성도 후 최초의 3회 설법에서 열어 보인 연기(緣起)-중도(中道)-무아(無我)의 실제적 의미는 무엇인가? 12연기에서 생멸(生滅)하는 당체는 무엇인가? 붓다가 무기(無記)를 통하여 타파하려는 모순구조는 무엇인가?
　② 무아(無我, Anattā)의 담마는 무엇을 부정하려는 것인가? 무아는 나의 인격적 실체를 부정하는 것인가? 5온 무아(五蘊無我)가 빠지기 쉬운 실제적 함정은 무엇인가? 색(色, rūpa)을 물질로 해석하는 일반의 견해는 어떤 오류를 범하고 있는가? 나의 인격적 실체는 어떻게 확립될 수 있는가? 윤회의

주체는 무엇인가? '지은 자는 없어도 받는 자는 있다'는 아함의 담마는 어떻게 해석되어야 하는가?

2장 : ③ 보통의 대중들, 보통 사람들도 견성할 수 있는가?

견성 열반에는 특별한 근기가 요구되는가? 깨달음은 소수의 상근기에게만 일어나는 특별한 사건인가? 상근기-엘리트가 아닌 보통 사람들도 심심미묘한 담마를 깨달을 수 있는가? 빠알리-니까야에 등장하는 견성 대중들의 신분적 구조는 어떤 것인가? 여성들도 남성들과 평등하게 견성하여 성자(聖者)가 될 수 있는가?

④ 세속의 재가대중들도 견성할 수 있는가?

수행하기 위해서 반드시 집을 버리고 세상을 떠나 출가해야 하는가? 세속의 삶을 살면서도 견성 열반을 실현할 수 있는가? 전문적인 출가 수행자가 아닌 일상의 재가대중들도 깨달음이라는 궁극의 경지에 도달할 수 있는가? 재가대중들도 아라한이 될 수 있는가? 빠알리-니까야에서 재가대중의 아라한을 발견하기 어려운 것은 어떻게 해석되어야 할 것인가? 재가·출가는 우열(優劣)의 차이인가? 재가·출가의 차이에 대한 붓다의 기본적 태도는 어떤 것인가? 4쌍8배(四雙八輩)의 견성 계위설은 역사적 사실에 합치하는 것인가?

⑤ 선정(禪定), 전문적 참선수행을 통하지 않고도 깨달을 수 있는가?

참선은 깨달음에 필수적 수행인가? 장기간의 전문적 선정-참선을 거치지 않아도 어떤 계기에 깨달음의 경지로 들어갈 수 있는가? 빠알리-니까야 도처에서 발견되는 즉시견성(卽

時見性) 사건들은 어떻게 해석되어야 하는가?

⑥ 대중들이 대중적으로 견성할 수 있는가?

견성은 홀로 체득하는 개인적 사건인가? 대중적으로, 수백 수천의 대중들이 한 공간에서 일시에 함께 견성할 수 있는가? 초기 불교운동을 '대중견성-민중견성-만인견성'으로 규정할 수 있는 역사적 근거는 무엇인가?

3장 : ⑦ 깨달음을 위한 발상의 대전환은 어떻게 추구되어야 하는가?

깨달음을 가로막는 중첩된 허위의식(虛僞意識)의 실체는 무엇인가? 깨달음은 신비한 초월적 사건인가? 만병통치인가? 직지견성(直指見性)이란 무엇인가? 빠알리-니까야에서 깨달음은 어떻게 규정되고 있는가? '본다'·'견성한다'에서 가장 핵심적인 내용은 무엇인가?

⑧ 8정도(八正道, ariyo aṭṭhaṇgiko maggo)는 일상(日常)에서 실제로 어떻게 살아가는 삶인가?

왜 빠알리-니까야에서 8정도는 깨달음·견성 열반을 실현하는 '유일한 길'로 규정되고 있는가? 왜 8정도에 관한 기존의 체계들은 해체되어야 하는가? 8정도의 일상적 삶의 방식은 어떤 것인가? 8정도의 근본 정신은 무엇인가? 붓다는 왜 땅바닥에 내려와 합장하며 500 대중들 앞에서 허물을 묻고 있는가?[6]

⑨ 붓다 참선법의 실제적 원형은 어떤 것인가?

---

6) SN 8.7(text. i. 190) ; *The Book of the Kindred Sayings 1* (P.T.S, tr. Mrs. Rhys Davids, M. A.), pp.242~244.

'Attadīpā, Dhammadīpā'-자등명(自燈明) 법등명(法燈明)의 담마는7) 실제로 어떻게 하는 것인가? 붓다 참선법의 핵심인 4념처(四念處, satipathāna)의 근본 원리와 실제 방식은 어떤 것인가? 위빠사나(Vipassanā)는 어떻게 하는 수행인가? 오늘의 대중들이 일상적으로 실천할 수 있는 붓다 참선법의 모형은 어떤 것인가?

4장 : ⑩ 보잘것없는 이 몸으로 깨달을 수 있는 즉신견성(卽身見性)은 실제로 어떻게 사는 삶인가?

깨달음은 수행의 결과인가? 견성 열반은 수행하여 얻는 유위법(有爲法)인가? '이미 깨달아 있다'라는 것은 무슨 의미인가? '길(八正道)이 곧 과(果, 滅)이다'라는 담마는 어떻게 해석되어야 하는가? 즉신견성이 가능한 원리는 무엇인가? 오늘의 대중들이 실천할 수 있는 즉신견성의 일상적인 삶의 방식은 무엇인가? 돈오돈수(頓悟頓修)의 초기불교적 의의는 무엇인가?

⑪ 대중견성-인류견성의 문을 여는 키-워드(key-word)는 무엇인가?

빠알리-니까야의 전편을 관철하는 깨달음의 요체는 무엇인가? 밤새워 땀흘리며 노동한 노비 뿐나(Puṇṇa) 여인이 거친 빵 한 조각을 붓다 앞에 공양 올리고 즉신견성하는8) 요체는 무

---

7) DN 16.2.25-26(text. ii. 101, *Mahāparinibbāna-Sutta*) ; *The Long Discourses of the Buddha*(tr. maurice Walshe), p.245.
8) Dhp-Com. 17.6(text. N.iii.321-325. vers. 226) ; *Dhammapada-Commentry 3* (tr. E. W. Burlingame), pp.111~113.

엇인가? 지금 여기서는 대중견성의 삶은 무엇인가? 모든 담마를 놓아 버리고, 깨달음마저 놓아 버리고, 지금 여기서 문득 손을 들어 착수해야 될 단순하고 고독한 내 삶 하나는 무엇인가? 견성 열반의 무한 네트-워크(net-work)를 열어갈 마지막 키-워드 한마디는 무엇인가?

4. 자료와 연구방법

1) 자료
〔기본 Text : Pāli-Nikāya(英譯本)〕
* Sutta-Piāṭaka
① Dīgha-Nikāya
 · *The Long Discourses of the Buddha* (tr. Maurice Walshe)
② Majjhima-Nikāya
 · *The Collection of the Middle Length Sayings* (P.T.S.)
 · *The Middle Length Discourses of the Buddha* (tr. Bhikkhu Nanamoli and Bhikkhu Bodhi)
③ Sangyutta-Nikāya
 · *The Book of the Kindred Sayings* (P.T.S.)
④ Aṅguttara-Nikāya
 · *The Book of the Gradual Sayings* (P.T.S.)
⑤ Khudakka-Nikāya
 · *Dhammapada* (tr. Thanissaro Bhikku, Microsoft Word 6)

- *Udāna*(〃)
- *Suttanipāta*(〃)
- *Theragāthā*(〃)
- *Therīgāthā*(〃)

* Vinaya-Piṭaka

⑥ Mahāvagga

· *The Book of the Discipline* Ⅳ (P.T.S.)

⑦ Cullavagga

· *The Book of the Discipline* Ⅴ (P.T.S.)

* Pāli-Aṭṭhakathā

⑧ Dhammapada-Aṭṭhakathā

· *Dhammapada-Commentry* (Buddhist Legends)(tr. Eugene Watson Burlingame)

이 연구의 경전 자료는 P.T.S.(英譯本) Pāli-Nikāya를 기본 Text로 삼고, 『한글대장경』을 비롯한 한글 번역본들을 보조적 자료로 삼고 있다. 『대정신수대장경(大正新修大藏經)』의 한역본(漢譯本)은 의도적으로 배제하였다. 여기에는 『한글대장경』 완간을 계기로 불교연구도 시대적 상황에 상응하는 새로운 변화가 시도되어야 한다는 생각도 작용하고 있다.

2) 연구방법

① 이 연구는 초기불전(初期佛典)에 대한 직접적인 고찰과 분석을 중심으로 전개되고 있다. 다양한 논문의 인용보다는 경전을 대상으로 한 직접적인 입론(立論)에 주력하고 있는 것이다. 이것은 '대중견성론(大衆見性論)'이 기존 학계에서는 매우 생소한 주제로, 이 문제에 대한 선행연구가 부족한 상황에서 불가피한 선택으로 생각된다. 따라서 입론 과정에서의 자의성(恣意性)을 항상 경계하고 있다.

② 2집-『붓다의 대중견성운동』은 Dhammapada-Aṭṭhakathā의 영역본 *Dhammapada-Commentry* (Buddhist Legends)(tr. Eugene Watson Burlingame)를 기본 Text로 삼아서 고찰하고 있다.9) *Dhammapada-Commentry*에 기록된 총 299건의 견성사건, 총 12,975명의 견성대중들을 대상으로 한 통계적 분석작업을 통하여 초기 견성운동의 다양한 실상을 규명하는 것이 이 연구의 가장 중요한 방법론이다. Dhammapada 한 경의 자료에 국한됨으로써 연구결과의 보편성 확보에 다소 한계가 있는 것으로 보인다. 그럼에도 불구하고 이러한 불전 자료 분석식의 연구는 교학연구의 객관성을 높이고 불전의 자료적 가치를 발굴한다는 의미에서 앞으로 더욱 확장되어야 할 방법론으로 생각된다.

③ 경전과 담마 해석에서 교리적 체계나 자전적 분석방법은 의도적으로 배제되었다. 붓다와 초기 대중들, 민중들의 실제적인 삶과 역사

---

9) *Dhammapada-Commentry*의 Pāli어본 Dhammapada-Aṭṭhakathā는 종래 5세기의 인도 사상가 붓다고사(Buddhaghosa, 佛音)의 저술로 알려져 왔으나, E. Watson Burlingame의 연구결과 작자 미상으로 밝혀지고 있다. cf. 본 책 p.108 참조.

적 상황을 중심으로 관찰하고 입론하는 접근방법을 채택하고 있다. 붓다가 팔십 노구(老軀)로 피땀을 쏟으며 실제로 걸었던 '붓다의 Mahā-parinibbāna 사건'의 추적을 통하여 Nibbāna-열반의 의미를 규명해내는 것이 이러한 접근법의 한 사례이다. 이것은 체계화-abhidharma화(化)가 Buddha-Dhamma의 생명 에너지를 훼손시키는 장애가 되어 왔다는 판단에 근거하고 있는 것이다.

제1장 대중견성의 사상적 구조
―연기·중도·무아의 3처 법문을 중심으로―

"이것은 나의 것이 아니다.
이것은 내가 아니다.
이것은 나의 자아가 아니다."
(This is not mine
This am not I
this is not the Self of me.)
[SN 22.79]

제1장 대중견성의 사상적 구조
― 연기·중도·무아의 3처 법문을 중심으로 ―

'Dhammadīpa, 담마를 등불 삼아라'

"아난다야, 그대들은 자기 자신을 등불 삼고, 자기 자신을 귀의처로 삼아라. 그 밖의 누구도 귀의처로 삼지 말라.

아난다야, 그대들은 담마를 등불 삼고, 담마를 귀의처로 삼아라. 그 밖의 무엇도 귀의처로 삼지 말라."1)

여기서 담마가 곧 만인의 등불이라는 사실이 명료하게 드러나고 있다. 담마가 깨달음의 실제적 내용이고, 대중견성을 실현하는 유일한 등불이며, 견성 자증하는 최후의 근거라는 사실이 이 '벨루바의 대법문'에서 환히 드러나고 있다. 이것은 붓다의 담마에 의지해서 붓다를 발견하고, 그들의 자성을 있는 그대로, 여실히 볼 수 있다는 견성원리를 드러내 보이는 것이다. 이것은 또 담마가 한갓 문자나 언어, 분별사려(分別思慮)가 아니라는 진실을 의미하는 것이다.

---

1) "Therefore, Ānanda, you should live as islands unto yourselves, being your own refuge, with no one else as your refuge, with Dhamma as an islands, with the Damma as your refuge, with no other refuge."; DN 16.2.26(text. ii. 101)

흔히 '분별하지 말라', '분별망상에 빠지지 말라'고 경계한다. '사교입선(捨敎入禪)', '불립문자(不立文字)'라고 주장한다. 또 이러한 말씀 등을 빙자하여 담마에 대한 공부와 이해를 기피하려는 듯한 경향이 일부 있었던 것이 사실이다. 그러나 이것은 전혀 착각이거나 무지, 게으름의 변명으로 보인다. 불교는 본래부터 분별(分別, vibhajjavāda, vibhaṅga)을 생명으로 삼아왔다. 분별이란 담마에 입각하여 사물과 상황을 객관적으로 분석하고 관찰, 판단하는 것이다. 분별은 견성 열반의 필수적 과정이다. 어느 때, 수바(Subha)라는 브라민 청년이 출가·재가의 차이점에 관하여 단도직입적으로 질문하자, 붓다는 이렇게 설하고 있다.

"보게, 이 사람아. 나는 분석한2) 다음에 말하는 사람이라네. 나는 일방적으로 말하지 않는다네."

(Here, Student, I am one who speaks after making an analysis, I do not speak one-sidedly.)3)

분별이란 여실히 관찰하는 것이다. 분별지(分別智)는 곧 여실 관찰지(觀察智)이다. 이 분별 관찰에 의거하여, 자성을 있는 그대로 보고 견성 열반을 실현하는 것이다. 이 분별 관찰에 의거하여 '깨달았는가?'

---

2) Vibhajjavāda kho aham ettha ; 이러한 표현은 후일 불교를 '분별(分別, Vibhajjavada)'로 규정하는 근거가 되었다. ; *The Middle Length Discourses of the Buddha*(tr. Bhikhu Nanamoli), p.1299, note-909. cf. 平川 彰·이호근,『印度佛敎의 歷史』(上)(민족사, 1989), p.169.
3) MN 99.4(text. ii.197, Subha-Sutta) ; Ibid, p.808. cf. 'On this point, I brahman Youth, discriminate(speaking analysing), on this point I do not speak definetly.' ; *The collection of the Middle Length Sayings 2* (P.T.S.), p.386

'깨닫지 못했는가?'를 판단하는 것이다. 담마는 이 분별 관찰의 근거이며 기준인 것이다. '분별하지 말라'는 말은 '자타(自他)·주객(主客)을 분별 집착하는 망상에 빠지지 말라'는 뜻이지, '담마공부, 경전공부 하지 말라'는 뜻이 결코 아니다.

담마는 붓다 자각 자증의 심지(心地)이며 실제(實際)이다. 심지법문(心地法門)이며, 실제도리(實際道理)인 것이다. 만약 담마가 한갓 언어 문자거나 분별사려라고 한다면, 어떻게 45년 간 낡은 수레처럼 허물어가면서 담마를 설하고 또 설했겠는가? 숨이 끊어지는 순간에도 설하고 또 그렇게 설했겠는가? 붓다는 다시 한번 경책하고 있다.

"아난다야, 그대들이 '스승의 말씀은 이제 끝났다. 스승은 더 이상 계시지 않는다.'라고 생각할지 모른다.

아난다야, 그러나 그렇게 생각해서는 안 되느니라. 내가 입멸한 뒤에는, 내가 설했던 담마와 비나야가 곧 그대들의 스승이 될 것이니라."〔DN 16.6.1〕

붓다의 근본 담마, 붓다가 자각한 사상의 내용과 관련하여, 삼법인(三法印)·사법인(四法印)·오분향(五分香)·칠각지(七覺支)·삼십칠조도품(三十七助道品) 등 많은 법수(法數)가 논의되어 왔다. 그러나 이러한 법수 이론에 들어가는 것이 본론의 의도가 아니다. 붓다의 삶과 행위를 붓다-담마의 핵심으로 삼으려는 것이 본론의 일관된 입장이기 때문이다.

이와 관련하여 특히 주목되는 것이, 붓다가 사유하거나 설한 최초의 몇몇 설법들이다. 빠알리-니까야에 근거하여 역사적으로 관찰할 때,

붓다는 성도 초기에 다음과 같이 세 차례 근본 담마를 사유하고 또 설한 것으로 나타난다.

① 우루벨라 : 자설(自說) – 연기법(십이연기법)
② 바라나시 : 다섯 수행자 – 중도(4제 8정도)
③ 바라나시 : 다섯 수행자 – 무아(無我)

'연기(緣起)·중도(中道, 四聖諦)·무아(無我).'
이것이 '붓다의 최초 3회 설법'에서 선포된 깨달음의 내용이며, 붓다 사상의 핵심구조로 생각된다. 삼법인(三法印)·사법인(四法印)의 설도 모두 이 '근본 3담마'에 포섭된다고 볼 수 있을 것이다. 이제 본론은 이들 '근본 3담마'를 대중견성, 민중견성의 정법당간(正法幢竿)으로 세우고, 그 의의와 상호체계를 간략히 검토함으로써 대중견성의 길목에 하나의 작은 등불을 밝히려고 노력할 것이다.

1. 연기법(緣起法) – 우주적 상관성의 보편적 진리

1) 우루벨라의 자설(自說)[4]

「어느 때 세존(世尊), 얼마 전에 온건히 깨달음을 성취하신 정각자(正覺者)께서는 우루벨라 마을의 네란자라 강변에 있는 보리수 아래에 머물러 계셨다. 그때 세존께서는 다리를 결가부좌한 채 7일 동안 한 자

---

4) Mv 1.1.1-2.7 ; *The Book of the Discipline 4* (P.T.S.), pp.1~3. cf. Udāna 1.1-3.

세로 보리수 아래서 해탈의 즐거움을 누리며 앉아 계셨다.

그러던 중, 세존께서는 밤이 시작될 무렵에 연기(緣起)를 발생하는 대로, 그리고 그 반대의 순서대로 관찰하셨다. 곧,

"무명(無明)으로 인하여 행(行)이 있고
행으로 인하여 식(識)이 있고
식으로 인하여 명색(名色)이 있고
명색으로 인하여 육입(六入)이 있고
육입으로 인하여 촉(觸)이 있고
촉으로 인하여 수(受)가 있고
수로 인하여 애(愛)가 있고
애로 인하여 취(取)가 있고
취로 인하여 유(有)가 있고
유로 인하여 생(生)이 있고
생으로 인하여 늙음·죽음·슬픔·눈물·괴로움·근심·갈등이 한꺼번에 있게 된다.
이것이 괴로움의 덩어리가 일어나는 것이다.

그러나 무명이 소멸됨으로 인하여 행이 소멸되고
행이 소멸됨으로 인하여 식이 소멸되고
식이 소멸됨으로 인하여 명색이 소멸되고
명색이 소멸됨으로 인하여 육입이 소멸되고
육입이 소멸됨으로 인하여 촉이 소멸되고
촉이 소멸됨으로 인하여 수가 소멸되고
수가 소멸됨으로 인하여 애가 소멸되고

애가 소멸됨으로 인하여 취가 소멸되고
취가 소멸됨으로 인하여 유가 소멸되고
유가 소멸됨으로 인하여 생이 소멸되고
생이 소멸됨으로 인하여 늙음·죽음·슬픔·눈물·괴로움·근심·갈등이 소멸된다.
이것이 괴로움의 덩어리가 사라지는 것이다."

그러자 세존께서는 이 과정을 이해하고, 그때 이러한 (장엄한) 감흥을 읊으셨다.

"진실로 열심히 명상하는 수행자에게
담마들이 분명해질 때
그가 원인의 발생을 이해한 가운데
그의 의혹은 모두 사라졌네.

진실로 열심히 명상하는 수행자에게
사물들이 분명히 드러날 때
악마의 왕을 쳐부수고
태양이 하늘로 솟아오르듯
나는 벌떡 일어서도다."」

2) 연기법-붓다 정각(正覺)의 보편적 진리

'태양이 하늘을 밝히며 솟아오르듯이'
연기법(緣起法, paṭicca-samuppāda, Skt. pratitya-samutpāda)이

붓다가 우루벨라 보리수 아래서 자각 자증한 근본 담마이며, 인류 사상사의 일대 개벽이라는 사실은 이미 관찰한 바 있다. 붓다가 자설(自說)한 최초의 경 *Udāna* 첫머리에 설해져 있을 뿐만 아니라, *Mahāvagga* 첫머리에서 꼭 같이 설하고 있는 사실로 미루어, 연기법이 붓다 정각의 안정(眼精)인 것은 의문의 여지가 없는 것으로 보인다.

붓다 스스로 새삼 확인하고 있다.

"연기를 보는 자는 곧 담마를 보며
담마를 보는 자는 곧 연기를 본다."

(Whoever sees conditioned genesis sees dhammas, whoever sees dhammas sees conditioned genesis. 'Conditioned genesis' is paticca samuppāda.)5)

"연기법은 내가 만든 것이 아니며, 또 다른 사람이 만든 것도 아니다. 여래가 이 세상에 나오거나 아니 나오거나 이 법은 법계에 상주하여, 여래가 이를 스스로 깨달아 위없는 바른 깨달음을 이루고, 모든 무리들을 위하여 분별 연설하고 열어 보이느니라."6)

"나는 지금 이 세상에서 붓다·여래가 되어서 적멸·열반·보리·정등각을 설법하느니, 이른바 '이것이 있음으로 인하여 저것이 있고 이것이 생겨남으로 인하여 저것이 생겨나는 것이니, 이른바 무명으로 인하여 행이 있고 행으로 인하여 식이 있고, 내지 큰 고통이 있게 된다. 무명이 멸함으로 인하여 행이 멸하고, 내지 큰 고통이 멸한다.' 마땅히

---

5) MN i. 191 ; *The Collection of the Middle Length Sayings 1* (P.T.S.), pp.236~237.
6) 『雜阿含經』 299, 「緣起法經」 ; 『한글대장경 雜阿含經』 1, pp.348~349.

이와 같이 배워서 자기를 이롭게 하고 남을 이롭게 하며 자신과 남이 함께 이로운 것이다."7)

붓다가 스스로 밝힌 바와 같이, 이 연기가 이 세계에 상주불멸하는 객관적 진리이고, 우루벨라 보리수 아래에서 이 연기를 사유함으로써, 붓다는 무상정등정각(無上正等正覺, anuttara-samyaksambodhi)을 성취하고 성도·성불한 것이다. 또 이 연기법을 널리 전파함으로써 만인을 이익되게 하고 해탈 열반으로 이끈 것이다. 최봉수 교수는 이렇게 논하고 있다.

심심난견(甚深難見)이며 공성상응(空性相應)인 연기법은 바로 부처님 정각 성도의 내용으로 설해진다. 상응 니까야와 잡아함 및 증일아함 등에는 정각을 아직 얻지 못한 보살이 연기법을 관(觀)함으로써 안(眼)·지(智)·혜(慧)·명(明)·광(光)이 생(生)하며 정각 성도했다는 취지의 유명한 경들이 설해져 있다.
　부처님의 성도는 항마성도(降魔成道)라고 널리 불리고 있거니와, 마(魔)에 대하여 결정적인 대치(pratipakṣa)의 공능(功能)이 있음을 암시 받을 수 있는 경설(經說)도 보인다.
　이와 같이 연기법, 특히 십이연기법이 부처님 성도의 구체적인 내용임을 의심할 수 없거니와, 이를 바탕으로 연기법은 십력(十力)·사무소외(四無所畏, dāśa-bala, catur vaiśāradya)를 성취한 여래의 사자후로도 설해진다. 그리고 성도의 여실지견(如實知見)으로도 설해지며, 여성(如性, tathatā)·불이여성(不離如性, avitathatā)·불이여성(不異如性,

---

7) 『雜阿含經』 349, 「聖處經」;『한글대장경 雜阿含經』 1, p.404.

anaññathatā)의 법으로서 설해지기도 하는 것이다.[8]

붓다는 이 연기법을 여실히 봄으로써 무지와 탐욕의 번뇌, 곧 악마를 항복 받을 수 있었다. 이 연기법을 있는 그대로 봄으로써 생사유전에서 해탈하여 위없는 정각자가 된 것이다. 일체지자·일체승자, 누구도 거역할 수 없는 승자(勝者)가 된 것이다. 그래서 그 날 첫새벽, 우루벨라 보리수 아래서, 붓다는 이렇게 사자후하고 있다.

"참으로, 고요히 명상에 잠긴 브라민〔수행자〕에게
담마가 분명히 드러났어라.
악마의 왕을 패주시키고
태양이 하늘을 밝히며 솟아오르듯
그는 일어섰다."[9]

이것이 진리, 이것이 근본 담마
'이것이 있음으로 인하여(있으므로) 저것이 있다.
이것이 생겨남으로 인하여(생겨나므로) 저것이 생겨난다.
이것이 없음으로 인하여(없으므로) 저것이 없다.
이것이 멸함으로 인하여(멸하므로) 저것이 멸한다.'

이것이 빠알리-니까야에 서술되고 있는 연기법의 간추린 정형(定型)이다. 『잡아함경』에 '연기법법설(緣起法法說)'이란 이름으로, '이

---

8) 최봉수, 『原始佛教의 緣起思想研究』(경서원, 1991), pp.75~76.
9) Mv 1.7 ; The Book of the Discioline 4(P.T.S.), p.3.

것이 있으므로 저것이 있고, 이것이 생겨나므로 저것이 생겨나고(此有故彼有 此起故彼起)'10)로 기술하고 있는 것은 널리 알려진 사실이다.11) 이 연기법은 붓다가 실현한 정각(正覺, Sammā-Sambodhi)이고, 외도들의 모든 사견(邪見, macchā-diṭṭhi)을 타파하고 세계를 향하여 선포한 인생과 우주에 관한 정견(正見, Sammā-diṭṭhi)이다. 정견이란 객관적이며 보편적인 진리(眞理)란 뜻이다. 이중표 교수는 이렇게 논하고 있다.

    정(正)과 사(邪)의 원어인 'Sammā(sk. sammyak)'와 'macchā(sk. mithya)'의 뜻을 살펴보면, 'Sammā'는 '일치하는'·'통일된'·'결합된(going along, with, united, combined)'을 의미하고, 'macchā'는 '상반되게'·'전도(顚倒)되게(contrarily, inventedly)'의 의미를 가지고 있다. 따라서 누구나 일치할 수 있는 것이 정(正)이고, 서로 상반되는 것을 사(邪)라고 할 수 있다. 외도들의 사상이 사견이라는 것은 그들의 주장이 상반된 주장을, 다시 말해서 모순을 내포하고 있다는 의미이고, 연기설이 정견이라는 것은 연기설이 누구나 일치할 수 있는 모순 없는 견해라는 의미이다.
    정(正)이 이와 같은 의미를 가지고 있다면, 그것은 바로 진리에 상응하는 개념이다. 언제 어디서나 누가 어떻게 인식을 해도 항상 일치하는 결과를 가져다 주는, 즉 객관성과 보편타당성을 지닌 지식이 진리라고 할 때, 정(正, Sammā)은 바로 이러한 객관성과 보편타당성을 의미하는 개념이기 때문이다.12)

---

10) 『雜阿含經』 298, 「說法義說經」 ; 『한글대장경 雜阿含經』 1, pp.346~347.
11) 최봉수, 앞의 책, p.41.
12) 이중표, 『아함의 중도체계』(불광출판부, 1991), p.85.

'이것이 있으므로 저것이 있고, 이것이 생겨나므로 저것이 생겨나고…….'

이것이 연기법이다. 그리고 이 연기법이야말로 인생과 우주에 관한 붓다의 객관적이며 보편타당한 진리관(眞理觀)이며 정견이다.

이것은 참으로 중요하고 결정적인 정리가 아닐 수 없다. 복잡미묘한 연기법의 논리에 빠져들 것은 없을 것이다. 아니, 빠져들지 말아야 한다. 연기법은 복잡한 이론 체계가 결코 아니기 때문이다.

'이것이 있으므로 저것이 있고, 이것이 생겨나므로 저것이 생겨나고…….'

이 단순한 정형을 잘 기억하고 명상하는 것으로 연기법 공부는 족하다고 생각된다. 그리고 무엇보다 중요한 것은, 이 연기법이 붓다-담마의 근본 진리라는 진실을 거듭거듭 확인하고 확신하는 일이 될 것이다. 불교를 '담마, 진리'라고 할 때 그 담마, 그 진리가 곧 연기법이기 때문이다. 붓다를 '진리의 시현자(示顯者)'라고 할 때 그 담마, 그 진리가 바로 이 연기법이기 때문이다.

담마가 등불이며 자리이타(自利利他)하는 구원의 길이고, 모든 사람들이 그 담마에 귀의한다고 할 때, 그 담마가 곧 연기법이다.[13] 이 우주를 '법계(法界, dhamma-dathu)'라고 할 때, 그 법이 곧 연기법이다.[14] 불교의 8만 4천 법문이 이 연기법을 의거해서 전개된다. 더 정확하게 말하면, 이 우주 삼라만상이 이 연기법에 의거해서 전개되는 것이다. 형성되고 전개되고, 또 구원되는 것이다. 이 사실을 분명히 받아들이는 것이 담마공부의 첫걸음이라고 할 것이다.

---

13) 최봉수, 앞의 책, p.76.
14) 김동화, 『佛敎學槪論』(보련각, 1980), p.238 이하.

3) 우주적 상관성의 원리, 미래세계의 등불

'붓다여, 우주적 상관성의 스승이여'

연기법이 어떤 형태의 절대적 존재나 현상도 부정하고, 모든 현상의 상의상관성(相依相關性)을 해명하고 있는 것은 재론의 여지가 없다. 붓다는 보드가야 보리수 아래서 생사문제를 화두삼아 정진한 결과, 십이연기(十二緣起, dvādasaṅga-paṭiccasamupāda)를 깨달았다. 그리고 이 십이연기를 통하여, 생사 유전이 마음의 무지(無知, 無明, avijjā)로 연유(緣由)하여 파생되는 연관적 구조를 분별 관찰하였다. 이로써 생사문제를 인식론적으로 접근하고, 실존적으로 해결하는 데 성공한 것이다. 빤드는 이렇게 논하고 있다.

> 정각(正覺, Sambodhi)의 밤에 성공적인 관찰을 통하여, 붓다는 숙명통(宿命通, Pubbenivāsañāṇa)과 천안통(天眼通, Dibbacakkhu), 연기(緣起, Paṭiccasam)를 깨닫고, 마지막으로 새벽에 일체지(一切知, 全知, Omniscience)를 실현하였다.(L.v, I.c ; Nadāna-Kathā) 그리고 그는 큰 자비로 고통받는 인간(sakāvatiṇṇaṃ janataṃ)을 관찰하였다.
> 지혜(Knowledge) · 자유(Fredom) · 기쁨(Bliss)과 자비(Compassion). 이것들이 붓다가 뛰어난 체험을 통하여 얻은 모습들이다. 지혜(Paññā)는 직관적이고 통찰적인 것으로, 연기법(Paṭiccasamuppāda)에 대한 통찰을 포함한다. 그 결과 고통(dukkha)과 그 원인으로부터 해탈(Vimutti)하였다. 비록 그 기쁨은 아직도 고통받고 있는 생명들에 대한 자비와 더불어 끊임없는 것이지만, 이 해탈은 위없는 축복(Sukkha)이다.15)

연기법에 대한 통찰,

거기서 오는 생사해탈의 자유와 행복·기쁨, 그리고 모든 생명에 대한 끊임없는 자비-.

이것은 실로 인류사 최대의 사건이다. 경사(慶事)이며 최고의 축복이라고 할 것이다. 여기서 인류의 구원이 완성된 것이다. 이 사실 하나만으로, 붓다는 인류의 구세주로 평가받을 만하다고 생각된다. 인도의 유명한 불교학자인 산타락쉬타(Santaraksita)는 자신의 논문「따뜨바상그라(Tatvasamgraha)」에서, 붓다에 대한 존경심을 '연기법을 가르친 위대한 성인'으로 묘사하였다.16)

연기법은 이에 멈추지 않고 인간과 세계의 실상에 관한 우주적 상관성(相關性)·상대성(相對性)·전일성(全一性)의 진리로 확대되어 갔다. 위대한 중관학파의 선구자 나갈쥬나(Nāgārjuna, 龍樹)는『중송(重頌, Madhyamikakarika)』모두에서 이렇게 헌사를 올리고 있다.

완전한 붓다여,
내가 가장 존경하는 스승 붓다여,
당신은 우주적 상관성의 원리(Pribciple of Universal Relativity)를 설하셨습니다.17)

---

15) G. C. Pande, *Studies on the Origin of Buddhism*(Motilal Banarsis Pub. Delhi, 1995), pp.463~465.
16) 사다티사·조용길,『根本佛敎倫理』(불광출판부, 1997), p.46 ; *Tatvasamgraha*, vol. 1(ed. Embar Krishnama-charya, General Library, Baroda, 1926), p.1.
17) cit. *Conception of Biddhist Nirvāna* (by Th. Stcherbatsky, Leningrad, 1927), p.91. cit. 사다티사·조용길, 앞의 책, p.46.

데카르트-뉴턴적인 세계의 한계와 위기

현대의 위기는 흔히 '자아·개인의 위기', '개인주의의 위기'로 규정되고 있다. 이것은 이 '자아', 곧 '개인'이 원천적으로 기계론적이며 분열론적인 서구의 세계관에서 파생된 개별적이며 분열적인 개념이기 때문이다. 카프라(F. Capra)는 『현대물리학(現代物理學)과 동양사상(東洋思想)』(*An Exploration of the Parallels Between Modern Physics and Eastern Mysticism*)에서 이렇게 논술하고 있다.

정신·물질 2원론의 극단적인 공식화를 초래한 철학사상의 발전이 근대과학의 탄생을 선행하고 동반했다. 이 공식화는 17세기 Descartes의 철학에 그 모습을 나타내는데, 그는 자연을 마음(Res Cogitans)과 물질(Res Extensa)이란 두 개의 분할되고 독립적인 영역으로 근본적으로 구분한 입각점 위에 섰다.

이 '데카르트적'인 분별은 물질을 죽은 것으로, 자신들과는 완전히 분리된 것으로 취급할 수 있게 하고, 물질세계를 하나의 거대한 기계로 조립된 제각기 다른 객체의 군집으로 보게끔 허용했다.

Isaac Newton은 이것을 기초로 해서 그의 기계론(적 역학)을 구축함으로써 고전 물리학의 기반을 다졌다. Newton의 이 기계론적인 우주모형은 17세기 후반부터 19세기 말까지 모든 과학사상을 지배했다. 그것은 신성한 법을 펼쳐 천상에서부터 이 세계를 지배한다는 전제적인 신의 이미지와 흡사한 것이었다. 이리하여 자연과학자들이 탐구하는 자연의 기본법칙은 이 세계를 지배하는 영원불변한 신의 율법으로서 보여진 것이다.[18]

---

18) F. Capra·이성범 외, 『現代物理學과 東洋思想』(범양사, 1985), p.17.

Descartes-Newton-기독교의 합작에 의하여 구축된 고전물리학적 세계관의 핵심적인 개념은 이 우주는 하나하나 분열되어 있는 영원 불변하는 개체들의 집합이며, 이 개체들 상호간에는 신이 창조한 신비한 법칙의 힘〔引力〕으로 서로 끌어당기고 있다는 것이다. 그리하여 이 세계, 이 우주는 신의 법칙에 의하여 질서정연하게 움직이는 하나의 거대한 기계로 인식되는 것이다. Newton은 이렇게 진술하고 있다.

　태초에 신이 이렇게 물질을 만들지 않았을까 하고 나는 생각해 본다. 견고하고, 질량을 지니고, 딱딱하고, 꿰뚫을 수 없고, 움직일 수 없는 입자들로서 물체를 빚어내시고, 당신의 창조 목적에 가장 잘 이바지할 수 있도록 거기에 그러한 크기와 모양과 그러한 속성과 그리고 공간에 대한 그러한 비율을 내리셨느니라. 저들 견고한 원초적인 입자들은 고체이므로 그것은 포개어 이룬 구멍이 있는 어떤 것보다 비할 바 없이 더 단단해서, 그것들은 결코 닳지도, 부서져 조각나지도 않는다. 신이 몸소 빚어내신 이 최초의 창조물을 세속의 힘으로는 절대 나눌 수 없으리라.19)

　견고하고, 질량을 지니고, 딱딱하고, 꿰뚫을 수 없고, 움직일 수 없는, 그리고 자기 쪽으로 끊임없이 끌어당기는 입자-.
　바로 이것이 서구적 자아, 개인의 모형이다. 따라서 이러한 자아의 실현을 극대화할 때 자기 중심적 이기주의, 에고이즘으로 빠져드는 것

---

19) Crosland. M. P. (ed), *The Science of Matter, History of Science Readings* (Baltimore, Md ; Penguin Books, 1971), p.76. cit. F. Capra · 이성범 외, 앞의 책, p.68.

은 서구적 개인주의가 지닌 피할 수 없는 운명적 속성이며 자기한계라고 할 것이다.

이것은 단순한 논리적 추론이 아니다. 현대사회에 접어들면서 이러한 한계는 온갖 형태의 개인적·사회적 병리현상으로 현재화되어 인류의 생존을 위협하고 있다. 개인은 마음과 육신·활동·재능·감정·신앙 등 수없이 쪼개진 분야들로 끝없이 분열되어 혼란과 좌절로 허덕이게 되고, 이것으로부터 도피하기 위하여 환각제·성의 해방·급진주의·폭력·질주 등 엑스터시(ecstasy), 반체제적 일탈(逸脫)의 급류 속으로 휩쓸려 갔다.

인간의 내적 분열의식은 외적 분열로 확장되어, 사람들은 국가·인종·민족·주의·종교·계층·지역·정치형태·경제체제 등 갖가지 차이를 정말 꿰뚫을 수 없는 견고한 분열-조각으로 인식하게 되고, 전쟁·핵무기·환경파괴·공해·인플레·실업·에너지 고갈·의료문제·폭력 범죄 등 갖가지 형태의 병리적 상황 속에서 인간, 인류는 그 생존을 위협받고 있는 것이다.

이러한 현대적 위기의 본질은 데카르트-뉴턴적인 세계관(Cartesian Newtonian World View)에서 연유하는 '인식의 위기'로 진단되고 있다.[20]

현대의 위기, 인식론의 위기로부터 벗어나려는 서구인들의 몸부림은 20세기에 접어들면서 눈부시게 발전해 온 현대 물리학에 의하여 비로소 그 출구가 열리기 시작하였다. 상대성이론(相對性理論)·원자론(原子論)·양자론(量子論) 등이 발표되면서, 홀로 떨어져 존재

---

20) 정인석, 『트랜스퍼스널 심리학』(대왕사, 1998), p.50 ; F. Capra·이성범 외, 앞의 책, p.28.

하는 꿰뚫을 수 없는 개체, 소립자란 개념은 여지없이 붕괴되고 말았다. 물리학자 스타프(H. P. Stapp)는 이렇게 기술하고 있다.

한 소립자란 독립적으로 존재하는 분석불능(分析不能)의 실체가 아니다. 그것은 본질상 밖으로 다른 것들에 미치는 일련의 관계이다.[21]

미래 세계, 연기적 통일의 장으로

현대 물리학의 계속되는 연구들은 '독존적 실체'라는 고전 물리학의 부동의 대전제를 여지없이 허물어 버리고, 수많은 관계들의 전 우주적 그물이라는 새로운 세계관을 밝혀내기에 이르렀다. 봄(David Bohm)은 이렇게 논하고 있다.

세계를 분리시켜서 독존하는 부분들로 분석할 수 있다는 고전적 생각을 부정하는, 분해되지 않는 전체성이라는 새로운 개념에 이르게 되었다.…… 세계의 독립적인 '기본적 부분들'이 근본적 실재라고 하는, 그리고 다양한 체계들은 단지 이러한 부분들의 특별한 우연적 형태와 배열들이라고 하는 일반적인 고전적 개념을 우리는 뒤집어 엎었다. 오히려 전 우주의 불가분적 양자(量子) 상호 연결성이 근본적 실재이고, 상대적으로 독립하여 행동하는 부분들은 단지 이 전체 내의 특별한 우연적인 형태라고 할 것이다.[22]

---

21) H. P. Stapp, 'S-Matrix Interpretation of Quantum Theory', *Physical Review*, vol. 3(1971), p.1310. cit. F. Capra · 이성범, 앞의 책, p.160.
22) D. Bohm & B. Hiley, 'On the Intuitive Understanding of Noniocality as Implied by Quantum Theory', *Foundation of Physics*, vol. 5(1975), pp.96~102. cit. 앞의 책, p.159.

현대 물리학의 이러한 놀라운 진보와 발견은 불교·힌두교·도교 등 소위 동양적 신비주의의 만남에서 계시된 바 크다는 것은 이미 널리 알려진 사실이다. 카프라는 이렇게 논하고 있다.

동양적 세계관의 가장 큰 특징, 그 본질이라고까지 말할 수 있는 것은 모든 사물과 사건들의 통일성과 공동의 상호관계에 대한 깨달음, 곧 세계의 모든 현상을 기본적인 전일성(全一性)의 현시로서 체험하는 것이다. 모든 것들이 이 우주 전체의 상호의존적이며 불가분의 부분들로서, 다시 말하면 궁극적 실재의 다른 현현으로서 이해된다. 동양의 전통들은 그 자신을 만물에서 나타내며, 만물은 그의 부분들인 이 궁극적이고도 불가분의 실재에 관해 끝없이 언급하고 있다.
그것은 힌두교에서는 '범(梵)', 불교에서는 '법신(法身)', 도교에서는 '도(道)'라고 불린다. 그것은 모든 개념과 범주를 초월하기 때문에 불교도들은 그것을 일러 또한 '진여(眞如)'라고도 부른다.[23]

이제 자아(自我), 개인(個人)은 더 이상 홀로 존재하는 개체가 될 수 없다. 이웃·공동체·인류·생태계·지구·우주, 이 모든 것들과 함께 그 전체적 관계의 한 매듭으로서, 서로 영향을 주고받으면서 존재하게 된 것이다. 여기에 이르러 자아실현은 자기중심적 이기주의라는 한계를 뛰어넘어 자기 초월로, 우주적 전일성(全一性, universal conformity)의 체현, 깨달음으로 나갈 수 있는 출구가 열린 것이다.

'이것이 있으므로 저것이 있다.

---

23) 앞의 책, pp.150~151.

이것이 생겨나므로 저것이 생겨난다.
이것이 없으므로 저것이 없다.
이것이 멸하므로 저것이 멸한다.'

2,600여 년 전 붓다가 자각 선포한 이 우주적 상관성의 원리, 곧 '연기의 원리'는 오늘날 편협하고 비과학적인 데카르트-뉴턴적 세계관(Cartesian-Newtonian world-view)을 타파하고 뉴턴-데카르적 모델(Newtonian-Cartesian model)을 혁파하며, 유기적 통일체 이론(有機的 統一體 理論, organic whole)의 지평을 열어가는 미래세계의 등불이 되고 있다.[24] 이 연기법의 자각에 의하여, 인류는 이 유한한 세계를 극복하고, 인간 존재의 한계, 생사(生死)마저 넘어설 수 있게 된 것이다. 연기법의 깨달음에 의하여 인류는 무한한 세계, 무한한 생명의 세계로 성큼 다가선 것이다.

이제 연기법은 수학과 현대 물리학, 심리학의 발달과 더불어 인간과 우주의 문제를 조명하고 해결을 추구하는 21세기의 새로운 원리로 점차 확산되어가고 있다. 김용운 박사는 최근 「불교신문」의 한 연재에서 이렇게 논하고 있다.

상대성 원리·불확정성 원리, 그리고 불완전성 정리는 기존의 과학적 방법으로는 한계가 있음을 보았다. 이 세상에는 절대적인 것이나 완전한 것이 없으며, 현실은 단순한 원인으로 귀착시킬 수 없음을 예언하는 것이었다. 또한 정확한 사고는 반드시 기존의 논리테제에서 얻어지는 것이 아님을 보았다.
즉 이들 20세기의 위대한 과학 업적은 새로운 과학적 수법의 등장을

---

24) 앞의 책, p.50 · 117.

예감하고 있었던 것이다. 그것이 복잡계 카오스의 등장에 대한 예언이며, 연기론적 사고에 대한 기대였다.25)

'이것이 있으므로 저것이 있고
저것이 있으므로 이것이 있고
이것이 없으므로 저것이 없고
저것이 없으므로 이것이 없고

이것이 생겨나므로 저것이 생겨나고
저것이 생겨나므로 이것이 생겨나고
이것이 멸하므로 저것이 멸하고
저것이 멸하므로 이것이 멸하고……'

이 연기법은 그 날, 크나큰 깨달음의 새벽, 우루벨라 보리수 아래서 붓다가 견명성오도(見明星悟道)한 깨달음의 실제이다. 수많은 대중, 민중들이 깨달은 대중견성, 민중견성의 실제이다. 또 앞으로 수많은 사람들이 깨달아야 할 인류견성의 실제인 것이다. 이 '연기의 원리'가 법등(法燈)이다. Dhammadīpa, 진리의 등불이며, 섬(洲, Island), 귀의처이다. 미래세계, 새 천년의 인류와 모든 생명들, 일체 중생을 밝혀 줄 구원의 빛이다. 일체 생명 앞에, 지혜와 자유·자비와 축복의 삶을 기약하는 우주적 구원의 빛인 것이다.

---

25)「불교신문」불기 2543년 9월 14일, p.6, 김용운,「카오스이론과 불교」.

2. 중도(中道) - 견성하는 실제적 방법

1) 바라나시의 첫 법문 - 중도(中道)[26]

「그때 세존께서는 다섯 수행자들에게 설하셨다.

"수행자들아, 이들 두 극단이 있으니, 수행자들은 결코 따라가서는 안 된다.

두 극단이란 무엇인가?

하나는, 감각적 쾌락들, 매력적인 감각적 쾌락들을 더하는 것이니, 이것은 천박하고, 세속적이고, 어리석은 짓이고, 성스럽지 못하고, 목표의 실현과 무관한 것이다.

다른 하나는, 자기 고행을 더하는 것이니, 이것은 고통스럽고, 성스럽지 못하고, 목표의 실현과 무관한 것이다.

이제 수행자들이여, 이 두 극단을 택하지 않고 중도(中道)가 있으니, 이것은 여래가 온전히 잘 깨달았고, 눈뜨게 하고, 이해하게 한다. 이렇게 해서, 고요함・뛰어난 이해・깨달음・열반에 이르게 하는 것이다.

그러면 수행자들이여, 여래가 온전히 잘 깨달았고, 눈뜨게 하게, 이해하게 하고, 고요함・뛰어난 이해・깨달음・열반에 이르게 하는 중도란 무엇인가?

곧 이 여덟 가지 성스러운 길〔八正道〕이 바로 그것이니, 그것은 정견(正見)・정사유(正思惟)・정어(正語)・정업(正業)・정명(正命)・정정진(正精進)・정념(正念)・정정(正定)이다.

수행자들이여, 이것이 성스러운 고통의 진리〔苦諦〕이니, ……

---

26) Mv 1.6.17~30 ; Ibid, pp.15~18.

수행자들이여, 이것이 성스러운 고통의 생겨남의 진리〔集諦〕이니, ……

수행자들이여, 이것이 성스러운 고통의 소멸의 진리〔滅諦〕이니, ……

수행자들이여, 이것이 성스러운 고통의 소멸로 이끄는 길의 진리〔道諦〕이니, ……

수행자들이여, 나는 '이것이 성스러운 고제이다.'라는 이전에 결코 들어보지 못한 담마를 생각함으로써, 눈이 생겨나고, 이해가 생겨나고, 지혜가 생겨나고, 보다 높은 이해가 생겨나고, 빛이 생겨났느니라.

수행자들아, 나는 '이 성스러운 고제를 온전히 알아야 한다.'라는 이전에 결코 들어보지 못한 담마를 생각함으로써, 눈이 생겨나고, 이해가 생겨나고, 지혜가 생겨나고, 보다 높은 이해가 생겨나고, 빛이 생겨났느니라.

수행자들아, 나는 '이 성스러운 고제를 이미 온전히 알았다.'라는 이전에 결코 들어보지 못한 담마를 생각함으로써, 눈이 생겨나고, …… 빛이 생겨났느니라.

수행자들아, 나는 '이것이 성스러운 집제이다.'라는 이전에 결코 들어보지 못한 담마를 생각함으로써, 눈이 생겨나고, …… 빛이 생겨났느니라. ……

수행자들아, 나는 '이 성스러운 집제는 포기되어야 한다.'27) …… '이 성스러운 집제는 이미 포기되었다.'라는 이전에 결코 들어보지 못한 담마를 생각함으로써, 눈이 생겨나고, …… 빛이 생겨났느니라. ……

---

27) '고통을 생겨나게 하는 갈애, 또는 탐욕을 포기되어야 한다.' ; *The Book of the Discipline 4* (P.T.S.), p.17. note-1.

수행자들아, 나는 '이 성스러운 멸제는 마땅히 실현돼야 한다.'……
'이 성스러운 멸제는 이미 실현되었다.'라는 이전에 결코 들어보지 못한
담마를 생각함으로써, 눈이 생겨나고, …… 빛이 생겨났느니라. ……
수행자들아, 나는 '이 성스러운 도제는 마땅히 실천돼야 한다.' ……
'이 성스러운 도제는 이미 실천되었다.'라는 이전에 결코 들어보지 못한
담마를 생각함으로써, 눈이 생겨나고, …… 빛이 생겨났느니라. ……

수행자들아, 만약 내가 이 사성제를 이와 같이 세 번씩 열두 단계로
있는 그대로 관찰해서,28) 이해의 눈이 밝아지지 않았더라면, 나는 천
신・악마・범천의 세계와 사문・바라문・인간의 세계에서 가장 높고
바르고 원만한 깨달음을 성취하지 못하였을 것이다. 나는 이것을 알았
다.
수행자들아, 나는 사성제를 이와 같이 세 번씩 열두 단계로 있는 그
대로 관찰해서, 이해의 눈이 밝아졌기 때문에, 나는 천신・악마・범천
의 세계와 사문・바라문・인간의 세계에서 가장 높고 바르고 원만한
깨달음을 훌륭하게 성취하였다. 나는 이것을 알았다.
더욱이, 내게 이해의 눈이 생겨났다. 내 마음의 해탈은 흔들림이 없
다. 이것이 최후의 생존이다. 이제 다시 괴로운 존재를 받지 않는다."

세존께서 이렇게 설하자, 다섯 수행자들은 세존의 설법을 듣고 기쁨
으로 즐거워하였다. 더욱이 이 담마에 대한 설법이 진행되는 동안, 수
행자 꼰단냐(Koṇḍañña)에게, '생겨나는 것은 무엇이든지 모두 소멸되

---

28) 3전12상(三轉十二相) ; 4성제의 각각에 대해서, ① 진리로서 인식되고〔示轉〕,
② 상응하게 받아들이도록 권해지고〔勸轉〕, ③ 상응하게 이미 실현되어지고
〔證轉〕, 이렇게 실현되는 수행과정. ; Ibid, p.17. note-2.

는 법이다.'라고 보는 티끌 없고 흠 없는 진리의 눈(Dhamma-Loka, 法眼)이 생겨났다.

그리고 세존께서 법바퀴(Dhamma-Cakra, 法輪)를 굴릴 때, 이렇게 큰 소리로 외쳤다.

"바라나시 이시파타나 사슴동산에서 세존께서, 수행자·브라민·신(神)·악마·범천, 그 누구도 돌이킬 수 없는 위없는 법바퀴를 굴리셨다."

지신의 소리를 듣고, 4천왕이 큰 소리로 외쳤다.…… 33천이 외쳤다.…… 야마신이 외쳤다.…… 범천이 외쳤다.」

2) 중도 - 모순 파기, 정견 발로의 지혜

침묵하는 붓다[29]

어느 날 말룽카뿟타는 오후의 선정에서 일어나 붓다에게 갔다. 붓다에게 예배하고 한쪽에 앉아서 물었다.

"스승이시여, 제가 홀로 선정에 들어있을 때, 이런 생각들이 들었습니다. '이런 사색적인 견해들에 대해서, 스승께서는 지금까지 설명해 주시지 않았다. …… (이번에도) 스승께서 이들 문제들에 대해서 설명해 주시지 않는다면, 나는 수행을 포기하고, 세속의 삶으로 돌아갈 것이다.'

만일 스승께서, '세계는 영원한 것이다.'라고 알고 계신다면, '세계는 영원한 것이다.'라고 제게 말씀해 주십시오. 만일 스승께서, '세계는 영원한 것이 아니다.'라고 알고 계신다면, '세계는 영원한 것이 아니다.'라고

---

29) MN 63.3(text. i. 428, Cūḷa-Māluṅkya-Sutta) ; *The Middle Length Discourses of the Buddha* (tr. Bhikkhu Nanamoli), pp.533~534.

제게 말씀해 주십시오. 만일 스승께서, '세계는 영원한 것인지, 또는 영원하지 않은 것인지 모른다'면, 알지 못하고 보지 못하는 이가, '나는 알지 못한다, 나는 보지 못한다.' 이렇게 말하는 것이 정직한 일입니다."」

이것은 널리 알려져 있는 『말릉카경(Mālunkya-Sutta, 箭喩經)』의 도입부분이다. 이때 수행자 말릉카(Mālunkya-putra)가 제기한 문제는 다음과 같은 것들이다.
① 세계는 영원한 것인가?
② 아니면, 영원하지 않은가?
③ 세계는 유한한 것인가?
④ 아니면, 무한한 것인가?
⑤ 영혼은 육체와 같은 것인가?
⑥ 아니면, 영혼과 육체는 각각 다른 것인가?
⑦ 여래(Tathagata)는 사후에도 존재하는가?
⑧ 아니면, 사후에는 존재하지 않는 것인가?
⑨ 여래는 사후에 존재하기도 하고, 동시에 존재하지 않기도 하는가?
⑩ 여래는 사후에 존재하지 않으면서, 동시에 존재하지 않는 것이 아니기도 하는가?[30]

수행자 말릉카의 이 솔직하고도 도전적인 질문에 대하여, 붓다는 지금까지 침묵으로 일관하고 있었던 것이다. 형이상학적 질문들에 대한 붓다의 이러한 침묵은 흔히 '무기(無記, avyākata)'로 규정되고 있는데, 붓다의 무기는 「Pāsādika-Sutta」[31]·「Brahmajāla-Sutta」[32] 등

---

30) 이중표, 앞의 책, pp.35~36.
31) DN 29(text. iii. 117-141) ; *The Long Discourses of the Buddha*, pp.427~

에서도 발견되고 있다. 붓다의 침묵은 계속되고 있다.

붓다는 왜 침묵하는가

왜 침묵하고 있는가?

세계와 인간의 본질적인 문제들에 관하여, 붓다는 왜 침묵을 계속하고 있는가?

붓다의 침묵을 놓고, 많은 견해와 평가가 있어왔다. 붓다 자신은 유명한 '독화살의 비유'를 통하여,[33)] 말룽카의 질문이 의(義, attha)와 법(dhamma)에 상응하지 않고, 범행(梵行, brahma-cariya)의 근본이 되지 못하며, 지(智, abhiññā)와 각(覺, sambodhi)·열반(涅槃, nibbāna)으로 나아가지 못하는 등 여섯 가지 이유로 해명하고 있다.[34)]

이러한 붓다의 침묵에 대하여, 종래 대체로 다음과 같은 세 가지 평가가 있어 왔다.[35)]

① 케이트(Keith)와 뿌씽(Poussin) 등은 붓다가 형이상학적 문제들에 대하여 무관심하거나 불가지론(不可知論, agnosticism)의 입장을 취하고 있다고 주장하였다.

② 로젠버그(Rosenberg)는 붓다를 자아의 유무(有無)와 같은 문제를 무의미한 것으로 생각하는 부정주의자(否定主義者, negativist)라

---

4 39. cf. 『청정경(淸淨經)』(『長阿含經』 12 ; 『한글대장경』, pp.271~283.
32) DN 1(text. i. 1-90) ; Ibid, pp.68~90. cf. 『범동경(梵動經)』(『長阿含經』 14 ; 『한글대장경』, pp.322~339.
33) MN 63.5(text. i. 429) ; Ibid, pp.534~535.
34) 이중표, 앞의 책, pp.36~37.
35) G. C. Pande, Ibid, pp.505~509.

고 주장하였다.

③ 스즈키(Duzuki)·파라마함사(S. R. Paramahamsa) 등은 붓다의 침묵을 중도적(中道的, Madhyamika) 입장으로 해석하였다.

①에서 언급한 바와 같이, 흔히 붓다는 우주와 영원성과 영혼의 유무(有無) 등과 같은 형이상학적 철학적 문제에 대하여 관심이 없으며, 오로지 실천에만 목적을 두고 있다는 것으로 해석하는 견해가 있어 왔다. 그러나 이러한 견해는 붓다의 침묵에 대한 소극적인 해석으로서, 붓다의 의도와는 거리가 있는 것으로 비판되었다. 김동화 박사는 이렇게 논하고 있다.

> 의(義)·법(法) 등이 모두 철학적 진리를 가리키는 것이 아니고 무엇이며, 지(智)·각(覺)이라는 것이 진리에 대한 주관적 인식을 말하는 것이 아니고 무엇인가? …… 불타는 다만 해탈·열반에 대한 실천적인 설법만 있는 것은 아니고, 그 분석적이고 비판적인 철학적 태도는 철학적인 문제가 주로 되고 있다.36)

여기서 적절히 지적하고 있는 바와 같이, 붓다는 현실적·실제적 문제뿐만 아니라, 우주적·보편적 진리에 대한 형이상학적 문제에 대해서도 심오하고 명철한 철학적 해답을 제시하고 있다. 연기법 등이 바로 그런 것이다. 붓다가 침묵하고 있는 그 자체가 바로 이런 보편적 진리에 입각한 비판적인 철학적 태도를 드러내 보이는 것으로 생각된다. 따라서 붓다의 침묵·무기(無記)가 형이상학에 대한 무관심이나

---

36) 김동화, 『原始佛敎思想』(보련각, 1973), p.53.

불가지론(不可知論)의 표현이라는 견해가 아니란 것은 분명한 사실로 보인다.37)

이러한 견해들 가운데, 붓다의 무기를 용수(龍壽,, Nāgārjuna)의 중관학(中觀學)과 관련시켜 보려는 학자들의 주장은 특히 주목된다. 무르티(T. R. V. Murti)는 붓다의 무기를 중관학의 전조로 보고, 이것은 칸트의 이율배반(二律背反)이나 중관학의 4구(四句)와 유사성이 있으며, 붓다는 서구에서 공식화된 변증법(辨證法)보다 훨씬 일찍 변증법을 발전시켰고, 그리고 훨씬 차원 높은 철학적 의식에 도달해서 진리 인식의 문제에 대한 해답을 제시하고 있다고 주장하고 있다.38) 그는 이렇게 논하고 있다.

그〔붓다〕는 당시의 철학적 사색에 정통하고 있었을 뿐만 아니라, 그 자신 훌륭한 형이상학자였다. 그는 예리한 분석력으로 이성의 독단적 진행을 초월하여 그것을 파기하는 위치에 도달하였다. 사변적 형이상학에 대한 붓다의 폐기는 의도적이며 지속적이었다. 붓다에게는 비판주의(criticism) 그 자체가 철학인 것이다.39)

붓다의 침묵·무기는 형이상학적 문제들에 대한 이성적(理性的) 사유의 근본적 모순을 지적하고 비판하며, 모순 자체를 파기(破棄)하려는 철학적 태도로 생각된다. 이것은 붓다가 침묵·무기를 통하여 이원론적 극단주의의 모순구조를 철저히 폐기 타파하고 있다는 것을

---

37) 이중표, 앞의 책, p.32.
38) 이중표, 앞의 책, pp.32~33.
39) T. R. V. Murti, *The Central Philosophy of Buddhism* (London, George Allen and Unwin Ltd. 1970), pp.38~41. cit. 이중표, 앞의 책, p.33.

의미한다. 이성적 사고에 입각한 변증법적 논리가 본질적으로 이원론적 분별의식, 분별망상에서 연유하는 모순구조이기 때문이다.

  침묵이 소극적인 부정이거나 회피, 또는 불가지론적(不可知論的) 태도의 발로가 아니다. 이 침묵은 진리 인식에 대한 사고, 사유방식의 본질적인 모순구조를 여지없이 비판하고 타파, 파기하려는 가장 적극적인 철학적 태도의 표명이다. 이러한 침묵이 바로 중도의 구체적 표현인 것이다.40)

3) '중도는 곧 연기다'

유·무(有無) 대립은 분별식의 망견, 사견일 뿐
붓다의 침묵,
이성(理性)의 독단적 진행과 이성적 사유구조의 모순에 대한 철저한 비판과 파기 - .

  그러나 이것이 붓다의 철학이 단순히 비판주의 그 자체거나 변증법의 발전이라는 주장을 정당화시키는 논리로 수용되는 것은 문제가 있다. 그것은 붓다의 침묵이 보편적 실제에 이르는 진리 인식의 올바른 방법론을 드러내 보이는 보다 적극적인 중도의 발로로 판단되기 때문이다. 따라서 붓다의 무기를 철학적 비판주의로 규정하거나, 궁극적 실체에 대하여 침묵으로 대답하는 불이론적(不二論的) 베단타(Advaita Vedanta)와 동일시하는 것은 붓다의 침묵, 중도적 무기의 본질을 왜곡시키는 사견으로 생각된다. 이중표 교수는 이렇게 논하고

---

40) G. C. Pande, Ibid, pp.506~509. 이중표, 앞의 책, p.34.

있다.

 붓다가 무기를 통해 무의미한 사견을 의도적이고 지속적으로 파기한 것은 사실이지만, 사견의 파기에 그치지 않고, 중도라는 철학적 입장을 통해 연기법이라는 진리를 설하고 있다. 붓다는 침묵을 통한 비판 그 자체를 자신의 철학으로 생각한 것이 아니라, 연기설을 자신의 철학으로 삼고 있는 것이다. 따라서 붓다가 무기의 태도를 취했다는 사실만으로 불타의 철학을 비판주의나 변증법이라고 보는 견해는 불교에 대한 이해의 부족이라 하지 않을 수 없다.41)

 중도를 논할 때, 우리는 늘 다음과 같은 질문에 부딪치게 된다.
 '중도란 무엇인가?
 중도를 통하여 발견하는 정견(正見)이란 무엇인가?
 그것은 양극단의 중간인가? 유교적 중용(中庸), 그리스적 조화(調和)인가? 글자 그대로 'Middle Way'42)인가? 적절한 타협인가?
 또 붓다 자증 자설의 정견이며 보편적 진리인 연기법과는 어떤 관계를 지니는 것인가?……'
 이 문제를 논하기 위하여, 먼저 붓다가 중도를 선포한 초전법륜의 상황으로 돌아가 관찰해 볼 필요가 있을 것이다. 붓다는 사슴동산에서 다섯 고행자들을 앞에 놓고, "나는 고·낙(苦樂)의 양극단을 떠나서 중도를 깨달았다."라고 설파하고 있다. 이것은 중도가 양극단(兩極端)의 문제와 긴밀히 관련되어서 제기되고 있다는 것을 강력히 시사하고 있는 것이다.

---

41) 앞의 책, p.34.
42) Etienne Lamotte, *History of Indian Buddhism*(De L'institut Oriencaiste De Louvin, La Neuve, 1988), p.49.

*Sangyutta-Nikāya*의 몇몇 경들에 의하면, 초기불교에서 문제삼는 양극단의 문제에는 '고·낙'을 포함하여, 다음 여섯 가지가 있다.[43]

① 자작(自作)－타작(他作)의 문제[44]
   윤회의 고락(苦樂)은 자작인가?(自作, sayaṃ-kata) 타작인가? (他作, Paraṃ-kata)
② 단(斷)－상(常)의 문제
   세계와 존재는 언젠가 단멸하는 것인가?(斷) 항상한 것인가?(常)
③ 일(一)－이(異)의 문제[45]
   정신(命, jīva, 영혼)과 육체(身, sarīra)는 같은 것인가?(一, taṃ jīvaṃ sarīraṃ) 다른 것인가?(異, aññaṃ jīvaṃ aññaṃ sarīnaṃ)
④ 일성(一性)－다성(多性)의 문제[46]
   인간 존재는 일원성인가?(一性, ekattā) 다원성인가?(多性, puthutta)
⑤ 고(苦)－낙(樂)의 문제[47]
   인생은 고통인가?(苦, tapo-jeguccha) 즐거움인가?(樂, kāma)
⑥ 유(有)－무(無)의 문제[48]
   세계는 존재하는 것인가?(有, atthita, being) 존재하지 않는 것인가?(無, natthita, non-being)

---

43) G. C. Pande, Ibid, pp.419~420 ; 최봉수, 앞의 책, pp.227~228.
44) 'Now then, Master Gotama, is suffering wrought by on's self?' 'Not so verily, Kassapa,' said the Exalted One. 'What then, Master Gotama, is one's suffering wrought by another?' ; SN 2.17(text. ii. 18) ; *The Kindred Sayings of the Buddha 2* (P.T.S.), p.15. cf. SN Ⅱ. p.20.
45) SN 2.1.35 ; Ibid, pp.43~44. cf. SN Ⅱ. p.61.
46) SN 2.1.48 ; Ibid, pp.53~54.
47) SN 2.1.18 ; Ibid, pp.17~19. cf. SN Ⅱ. p.23.
48) SN 2.1.15 ; Ibid, pp.12~13. cf. SN Ⅱ. p.17.

붓다의 견해에 의하면, 이러한 양극단의 모순 대립은 철학적 주제로서 성립될 수 없는 사견(邪見)으로서, 무지에서 연유하는 근본 오류인 것이다. 번뇌에서 연유하는 분별식(分別識)의 망상인 것이다. 이러한 사견은 당시 인도 사상계를 지배하고 있던 2대 조류, 곧 전변설(轉變說, parimama-vāda)과 적취설(積聚說, arambha-vāda)에서 파생되고 있는 것이다. 전변설은 존유화작(尊有化作)의 일원사상이고 적취설은 다요소집적(多要素集積)의 다원사상인 것은 앞에서 이미 관찰한 바 있다.

또 현대과학의 측면에서 보면, 이 극단적 모순구조는 '데카르트-뉴턴적 세계관(Cartesian-Newtonian world-view)'의 모순, 바로 그것임을 발견하게 된다. 여기서 봄의 주장을 다시 한번 경청할 필요가 있을 것이다.

세계를 분리시켜 독존(獨存)하는 부분들로 분석할 수 있다는 고전적 생각을 부정하는, 분해되지 않는 전체성(全體性)이라는 새로운 개념에 이르게 되었다. 세계의 독립적인 '기본적 부분들'이 근본적 실재라고 하는, 그리고 다양한 체계들은 단지 이러한 부분들의 특별한 우연적 형태와 배열들이라고 하는 일반적인 고전적 개념을 우리는 뒤집어 엎었다. 오히려 전 우주의 불가분적 양자(量子) 상호 연결성이 근본적 실재이고, 상대적으로 독립하여 행동하는 부분들은 단지 이 전체 내의 특별한 우연적인 형태라고 할 것이다.[49]

---

49) D. Bohm & B. Hiley, Ibid, p.96 · 102.

'중도는 연기이다'

자타(自他)·단상(斷常)·일이(一異)·일다(一多)·고락(苦樂)·유무(有無) —

이것은 분별식의 망상이며, 서구적 이성의 허위의식일 뿐이라는 사실이 이제 분명해진다. 이러한 양극단적 망상·허위의식·모순구조는 '고립 독존하는 기본적인 부분들'이 집합하여 이 세계와 모든 존재를 구성하고 있다는 데카르트-뉴턴적 모델이 내포하는 불가피한 자기 모순인 것이다. 현대 과학자들이 '전 우주적 불가분의 상호연관성의 장(場)'을 발견함으로써 이 모순구조를 파기한 것같이, 붓다는 2,600여 년 전 연기법의 자각을 통하여 이러한 사건을 여지없이 혁파하고, 새로운 전일적·연기적 세계를 개현한 것이다. 연기법의 진리성이 다시 한번 확인되고 있다.

이 연기적 세계관에 입각하면, 자타·유무의 양극단적 개념들은 하나의 허구적 모순으로 드러나고 만다. 철학적 논의의 대상이 될 수 없는 착각이며 환상인 것이다. 여섯 가지 모순 개념 가운데 가장 대표적인 '유(有)·무(無)' 양극단의 경우, 붓다는 연기법에 의하여 이렇게 혁파하고 있다.

"까차야나여, 이 세간이 여러 가지 조건으로 생겨나는 것을 여실히 보면, '이 세간은 없다'라는 무(無)의 견해가 생겨나지 않게 되고, 이 세간이 소멸되는 것을 바르게 보면, '이 세간은 있다'라는 유(有)의 견해가 생겨나지 않는다. ……

까차야나여, 여래는 두 극단을 떠나, 그대에게 중도의 이치를 가르치나니, 이른바 '무명으로 말미암아 행이 생겨나고, 행으로 인하여 식이 생겨나고, …… 그러나 무명이 소멸됨으로 인하여 행이 소멸되고, ……
이렇게 해서 모든 고통의 덩어리가 소멸되는 것이다.'"50)

이것은 무명(無明, avijjā)이 있는 한 세간도 집기 유전되므로 '없다
〔無〕'고 할 수 없고, 무명이 멸하면 세간도 소멸되므로 '있다〔有〕'고
할 수 없다는 뜻이다. 이렇게 연기법-12연기법의 유전문(流轉門)과
환멸문(還滅門)에 의하여, 유무(有無) 등 양극단의 모순 대립을 대치
(對治, pratipaksa)하고, 제법의 자유 무애한 실상, 곧 공성(空性)을
여실히 드러내는 것이 중도이다. 중도(中道, majjhimā-patipadā)라고
할 때, '중(中, majjhima)'은 곧 '연기'이다. 그래서 김동화 박사는 '중
도는 곧 연기다'라고 규정하고 있다.51) '중도, 곧 연기'의 규정은 위의
까차야나(Kaccayana)에 대한 담마에서도 분명하게 드러나고 있다.52)

이와 같이, 붓다는 중도적 침묵에 의하여 일차적으로 양극단이라는
모순된 생각의 뿌리를 여지없이 끊어서 파기하고, 연기법에 근거하여
무명을 제거함으로써 보다 적극적으로 제법의 실상을 열어 보이는 것이
다. 이것은 중도가 연기법의 자각 자증, 곧 견성을 실현하는 실제적인
방법론이라는 사실을 의미하는 것으로 해석된다. 따라서 이러한 붓다의
중도적 접근법은 모순지양(矛盾止揚)이라는 측면에서는 서양철학의 변
증법적 접근법과 유사성이 있는 것으로 보이지만, 철학적 방법론에 있

---

50) SN 2.1.15 ; Ibid, pp.12~13. cf. SN Ⅱ. p.17.
51) 김동화, 『佛敎學槪論』, p.126.
52) 'Not approaching either extreme, the Tathagata teaches you a doctrine by
    the Middle Way-Conditioned by ignrance activities come to pass-But
    from the utter fading away and ceasing of ignorance ceasing of activities,
    and thus comes ceasing of this entire mass of ill.' ; SN 12.2.15(text. ii.
    15) ; Ibid, p.13.

어서는 본질적으로 구분되는 것이다. 빤드는 이렇게 논하고 있다.

  Mrs. Rhys Davids는 중도법을 존재와 비존재의 대립을 해결하는 형성의 원리(the Doctrine of Becoming)로 해석하고 있다. 이것은 자연스럽게 헤라클레이투스(Herakleitus)와 헤겔(Hegel)을 (변증법을, 저자 註) 연상시킨다. 그러나 붓다의 중도는 존재·비존재의 두 카테고리를 (변증법적 정반합으로, 저자 註) 통합함에 의해서가 아니라 그 양자 모두를 (연기법적으로, 저자 註) 초월함에 의하여 해결을 추구하는 것으로 보인다. (모든 것이 연기적으로, 저자 註) 형성된다는 사실 (the fact of Becoming)은 '순수 존재(pure Being)'와 '순수 비존재 (pure Non-being)'라는 아이디어가 실재의 본성을 결정하기 위한 카테고리로서 적합하지 못하다는 것을 보여 주고 있다.53)

최봉수 교수는 이렇게 논하고 있다.

  여기에서 행(行)의 중도(中道)를 제외한 5종의 중도는 모두 십이연기설과 밀접한 관계를 맺거나 십이연기설을 중(majjha)의 내용으로 함을 정리할 수 있다. 원시불교를 대변한다고 할 만한 삼법인설, 윤회사상, 공의(空義), 중도사상 등의 교설이 모두 십이연기설을 그 직접 간접의 근거로 삼고 있음을 살핀 것이 되어, 연기사상의 원시불교에서의 전개를 짐작할 수 있게 한다.54)

---

53) G. C. Pande, Ibid, p.421.
54) 최봉수, 앞의 책, p.231.

4) 견성의 길, 4제 8정도

중도는 곧 '行의 中道'

중도는 곧 연기법이고, 연기법은 곧 중도이다.[55] 중도는 연기법에 근거하여 만물을 존재·비존재의 허망한 양극단(兩極端, dead-ends)으로 분열 대립시키는 뿌리깊은 철학적 모순을 타파하고, 제법을 연기의 과정으로, 형성(Becoming, 형성과 소멸)의 전일적 과정으로 통찰함으로써, 모순 대립의 사견(邪見, micchā-diṭṭhi)을 초월하고 제법의 실상에 대한 정견(正見, Sammā-diṭṭhi)·정각(正覺, Sammā-sambodhi)을 이끌어내는 정도(正道)로 평가되고 있다. '중도(中道)는 곧 정도(正道, Sammā-paṭipāda)'로서 규정되는 것이 이 때문이다.[56]

중도는 이론적 중도와 실천적 중도로 구분된다.[57] 이론적 중도란, 자타(自他)·단상(斷常)·일이(一異)·일다(一多)·유무(有無), 이 다섯 가지 양극단이 실제로는 연기법의 진리에 의하여 불이(不二) 공성(空性)의 전일성(全一性)을 통합하는 것을 말한다.[58]

여기서 보다 중시되는 것이 '실천적 중도', 곧 '행(行)의 중도(中道)'이다.

'행(行)의 중도(中道)'란 무엇인가?

붓다는 바라나시 초전법륜에서 이미 이렇게 설하고 있지 않았던가.

---

55) 'He teaches the Middle Way, which is Paṭiccasamppāda.' ; G. C. Pande, Ibid, p.419.
56) G. C. Pande, Ibid, pp.422~423 ; 이중표, 앞의 책, pp.84~85.
57) 김동화, 앞의 책, p.94.
58) 이중표, 앞의 책, pp.61~73 ; 최봉수, 앞의 책, pp.228~231.

"그러면 수행자들이여, 여래가 온전히 잘 깨달았고, 눈뜨게 하고, 이해하게 하고, 고요함·뛰어난 이해·깨달음·열반으로 이르게 하는 중도란 무엇인가?

곧 이 여덟 가지 성스러운 길〔八正道〕이 바로 그것이니, 그것은 정견(正見)·정사유(正思惟)·정어(正語)·정업(正業)·정명(正命)·정정진(正精進)·정념(正念)·정정(正定)이다.

수행자들이여, 이것이 성스러운 고통의 진리〔苦諦〕이니,……

수행자들이여, 이것이 성스러운 고통의 생겨남의 진리〔集諦〕이니,……

수행자들이여, 이것이 성스러운 고통의 소멸의 진리〔滅諦〕이니,……

수행자들이여, 이것이 성스러운 고통의 소멸로 이끄는 길의 진리〔道諦〕이니,……

수행자들이여, 나는 '이것이 성스러운 고제이다.'라는 이전에 결코 들어보지 못한 담마를 생각함으로써, 눈이 생겨나고, 이해가 생겨나고, 지혜가 생겨나고, 보다 높은 이해가 생겨나고, 빛이 생겨났느니라."59)

8정도(八正道, Ariyo-aṭhaṅgiko-maggo, 八支聖道),

4성제(四聖諦, Cattāri-ariyā-saccāni),

4제 8정도-.

이 4제 8정도가 바로 붓다가 최초로 열어 보인 중도이다. 정각·견성을 실현하는 정도이다. 팔정도를 '정도'라고 규정하는 것은 바로 이 때문인 것이다. 4제 8정도는 정각 이후 첫 설법에서 붓다가 선포한 붓다-담마의 정수(the essence of the doctrine)로서, 모든 학파에 의하여 수용되고,60) 부파·대승에 의해서도 인정되고 있다. 또 빠알리-니까야에서

---

59) Mv 1.6.17-23 ; *The Book of the Discipline 4* (P.T.S.), pp.15~17.
60) E. Conze, *Buddhism*(Harpen Torchbook, New Yo가, 1999), p.43.

광범위하게 설하고 있다. 이것은 4제 8정도가 Buddha-Dhamma의 근본으로서 그 정통성을 인정받고 있다는 사실을 의미하는 것이다. 두트(N. Dutt)는 이렇게 논하고 있다.

비록 부파 불교도(Hīnyānists)와 대승 불교도들(Mahāyānists)이 공(空, śūnyatā)의 개념에 관해서 일치하지 못한다 할지라도, 붓다가 4성제(Cattāri-ariyā-saccāni)와 12연기(Pratityasamutpāda)를 가르쳤다는 사실에 관해서는 그들 사이에 어떤 불일치도 없다.61)

'연기, 곧 중도'의 실제

4제 8정도의 담마가 붓다 자신에 의하여 전적으로 고안된 것이 아닌 것으로 분석되고 있다. 또 *Mahāvagga*에서 나타나고 있는 것같이, 처음부터 완전한 형태를 갖춘 것은 아닌 것으로 지적되고 있다. 4제 8정도나 12연기의 용어들은 불교 이전의 샹카(Saṇkhya) 학파나 요가(Yoga) 학파에서 이미 채용되고 있었고, 4제 8정도의 완전한 형태는 후기에 이르러 형성된 것으로 고찰되고 있다.

그러나 이러한 용어들이 현행의 철학적 개념으로 구성되고 체계화된 것은 불교도들의 오랜 노력의 산물로 평가되고 있다.62) 빤드는 이렇게 논하고 있다.

4성제의 체계는, 비록 붓다가 그것을 실제로 심화시키지는 않았다

---

61) N. Dutt, *Aspects of Mahayana Buddhism and its Relation to Hinayana*, p.49. cit. G. C. Pande, Ibid, p.398.
62) E. J. Thomas, *The Life of Buddha* (Motilal Banarsidass Pub. Delhi, 1997), pp.193~194.

하더라도, 붓다의 가르침에 대한 용이한 응용으로 보인다. 쉐르바트스키(Scherbatsky)는 4성제 속에는 독특한 것이 없으며, 그 속으로 집중되는 내용에 따라 그 의미가 변화한다는 것을 지적하고 있다.63)

4제 8정도의 형식이 비(非)불교도의 체계 속에서도 나타나고 있다는 것은 사실이다. 그러나 불교도의 사상계에서와 같이 그것에 대한 중요성이 강조된 일은 그 어디에도 없었다는 것이 기억되지 않으면 안 된다. 그렇게 해서 4제 8정도의 체계가 불교에서 최초로 일어났고 다만 후기에 철학적 사상의 주류가 된 것으로 보인다.64)

이러한 분석은 4제 8정도가 최초에 매우 간결한 실천적 형식으로 설해졌다는 사실을 강력히 시사하는 것으로 해석된다. 이것은 교리 발달사적인 관점에서 매우 중요한 의의를 지니는 정의(定義)이다. 붓다는 우루벨라 보리수 아래서 선정을 통하여 우주적 보편의 진리인 연기법을 자각 자증하고, 바라나시 사슴동산 첫 설법에서 다섯 수행자에게 8정도라는 간결 명료하고 구체적인 실천의 길을 제시하고 있다. 우루벨라의 연기법이 바라나시의 8정도로 전환한 것이다. 연기법이 8정도로 전환한 것이다. 그리고 이 8정도가 곧 중도라고 천명하고 있는 것이다.

이 전환의 의미는 무엇일까?

미묘한 연기법이 단순한 8정도로 전환되는 의도는 무엇일까?

이것은 원리에서 실천으로의 전환으로 보인다. 우주적 상관성의 원리인 연기법이 깨달음의 내용이라면, 팔정도는 그 깨달음을 실현해 내

---

63) Scherbatsky, *The Conception of Buddhist Nirvāna*, p.55. fn. 1.
64) G. C. Pande, Ibid, p.397.

는 구체적인 방법론이며 생활인 것이다. 팔정도는 곧 실천을 전제로 한 깨달음의 삶이라고 규정할 수 있을 것이다. 연기법에 근거하여, 깨달음을 하나의 이론이나 사상체계로서가 아니라, 현실의 삶으로, 일상적인 삶의 현장에서 여실히 살아내는 깨달음의 삶, 열반의 삶으로 전환시키고 있다. 이것이 바로 팔정도이며 중도인 것이다. 그래서 붓다 스스로 중도-팔정도를 평가하여, "이전에 결코 들어보지 못한 담마를 생각함으로써, 눈이 생겨나고, 이해가 생겨나고, 지혜가 생겨나고, 보다 높은 이해가 생겨나고, 빛이 생겨났느니라."[Mv 1.6.17 -23] 하였다.

"수행자들아, 나는 중도를 깨달았다.
고행은 무익한 것이다.
쾌락은 무익한 것이다.
고행과 쾌락을 버리고 나의 담마대로 실천하면, 그대들도 나와 같이 깨달음을 이루고 불사(不死)를 얻을 것이다."[Mv 6.17 brief.]

이것이 바로 '연기 곧 중도'의 실제이다. '연기 곧 중도'의 실제가 이렇게 간결 직절하게 드러나고 있다. 중도의 담마는 본래 이렇게 간결하게, 명료하게, 구체적으로 표현되는 것이다. 어디서도 난해한 복잡 구조를 찾아볼 수 없다. '중도공(中道空)'이라 하여, 공(空)이 또 공(空)을 낳는 식으로, 끊임없이 반복돼서 복잡 미로를 헤매는 후대의 공(空)사상이 어떻게 해서 발전하게 되었는지 이해가 안 갈 정도로, 중도는 이렇게 간결 명료하며 구체적이다.

4제 8정도의 실천적 구조

간결하게, 명료하게, 구체적으로—

이것이 중도의 특징이며 생명력이다. 붓다-담마가 본래 이런 것이다. 이것은 붓다가 사슴동산에서 고(苦)·낙(樂)·중도(中道)만을 설하였다는 역사적 사실에서도 이미 입증되고 있다. 그리고 중도 법문의 이러한 간결 명료한 실천성은 8정도, 4제 8정도의 담마에서도 여실히 관철되고 있다. 붓다가 '중도란 무엇인가?'라는 자문에 대하여, '8정도가 곧 그것이다'라고 자답함으로써, '연기 곧 중도'의 실천적 본질을 명쾌히 확립하고 있다. 여기서 8정도가 4제에 앞서 설하고 있다는 사실을 상기하고, 그 의도를 명상할 필요가 있을 것이다.

"이것이 고통이다.
이것이 고통이 생겨나는 원인이다.
이것이 고통의 소멸이다.
이것이 고통을 소멸시키는 여덟 가지 바른 길이다."〔Mv 6.19-22 brief〕

이것이 4제의 요지이다. 4제가 8정도의 실천을 위한 도입 시설이라는 사실이 분명하게 드러나고 있다.

"이것이 고통임을 삶을 통하여 실제로 알아라.
이것이 고통의 원인임을 알고, 삶을 통하여 실제로 탐욕을 끊어라.
이것이 고통의 소멸임을 알고, 삶을 통하여 실제로 실현해 내라.
이것이 고통을 소멸시키는 길임을 알고, 삶을 통하여 실제로 그렇게 살아라.

이렇게 하면, 눈이 생겨나고, 이해가 생겨나고, 지혜가 생겨나고, 보다 높은 이해가 생겨나고, 빛이 생겨날 것이다."〔Mv 6.23-26 brief〕

이것이 3전 12상(三轉十二相)의 구조 속에서 드러나는 붓다의 메시지이다. 시종일관 삶을 통한 실천이 강조되고 있는 것이다. 그래서, 붓다는 '바라나시의 초전법륜'에서, "수행자들아, 나는 '이 성스러운 도제는 마땅히 실천돼야 한다.'…… '이 성스러운 도제는 이미 실천됐다.'라는 이전에 결코 들어보지 못한 담마를 생각함으로써, 눈이 생겨나고,…… 빛이 생겨났느니라."라고 결론 내리고 있다.〔Mv 1.6.26 brief〕

붓다는 왜 침묵하고 있는가?
이 침묵에 의하여, 모순 대립의 사견을 근본적으로 파기 초월하고, 간결하고 단순한 8정도의 실천을 이끌어냄으로써 견성·정각의 정도를 열어 보이는 데 붓다의 진의가 있는 것으로 생각된다. 붓다가 비록 형이상학적 문제들을 경시한 것은 아니라 할지라도, 그의 관심은 복잡 심오한 사상체계의 구축에 있는 것이 아니다. 견성·정각, 오로지 이 하나의 절박한 현실적인 생존의 문제에 집중되어 있었던 것이다. 이것이야말로 침묵이 지니는 가장 적극적인 의미가 아닐까? 이것이 바로 '행(行)의 중도(中道)'가 내포하는 본래의 의미가 아닐까? 그런 까닭에, 붓다는 수행자 말륭카에게 이렇게 답하고 있다.

"말륭카야, 만일 어떤 사람이 이렇게 말한다고 하자.
'세존께서 나에게, 이 세계는 영원하다.…… 또는 사후에 여래는 존재하는 것도 아니고, 존재하지 않는 것도 아니라고 말해 주지 않으면,

나는 세존 밑에서 청정한 삶을 추구하지 않을 것이다.'

그렇다면, 이 문제들은 언제까지나 여래에 의해서 설해지지 않을 것이다. 그리고 그동안 그 사람은 죽게 될 것이다."65)

중도-
이것은 절박한 삶의 문제이다.

화살 맞아 죽어가는 사람에게는 선택의 여지가 없다. 살기 위하여, 사람답게 살기 위하여, 지금 곧 8정도를 찾아 나설 것이다. 삶의 현장에서, 삶을 통하여, 8정도를 찾아 나설 것이다.

3. 무아(無我) – 비이기적(非利己的) 삶의 실천

1) 바라나시의 두 번째 법문, 무아(無我, Anattā)66)

「세존께서는 다섯 수행자들에게 말씀하셨다.
"수행자들아, 색(色)은 무아(無我)이다.

수행자들아, 만일 색이 참된 자아(自我)라면, 이 색에 병이 생기지 않을 것이고, 색에게 '나를 위해 이렇게 되어라, 저렇게 되지 마라.'라고 하면, 뜻대로 되어야 할 것이다.

그러나 수행자들아, 색은 무아이기 때문에 병이 생기고, 색에게 '나

---

65) MN 1, 429-430(63, Cūla-Māluṅkya-Sutta) ; *The Collection of the Middle Length Sayings 4* (P.T.S.), pp.99~100.
66) Mv 1.6.38-47 ; *The Book of the Discipline 4* (P.T.S.), pp.20~21. cf. SN 22.59(text. iii. 66) ; *The Kindred Sayings of the Buddha 3* (P.T.S.), pp.59~60 ; MN iii. 19.

를 위해 이렇게 되어라, 저렇게 되지 마라.'라고 해도 뜻대로 되지 않는 것이다.
　수행자들아, 수(受)는 무아(無我)이다. ……
　수행자들아, 상(想)은 무아(無我)이다. ……
　수행자들아, 행(行)은 무아(無我)이다. ……
　수행자들아, 식(識)은 무아(無我)이다. ……
　수행자들아, 어떻게 생각하느냐? 색은 영원(永遠)한가? 무상(無常)한가?"

"세존이시여, 색은 무상합니다."
"무상한 것은 괴로움인가? 즐거움인가?"
"세존이시여, 무상한 것은 괴로운 것입니다."
"무상하고 괴롭고 반드시 변하고야 마는 것을 두고, '이것은 나의 것이다, 이것은 나이다, 이것은 나의 자아이다.'라고 할 수 있겠느냐?"
"세존이시여, 그럴 수는 없습니다."
"수·상·행·식은 영원한가? 무상한가?"
"세존이시여, 수·상·행·식은 무상합니다."
"무상한 것은 괴로운 것인가, 즐거운 것인가?"
"세존이시여, 무상한 것은 괴로운 것입니다."
"무상하고 괴롭고 반드시 변화하고야 마는 것을 두고, '이것은 나의 것이다, 이것은 나이다, 이것은 나의 자아이다.'라고 할 수 있겠느냐?"
"세존이시여, 그럴 수는 없습니다."

"그런 까닭에 수행자들아, 어떤 색에 대해서도, 과거의 것이든 미래의 것이든 현재의 것이든, 주관적인 것이든 객관적인 것이든, 거친 것이든 미세한 것이든, 열등한 것이든 고상한 것이든, 멀리 있는 것이든 가까이 있는 것이든, 바른 지혜에 의하여 그 모든 색은 나의 것이 아니고, 내가 아니고, 나의 자아가 아니라고 있는 그대로 보아야 한다.

어떤 색·수·상·행·식에 대해서도, 그것이 과거의 것이든 미래의 것이든 현재의 것이든, 주관적인 것이든 객관적인 것이든, 거친 것이든 미세한 것이든, 열등한 것이든 고상한 것이든, 멀리 있는 것이든 가까이 있는 것이든, 바른 지혜에 의하여 그 모든 색·수·상·행·식은 나의 것이 아니고, 내가 아니고, 나의 자아가 아니라고 있는 그대로 보아야 한다.

수행자들아, 들은 것이 많은 나의 성스러운 제자라면 그것들을 무아로 보는 까닭에, 색도 싫어하고, 수도 싫어하고, 상도 싫어하고, 행도 싫어하고, 식도 싫어한다. 싫어하는 까닭에 평정해지고, 평정해짐으로써 해탈한다. 해탈 속에서 이런 깨달음이 온다. 곧 '나는 해탈하였다.' 그리고 그는 이렇게 깨닫는다.

'재생은 이미 타파되었다.
청정한 수행은 이미 확립되었다.
해야 할 과업은 모두 실천되었다.
이와 같은 생존은 다시 없으리라.'"

세존께서 이렇게 설하자, 다섯 수행자들은 기뻐하면서 세존의 설법 속에서 즐거워하였다. 더욱이 법문이 진행되는 동안, 다섯 수행자들은 집착이 사라져 모든 병에서 해탈하였다.
그때 이 세상에 아라한은 여섯이었다.」

2) 무아설(無我說)의 논리와 비(非)논리

무아의 논리, 무상(無常)·고(苦)·무아(無我)

"색(色, rūpa)은 무상(無常)한 것이다.
무상한 것은 고통스런 것이다.
고통스러운 것은 나의 것도 아니고, 나도 아니다.
나의 것이 아니고, 내가 아니기 때문에 싫어하고, 버리고 떠나, 해탈 열반에 이른다."[67]

이것은 초기경전 도처에서 발견되는 무아설(無我說)의 정형적 서술 방식이다. 그리고 무아의 담마는 바라나시 사슴동산의 두 번째 설법에서 처음으로 나타나고 있다. *Mahāvagga* · *Sangyutta-Nikāya* · *Majjhima-Nikāya* 등 빠알리-니까야 도처에서 기록되고 있는 것으로 보아, 이 '바라나시의 무아법문'은 초기불교의 기본적 담마로 인정된다. 이 담마를 근거로 삼법인(三法印)·사법인(四法印)의 설이 주장되고 있는 것은 이미 널리 알려진 사실이다.

이 무아설의 논리적 특징은 5온(五蘊, pañcakkhandāḥ)을 기본 개념으로 삼아 '나(自我)의 존재'를 치밀하게 분석하고 있다. 그래서 '5온 무아(五蘊無我)'라고 하는 것이다. 붓다는 이렇게 전개하고 있다.

"어떤 색·수·상·행·식에 대해서도, 그것이 과거의 것이든 미래의 것이든 현재의 것이든, 주관적인 것이든 객관적인 것이든, 거친 것

---

67) 『雜阿含經』 1.1, 「無常經」 ; 『한글대장경 雜阿含經』 1, p.1. brief.

이든 미세한 것이든, 열등한 것이든 고상한 것이든, 멀리 있는 것이든 가까이 있는 것이든, 바른 지혜에 의하여 그 모든 색·수·상·행·식 은 나의 것이 아니고, 내가 아니고, 나의 자아가 아니라고 있는 그대로 보아야 한다."〔Mv 1.6.43-45, SN 22.59〕

'그 모든 색·수·상·행·식은 내가 아니다.
5온(五蘊, pañcakkhandāḥ)은 내가 아니다.'
이것이 '내가 아니다,' '내가 없다'라는 무아사상(無我思想)의 가장 기본적인 논리이다. 무지(無知, 無明, avijjā, ignorance)와 탐욕(貪慾, 渴愛, taṇhā, craving)으로 인하여 색·수·상·행·식, 즉 왜곡되게 감촉하고, 느끼고, 생각하고, 조작하고, 의식화함으로써,68) 자아(自我, Attā, Skt. Ātman)라는 허위의 존재가 개념화된다는 것은 자아형성에 대한 붓다의 가장 기본적인 논리로서, 빠알리-니까야에서 무수히 발견되기 때문에, 새삼 재론의 필요가 없을 것이다.

이 '5온', 곧 '자아를 조작하는 다섯 가지 왜곡된 의식'은, 연기법적 조건의 변화에 따라서 그 하나하나가 끊임없이 변화하고 생멸하는 것이기 때문에 무상한 것이다(無常, Aniccā). 무상하기 때문에, 변하여 사라지는 것이기 때문에 영속적 소유를 욕탐하는 중생적 존재에게는 그것이 곧 고통이다(苦, dukkha). 내 뜻대로 되지 아니하고 고통인 것을 '나다(自我, Attā)', '나의 것이다(我所, atmiya)'라고 할 수 없는 것이다. 그렇기 때문에 5온은 내가 아니다. 5온으로 조작된 나는 진정

---

68) 5온에 탐욕이 작용할 때, 이것을 5취온(五取蘊)이라고 하여 5온과 구분한다. 무아를 논할 때의 5온은 곧 5취온이다. ; '5온에 탐욕이 있으면 이것이 5취온 이다.'(『雜阿含經』58, 「陰根經」; 『한글대장경 雜阿含經』1, pp.55~59)

한 자아가 아닌 것이다(無我, Anattā). 이것이 '무아의 논리'이다.69)
 붓다는 여기에서 더 나아가, 이 세상 안과 세상 밖의 모든 사물(saṅkhāra, dhamma, 諸行, 諸法) 속에 영원한 실체, 영혼·자아가 없다고 해명하고 있다(諸法無我). 이것이 '법무아(法無我, dhammā-nairatmya)'이다. 이것에 대하여 5온 무아, 곧 '내가 없다'는 담마는 '인무아(人無我, pudgala-nairatmya)'라고 규정한다.70) 붓다는 사밧티 제타동산에서 500명의 수행자들에게 수행 주제를 부여하면서, 이렇게 설하고 있다.

"모든 담마에는 자아가 없다.
내적 관찰의 지혜로 이렇게 보는 사람은
고통에 대하여 싫어함을 갖나니
오직 이것이 청정에 이르는 길이다."71)

'지은 자는 없어도 받는 자는 있다'
'5온 무아(五蘊無我), pañcakkhandāh anattā,
5온 속에는 내가 없다, 자아가 없다.'
'제법무아(諸法無我), sabbe dhammā anattā,
모든 것 속에는 자아가 없다, 실체가 없다.'

---

69) Walpola Rahula, *What the Buddha Taught*(The Gordon Fraser Gallery Ltd., London, 1978), pp.20~25·51~66 ; H. W. Schumann, *The Historical Buddha* (Arkana, London, 19889), pp.138~144 ; 딧사나야케·정승석, 앞의 책, pp.15~56 ; 이중표, 앞의 책, pp.154~180·243~248·316~319.
70) W. Rahula, Ibid, p.58.
71) Dhp-Com. 20.3(text. N. iii.405-406. 277) ; *Dhammapada-Commentry 3*, p.150.

이 '무아의 담마(無我法)'는 논리적으로나 일상적으로는 거의 인정하기가 어렵다는 것이 사실일 것이다. '내가 없다면……' 하고 수많은 의문들이 터져 나올 것이다. '내가 없다면, 지금 이 나는 누구인가?' '누가 생각하고 누가 말하는가?' '내가 없다면 누가 짓고 누가 받는가? 윤회의 주체는 누구인가?……' 이와 관련하여 붓다는 『잡아함경』에서 이렇게 설하고 있다.

"나는 이제 너희들을 위하여 설법하리라.
어떤 것을 제일의공(第一義空)이라고 하는가?
수행자들이여, 눈은 생길 때도 오는 곳이 없고, 멸할 때도 가는 곳이 없다. 이와 같이, 눈은 진실이 아니면서 생기고, 생겼다가는 다 멸하나니, 업보(業報)는 있지마는 지은 자는 없느니라. 이 쌓임[蘊]이 멸하고 나면 다른 쌓임이 이어받나니, 세속의 수법(數法)과는 다르니라."[72]

'업보는 있으나 지은 자는 없다.'
이것은 더욱 이해하기 어려운 말로 들린다. 그렇다면 업보는 지은 자도 없고 받는 자도 없단 말인가? 인과응보는 어찌 되는 것인가? 인생에 아무 책임도 없단 말인가?
이중표 교수는 이렇게 해설하고 있다.

우리가 자아라고 생각하는 육입처(六入處)는 잠시도 지속하지 않고 생멸하고 있다. 이것이 현존이다. 그런데 이것을 변함없는 자아라고 생각하고 있는 것이 무명에 의해 전도된 중생이다. 현존은 끊임없이 새로

---

72) 『雜阿含經』 335, 「第一空經」 ; 『한글대장경 雜阿含經』 1, p.381.

운 모습으로 변화한다. 즉 차음(此陰 : 현재의 5온, 저자 註)이 멸하면 이음(異陰 : 미래의 5온)이 상속한다. 따라서 업(業)과 보(報)만 있을 뿐, 불변하는 자아로서의 업의 작자(作者)는 있을 수 없다.

그러나 무명에 의해 자아를 취착하여 분별하는 중생들은 멸한 음(陰, 憶念 속의 5온)과 상속된 음(陰, 현존하는 5온)과 기대하는 음(陰, 추구하는 5온)을 욕탐으로 취착하여, 과거·현재·미래에 걸쳐 존재하고 있는 동일한 자아의 세계로 취착한다. 이것이 중생이 생사하는 세계이다.

그러나 본래는 업(業)에 따른 보(報)로서 음(五蘊)의 상속만 있을 뿐이므로, 5온을 자아나 세계로 취착하지 않으면 생사는 인식될 까닭이 없다.73)

'지은 자는 없어도 받는 자는 있다.'

바로 이것이 무아법의 비(非)논리이다. 뭐라고 분석하고 해설해도 이해되지 않는 논리의 사각지대인 것이다. 생각하고 추론하면 할수록 더욱 깊은 사변의 수렁에 빠져들 뿐이다. 붓다가 바라나시 초전법륜에서 선포한 '무아(無我, Anattā)의 담마'가 이런 것이란 말인가?

3) 무아(無我), '의식(意識)'의 문제

5온 형성에 관한 붓다의 설명

'지은 자는 없어도 받는 자는 있다—.'

이쯤해서 논리적 추리나 사변적 상상을 멈추는 것이 좋을 것이다.

---

73) 이중표, 앞의 책, p.289.

합리적 해석을 위한 어떤 시도도 포기하는 것이 좋을 것으로 생각된다. '지은 자는 없어도 받는 자는 있다.'라는 주장 앞에서, 스스로 논리의 모순을 절감하기 때문이다. 논리의 무용(無用)이란 것이 더 적절한 표현이 될 것이다. 이 지점에서, 무아의 논의가 Dhamma의 특성, 간결 명료한 실천성을 일탈한 채, 자칫 희론(戱論)의 함정에 빠져들지나 않았는가, 스스로 점검해 볼 때가 된 것으로 생각된다.

먼저, 바라나시의 두 번째 설법의 현장으로 돌아가, '무아의 담마'를 빈 마음으로 경청하는 데서부터 다시 시작할 필요가 있다. 붓다는 이렇게 시작하고 있다.

"수행자들아, 색(色)은 무아(無我)이다.

수행자들아, 만일 색이 참된 자아(自我)라면, 이 색에 병이 생기지 않을 것이고, 색에게 '나를 위해 이렇게 되어라. 저렇게 되지 마라.'라고 하면, 뜻대로 되어야 할 것이다.

그러나 수행자들아, 색은 무아이기 때문에 병이 생기고, 색에게 '나를 위해 이렇게 되어라. 저렇게 되지 마라.'라고 해도 뜻대로 되지 않는 것이다."〔Mv 1.6.38〕

붓다가 이렇게 색(色, rūpa)으로부터, 5온으로부터 '무아의 담마'를 전개한 것은 무엇 때문일까? 무슨 의도일까?

이 문제에 접근하기 위해서는, 먼저 색(色, rūpa), 5온(五蘊, pañca-kkhandāḥ)의 의미가 규명되어야 할 것으로 생각된다. 이와 관련하여 사밧티에서 붓다는 수행자들에게 이렇게 설하고 있다.

「"수행자들이여, 출가자나 브라민들은 그들의 다양한 과거의 삶들을 기억할 때, 그것이 무엇이든 그들은 5온이 모두 모여서 그렇게 한 것으로서 기억하거나, 5온 가운데 한두 가지가 그렇게 한 것으로 기억하고 있다. 그러면서 이렇게 말한다.

'나는 과거에 이러저러한 색(色)이었다.'

그리고, 수행자들이여, 또 그것은 색이다라고 기억한다. 이렇게 그들은 기억하고 있다.……〔수・상・행・식에 대해서도 마찬가지다.〕

수행자들이여, 그러면, 그들은 왜 (무엇을) 색(色)이라고 말하는 것일까?

수행자들이여, 그들은 (무엇엔가에 의해서) 와닿는(ruppati) 감촉(感觸, samphassa, affected)을 받는다. 그래서 '색(色, rūpa)'이라는 명칭을 쓴다. 무엇에 의하여 와 닿는 감촉을 받았는가? 차고 뜨거운 것, 배고픔과 갈증, 각다귀와 모기, 바람과 태양, 뱀들을 접촉함으로써 와 닿는 감촉을 받는다.

수행자들이여, 사람들은 이렇게 감촉 받는다. 이것이 '색(色, rūpa)'이라고 말하는 이유이다.……〔수・상・행・식에 대해서도 마찬가지다.〕

수행자들이여, 출가자나 브라민들은 그들의 다양한 과거의 삶들을 기억할 때, 그것이 무엇이든, 그들은 5온이 모두 모여서 그렇게 한 것으로서 기억하거나, 5온 가운데 한두 가지가 그렇게 한 것으로 기억하고 있다. 그러면서 이렇게 말한다.

'나는 과거에 이러저러한 색(色)이었다.'

그리고 수행자들이여, 또 그것은 색이다라고 기억한다. 이렇게 그들은 기억하고 있다.……〔수・상・행・식에 대해서도 마찬가지다.〕

수행자들이여, 그러면 그들은 왜 (무엇을) 색(色)이라고 말하는 것일까?

　수행자들이여, 그들은 (무엇엔가에 의해서) 부딪치는(ruppati) 듯한 감촉(感觸, samphassa, affected)을 받는다. 그래서 '색(色, rūpa)'이라는 명칭을 쓴다. 무엇에 의하여 부딪치는 듯한 감촉을 받았는가? 차고 뜨거운 것, 배고픔과 갈증, 각다귀와 모기, 바람과 태양, 뱀들을 접촉함으로써 부딪치는 듯한 감촉을 받는다.

　수행자들이여, 사람들은 이렇게 부딪친다. 이것이 '색(色, rūpa)'이라고 말하는 이유이다.……〔수・상・행・식에 대해서도 마찬가지다.〕"

"수행자들이며, 그대들은 어떻게 생각하는가? 색은 영원한 것인가? 무상한 것인가?"
"세존이시여, 무상한 것입니다."
"그러면, 무상한 것은 기쁨인가? 고통인가?"
"세존이시여, 고통입니다."
"그렇다면, 무상한 것은 그 본질에 있어서 고통스럽고, 불안정한 것이다. 이러한 색을 보고 '이것은 나의 것이다,' '이것은 나다,' '이것은 나 자신이다.'라고 생각하는 것은 적절한 것인가?"
"세존이시여, 매우 적절하지 못합니다.……〔수・상・행・식에 대해서도 마찬가지다."74)」

5온은 어떻게 형성되는가

　이 경은 5온의 본질을 규명할 수 있는 매우 유익한 정보를 제공해주고 있다. 5온은 무아의 문제뿐만 아니라 붓다-담마 전체를 이해할

---

74) SN 22.79(text. iii. 86~90) ; *The Kindred Sayings of the Buddha 3* (P.T.S.), pp.72~76.

수 있는 가장 중요한 기본 개념이 되기 때문이다. 그런 의미에서 이 법문은 '5온 형성의 담마'로 인정될 만하다고 생각된다.

이 '5온 형성의 담마'에서 붓다가 해명하는 요지는 무엇인가?

그것은 색이 물질이 아니라, 의식(意識)이라는 담마를 밝히는 것이다. 5온이 '의식의 덩어리', '관념의 큰 덩어리'라는 담마를 일깨우는 것이다. 5온의 온(蘊), kkhandahāḥ가 본래 이런 뜻이다.[75]

붓다는 '5온의 법문'에서, 색(色, rūpa)이 흔히 생각하는 것같이 객관적인 존재나 물질, 물질적 요소(factor of grasping)가 아니라 '물질이다'라고 느끼고 생각하는 '의식(意識)'이라는 사실을 해명하고 있다. 혀·몸·눈 등 감각기관으로 어떤 물질이 와 닿는 것 같은, 부딪치는 듯한[76] 것으로 감촉되는 느낌, 그 느낌의 기억, 그 기억들이 쌓여서, '이것은 색이다, 물질이다'라는 허위의식이 생겨나는 것이다. 실제로는 그런 물질이 없는데, 사람들이 그렇게 기억하고, 그렇게 의식해서, 그렇게 명칭을 붙인 것이다. 따라서 색은 밖의 객관적 물질이 아니라, 관념 속에 형성된 주관적인 의식의 산물로, '이것이 물질이다'라는 의식의 덩어리로 규정될 수 있을 것이다.

느끼고, 기억하고, 의식하고, 명칭을 붙이고-.

이것은 사람들이 의식으로, 생각으로, 관념으로, 색(色, rūpa)·색온(色蘊, rūpa-kkhandāḥ)-'물질이라는 의식의 덩어리'를 조작해 냈다는 사실을 의미하는 것이다. 물질이라는 의식의 덩어리를 조작해 내

---

75) 이중표, 앞의 책, p.170
76) 빠알리어로 ruppati. 그 뜻은 '거친(troubled)', '부딪치는(struck),' '눌리는 감을 주는(oppressed),' '부서지는(broken up)' 등의 의미이다. cf. SN 22.79 ; Ibid, p.73. note-1.

고, 느낌(受, vedanā)・생각(想, sanna)・조작(行, samkhara)・의식(識, vinnana)이라는 정신적 덩어리를 조작해 내고, 이 물질적인 의식의 덩어리와 정신적인 의식 덩어리를 모아서 '나, 자아(Attā)'라는 큰 덩어리의 존재-의식의 덩어리를 조작해 냈다는 사실을 의미하는 것이다.

'나, 자아(Attā)라는 큰 덩어리의 존재'란 말은 내가 어떤 고정불변의 실체, 영혼 같은 것을 지니고 영속하는 실체적 자아란 뜻이다. 이렇게 사람들은 5온이라는 의식의 덩어리를 질료로 삼아서 이러한 실체적 자아라는 의식의 덩어리를 조작해 놓고, 이 5온 덩어리를, 곧 의식의 덩어리・생각의 덩어리・관념의 덩어리를 '나[自我]'라고 고집하고, 집착하고, 그 폐쇄된 자아의식(自我意識) 속에 숨어서 이기적 탐욕으로 잘 못살면서 남과 갈등하며, 고통으로 괴로워하고 있다는 사실을 의미한다. 이것이 5온적 인간, 5온적인 나, 중생의 삶의 양상이다.

'그렇다면, 물질이란 것이 없단 말인가? 색이 의식의 덩어리라면, 실제로 색, 물질이란 없다는 것인가? 우리 몸을 구성하는 물질도 있고, 자연계를 구성하는 물질도 있는 것이 엄연한 사실 아닌가?……'

아마 많은 사람들은 이런 의문에 빠질지 모른다. 그러나 너무나 당연해 보이는 이 상식이 큰 착각이며 사실이 아니라는 것을 우리는 연기법을 통하여 이미 관찰하였다. 홀로 존재하는 존재는 절대로 존재하지 않는다는 우주적 전일성의 생명 원리를 이미 관찰하였다. 연기법을 이해할 때, 이 세상의 모든 것들이 물질적인 것이든 정신적인 것이든, 무한히 서로 얽혀 있는 거대한 net-work 같은, 생명의 세계를 엿볼 수 있었다. 그런데 사람들이 몸에 와 부딪치는 듯한 감촉에 속아서 고정불변의 어떤 물질이 존재하고, 그것이 어떤 실체를 지닌 나, 영속적인 나를 형성하고, 자연을 형성하는 것으로 착각하고 있는 것이다. 데카르트-뉴턴적인 오류를 범하고 있는 것이라고 할까?

자아는 의식의 덩어리, 관념의 덩어리

'그렇다면, 나는 정말 없다는 것인가? 여기 엄연히 존재하는 이 나는 대체 무엇이란 말인가? 눈에 보이는 나의 실재를 부정하는 것은 과도한 관념주의 아닌가?……'

아마 많은 사람들은, 또 이렇게 의문에 빠질지 모른다. 이 생각은 일단 옳은 것으로 보인다. 분명히 여기 내가 존재해 있다. 이것은 자명한 사실이기 때문에, 어떤 논리로 부정될 수 없는 사실 판단이다. '무아(無我)다, 자아는 없다'는 담마가 이 자명한 사실을 부정하는 것이라면, 곤란한 일이 될 것이다.

그럼 무엇을 부정한다는 것인가?

'나, 자아가 없다'는 무엇을 부정하는 담마인가?

그 대답은 명료하고 간결하다. <u>자아의식(自我意識)을 부정하는 것이다.</u>

'이것이 나다, 이것이 자아다'라는 고정 관념, 고정 의식, 폐쇄적인 자아의식(自我意識)을 부정하고 타파하는 것이다. 지금 우리가 '이것이 나다'라고 믿고 있는 나는 실로 나 자신이 아니라, 5온의 덩어리, 의식·관념의 덩어리를 모아서 조작해낸 의식일 뿐이다. 견고해서 부수기 어려운 자아의식의 큰 덩어리일 뿐이다. 심리학적으로, 개인적(個人的)·자전적(自傳的) 무의식(無意識) 시스템, 내지 집합적(集合的) 무의식 시스템일 뿐이다.77) <u>'나(自我, Attā)'는 실로 관념의 덩어리일 뿐이다.</u> 그래서 붓다는 이렇게 묻고 있는 것이다.

"(끊임없이 변화하고 병드는 의식 덩어리에 불과한) 이러한 색을 보고, '이것은 나의 것이다', '이것은 나다', '이것은 나 자신이다'라고 생각하는 것은 적절한 것인가?

(끊임없이 변화하고 병드는 의식 덩어리에 불과한) 이러한 5온을 보고, '이것은 나의 것이다', '이것은 나다', '이것은 나 자신이다'라고 생각하는 것은 적절한 것인가?"〔SN 22.78 ; Ibid, p.75.〕

이것은 붓다가 제기하는 '무아의 담마'가 본질적으로 의식(意識)의 문제라는 사실을 명료하게 드러내 보이는 것으로 생각된다. 이것은 무아(無我), Anattā가 본질적으로 '존재(存在, Existence)'·'비존재(非存在, Non Existence)'의 문제가 아니라, '의식(意識)'의 문제라는 사실을 의미하는 것이다. 빤드는 이렇게 논하고 있다.

자아(Ātman)와 무아(Anatman), 존재(Existance)와 비존재(Non-Existance)라는 문제는 궁극적인 적합성을 갖지 못하는 것이다.
(존재-비존재와 같은) 그런 '극단(extreme)', 또는 범주적인 특성화는 피하지 않으면 안 된다. 그리고 윤리문제에서와 같이 형이상학의 문제에서도 중도를 따르도록 노력해야 한다.[78]

그럼에도 불구하고, 많은 사람들이 '5온의 담마'를 존재·비존재의 문제로 착각하고, 마치 의사들이 메스를 들고 인체를 해부하듯, 나·자아라는 존재를 5온으로, 다섯 가지 요소로 분해하고 분할하는 작업

---

77) 정인석, 앞의 책, 1998), p.39.
78) G. C. Pande, Ibid, pp.506~507.

을 시도해 왔다. 자기 자신을 다섯 가지 구성 요소로 분해해 놓고, '물질은 무상하다, 무상하니까 있다고 할 수 없다, 그러니까 나 자신도 없는 것이다, 공(空)이다.' 하면서, 자신의 인격적 주체마저 부정해 버리는 오류를 저질러 왔다. 『밀린다빵하(Milindapañha)』에 나오는 나가세나(Nāgasena, 那先) 비구의 수레 분석이 좋은 사례의 하나라고 생각된다. 이것은 자기 자신의 인간적·인격적 가치마저 부정해 버릴 수 있는 매우 위험한 접근이다. Mrs. 데이비스는 이렇게 논하고 있다.

시간이 지나면서, 자아 인정자(atmanist)와의 이 최초의 논쟁에서, (서로 다른) 입장이 갈라져 나왔다. 불교에서는, 그러한 입장은 사람을 사람으로서 인정하지 않는 비이성적인 부정(irrational denial)이 되었다. 사람이 육체·마음…… 등 그의 기관들로[5온으로, 저자 註] 축소되고 말았다. (5온 같은 요소들을) 세밀히 분석하는 사람은 자기가 그 분석의 대상이 되고 말았다. 자아 속의 존엄성이 거부되면서, 자아 그 자체·사람·개인·마음과 육체를 사용하는 정신도 또한 거절되고 말았다.79)

4) 식(識)의 소멸, 생사(生死)의 소멸

무거운 자아의식을 내려놓고
'색(色)은 무아다, 내가 아니다.'
'5온은 무아다, 내가 아니다—.'

---

79) Mrs. Davids, *Kindred Sayings of the Buddha 3* (P.T.S.), p.8, editorial note.

바라나시 사슴동산에서 '5온 무아의 담마'를 설한 이후, 붓다가 이렇게 끊임없이 설하는 것은 무엇을 기대하는 것인가?
이와 관련하여 이제 붓다는 이렇게 설하고 있다.

"수행자들아, 들은 것이 많은 나의 성스러운 제자라면 그것들을 무아로 보는 까닭에 색도 싫어하고, 수도 싫어하고, 상도 싫어하고, 행도 싫어하고, 식도 싫어한다. 싫어하는 까닭에 평정해지고, 평정해짐으로써 해탈한다. 해탈 속에서 이런 깨달음이 온다. 곧 '나는 해탈하였다.' 그리고 그는 이렇게 깨닫는다."〔Mv 1.6.46〕

또, 『잡아함경(雜阿含經)』의 제1경 「무상경(無常經)」에서는 이렇게 설하고 있다.

"물질(色)은 항상함이 없다고 관찰하라. 이렇게 관찰하면, 그것은 바른 관찰이니라. 바르게 관찰하면 곧 싫어하여 떠날 마음이 생기고, 싫어하여 떠날 마음이 생기면 즐겨하고 탐하는 마음이 없어지며, 즐겨하고 탐하는 마음이 없어지면 마음의 해탈(解脫)이라 하느니라. 이와 같이 느낌〔受〕·생각〔想〕·지어감〔行〕·의식〔識〕도 또한 항상함이 없고······."[80]

싫어하고, 떠나고, 즐겨하고, 탐하지 않고······.
여기서, 붓다가 5온 무아를 설하는 의도는 분명히 드러나고 있다. 지금까지 가슴을 짓눌러온 무거운 자아의식의 짐을 내려놓기를 촉구

---

80) 『雜阿含經』 1, 「無常經」 ; 『한글대장경 雜阿含經』 1, p.1.

하고 있다. '이것이 나다, 나의 것이다, 내 재산이다, 내 자식이다'라는 무거운 자아의식을 염리(厭離)하고 방하착(放下着) 하기를 촉구하고 있는 것이다.

무엇 때문일까?

붓다가 이렇게 초전법륜 이래 끊임없이 '나를 버려라, 나라는 자아의식을 내려놓아라'고 선언하고 있는 것은 무엇 때문일까?

그 대답은 자명하다. 곧 이 자아의식이 모든 고통의 근본 원인이기 때문이다. 이 폐쇄적이며 이기적인 자아의식이 사람들을 생사유전으로 몰고 가는 근본 동력이고, 이 세상을 갈등과 투쟁의 장으로 전락시키는 근본 에너지가 되기 때문이다. 이 폐쇄적 자아의식에서 생기하는 이기적 탐욕이 개인과 공동체, 이 세상의 모든 고통의 제일 원인이기 때문이다. 학승 라훌라는 이렇게 논하고 있다.

> 붓다의 분석에 따르면, 이 세상의 모든 고통과 투쟁은, 가족 내에서의 개인적 분쟁으로부터 민족과 국가 사이의 큰 투쟁에 이르기까지, 이기적 '탐욕(selfish thirst)'에서 생기하는 것이다.[81]

붓다는 감각적 쾌락을 이 이기적 탐욕의 본질로 규정하고 있는데, 이것은 탐욕이 5온의 감촉에서 연유하는 자아의식에서 생긴다는 사실을 전제하고 있는 것이다. 붓다는 *Majjhima-Nikāya*에서 이렇게 설하고 있다.

"수행자들이여, 이것이 현존하며 고통의 줄기가 되는 감각적 쾌락의

---

81) W. Rahula, Ibid, p.30.

위험이다. 감각적 쾌락이 그 원인이 되고, 감각적 쾌락이 그 출처가 되고, 감각적 쾌락이 그 토대가 되는 것이니, 오로지 감각적 쾌락이 그 원인인 것이다."[82]

감각적 쾌락,
이기적 자아의식에서 생기하는 감각적 쾌락-.
개인적 분쟁으로부터 세계전쟁에 이르는 모든 갈등과 고통의 근본원인, 근원, 토대가 되는 이기적이며 감각적인 탐욕과 쾌락.
붓다와 초기불교의 이러한 분석은 인간의 심리적 상황에 대한 냉철한 통찰의 결과로 생각된다. 그리고 이러한 붓다의 통찰은 현대 심리학에 의해서도 그 진리성이 인정되고 있다. 정인석 교수는 이렇게 논하고 있다.

주지하는 바와 같이, 개인주의는 개인의 존재 의의와 독자성과 신성 불가침을 존중하며, 개인이 자기 인생의 목적과 이상을 추구하는 주체이며, 인간의 공동성과 사회성을, 그리고 개인간의 평등성과 사회적 규범을 중심원리로 보는 생활태도이며 사회관이다.
그러나 많은 사람들의 경우, 이를 이기주의(egoism)나 자기주의(egotism)로 잘못 받아들인 나머지 정치·경제·윤리·교육·사회의 여러 영역에서 매우 심각한 문제들이 속출하고 있다.
예컨대, 자기가 번 돈으로는 무엇을 위해서나 얼마든지 써도 좋다고 보는 개인적 공리주의, '이생은 한번 가면 오지 않는 것이니 즐기면서 살자.'라고 보는 허무주의적 쾌락주의, '자신의 행복과 이익을 위해서라면

---

82) MN 1. 86 ; *The Collection of the Middle Length Sayings 1 (P.T.S.)*, p.113.

무엇이든지 해도 좋다.'고 보는 유아주의(唯我主義), 권력과 명예를 위해서라면 수단・방법을 가릴 필요가 없으며, 진실로 실재(實在)하는 것은 오직 자아와 그 의식뿐이라고 믿는 독재주의(獨裁主義, solipsism) 등 이제 통념상으로는 개인주의가 소시민적 에고이즘에서부터 시작하여 흉악한 범죄자나 정치적・경제적인 에고이즘, 학교 및 집단 에고이즘, 가족 및 지역 에고이즘에 이르기까지 타락하고 말았다. 그 가능성은 앞으로 더 커질 것으로 보는 현실 속에서 우리는 살고 있다.83)

식(識)의 소멸, 생사해탈

이기적 자아의식,

쾌락과 탐욕을 추구하는 5온적 자아의식-.

지금까지 사람들은 무지로 인하여 5온의 작용으로 형성된 이 어둔 자아의식, 식(識, viññāṇa)을 영속하는 개체적 자아로 착각하고, '나'로 집착함으로써 자아의식을 만족시키고, '나'를 유지 상속시키려는 이기심, 쾌락과 탐욕(tanhā)에 빠져 온갖 악행을 감행하며 필경 끝없는 생사에 유전하고 있는 것이다. 이것이 동서고금의 한결같은 분석이다.

이 이기적 자아의식의 생성과 소멸, 윤회의 과정을 분석한 것이 다름 아닌 12연기이다. 이것은 생로병사하는 것은 자아가 아니라 자아의식이라는 사실을 의미하는 것이다. <u>나고 죽는 것은 내가 아니다. 나의 존재를 영속시키며 쾌락을 추구하려는 이기적 자아의식이 나고 죽는 것이다.</u> 이러한 담마는 12연기법에서 분명히 드러나고 있다. 우루벨라 보리수 아래에서, 붓다는 이렇게 관찰하고 있다.

---

83) 정인석, 앞의 책, pp.23~24.

"무명으로 인하여 행이 있고,
행으로 인하여 식이 있고……
취로 인하여 유가 있고,
유로 인하여 생이 있고,
생으로 인하여 늙음·죽음·슬픔·눈물·괴로움·근심·갈등이 한꺼번에 있게 된다.
이것이 괴로움의 덩어리가 일어나는 것이다."〔Mv 1.1.2〕

12연기에서는 나고 죽는다는 것은 고통으로 규정하고 있다. 그리고 이 생사의 고통은 어둔 식(無明識, avijjā-viññāṇa)이 허위의 자아라는 존재(有, bhava)를 조작함으로써 연기하는 것임을 분석해 내고 있다. 이것은 생사의 고통이 존재의 문제가 아니라 식(識)의 문제라는 사실을 분명히 규명하는 것이다.

어둔 자아의식이 없다면, 내가 나고 죽는 것은 자연현상이며 우주적 대생명의 역동과정으로서, 전혀 고통이 되지 않을 것이다. 5온의 의식 덩어리에 집착하는 무지한 자아의식이 작용하기 때문에, 생사가 고통이 된다. 5온적 자아를 영속시키려는 탐욕이 작용하기 때문에, 나고 죽는 것이 고통이 되고, 재생이 고통이 되고, 일체가 고통 덩어리가 되는 것이다. 붓다는 이렇게 설하고 있다.

"간단히 말해서, 5온에 집착하는 것이 바로 고통이다."
(Sankhittena panncupadanakkhundhanadukka.)[84]

---

84) SN 5(P.T.S.), p.421.

우리가 깨달아야 하는 결정적 이유가 여기 있는 것이다. 깨닫는다는 것, 견성 열반한다는 것은 바로 이 식(識)의 소멸을 의미하는 것이기 때문이다. 자아의식의 투영 없이, 투사(投射) 없이, 나와 세계의 실제를 있는 그대로 봄으로써, 어둔 식〔無明識〕을 소멸시키는 것이기 때문이다. '열반(涅槃, nibbāna)'을 '소멸(消滅)'로 규정하는 소이가 바로 이것이다.

식(識)이 소멸되면 생사가 소멸된다. 깨달음에 의하여, 어둔 자아의식이 소멸되면 숙명적인 것이라고 체념해 왔던 생사가, 생사의 고통과 비탄이 소멸되는 것이다. 이것은 식(識)의 소멸이 곧 생사해탈이란 사실을 의미하는 것이다. 붓다는 '우루벨라 보리수 아래서의 사유'를 통하여, 이러한 구조를 명백히 밝혀 보이고 있다.

"무명이 멸함으로 인하여 행이 소멸되고,
행이 소멸됨으로 인하여 식이 소멸되고……
취가 소멸됨으로 인하여 유가 소멸되고,
유가 소멸됨으로 인하여 생이 소멸되고,
생이 소멸됨으로 인하여 늙음·죽음·슬픔·눈물·괴로움·근심·갈등이 소멸된다.
이것이 괴로움의 덩어리가 사라지는 것이다."〔Mv 1.1.2〕

어둔 식(識)이 소멸됨으로 인하여 생사가 소멸되고, 생사의 고통이 소멸되고…….

바로 이것이 생사해탈이다. 광명 찬란한 인류 구원의 출구인 것이다. 인류 역사상 그 누구도, 이전 이후에도, 시도하지 못했던 일대사에

도전하여 붓다는 깨달음을 통하여, 식(識)의 소멸을 통하여 이 일대사를 성취한 것이다. 인류 구원의 대도를 크게 연 것이다. 그래서 역사가들은 이 일대 사건을 '성도(成道)'라고 일컫는 것이다.

따라서, 12연기 또한 존재의 문제가 아니라, 식(識)의 문제로 생각된다. 12연기를 존재의 문제로서 생태학적으로 인식하려는 경향이 있어 온 것도 사실이다.[85] 그러나 12연기의 본질이 식(識)이라는 것은 붓다의 본회(本懷)며, 부동의 담마로 생각된다.

이제 이 어둔 식[無明識]을 소멸하는 것이 급선무다.

붓다가 바라나시 사슴동산의 초전법륜 직후, '무아의 담마'·'5온 무아의 담마'를 서둘러 설한 것은, '나(Attā)', '내가 있다(Asmiti)'라는 어둔 이기적 자아의식을 타파 소멸하는 무아(無我, Anattā)가 인류 구원의 감로(甘露)이기 때문이다. 무아의 담마가 생사해탈 문을 여는 열쇠이기 때문이다.

이제 그만 자아의식의 무거운 짐을 내려놓아야 할 때다. 어둔 자아의식의 불씨를 불어서 꺼야 할 때다. 급하고 급하다. 그래서 붓다는 사람들에게 이렇게 선언하기를 촉구하고 있다.

"이것은 나의 것이 아니다.
이것은 내가 아니다.
이것은 나의 자아가 아니다."[86]

---

85) W. Rahula, Ibid, pp.53~54. P. 닷사나야케·정승석, 앞의 책, pp.22~32.
86) 'This is not mine ; this am not I ; this is not the Self of me.' ; SN 22.79(text. iii. 87, The Prey) ; *The Book of the Kindred Sayings 3* (P.T.S.), p.75.

5) 건전한 자아의 확립을 위하여

'꾸마라-깟사빠 어머니의 견성사건'

「어느 때, 붓다께서 사밧티 제따바나에 머물러 계셨다.

라자가하에 한 보석상의 딸이 출가하기를 염원하여 부모에게 거듭거듭 청하였으나, 부모로부터 허락을 얻는 데 실패하였다. 나이가 차서 결혼하고, 남편 집으로 가서 헌신적인 아내노릇을 하였다. 머지 않아 임신하였으나, 여인은 그 사실을 알지 못하였다. 남편의 환심을 산 다음, 출가를 청해서 남편의 하락을 받았다. 여인은 데바닷타의 문중으로 들어가 출가를 인가 받았다.

얼마 뒤, 비구니들이 그 여인의 임신을 알아차리고 논의가 분분하였다. 비구니들이 이 사실을 데바닷타에게 보고하자, 그는 여인을 추방하라고 명하였다. 여인은 말하였다.

"거룩한 자매들이여, 저를 버리지 마십시오. 나는 데바닷타의 권유로 출가한 것이 아닙니다. 저를 제따바나의 스승께 데려다 주십시오."

그들은 여인을 제따바나의 붓다에게 데리고 가서 사정을 말씀 올렸다. 세존께서는 꼬살라의 빠세나디 왕·마하-아나타삔디까·쭐라-아나타삔디까·비사카 등 제가 제자들을 소집하고, 우빨리 장로에게 명하였다.

"사부대중 회의에서, 이 젊은 여인의 문제를 분명히 처결하라."

장로는 여인을 비사카 부인에게 맡겨 상황을 관찰하도록 요구하였다. 비사카 부인은 여인을 커텐 안으로 데리고 들어가, 여인의 손과 발, 배와 배꼽, 사지 등을 관찰하고, 달과 날짜를 계산하였다. 그리고 여인이 출가하기 전, 세속에 있을 때 임신한 것을 알고, 이 사실을 우빨리 장로에게 알렸다. 우빨리 장로는 사부대중 회의에서, 여인의 무혐의를 선언하였다.

얼마 뒤, 빠세나디 왕이 이 아이를 데려다, 자기 딸들로 하여금 키우게 하였다. 그들은 아이에게 까샤빠란 이름을 지어주었다. 그러나 그 아이는 왕자같이 양육되었으므로, 백성들은 그를 '까샤빠 왕자' '꾸마라-까샤빠'(어린 까샤빠)라고 불렀다.

어느 때, 이 아이는 자기 출생의 사연을 알게 되고, 곧 붓다에게 가서 출가하여 구족계를 받았다. 사람들이 그를 까샤빠 장로라고 불렀다. 스승에게서 선정의 주제를 받고 정진하였으나 어떤 경지를 얻을 수가 없었다. 그래서 그는 스승에게 가서 자기에게 맞는 주제를 받기로 하고, 안다 동산(Andha Grove)에 머물렀다.

까샤빠가 출가한 지 12년이 흘러갔다. 그때까지도 어머니 비구니의 눈에는 눈물이 흘러내리고 있었다. 떠나간 아들을 생각하면서, 눈물로 가득 젖은 얼굴로 어머니 비구니는 탁발을 나갔다.

어느 날, 어머니 비구니는 거리에서 까샤빠 장로를 만났다. "내 아들아!" 하고 부르짖으며, 어머니는 그를 향하여 달려갔다. 달리다가 넘어졌다. 어머니의 가슴으로부터 우유가 쏟아졌다. 어머니의 옷이 젖었다. 어머니는 일어서자 장로의 팔을 잡았다.

장로는 생각하였다.

'만약 이 여인이 내게서 친절한 말을 듣는다면, 그것은 이 여인에게는 안 될 일이다. 그런 까닭에 이 여인에게 냉정하게 말하리라.'

장로는 비구니에게 말하였다.

"무엇 하는 짓이오? 그대는 아직도 인간적인 집착을 버릴 수 없단 말이오?"

어머니는 생각하였다.

'이 자는 도둑같이 말하는구나.'
여인은 아들에게 말하였다.
"사랑하는 아들아, 너는 지금 뭐라고 했느냐?"
그러나 그는 다시 꼭 같이 냉정하게 말하였다.
여인은 생각하였다.
'아, 그 때문에 나는 12년 간 눈물을 참을 수가 없었는데! 그러나 나를 향한 그의 마음은 굳어 있구나. 무엇 때문에 내가 그에 대해서 더 이상 연연해 한단 말인가?'
바로 그때, 여인은 그 자리에서 아들에 대한 집착을 뿌리 뽑고, 바로 그 날, 아라한을 성취하였다.
세존께서는 그 비구니가 아들에 대한 집착을 뿌리 뽑은 것을 칭찬하며, 대중들에게 이렇게 설하셨다.

"자아야말로 자기의 의지처,
참으로, 어떻게 남을 의지처로 삼으랴.
자아를 잘 단련시킴으로써
자아를 의지처로 만들 수 있는 것,
이는 실로 얻기 어렵다."
(Attā hi attano nātho
ko hi nātho pato siyā
attanā hi sudantena
nāthaṃ labhati dullabhaṃ)[87]」

---

87) Dhp-Com. 12.4(text. N. iii. 144-149, vers. 160) ; *Dhammapada-Commentry 2*, pp.356~359 ; cf. Jāt 12. i. 145~149 ;『법구경』1(tr. 거해, 고려원, 1992), pp.463~466.

아침 태양처럼 일어서다

'자아야말로 자기의 의지처,
자아를 의지처로 삼아라―.'

이 담마를 듣고, 많은 사람들은 아마 의문과 혼란에 빠질지도 모른다. '이게 무슨 말씀인가? 이제 겨우 자아의 무거운 짐을 벗어 놓으려 하는데, 다시 자아를 의지처로 삼으라니. 자아, Attā는 없다고 설하지 않았던가?'

그러나 곰곰 명상해 보면, '무아의 담마'가 존재·비(非)존재의 문제가 아니라는 것, 지금 여기서 볼 수 있는 나, 이 인격체, 이 당체(當體, I, visible now and here)를 부정하는 존재론(存在論)이 아니라는 것은 이미 규명한 바 있다. '내가 있느냐? 내가 없느냐?' 하는 아(我, Attā)와 비아(非我, Anattā)의 문제라면, 그것은 '중도의 담마'에서 이미 해명된 것이다. 유(有)·무(無) 논쟁은 모순된 사고구조의 결과로서 파생된 무의미한 극단(dead extremes)으로서, 이미 폐기된 낡은 논쟁인 것이다.

그래서 '내가 있다'든지 '내가 없다'든지 하는 논쟁은 사견(邪見)으로 규정되고,[88] 아(我)도 아니고 무아(無我)도 아니라고 설하고 있다. 무의미한 희론을 버리고, 이미 중도로, 8정도의 삶으로 돌아간 것이다. 학승 라훌라는 이렇게 논하고 있다.

> 붓다의 가르침에 따르면, '나는 자아가 없다'는 주장(이것은 소멸주의자의 논리)은 '나는 자아가 있다'는 주장(이것은 영속주의자의 논리)과 마찬가지로 틀린 것이다. 이 두 주장이 모두 족쇄이고, '내가 있다'라

---

88) W. Rahula, Ibid, p.66.

는 사견으로부터 생겨난 것이기 때문이다.

　무아(無我, Anattā)와 관련된 올바른 입장은 어떤 견해에도 집착하지 않는 것이다. 그리고 정신적 투사 없이 사물을 있는 그대로 보는 것이다. 그리고 우리가 '나, 자아'라고, 또는 '존재'라고 부르는 것이 실상 인과의 법칙 안에서, 끊임없이 변화하는 흐름 속에서 상호 작용하는 물질적·정신적 요소들의 결합일 뿐이라는 것을 보는 것이다. 그리고 모든 존재 속에는 영원하고, 지속적이고, 변화하지 않고, 영원한 것은 한 가지도 없다는 것을 보는 것이다.[89]

　문제의 핵심은 다시 식(識)의 문제로 돌아간다. 자아의식(自我意識)의 문제로 돌아간다. '있다'·'없다'고 고집하는 것은 어둔 식(識)의 그림자에 가려서 잘 못보고 있는 것이다. 5온으로 조작된 거짓 나, 어둔 자아의식의 그림자에 가려서 헛된 짓을 하고 있는 것이다. 실상(實相)·실제(實際)를 볼 수 없다. 시각장애자가 코끼리 만지는 것이다. 꿈속에서 '나는 보았다'고 헛소리 하는 것이다. 아무리 '있다'·'없다' 해봤자, '봤다'·'안 봤다' 해봤자 어둠 속에서 헤매기는 여전하다.
　유일한 출구는 눈뜨는 것이다. 꿈 깨는 것이다. 무아의 담마를 경청하고, "아하, 지금 내가 거짓 자아의식의 덩어리를 보고, '내가 있네·없네', '내가 영원하네·마네', '내가 나네·죽네', '내가 천당 가네·지옥 가네' 하고 놀아나고 있구나." 하고 깨닫는 것이다. 어둔 자아의식을 소멸시키는 길뿐이다. 시각장애자는 개안수술을 받아 눈뜨고, 꿈꾸는 자는 놀라 깨어나는 길뿐이다. 그래서 있는 그대로 보는 길뿐인 것이다.

---

89) W. Rahula, Ibid, p.66.

눈뜨고 보니, 거기 무엇이 있는가?
깨어나 보니, 거기 무엇이 있는가?
어둔 식(識), 이기적 자아의식을 소멸시키고 번쩍 바라보니, 거기 무엇이 있는가?
저 불쌍한 꾸마라-까샤빠의 어머니가 아들의 냉정한 말을 듣고 놀라 눈뜨고 문득 바라보니, 거기 무엇이 있던가?
내가 있는 것이다. 자아가 있는 것이다. 찬란한 빛을 발하며, 내가 거기 엄연히 있는 것이다. 자아가 거기 있는 것이다. 늠름하고 우람한 코끼리가 거기 포효하며 엄연히 거닐고 있는 것이다. 그래서, 우루벨라 보리수 아래서 12연기를 통하여 어둔 식(識)의 마라, 자아의식의 마왕을 철저히 항복 받은 붓다는 자신의 빛나는 실상을 보고 이렇게 외치고 있다.

"진실로, 열심히 명상하는 수행자에게
사물들이 분명히 드러날 때,
악마의 왕을 쳐부수고
태양이 하늘로 솟아오르듯
나는 벌떡 일어서도다."〔Mv 1.1.1-2.7.〕

무아의 담마 · 헌신의 담마
'태양이 하늘로 솟아오르듯
나는 벌떡 일어서도다—.'
이것은 어둡고 이기적인 자아의식을 '나'로 착각한 채, 진정한 자기를 보지 못하고 허덕이는 세상 사람들의 궐기를 촉구하는 사자후로 들린다. '나', '내것', '내 자식', '내 재산' 하며 끊임없이 감각적 쾌락을 추구하고 영생을 몽상하면서 짧은 인생을 낭비하고 있는 세상 사람들을 일깨우는 새벽의 목탁성으로 들린다. '아들아, 아들아……' 하며 12년 간 눈물이 마를 날이 없었던 꾸마라-까샤빠의 불쌍한 어머니를 정신차려 깨닫게 하는 큰 자비의 법음으로 들리는 것이다.

'무아(無我)의 담마'는 궁극적으로 건전한 나, 건강한 자아를 발견하고 확립해 가는 수행인 것이다. 'Anattā의 Dhamma'는 본질적으로 건전한 주체(主體)의 발견, 청정한 주체성의 확립을 추구해 가는 삶의 과정인 것이다.

건전한 나의 발견,
건강하고 청정한 주체의 확립-.
이것은 결코 어려운 일이 아니다. 추상적이며 형이상학적인 일이 아니다. 또 새로운 어떤 자아를 만드는 일이 아니다. 저 '까샤빠 어머니의 견성사건'에서 보듯, 누구나 실현할 수 있는 보통 일이다. 또 누구나 실현해내야 할 삶의 목표이다. 눈뜨고 있는 그대로 보면 된다. 이것이 바로 대중견성-만인견성이다.

눈뜨고 보면, 나는 여기 이렇게 엄연히 존재해 있는 것이다. 이 나의 당체, 자아의 당체는 어떤 논리로도 부정될 수 있는 것이 결코 아니다. 문제는 이 당체를 어떻게 볼 것인가 하는 차원으로 환원된다. 그것은 자아의 존재(the existence of self)보다는, 정확하게 (자아의) 본질〔the nature (of the self)〕에 대한 논쟁인 것이다.[90]

---

90) G. C. Pande, Ibid, p.500.

눈뜨고 본래의 건전한 나를 발견할 때, 사람들은 진정 자기 자신의 주인으로 일어선다. 견성하여 자신의 청정한 성품을 발견할 때, 그들은 자기 인생의 주인공으로 일어선다. 모든 사람들이 진정한 삶의 주체, 인격의 주체로서 일어선다. 새벽의 태양같이 찬란한 모습으로 나는 일어선다.

이 나, 이 자아가 주인공이다. 이 내가 주인공으로서 자작자수(自作自受) 한다. 마땅히 내가 스스로 지어서 스스로 받는 것이다. 이 내가 윤회의 주체이고, 수행의 주체이다. 5온으로 거짓 자아, 어둔 이기적 자아의식을 만드는 것도 내가 만들고, 윤회의 고통도 내가 받는다. 수행도 내가 하고, 견성 열반도 내가 하는 것이다. 내가 말하고, 내가 책임진다. 어둠 속에서도 내가 거기 있고, 광명 속에서도 내가 거기 있다. 12연기의 유전(流轉) 현장에도 내가 거기 있고, 12연기의 환멸(還滅) 현장에도 내가 거기 있다. 5온 화합의 현장에도 내가 거기 있고, 5온 소멸의 현장에도 내가 거기 있다. 함께 한데 어울려, 한 덩어리로 거기 있는 것이다. 공(空)한 모습 그대로, 텅 빈 성품 그대로, 거기 그대로 작용하고 있는 것이다.

싫든 좋든, 나를 떠나서 살 수 없다. 선하든 악하든, 내가 나의 의지처이다. 나를 의지해서 일어서는 것이다. 나를, 자아를 의지해서, 새벽의 태양처럼 일어서는 것이다. 그래서 붓다는 '벨루바의 대법문'에서, '그대 자신을 등불 삼고 그대 자신을 의지처로 삼아라.' 하였고, 지금 다시 대중들에게 일깨우고 있는 것이다.

"자아야말로 자기의 의지처,
참으로, 어떻게 남을 의지처로 삼으랴.

자아를 잘 단련시킴으로써
자아를 의지처로 만들 수 있는 것,
이는 실로 얻기 어렵다."

이기적 자아, 자아의식이라는 장애 때문에 많은 사람들이 '나'·'자아'라는 용어를 신경질적으로 꺼려해 왔던 인습은 청산되어야 할 것이다. 이기적 자아의식이라는 무거운 짐을 이미 벗어버린 이들에게, '나'나 '자아'는 더 이상 어떤 걸림돌도 되지 못한다.

일부 논자들은 '꾸마라-까샤빠의 어머니 견성사건'이나 '벨루바의 대법문'에서 설해진 Attā를 상대적 진리(sammuti-sacca, Skt. saṃvṛti-satya), 세속적인 진리(Conventional Truth, 俗諦)라고 규정하고,91) 또 일시적 방편의 '시설(施設, prajñapti)'로 규정함으로써92) 이러한 인격적 자아에 대하여 궁극적 가치의 인정을 배제하거나 유보하려는 의도를 드러내고 있다. 이것은 무아(無我)가 절대적 진리라는 것을 전제로 한 발상으로, 어떤 형태의 '자아'도 인정하지 않으려는 입장이다.

그러나 이 엄연한 나의 존재는 누구도 부정할 수 없다. 나는 그 어떤 철학적 논리에 의해서도 훼손될 수 없는 것이다. 여기 있는 나를 누가 아니라고 부정할 수 있겠는가? 그래놓고, '짓는 자는 없어도 받는 자는 있다'라는 애매모호한 논리를 펼 수 있겠는가? 영속적 자아라는 의식이 이미 소멸되었는데, 무엇이 두려워 '나'·'자아'를 말하지 못하겠는가? 나·자아, Attā에 대한 붓다의 이러한 일상적 긍정은 빠알리-니까야 도처에서 발견되고 있다.93)

---

91) W. Rahula, Ibid, p.55.
92) 이중표, 앞의 책, p.303.

이 당체의 나는 일체의 언어 사려를 초월해 있는 무위(無爲)의 나이고, 자연(自然)의 나라고 할 것이다. 무엇이라고 이름할 수 없기 때문에, '나[自我]'라 하고 'Atta'라고 하는 것이지만, 실로는 명자상(名字相)이 끊어진 자리로 규정되고 있다. 부득이하여 '나'·'Atta'라 하고, '한 물건'·'이 뭣고' 하는 것이다. 그러나 실로는 '한 물건'도 아니기 때문에, '이 뭣고(是什麼)'할 수 없는 것이다. '있다'·'없다', '아(我)'·'무아(無我)' 하며 말문, 생각문을 열면 벌써 틀린 것이다. 그래서 "존자 고따마여, 나[自我]는 있는 것입니까?" "존자 고따마여, 나[自我]는 없는 것입니까?"라는 유행자 밧차고타(Vacchagotta)의 거듭되는 질문 앞에, 붓다는 잠잠히 침묵하고 있는 것이다.94) 그래서 붓다는 마음놓고 이렇게 촉구하고, 사람들은 걸림없이 '나'·'자아'라고 말하는 것이다.

"그대 자신을 등불 삼아라. 자아를 의지처로 삼아라."

여기서 한 가지 주목해야 할 일은, 무아의 문제가 본질적으로 이론이나 철학의 문제가 아니라 삶의 문제, 수행의 문제라는 사실이다. 저 꾸마라-까샤빠의 어머니같이, 수많은 세월을 울며 방황하는 아픈 고통과 고뇌를 통하여, 부딪치며 부서지며 체득하는 것이다. '무아의 담마'는 아무리 정교한 이론과 분석을 전개해도 해결되지 않을 것으로 생각된다. 오히려 더욱 혼미한 논리의 늪으로 빠져들 것이다. 역시 시

---

93) SN 3.42, 5.154, 163, 353. DN pt. Ⅱ. p.83(Nag ed). DN sutta 26. Dhp. 129, 146.
94) SN 44.10.10(text. iv. 399-400, Ānanda) ; *The Kindred Sayings of the Buddha 4* (P.T.S.), pp.281~282.

각장애자 코끼리 더듬기식이 될 것이다. 지금까지 너무 말이 많았던 것이다.

"나를 버려야 산다.
'나'라는 생각, '내것'·'내 자식'·'내 재산'·'내 명예'·'내 생명'·'내 민족'·'내 종교'·'내…'·'내…'·'…', 이 끝없는 '나'·'내것'을 놓아 버려야 살아난다. 우리 모두가 진정으로 평화롭게 살아난다. 인류가 모두 진정으로 평화롭게, 전쟁 없이 살아난다. 이 모든 것들을 진정으로 마음놓고 사랑할 수 있는 것이다. 헌신할 수 있는 것이다.-"
무아(無我)는 이렇게 깨닫고, 단호히 놓아 버려야 하는 삶의 문제인 것이다. 저 꾸마라-까샤빠의 어머니같이, '이럴 수가 있단 말인가' 하고, 한순간에 결단 내려서, 완전히 놓아 버려야 하는 삶의 문제이다. 놓아 버리고, 몸바쳐 헌신해야 될 시급한 삶의 과제인 것이다.
'무아의 담마'는 필경 '헌신의 담마'이다.

무아(無我)의 담마·헌신(獻身)의 담마-
바로 여기서 붓다·담마의 출구가 열린다. 교리와 삶이 하나 되고, 사상과 삶이 하나 되고, 깨달음과 삶이 하나 되고, 참선과 삶이 하나 되고, 화두와 삶이 하나 되는 출구가 열린다.
무아(無我, Anattā)의 담마·헌신(獻身)의 담마-
이것은 피땀 흘리는 치열한 삶의 현장 없이는 교리·사상·깨달음·견성 열반·참선·화두……, 이 모든 것들이 무의미해진다는 사실을 의미한다. 피땀 흘리는 삶의 체험 없이는, 아무리 교리를 천착하고 '이 뭣고' 해도, 수천 년 육화(肉化)된 '나(自我)'·'Atta'의 유전인

자가 소멸되지 않는다는 사실을 의미한다. 피땀 흘리는 아픈 삶의 체험을 통해서, 저 꾸마라 까샤빠 어머니같이, '이 뭣고'가 활구(活句)가 되고, 내(自我)가 비로소 나(自我)로, 주인공으로 비로소 당당히 일어선다는 사실을 의미하는 것이다. 그래서 '자아를 단련시킴으로써 자아를 의지처로 만들 수 있다.'[Dhp 160]라고 설하는 것이다.

'무아'는 본질적으로 나를 바쳐 헌신하려는 삶의 자각'이다. 작고 외롭고 궁핍한 민중들을 위하여 놓아 버리고, 몸바쳐 헌신해야 될 시급한 삶의 과업인 것이다. 삼보를 위하여, 견성 열반을 위하여, 놓아 버리고, 몸바쳐 헌신해야 될 시급한 삶의 책무인 것이다. 이렇게 놓아 버리고 헌신하지 아니하면, 저 까샤빠의 어머니같이 12년을, 수많은 12년을 울며 방황하게 될 것이다. 놓아 버리면 즉시에 대방광(大放光)이다. 정각자가 되는 문이 열린다. 견성 열반하는 문이 크게 열린다. 자식과 가족, 재산과 명예, 건강과 수명, 민족과 인류, 종교와 신념……. 그들이 사랑하는 이 모든 것들을 진실로 바르게 사랑하게 될 것이다.

'무아(無我),
나를 내려놓아라.
홀가분하게, 맘껏 헌신하라.—'
그래야 살아난다. 평화로워진다.
실로 급하고 급한 일이다. 그래서 붓다는 다시 한번 이렇게 촉구하고 있다.

"이것은 나의 것이 아니다.
이것은 내가 아니다.
이것은 나의 자아가 아니다."
(This is not mine
This am not I
this is not the Self of me.)〔SN 22.79〕

제2장 대중견성운동에 관한 몇 가지 질문
― *Dhammapada*를 중심으로―

"나는 재가자들이거나 출가자들이거나,
그들의 올바른 행위를 칭찬한다.
재가자들이거나 출가자들이거나 올바른 행위를 하면,
그 올바른 행위에 의하여 그들은 진리의 길,
청정한 담마를 성취하기 때문이다."
〔MN 99.4(text. ii. 197)〕

제2장 대중견성운동에 관한 몇 가지 질문
― *Dhammapada*를 중심으로

네 가지 질문

지금까지의 관찰을 통하여, 붓다와 사부대중의 초기 불교운동은 대중견성―만인견성운동을 중심축으로 삼아, 사상적·사회적 혼돈상태의 인도를 새로운 'Buddhist India'로 변혁시키는 정신적 물결운동으로 광범하게 전파되어 갔다는 사실이 규명되었다. 이것은 수많은 대중들, 민중들이 불교, 곧 Buddha-Dhamma에 의하여 자신들의 본성을 깨닫고 그들의 일상적 삶을 통하여 크나큰 자유와 평화를 실현해 갔다는 사실을 의미하는 것이다.

대중견성,
수많은 사람들의 깨달음과 해탈―.
이 문제에 대하여, 사람들은 새삼 다음과 같은 의문에 직면하게 될지 모른다.
"대중견성이 실제로 가능했는가?
대중견성이 실제로 초기 불교운동의 주류를 형성하고 있는가?
어떤 레벨, 어떤 계층의 사람들이 견성을 실현하고 있는가?
견성―깨달음의 수준은 어떤 정도까지 도달하고 있는가?"

이런 의문들을 보다 분명하고 체계적으로 규명하기 위하여, 본론은 다음 네 가지 질문을 제기하려고 한다.

① 보통의 대중들, 보통 사람들도 견성할 수 있는가?
상근기 엘리트가 아닌 보통 사람들도 심심미묘한 담마를 깨달을 수 있는가?
② 세속의 재가대중들도 견성할 수 있는가?
전문적인 출가 수행자가 아닌 일상의 재가대중들도 깨달음이라는 궁극의 경지에 도달할 수 있는가?
③ 선정(禪定), 전문적 선수행을 통하지 않고도 깨달을 수 있는가?
장기간의 전문적 선정, 참선을 거치지 않아도 어떤 계기에 깨달음의 경지로 들어갈 수 있는가?
④ 사람들이 대중적으로 견성할 수 있는가?
개인이 아니라, 수백 수천의 대중들이 한 공간에서 일시에 함께 견성할 수 있는가?

Dhammapada-Commentry의 분석을 통하여
이 질문들에 대한 보다 역사적이고 객관적인 실체에 접근하기 위하여, 본론은 *Dhammapada-Commentry*, 곧 『법구경 주석서(法句經 註釋書)』를 자료로 삼아 통계적 분석작업을 시도하려고 한다. *Dhammapada-Commentry*는 이 문제들에 대한 보다 객관적이고 의미 있는 정보를 제공해 줄 것으로 판단하기 때문이다.
① *Dhammapada-Commentry*의 저자에 관하여
*Dhammapada*는 전통적인 빠알리 5부(Pāli-pañca-Nikāya)의 한

부분인 Khudaka-Nikāya, 곧 소부(小部)의 한 경으로서, 가장 오래되고 영향력 있는 경전 가운데 하나로 평가되고 있다. H. 나카무라는 이렇게 논하고 있다.

> 이것(*Dhammapada*)은 매우 오래된 텍스트이다. 빠알리 텍스트는 불교도의 실천수행의 중심적 주제를 다루는 423편의 게송으로 이루어진 짤막한 작품으로서, 아마 가장 대중적이고 영향력 있는 불교도의 텍스트일 것이다.
> 이 경의 게송들은 간결하고 감명적이며, 정신을 고양시키고 있다.
> 이 경의 게송들은 베다의 용어들, 예컨대 pūjā · huta · attā 등과 같은 베다의 전문적 용어들을 흔히 쓰고 있다. 이것은 이 게송들이 베다적 종교로부터 새로운 전문적 용어들로 옮겨가는 단계를 나타내는 것이다. 몇몇 게송들은, 예컨대 294, 295게송 등은 비밀스런 가르침(abhisandhi)을 전달하는 불가사의한 표현들을 흔히 사용하고 있다.
> 붓다고사(Buddhagosha)의 저술로 알려진 *Dhammapada-Attha-Kathā*는 *Dhammapada*에 관한 전통적인 주석서로서, 주로 성직자에 의하여 *Dhammapada*의 게송을 설하기 위한 적용의 경우를 예시적으로 설명하기 위하여 불교도의 전승과 이야기들을 편집한 것이다.[1]

Dhammapada 주석서, *Dhammapada-Commentry*〔원명 *Dhammapada-Attha-Kathā*〕는, 전통적인 싱할리어(Sinhalese) 주석서를 빠알리어로 번역한 것으로, 지금까지 5세기 인도의 대논사(大論師) 붓다고사(Buddhagosha, 佛音)의 저술로 널리 알려져 왔다.[2]

---

1) Hajime Nakamura, *Indian Buddhism*(Motilal Banarsidass, Delhi, 1987), pp.40~41.

그러나, 1921년 이 주석서를 영역한 왓슨 벌링게임(Eugene Watson Burlingame)은 여러 학자들의 분석 등을 종합하여, *Dhammapada*의 빠알리어 번역본인 *Dhammapada-Aṭṭha-Kathā*가 붓다고사의 저술이 아니라고 결론내리고 있다. 붓다고사는 빠알리 4부와 *Jātaka* · *Dhammapada*의 주석서 · *Visuddhi-Magga* 등의 저자로 널리 인정되어 왔다. 그러나 벌링게임의 분석에 의하면, 이들 저술들의 연대는 대개 다음과 같이 추정되고 있다.

· Buddhagosha의 저술활동 기간 : 대개 A.D. 410~432년
· *Visuddhi-Magga* : A.D. 410-432년
· *Jātaka Book*(Jātaka-Aṭṭhavannana) : 대개 A.D. 440년
· *Dhammapada-Aṭṭha-Kathā* : 대개 A.D. 450년[3]

*Jātaka-Commentry*와 *Dhammapada-Commentry*는 내용과 형식 면에서 매우 유사하기 때문에 양자는 동일인의 저술로 인정되고 있고, *Dhammapada-Commentry*는 *Jātaka-Commentry*보다 후기에 저술된 것으로 인정되고 있다. 따라서 이 두 저술은 붓다고사의 저술이 아닌 것으로 분석되는 것이다. 벌링게임은 이렇게 논하고 있다.

*Jātaka-Commentry*와 *Dhammapada-Commentry*는, 그 언어와 스타일에서 붓다고사의 순수 저술과는 너무나 광범하게 차이가 있기 때

---

2) Anand Kausalyayana, 'Some Great Buddhists After Ashoka', *2500 Years of Indian Suddhism* (ed. P. V. Bapa, Pub. Division Ministry of Information And Broadcasting of Indian, New Delhi, 1909), p.190.
3) E. W. Burlingame, Ibid, vol.1. p.58.

문에, 이 저술들의 어느 것도 붓다고사의 저술이라는 것은 거의 믿을 수 없는 일이다. 이들 세 가지 누적된 논의는 거역할 수 없는 것이다.

 붓다고사는 *Jātaka-Commentary*나 *Dhammapada-Commentary*의 저자가 아니다. 이 책들의 저자는 알려지지 않았다.4)

 ② *Dhammapada-Commentry* 사건들의 관련 불전들
 여기에 수록된 사례들은 단순한 전승이나 허구적 창작이 아니라, *Udāna*·*Jātaka* 등 초기의 니까야나 비나야, 한역(漢譯)『아함경(阿含經)』등에 기록되어 있는 사건들이다. 한역(漢譯)『법구경(法句經)』보다 다수 후기에 한역된『법구비유경(法句比喩經)』(4권 ; 290~306년 法炬와 法立의 번역),『출요경(出要經)』(30권 ; 398~399년 竺佛念의 번역)에도 이러한 '법구경 사건들'이 자세히 기록되어 있다.5)

 본론은 벌링게임의 영역본 *Dhammapada-Commentry* 1·2·3권에 기록된 총 299건의 사건들을 분석하여 논의를 전개하고 있다. 벌링게임의 조사에 의하면, *Dhammapada-Commentry*의 사건들은 많은 초기불전들과 관련되어 있는데, 중요한 불전의 관련 사건 빈도를 정리하면 다음과 같다.

※ *Dhammapada-Commentry* 사건들의 주요 불전 관련 빈도
 ㉠ *Sangyutta-Nikāya* : 17건
 ㉡ *Mahāvagga* : 11건

---

4) Ibid, p.60.
5)『佛敎學大辭典』(홍법원), pp.503~504.

ⓒ *Cullavagga* : 9건
　ⓔ *Pārājika Vinaya* : 2건
　ⓜ *Saṅghādisesa Vinaya* : 1건
　ⓗ *Pācittiya Vinaya* : 5건
　ⓢ *Udāna* : 12건
　ⓞ *Aṅguttara-Nikāya* : 31건
　ⓩ *Therī-Gāthā* : 6건
　ⓒ *Jātaka* : 59건
　ⓣ *Psalms of the Brethren* : 19건 〔총 172건〕6)

1. 〔질문1〕 보통 사람들도 견성할 수 있는가?

1) '직조공 부녀의 견성사건'7)

「어느 때 붓다께서 알라비(Alavi) 국의 한 마을에서 공양을 받고, 5온의 허무와 죽음에 대한 마음집중을 설하셨다.

"그대들은 자신들에게 이렇게 말하면서, 죽음에 대한 마음을 집중해야 한다.

'내 생명은 확실하지 않으나, 죽음만은 확실하다. 나는 분명히 죽을 것이다. 죽음은 내 생명의 종말이 될 것이다 죽음만은 확실하다.'

이와 같이 죽음에 대해서 명상하지 않는 사람들은, 최후의 시간이 다

---

6) E. W. Burlingame, Ibid, vol. 1, pp.45~57.
7) Dhp-Com. 13.7(text. N. ⅲ. 170-176, 174) ; *Dhammapada-Commentry*, vol. 3. pp.14~18.

가올 때, 두려움에 떨며, 공포로 비명을 지르거나, 어떤 사람들은 뱀을 막을 막대기 없이 뱀을 본 것같이 공포로 충격을 받게 될 것이다. 그러나 죽음에 대하여 명상한 사람들은 죽음에 임해서도 공포가 없이, 마치 정신차리고 뱀이 멀리서 오는 것을 보고, 그것을 막대기로 들어서 멀리 던져 버리듯 할 것이다. 그런 까닭에 죽음에 대해서 명상하라."

오직 한 사람을 제외하고, 붓다의 담마를 들은 모든 사람들은 이전같이 세상살이에 휩쓸리고 말았다. 다만 16살 난 직조공의 딸만이 혼자 생각하였다.

'붓다의 말씀은 참으로 위대하구나. 그 말씀은 나로 하여금 죽음에 대한 명상을 하게 만드는구나.'

그리고 그 소녀는 밤낮으로 오로지 죽음에 대한 명상에 전념하였다.

그 후 어느 때, 세존께서 새벽에 세상을 두루 살피시다가, 이 소녀가 3년 동안 명상해서 지혜의 경지로 들어가 깨달음의 때가 무르익은 것을 보셨다. 세존께서는 500명의 대중들과 더불어 제따바나를 떠나, 알라비국의 악갈라바(Aggalava) 수행원으로 오셨다. 알라비 백성들이 부처님을 초청하여 공양을 올리게 되었다. 소녀도 그곳에 갈 채비를 하고 있었는데, 아버지가 소녀를 불렀다.

"손님이 주문한 옷이 베틀 위에 있다. 아직 한 뼘 정도 짜지 못했구나. 오늘 끝내야 한다. 가서 북을 채워서 빨리 가져오너라."

소녀는 먼저 아버지의 심부름을 하고 설법을 듣기로 마음먹고 북을 부지런히 세웠다.

붓다는 대중들의 공양을 받고, 그 소녀가 올 때까지 정(定)에 들어 계셨다. 대중들도 따라 정에 들어 있었다. 이윽고 소녀가 도착하자, 부처님께서 넌지시 바라보셨다. 소녀는 그 눈빛만으로도 고무되어 부처님의 몸에서 솟아나는 여섯 가지 색깔의 빛을 받으며, 앞으로 나아가 예배올리고, 한쪽에 앉았다.

　붓다께서 소녀에게 물으셨다.

　"소녀야, 너는 어디서 왔느냐?"

　"세존이시여, 저는 모르옵니다."

　"너는 어디로 가느냐?"

　"세존이시여, 저는 모르옵니다."

　"너는 알지 못하느냐?"

　"세존이시여, 아닙니다. 저는 압니다."

　"너는 알고 있느냐?"

　"세존이시여, 저는 모르옵니다."

　붓다께서 이렇게 네 가지를 소녀에게 질문하셨다. 대중들은 언짢아 하며 서로 말하였다.

　"직조공의 딸이 마치 정각자처럼 행세를 하는구나."

　붓다께서 대중들을 조용히 하게 한 다음, 소녀와 문답하였다.

　"소녀야, 내가 너에게 '어디서 왔느냐?' 하고 물었을 때, 왜 '모릅니다.' 하고 대답하였는가?"

　"세존이시여, 세존께서는 제가 집에서 여기로 온 줄 알고 계십니다. 그러면서 '어디서 왔느냐?' 하신 것은 저의 전생을 물으신 것입니다. 그래서 '모른다.' 한 것입니다.

　'어디로 가느냐?' 하신 것은 죽음 뒤에 어디로 가느냐 물으신 것입니다. 그래서 '모른다.' 한 것입니다.

　'알지 못하느냐?' 하신 것은 제가 언젠가 죽는다는 사실을 아느냐 물으신 것입니다. 그래서 '알고 있다.'고 한 것입니다.

　마지막으로 물으신 것은 '언제 죽을지 아느냐?' 물으신 것입니다. 그래서 '모른다.' 한 것입니다."

붓다께서는 다시 소녀를 칭찬하시고, 네 번 더 질문하셨다.…… 그리고 담마를 설하셨다.

"이 세상은 어둡구나.
이치를 보는 사람이 거의 없으니
마치 몇몇 새들만이 그물을 벗어나듯
몇몇 사람만이 천상에 태어나리."

이 담마 끝에 소녀는 곧 소따빳띠 팔라, 예류과를 성취하였다. 그러나 소녀는 공장으로 일하러 갔다가, 아버지가 갑자기 북줄을 힘껏 끌어당기는 바람에 뾰족한 북끝이 소녀의 가슴을 찔러 그 자리에서 죽고 말았다. 소녀의 아버지는 과오를 참회하며 붓다 앞에 출가하여 열심히 수행한 끝에, 아라한을 성취하였다.」

2) 사부대중의 평등한 민중적 공동체

[표 1]은 *Dhammapada-Commentry*에 등장하는 대중들 가운데 신분구분이 가능한 대중들을 대상으로 분석한 결과이다. 카스트에 의한 4종성의 구분은 사실상 불가능하기 때문에, 상·중·하류의 3계층으로 구분하였고, 신분구분이 애매한 주부·처녀·어린이·노인·청년 등은 중류에 포함시켰다.[cf. Dhammapada-Commentry 사건내용 분석표 부록]

〔표 1〕 Dhammapada 전체대중 신분계층별 분석표[8]

구분	상류층	중간층	하류층	계
비구	왕(1)·왕족(7) 귀족(33) 자산가(12) 브라민(9) 관리(1,000) (1,062명)	상인(1)·소년(1) 어린이(3)·금세공(1) 가장(1)·고행자(1) 청년(500) (508명)	빈민(2)·무용수(1) 마부(1)·노비(1) 난쟁이(1)·강도(1) 직조공(1)·노동자(1) 곡예사(1)·하인(1) 도둑들(1,900) (1,911명)	3,481명 (다수 36회)
비구니	왕비(2) 왕족(501) 자산가(3) 브라민 처(1) 관리부인(1,000) (1,507명)	노인(1) 주부(3) (4명)	곡예사(1) (1명)	1,512명
우바새	왕(6) 왕족(2) 장관(1) 자산가(30) 브라민(19) 제사장(1) 왕족(다수) (59명)	노인(1)·청년(2) 소년(1)·상인(1) 가장(5)· 촌민(다수) 청년(다수) 외도(다수) (10명)	농부(4)·도둑(1) 사냥꾼(8)·사기꾼(1) 소매치기(2)·곡예사(1) 나병환자(1)·어부(1) 백정(2)·목동(1) 망나니(1)·조련사(1) 깡패(다수)·노비(1) (25명)	94명 (다수 5회)
우바이	왕비(3) 왕족(1) 자산가(9) 브라민 처(4) (17명)	노인(2)·상인(1) 외도(1)·촌장 모(1) 촌민(다수) (1,009명)	노비(2)·사냥꾼 처(7) 창녀(1)·농부처(2) 직조공(1)·궁녀(501) 시녀(500)·하녀(501) (1,515명)	2,541명 (다수 1회)
계	2,645명 (34.7%)	1,531명 (20.1%)	3,452명 (45.3%)	7,628명 (100.0%)

[8] 부록자료 ; Dhammapada-Commentry 사건 분석표

〔표 1〕에 의하면, 신분구분이 가능한 Dhammapada 대중의 숫자는 총 7,628명이다. 이 숫자는 견성 여부와는 관계없는 것이다. 여기에 계산할 수 없는 '다수 대중'(총 6건)과 신분구분이 불가능한 인원까지 고려하면 Dhammapada 전체 대중의 규모는 훨씬 확장된다. 〔표 1〕에서 드러나는 계층별 신분구조의 전체적 양상을 점검하면 다음과 같다.

① Dhammapada 공동체의 신분구조는 총 7,628명 가운데 상류층 2,645명(34.7%)·중류층 1,531명(20.1%)·하류층 3,452명(45.3%)으로, 하류의 천민들이 공동체의 최대 신분집단을 형성하고 있다. 이러한 신분적 구조는 초기 불교도 공동체의 탈(脫)카스트적 4성평등(四姓平等)이라는 기존의 진단을 보다 확고하고 실체적으로 입증하는 것으로 보인다. 이 문제와 관련하여, 김진철 교수는 이렇게 논하고 있다.

  원시불교 경전에 등장하는 석존의 제자들 가운데 그 이름이 밝혀지는 수는 1,160인이며, 이 제자들은 四姓계급에 의하여 분류하면, 바라문 계급이 219명, 왕족이 128명, 서민계급이 155명, 노예계급이 30명, 계급불명자가 628명이라고 한다.9) 불교에 있어 四姓平等의 이념은 지극히 명료하여서 계급부정이 관념에 그치는 것이 아니라 실제로 교단 내에서 이루어졌다.10)

② Dhammapada 대중들의 남녀구조를 점검해 보면, 비구·우바새의 남성 3,575명(46.8%), 비구니·우바이의 여성 4,053명(53.2%)로서,

---

9) cit. 洪庭植, '佛教의 政治觀', 『佛教의 國家政治思想研究』(서울, 東國大 佛教文化研究所, 1973), p.71.
10) 『四分律』 4, 未曾有法中 第4 ; 김진철, '佛教와 民主主義', 『佛教와 諸科學』(東國大 開校八十周年記念論叢, 1987), pp.129~130.

여성들이 남성에 비하여 상대적 우위를 점하고 있다. 전체 여성이 인격권을 인정받지 못하고 천민시되던 인도 고대의 가혹한 여성 차별 학대 상황을 고려하면, 불교도 공동체의 이러한 여성 우위의 신분적 구조는 실로 경이적인 사회적 변혁으로 인정될 수 있을 것이다.

출가대중의 경우, 8경계(八敬戒)를 내세워 비구니 대중의 종속성을 주장하는 일부 견해가 뿌리 깊이 온존해 왔던 것이 사실이다. 그러나 이 문제는 보다 심각하게 고찰돼야 할 중요한 쟁점으로 생각된다. *Dhammapada* 게송 391 사건에 의하면, '마하빠자빠띠(Maha-Pajapati) 비구니에게는 스승이 없다. 계사(戒師)가 없다.'고 비난하는 대중들을 향하여, 붓다는 '여래가 그의 스승이다.'라고 선포함으로써 8경계의 종속적 차별성을 근본적으로 배제하고 있다. 붓다는 이렇게 설하고 있다.

"내 자신이 마하빠자빠띠에게 8경계를 주었다. 나만이 그의 스승이니라. 나만이 그의 계사(戒師)이니라."
(I myself conferred the Eight Cardinal Precepts on Maha Pajapati Gotami. I alone am her teacher ; I alone am her precepter.)[11]

③ [표 1]에서 드러나는 또 하나의 뚜렷한 경향은 하류층의 천민들이 불교도 공동체에서 최대의 신분적 집단으로서 당당히 주도권에 참여하고 있다는 사실이다. 빈민·마부·난쟁이·하인·직조공·곡예사·무용수·노비·강도·노동자·도둑·곡예사……, 실로 수많은 천민들이 그들의 신분적 질곡에 구애됨이 없이 출가하여 깨달음을 추구하고 있는 상황이 특히 주목된다. 도둑들이 집단적으로 입문하고 있

---

11) Dhp-Com. 26.8(text. N. iv. 149-150, vers. 391) ; Dhp-Com., 3, p.281.

는 것은 도시경제의 발달로 인한 빈부의 극단적 분화와 계층적 갈등이라는 시대적 상황을 그대로 반영하고 있는 것으로 판단된다.

기원전 7~5세기경의 급변하는 북동 인도사회에서, 불교교단은 실로 평등한 민중적 연대의 공동체로서 만인 앞에 활짝 열려 있었다. 온갖 신분의 민중들이 그들의 카스트적 멍에를 벗어 던지고, 대중견성 - 민중견성운동의 공동 주역으로서 변방 개척의 길을 추구해 갔다. 만민평등(萬民平等)・영구평화(永久平和)의 이념에 공감하고, 이 이념을 전파하기 위하여 순교를 넘어서는 삼보헌신(三寶獻身)의 길을 열어간 것이다.〔1집 『초기불교 개척사』 제2편 3장 참조〕 〔표 1〕에서 검증되는 불교도 공동체의 평등한 신분구조는 이러한 시민적・민중적 연대성(連帶性)이야말로 'Buddhist India'의 신화를 실현해간 원동력의 모체란 사실을 강력히 시사하는 것으로 보인다.〔1집 제2편 2장 참조〕 이러한 역사적 사실은 불교도 공동체의 영속적인 번영과 인류적 헌신을 기약하는 오늘의 불교도들에게 발상의 전환을 촉구하는 의미 있는 자료로 생각된다.

3) 12,975(+α)명의 *Dhammapada* 견성대중들

「우루벨라 성도 직후 일곱 이레를 보낸 붓다는 아자파르 니그로다 나무 밑에서 이렇게 홀로 생각에 잠기고 있었다.

'나는 온갖 노력으로 이 담마를 획득하였다.
왜 내가 이 담마를 설해야 하나?

탐욕과 증오를 부리는 자들에 의하여
이 담마는 이해되지 못할 것을.
속된 생각의 흐름을 거슬러가고
깊고, 오묘하고, 훌륭하고, 보기 어려운 담마
그것은 무지의 어둠 속에 갇혀 있는
욕망의 노예들에게는 보이지 않으리.'12)

'깊고, 오묘하고, 훌륭하고, 보기 어려운 담마,
그것은 무지의 어둠 속에 갇혀 있는
욕망의 노예들에게는 보이지 않으리.-'

여기서 붓다는 자신이 도달한 깨달음의 경지는 심심미묘(甚深微妙)하여 깨닫기 어렵다고 자설(自說)하고 있다. 그러면서 붓다는, '왜 내가 이 담마를 설해야 하나?' 하고 깊은 회의에 빠져 있다.

이로부터 깨달음은 접근하기 어려운 지난(至難)의 성역으로 규정되어 버렸다고 할 것이다. 그리고 시간의 경과와 더불어 이 지난의 강도는 더욱 심화되고 접근의 통로는 더욱 폐쇄되어 간 것으로 보인다. 일부 논자들은 완전한 깨달음은 오로지 붓다 한분에 의해서만 가능한 것으로 규정하기에 이르렀다. 후대의 단혹증리(斷惑證理) 52위설(五十二位說)이나, 역겁성도설(歷劫成道說)도 이런 사고의 맥락에서 나온 산물로 생각된다.13) E. 콘즈는 이렇게 논하고 있다.

---

12) Mv 1.5.3 ; *The Book of the Discipline 4*, p.7.
13) 김동화, 앞의 책, pp.478~482.

[표 2] *Dhammapada*의 견성대중 신분계층별 분포

구분	상류층	중간층	하류층	계	미상계	합계
비구	왕(1)・왕족(3) 귀족(32) 자산가(12) 브라민(9) 관리(1,000) (1,057명)	상인(1) 소년(1) 어린이(3) 금세공(1) 가장(1) 고행자(1) 청년(500) (508명)	빈민(2)・무용수(1) 마부(1)・노비(1) 난쟁이(1)・강도(1) 직조공(1)・노동자(1) 도둑(600) (609명)	2,174	6,663명	8,837명 + 다수17회
비구니	왕비(2) 왕족(1) 자산가(3) 브라민 처(1) 관리부인(1,000) (1,007명)	노인(1) 주부(3) (4명)	곡예사(1) (1명)	1,012	3명	1,015명
우바새	왕(3) 왕족(2) 장관(1) 자산가(18) 브라민(16) 제사장(1) (41명)	노인(1) 청년(2) 소년(1) 상인(1) 가장(3) 촌민(다수) 청년(다수) 외도(다수) (8명)	농부(4)・도둑(1) 사냥꾼(8)・곡예사(1) 소매치기(2)・어부(1) 나병환자(1)・목동(1) 백정(1)・노비(1) 깡패(다수) (20명)	69	515명	584명 + 다수6회
우바이	왕비(1) 왕족(1) 자산가(9) 브라민 처(5) (16명)	노인(1) 외도(1) 촌장모(1) 주부(505) 처녀(500) 촌민(다수) (1,008명)	노비(1)・사냥꾼처(1) 창녀(1)・농부처(2) 직조공(1)・궁녀(501) 시녀(500)・하녀(501) (1,508명)	2,532	7명	2,539명 + 다수3회
계	2,121명 (36.6%)	1,528명 (26.4%)	2,138명 (37.0%)	5,787명 (44.6%)	7,188명 (55.4%)	12,975명 (100.0%)

(다수그룹 : 26회, 포괄적 대중 : 6회)

현대인의 정신으로는 믿을 수 없고 괴롭게 생각될지라도, 불교는 우선 '붓다'라고 알려진 전지적(全知的)인 존재에 의한 진리의 계시와, 그리고 성인(聖人)들의 정신적 직관에 의거하고 있는 것이다. 그러나 궁극적인 힘은 평범한 삶들의 '체험'에 있는 것이 아니라, 불교경전에 씌어진 것처럼, 완전히 깨달은 사람[正等覺者]인 붓다의 체험에 있는 것이다.14)

Dhammapada 게송 174의 '직조공 부녀의 견성사건'은 심심미묘법에 익숙해져 있는 사람들에게는 하나의 충격이 될지 모른다. 하나의 예외적인 사건으로 주장될지도 모른다. 그러나 이러한 주장들은 붓다의 담마에 부합되지 않으며, 역사적 사실들과도 일치하지 않는 것이다. 붓다는 도처에서 누누이, '눈 있는 자는 볼 수 있다'라고 설하고, '와서 보고 깨달아라'고 촉구하고 있으며, 이러한 설법은 현실적으로 증명되고 있다.

[표 2]는 *Dhammapada-Commentry*에 등장하는 대중들 중에서 소따빳띠(sotāpatti, 須陀洹, 豫流) 이상의 계위(階位)에 들어선 4부의 견성대중들, '*Dhammapada* 견성대중'의 신분계층별 분포를 정리한 자료이다. 이 표에는 나타나고 있지 않지만, *Dhammapada-Commentry* 자료분석표(부록 참조)에 의하면, *Dhammapada* 설법사건 총 299건 가운데,15) 대중견성이 실현된 경우가 총 189건으로, 63.2%의 견성 성공률을 기록하고 있다. 이것은 붓다의 설법이 베풀어지면 대부분의 경

---

14) E. 콘즈·안성두, 『印度佛敎思想史』(민족사, 1999), p.31.
15) 사건 횟수는 302건으로 기록되어 있지만, 3건이 중복이므로 실제 설법은 299건으로 본다.

우 많은 대중들이 그 담마를 듣고 깨달음을 실현하고 있다는 사실을 의미하는 것이다. 이러한 분석을 통하여 붓다의 위신력에 대한 감흥도 새롭게 하려니와, 보다 중요한 것은 '설법 곧 견성'이 보편적 사건으로 일반화되어 있었던 초기불교의 실체적 상황에 관한 인식을 새롭게 하는 일일 것이다.

얼마나 많은 사람들이 견성하고 있는가?
초기불교시대, 실제로 얼마나 많은 대중들이 깨달음을 실현하고 있기에 '대중견성 – 만인견성운동'이라고 규정되고 있는 것일까?

〔표 2〕는 이 질문에 대하여 매우 유익한 정보를 제공하고 있는 것으로 보인다. 이 표에 의하면, *Dhammapada-Commentary*에는 총 12,975명의 견성대중이 등장하고 있다. 정확하게 말하면, '12,975명+ α 의 견성대중들'이라고 해야 할 것이다. 계량화할 수 없는 '다수그룹 22회, 포괄적 대중그룹 6회를 포함시키면, 이 견성대중의 규모는 훨씬 더 확장될 것이기 때문이다. 12,975명의 *Dhammapada* 견성대중들 중에서 신분을 알 수 있는 사람이 5,783명, 신분미상인 사람이 7,188명이다. 견성대중(12,975명)이 〔표 1〕의 전체 대중(7,628명)보다 숫자가 많은 것은 견성대중 가운데 신분미상인 사람들이 보다 많다는 사실을 반영한 결과이다. 신분구분이 가능한 견성대중은 44.6% 정도로 분석되고 있다.〔표 2참조〕

12,975명,
12,975명+ α 의 Dhammapada 견성대중들 –
이것은 실로 놀라운 사실로 보인다. 담마를 듣고 깨달음의 길로 들어서거나 최고의 경지에 이르는 견성대중들, Ariya들, 성자(聖者)·성중(聖衆)들이 수십, 수백, 수천이 아니라 수만에 이르고 있다. 많은 사람들은 붓다와 상가라(傷歌羅)가 나눈 대화를 아직도 기억하고 있을 것이다.

> 상가라 : 고따마여, 브라민은 많은 사람들의 행복을 위하여 제사를 지냅니다. 그러나 고따마의 제자 사마나들은 자신만의 행복을 위하여 수행하고 있을 뿐이 아닙니까?
> 붓　다 : 상가라야, 고따마를 따라 수행하여 깨달음-해탈을 이룬 사람이 수백·수천이 된다면, 그대는 어떻게 생각하는가? 그래도 이 길이 자신만의 길이라고 할 수 있겠는가?
> 상가라 : 고따마시여, 그렇다면, 사마나의 길도 만인의 행복을 위한 길이라 할 것입니다.16)

만인의 길,
많은 사람들의 이익과 행복을 추구하는 만인의 길-
12,795+ α 의 Dhammapada 견성대중은 이 '만인의 길'을 엄연한 역사적 사실로 드러내 보이고 있는 것이다. 이 통계가 지니는 여러 가지 한계를 인정한다 할지라도 초기불교에 있어 깨달음은 결코 심심미묘한 지난(至難)의 특수 사례가 아니라, 수많은 사람들이 체험하고 있는 일반적 사건, 보통 사건이라는 실제적 상황이 명료하게 드러나고 있다. 초기불교를 '대중견성'-'만인경성운동'으로 규정하는 것이 결코 과장된 주관적 신념이 아니라는 사실이 실체적으로 입증되고 있는 것이다.

---

16) 『中阿含經』 143, 「傷歌邏經」 ; 『한글대장경 中阿含經』 3, pp.325~330 brief.

4) 견성하는 수많은 보통 사람들, 하층민들

이 통계에서 발견되는 보다 중요한 사실은, 깨달음이 붓다의 10대 제자와 같은 뛰어난 상근기(上根機)의 엘리트에 의해서뿐만 아니라, 무지몽매한 하천의 민중들에 의해서도 차별 없이 실현되고 있다는 것이다. 시골의 길쌈하는 소녀와 그 아버지 직조공도 견성하고 있다. [표 2]에 의하여 299건의 견성사건의 주역들의 신분별 분포상황을 가능한 한 구체적으로 정리해 보면 다음과 같다. [cf. 부록자료 ; *Dhammapada-Commentry* 분석표]

Dhammapada-Commentry 견성 사부대중들의 신분별 분포 상황
 • 비구의 경우 : 2,174명 중, 왕·왕족을 비롯한 자산가 등 상류층이 1,057명(48.6%), 상인·청년 등 중류층이 502명(23.4%), 빈민·난쟁이·노동자·곡예사·무용수·노비·도둑 등 하층민이 609명(28.0%)을 차지하고 있다.
 • 비구니의 경우 : 1,012명 중, 왕비·왕족·자산가·관리부인 등 상류층이 1,007명(99.5%)의 절대적 우위를 차지하고 있어 매우 주목된다. 그러나 이 통계에는 잡히지 않지만, 주부·노인·곡예사·미친 여인 등 중·하류층에도 출가 견성의 길은 열려 있다. *Therī-gātā*에는 창녀·걸인·주부 등의 견성사건이 다수 기록되어 있어, 이 통계가 하층 여성들의 출가·견성에 대한 어떤 차별적 인식을 반영한 것으로 해석되는 것은 곤란한 것으로 생각된다. 여성 출가의 문제는 다시 검토돼야 할 것이다.

• 우바새 : 69명 중, 왕·왕족·귀족·자산가 등 상류층이 41명(59.4%), 촌민·청년·소년 등 중류층이 8명(11.6%), 목동·농부·어부·사냥꾼·깡패·소매치기·도둑 등 하류층이 20명(29.0%)을 차지하고 있다. 우바새의 전체 숫자가 적은 것은 '다수'로 표현된 사례가 많은 것과(4회), 관리(1,000명)·청년(500명)·도둑(600명)의 사례에서 보듯, 많은 경우 우바새들이 발심 이후 비구로 출가하는 일반적 경향과 관련 있는 것으로 보인다.

• 우바이 : 이 자료에서 가장 주목되는 것이 우바이의 경우이다. 우선 신분구분 가능한 견성대중 5,787명 중에서 우바이 견성대중이 2,532명으로 43.8%를 점하여 가장 큰 비중을 차지하고 있다. 이 숫자의 애매성을 인정한다 할지라도, 기원전 7~5세기 북동 인도사회의 전반적 사회상황을 고려할 때, 이것은 매우 중요한 의미를 내포하고 있는 것으로 생각된다. 왕비·자산가 등 상류층이 16명(0.6%), 주부·처녀··궁녀·노인·소녀 등 중류층이 1,008명(49.8%), 하녀·시녀·노비·창녀·농부의 처 등 하류층이 1,508명(59.6%)으로 가장 많다.

전체적으로 보면, 신분구분이 가능한 견성대중 5,787명 가운데, 상류층 2,121명(36.7%), 중류층 1,526명(26.4%), 하류층 2,138명(36.9%)으로서, 하층 민중들의 견성 분포가 가장 큰 비중을 차지하고 있다. 이것은 초기불교의 중심이 브라민·캇티야 등 지식층이며, 하층민들은 그들의 낮은 지적·경제적 수준과 강제된 노동 때문에 거의 역할을 담당하지 못했다는 종래의 주장이[17] 역사적 사실과는 일치하지 않다는 것을 입증하는 것이다.

하층 민중들의 이러한 놀라운 진출은 당시 북동 인도사회의 진보적 상황변화와 관련 깊은 것으로 판단된다. 이미 관찰한 바와 같이, 도시 상공업의 급격한 발달로 인하여 빈부 격차가 심화되는 속에서, 다수 하층민들이 부(富)를 축적하고, 그러한 경제력을 기반으로 삼아, 보다 적극적인 사회적·정신적 진출을 추구하고 있었던 것이다. 이 지역에서 카스트 체제가 아직 정착되지 못하고, 비정통의 브라티야를 중심으로 한 자유분방한 사회풍토가 형성된 것도 이들 하층 민중들의 정신적 각성에 크게 작용한 것으로 생각된다. 직조공 부녀의 견성사건도 이런 시대적 상황 속에서 가능했던 것으로 생각된다.

여기서 다시 한번 주목되는 것이 여성들의 견성사건이 남성을 능가하고 있다는 사실이다. 비구·우바새의 남성 견성대중은 2,243명(38.8%)인데 대하여, 비구니·우바이의 여성 견성대중은 3,544명(61.2%)의 우위를 보이고 있다. 여성 일반이 천민시되던 당시의 인도 상황 속에서, 불교가 여성들의 인권 향상과 사회적 진출, 성(性)의 평등이라는 역사적 과제 해결에 있어 혁명적 역할을 수행하였다는 사실이 새삼 명확히 입증되고 있다. 이점이 초기불교의 폭발적 확대를 가능하게 했던 요인의 하나로 판단된다. 또 '변성성불설(變成成佛說)'· '용녀성불설(龍女成佛說)' 등 후대의 일부 주장들이 역사적 실체에 크게 어긋나는 허구적 편견이며, 비법(非法, adhamma)이라는 사실이 의문의 여지없이 드러나고 있는 것이다.

왕·왕비·왕족·귀족·장군·관리·자산가·은행가·거사·장자·브라민……. 상류층의 대중들에게 견성의 문은 열려 있었다.

---

17) H. W. Schumann, Ibid, p.188.

상인·금세공·가장·주부·촌민·청년·처녀·노인·청소년·어린이·외도의 무리……. 중류층의 대중들에게 견성의 문은 열려 있었다.

빈민·걸인·노동자·노비·농부·어부·어민·마부·목동·도살업자·사냥꾼·직조공·곡예사·무용수·창녀·난쟁이·나병환자·깡패·강도·도둑·소매치기……. 하류층의 대중들에게 견성의 문은 열려 있었다.

지금까지의 관찰을 통하여, 견성이 일부 엘리트 계층의 전유물이 아니라 평범한 대중들, 일상의 보통 사람들에 의하여 광범위하게 실현되고 있다는 사실이 검증되었다. 깨달음이 안이하게, 쉽게 이루어지는 것은 아니라 할지라도, 길쌈하는 소녀와 같이, 진지하게 노력하고 붓다의 담마를 잘 따르는 사람들에게는 항상 열려 있다는 것은 의문의 여지없는 분명한 역사적 사실로 보인다. 견성은 상근기 엘리트에게도 열려 있고, 평범한 일반 대중들에게도 열려 있는 '보통의 길', '보편의 길'이라 할 것이다. '보통 사건'이라 할 것이다.

2. [질문2] 세속의 재가대중들도 견성할 수 있는가?

1) 해상(海商) 바히야의 아라한 사건[18]

「어느 때 해상들이 배를 타고 바다로 나갔다. 그들이 바다로 잘 나왔

---

18) Dhp-Com. 8.2(text. N. ii. 209-217, 101) ; *Dhammapada-Commentry*, vol. 2, pp.222~226.

을 때, 배에 물이 새게 되었다. 그래서 한 사람만 살아남고, 모두 고기와 거북이들의 밥이 되고 말았다.

오직 한 사람만 나무판자를 붙들고 죽을 힘을 다하여 수빠라까(Supparaka) 항 가까이 닿는 데 성공하였다. 육지에 올라왔을 때, 그는 옷을 모두 잃고 말았다. 어쩔 수가 없이 그는 마른 가지와 막대기, 나무 껍질로 자기 몸을 감싸고, 왕실 가족으로부터 질그릇을 하나 얻어서 수빠라까 항으로 갔다. 그를 보는 모든 사람들이 그에게 수프·쌀죽과 다른 음식들을 주었다. 그러면서 그들은 그에게 경의를 표하고 말하였다.
"이 사람은 아라한이다."
그는 생각하였다.
'만일 내가 좋은 천의 옷을 입는다면, 더 이상 이익과 시주를 받지 못할 것이다.'
그래서 그는 그런 옷을 피하고, 나무 껍질만 사용하여 입었다. 많은 사람들이 그에게 절을 하며, "아라한, 아라한!" 하였다. 그는 생각하였다.
'나는 이 세상의 아라한의 하나거나, 아라한의 길로 들어선 사람일지 모른다.'
그때 마하브라만(大梵天, 천신)이 옛날의 친구였던 바히야가 큰 죄를 짓는 것을 보고, 밤중에 사람 모습으로 찾아가 그에게 말하였다.
"바히야여, 그대는 아란한이 아니다. 그대는 아라한의 길에도 들어가지 못하였다. 더욱이 그대는 지금 아라한이 되거나 그 길로 들어서지 못하는 그런 짓을 하고 있구나."
마하브라만의 말을 듣고, 바히야는 생각하였다.

'오, 내가 지금 무슨 지경이 되었는가! 나는 혼자 생각하였다. 나는 아라한이라고. 그러나 저 신이 내게 말하였다. 그대는 아라한이 아니다. 아라한의 길에 들어서지도 못하였다고.'
　그때 신이 그에게 말하였다.
　"바히야여, 북쪽에 사밧티라는 도시가 있고, 지금 거기에 세존께서 계신다네. 그분이야말로 아라한 가운데 아라한이시라네. 그분은 아라한의 진리를 설하신다네."

　해상(海商) 바히야(Bāhiya)는 신의 가르침을 따라서, 120 리그의 거리를 걸어서, 사밧티의 붓다를 찾아갔다. 그는 붓다에게 간절히 담마를 청하였다. 붓다가 그를 위하여 담마를 설하였다.

　"바히야여, 그대는 이렇게 배워야 한다. 그대가 어떤 것을 볼 때, 거기에는 오로지 보이는 것만 있는 것이다. 들을 때, 거기에는 오로지 들리는 것만 있는 것이다. 생각할 때, 생각되는 것만 있고, 알 때, 알려지는 것만 있는 것이다.……
　그런 까닭에 바히야여, 그대는 여기 없는 것이다. 그대는 이 세상이나 다음 세상에 있는 것도 아니고, 그 둘 사이에 있는 것도 아니다. 이것만이 고통의 끝이니라."

　붓다의 담마를 듣는 것만으로, 해상 바이야는 모든 부정(不淨)함을 여의고, 즉시 아라한의 경지를 성취하였다. 그는 곧장 붓다에게 출가시켜 줄 것을 청하였다. 붓다는 그에게 출가에 필요한 발우와 가사를 준비하도록 하였다. 물품을 준비하기 위하여 거리로 나간 바히야는 사나운 소에 받쳐 죽고 말았다. 이 소식을 듣고, 붓다는 대중들에게 그가 아라한의 경지에 이르렀음을 밝혔으나, 대중들은 단 한편의 담마를 듣고 아라한이 되었다는 사실을 믿으려 하지 않았다. 이에 붓다께서 이렇게 설하셨다.

"비록 천 마디로 된 게송이라도
아무 의미가 없는 것이라면,
들으면 평화를 얻는
다만 한 구절의 게송이 보다 훌륭한 것을."」

2) 수많은 재가성중(在家聖衆), 재가 견성대중들

재가 아라한들, 재가 성자들
"재가도 견성할 수 있는가? 출가하지 않고서도, 가정생활·사회생활 하면서도 수행하여 깨달을 수 있는가?ー"

많은 사람들이 이렇게 질문해 오고 있다. 이 문제에 대하여 대답하기 전에, 먼저 이렇게 자문해 볼 수도 있을 것이다.

"왜 재가는 견성 열반할 수 없다고 생각하는 것일까?

붓다-담마는 대평등(大平等)인데, 가정생활·사회생활 하면서 견성하기 어렵다는 발상은 왜 하는 것일까? 가정생활·사회생활 하면서, 잘 수행해서 견성할 수 없는 것이라면, 그런 견성 열반은 무슨 의미가 있는 것일까?"

'해상(海商) 바히야(Bāhiya)의 아라한 사건'은 이 질문에 대한 좋은 대답이 될 것으로 생각된다. 해상 바히야는 한때의 과오를 참회하고 붓다-담마를 진지하게 경청한 끝에, 재가의 몸으로 훌륭하게 아라한(arahant, arhat, 阿羅漢)의 경지로 나아갔다. 이렇게 해서 해상 바히야는 존귀한 성자(聖者)·성인(聖人), 곧 Ariyā가 된 것이다. *Dhammapada-Commentry*에는 7건, 10+다수(1만여 명)의 재가 아라한 사건이 기록되어 있다.

*Dhammapada-Commentry*의 재가 아라한들
① 나형외도 자산가 잠부까(Jambuka) : Dhp-Com. 5.11(text. N. ii. 52-63, vers. 70)[19]
② 해상(海商) 바히야-다루치리야(Bāhiya-Dāruciriya) : Dhp-Com. 8.2(text. N. ii. 209-217, vers. 101)[20]
③ 꼬살라의 장관 싼따띠(Santati) : Dhp-Com. 10.8(text. N. iii. 78-84, vers. 142)[21]
④ 꼬살라의 왕실 제사장 악기닷타(Aggidatta)와 1만여 명의 외도 제자들 : Dhp-Com. 14.6(text. N. iii. 241-247, vers. 188-192)[22]
⑤ 사께따의 한 브라민 부부 : Dhp-Com. 17.5(text. N. iii. 317-321, vers. 225)[23]
⑥ 라자가하 나무꾼 부모와 그 아들 소년 : Dhp-Com. 21.4(text. N. 455-460, vers. 296-301)[24]
⑦ 곡예사 욱가세나(Uggasena) : Dhp-Com. 24.6(text. N. iv. 59-65, vers. 348)[25]

---

19) Ibid, vol. 2, pp.130~137.
20) Ibid, vol. 2, pp.222~226.
21) Ibid, vol. 2, pp.312~316.
22) Ibid, vol. 3, pp.63~67.
23) Ibid, vol. 3, pp.108~110.
24) Ibid, vol. 3, pp.179~181.
25) Ibid, vol. 3, pp.226~231.

〔표 3-1〕 Dhammapada 견성대중 신분그룹별 분석표(출가)

구분	소따빳띠	싸까다가미	아나가미	아라한	계
비구	자산가(1) 불명(1,508) 다수(7회) (1,509명 +다수8회)	다수 (1회) (다수 1회)		상인(1) 직조공(1) 브라민(9) 고행자(1) 왕족(3) 금세공(1) 귀족(32) 가장(1) 자산가(11) 소년(1)·빈민(2) 노동자(1) 마부(1)·노비(1) 왕(1)·무용수(1) 난쟁이(1) 어린이(3) 강도(1) 청년(500) 도둑들(600) 관리(1,000) 불명(5,155) (7,328명+다수 8회)	8,837명 + 다수17회
비구니	노인(1) (1명)			자산가(3) 왕비(2) 왕족(1) 주부(3) 브라민 처(1) 곡예사(1) 관리부인(1,000) 불명(3) (1,014명)	1,015명
출가계	1,510명			8,342명	9,852명

〔표 3-2〕 Dhammapada 견성대중 신분그룹별 분석표(재가)

구분	소따빳띠	싸까다가미	아나가미	아라한	계
우바새	브라민(16)·청년(2) 자산가(15)·노비(1) 완족(2)·어부(1) 목동(1)·가장(1) 소매치기(2) 도둑(1) 나병환자(1) 농부(3)·왕(2) 사냥꾼(8) 불명(512) 다수(3회) (568명+다수3회)	자산가(1) 불명(1) 다수(1회) (2명+ 다수 1회)	왕(1) 백정(1) 자산가(1) 농부(1) 가장(1) 불명(1) 다수(1회) (6명+ 다수1회)	자산가(1) 상인(1) 장관(1) 제사장(1) 브라민(1) 가장(1) 소년(1) 곡예사(1) 외도다수(1회) (8명+다수1회)	584명 + 다수6회
우바이	왕비(1)·왕족(1) 자산가(8)·불명(1) 외도(1)·직조공(1) 노비(1)·농부 처(1) 사냥꾼 처(1) 궁녀(501)·창녀(1) 노인(1)·주부(504) 처녀(500) 시녀(500) 하녀(501) 브라민 처(4) (2,534명+다수1회)	자산가(1) 다수(1) (1명)	농부 처(1) 촌장 모(1) 다수(1) (2명)	주부(1) 브라민 처(1) (2명)	2539명 + 다수3회
재가계	3,102명	3명	8명	10명	3,123명
총 계	4,612명	3명	8명	8,352명	12,975명

(다수그룹 : 26회, 포괄적 대중그룹 : 6회)

〔표 3〕은 총 299건의 견성사건의 견성대중들, 총 12,975명을 출가·재가별, 견성 단계별(四雙의 단계)로 구분 정리한 결과이다.

이 표에 의하면, 재가 성자가 3,123명(24.1%)을 점하고 있다. 출가대중 9,852명(75.9%)에는 많이 미치지 못하지만, 전체 견성대중의 4분의 1에 가깝다. 이것은 재가성중들이 초기교단의 한 주역으로서 당당히 역할하고 있었다는 것을 의미하는 것이다. 다수 견성 그룹 9회를 고려하면, 재가성중의 규모는 훨씬 더 확장될 것으로 판단된다. 여기서도 재가 여성 성자들이 2,539명으로 재가 남성 성자의 4.3배의 우위를 확보하고 있다.

〔표 4〕 *Dhammapada* 견성대중들의 견성 계위별 분포

구분		소따빳띠 (수다원)	사까다가미 (사다함)	아나가미 (아나함)	아라한 (응공)	계
출가	비구	1,509명 (다수 8회)	0 (다수 1회)	0	7,328명 (다수 8회)	8,837명 (다수 17회)
	비니	1명	0	0	1,014명	1,015명
재가	우바	568명 (다수 3회)	2명	6명 (다수 1회)	8명 (다수 1회)	584 (다수 6회)
	우이	2,534명 (다수 1회)	1명 (다수 1회)	2명 (다수 2회)	2명	2,539 (다수 3회)
총계		4,612명 (100.0%)	3명	8명	8,352명 (100.0%)	12,975 (100.0%)
출가계		1,510명 (32.7%)	0명	0	8,342명 (99.9%)	9,852명 75.9%
재가계		3,102명 (67.3%)	3명	8명	10명 (0.1%)	3,123명 24.1%

(다수그룹 : 26회, 대중 : 6회)

재가성중(在家聖衆), 재가 Ariyā들의 정통성

'성자(聖者)'·'성인(聖人)', 또는 '성중(聖衆)'으로 일컬어지는 이들은 곧 'Ariyā'들을 말하는 것인데, Ariyā들은 '4쌍8배(四雙八輩)'의 수행자들로서 규정되고 있다. 이것은 4쌍8배에서 최초의 예류(豫流, sotāpatti, 須陀洹) 이상의 수행자들이 Ariyā, 곧 성자(聖者)·현성(賢聖)으로 인정된다는 것을 의미한다.26) 『잡아함경(雜阿含經)』에서는 이렇게 설하고 있다.

> 세존의 제자는 선향(善向)·정향(正向)·직향(直向)·성향(誠向)하여 행이 법에 수순하고 있는 것, 사향사과(四向四果), 이는 이 사쌍팔배(四雙八輩)의 현성(賢聖)이니, 이것을 세존의 제자라고 한다.27)

예류(豫流, sotāpatti)는 깨달음의 흐름으로 들었다는 것으로, 이 단계, 이 흐름으로 들어서면 불퇴전(不退轉)하여 궁극의 경지, 아라한의 경지로 흘러가는 것으로 인식되어 있다. 초기불전에서는 이와 같이 4쌍8배를 '성자'·'성중', 곧 'Ariyā'로 규정함으로써 예류의 단계로부터 견성·깨달음으로 보고, 예류인-예류의 수행자들부터 견성인-견성대중으로 인정하는 확고한 입장을 정립하고 있다.

Ariyā, 성자(聖者)는 흔히 출가대중들에게 부여되는 호칭으로 사용되어 왔다. 그러나 초기불전의 규정에 의하여, 기본적으로는 출가·재가를 포괄하여 깨달음의 흐름으로 들어선 수행자는 모두 Ariyā, 성자인

---

26) Those who have attained to the four supramundance paths(magga) and fruitions(phala). ; 사다티사·조용길, 앞의 책, p.105, note 80.
27) 『雜阿含經』 33. cf. 김동화, 『佛敎學槪論』, p.436.

것이다. 이것은 재가대중들이 출가대중들로 구성된 제도적 상가, Sam-muti-sangha에 들어가는 것은 아니지만, 깨달음의 분상에서 Ariyā-sangha(聖僧家), 곧 정신적 상가에 들어간다는 사실을 의미하는 것으로 해석된다. 스리랑카의 학승 사다티사는 이렇게 논하고 있다.

> 아리야 상가(Ariyā-sangha)는 전통적으로 삼뮤티 상가(Sammuti-sangha, 세속의 제도적 僧家)에 의해 나타나지만, 불자가 귀의하는 것은 아리아 상가이다. 왜냐하면, 그는 진리를 터득하고 자신의 경험을 통해 진리를 가르칠 수 있는 사람이기 때문이다.
> 그렇지만 여기에는 어느 정도 변칙이 있다. 평신도들도 '흐름 속으로 들어간 사람(豫流)', 즉 앞에 언급한 4쌍8배에 포함될 수도 있다. 그러므로 그러한 평신도들은 삼뮤티 상가의 일원이 아니라, 아리야 상가의 구성원이 될 수 있다.28)

사다티사 비구는 매우 조심스럽게 논의하고 있지만, 기본적으로 깨달음의 길에 있어서 재가·출가는 평등하다는 것이 붓다의 근본 담마라고 생각된다. 이것은 이론이나 무슨 규정의 문제가 아니라 본질의 문제, 이념의 문제이고, 역사적인 사실의 문제인 것이다. 붓다-담마는 일체의 차별과 구속을 소멸시켜 대평등을 보고, 위없는 열반·평화를 실현하는 것을 이념적 지표로 추구하고 있다. 또 견성 열반의 길에는 어떤 분별·차별도 어둡고 이기적인 식(識), 번뇌망상으로 규정되고, 그 타파 소멸을 수행의 목표로 삼는 것이다. 이것이 대중견성, 만인견성운동의 이념인 것이다.

---

28) 사다티사·조용길, 앞의 책, p.105.

보다 중요한 것은, 붓다가 출가나 재가의 구분 없이 그들의 견성 열반을 평등하게 인가하고 있다는 역사적 사실이다. 빠알리-니까야에서는 '아라한이 되었다'라든지, '소따빳띠, 예류에 들었다'라는 표현을 평등하게 사용하고 있다. 재가대중에 대해서도 무수히 사용하고 있다. 아라한이 되고 예류인이 되었다고 인정하는 것은 그들이 곧 성자・성중・현성, Ariya들임을 인가하는 것이 된다. 따라서 깨달음의 본질과 초기불전의 규정, 역사적 사실에 의하여 재가성중(在家聖衆), 재가 Ariya들의 정통성은 자명한 것으로 보인다.

'해상 바히야의 아라한 사건'의 경우에도, 그가 발우와 가사를 준비하는 과정에서 사고로 사망하자, 비구들로 하여금 장례, 다비하게 하고, '바히야- 다루치리야는 아라한의 경지를 얻었다'라고 인가하고, 그가 열반에 들었음을 선포하고 있다. 그리고 붓다는 이렇게 그를 찬탄하고 있다.

"나의 제자들과 수행승들 가운데, 담마를 빨리 배운 사람은 바히야가 가장 뛰어나다."〔Dhp-Com, 8.2(text. N. ii. 209-217, vers. 101)〕[29]

아라한의 경지로 들어서는 재가대중들,
깨달음의 흐름으로 들어서서 궁극의 경지로 향하여 정진하는 3천여 명의 재가대중, 재가 민중들,
몸을 태우는 불길 속에서 삼매를 증득하며 불사(不死)를 보이는 쿠

---

29) *Anguttara-Nikāya*에서는 바히야를 출가중으로 구분하고 있지만, 실제로는 출가를 인가받기 전에 입적하였다. cf. *Anguttara-Nikāya* 1.14.3.(text. i. 24) ; *The Book of the Gradual Sayings 1*, p.19.

주따라와 500명의 궁녀들,

'마가다의 대행진'에서, 붓다-담마를 듣고 법안을 얻어 불퇴전의 경지에 들어서는 빔비사라 왕과 12만 명의 시민들, 성중(聖衆)들…….

이들은 깨달음의 길로 들어선 Ariya들, 성자(聖者)들이다. 출가대중들의 삼뮤티-상가는 아니지만, 존귀한 Ariya-sangha의 성중들이다. 이것은 누구도 거역할 수 없는 도도한 만인견성운동의 물결이다. 재가대중들, 재가 민중들이 담마를 경청하고 진지하게 수행함으로써 견성 열반을 실현하는 것은 붓다 스스로 인가한 담마의 근본이며, 엄연한 역사적 사실인 것이다. 깨달은 이가 성자(聖者)·성중(聖衆)이 못 된다면 누가 될 것인가?

3) '견성 열반 사부대중 평등'의 담마'

Kamma의 법칙, 오로지 행위에 의하여

"세속의 재가대중들도 견성할 수 있는가?

가정생활·사회생활을 하면서도 진지하게 수행하면, 견성 열반을 성취할 수 있는가?-"

이 질문에 대한 대답은 이와 같이 이미 명백하게 나와 있다. 그럼에도 불구하고 역사적으로 관찰할 때, 이 진부하고 비합리적인 질문은 끈질기게 반복되어 왔다. 그리고 후일에 이르러, '견성 열반의 길, 만인의 평등'이라는 이 자명한 도리마저 상당 부분 훼손되어 온 것이 사실이다. 이러한 갈등은 재가대중들에게 아라한의 경지를 인정하지 않으려는 뿌리깊은 보수적인 견해를 중심으로 전개되어 온 것으로 보인다. 이 문제와 관련하여, 라모떼는 이렇게 논하고 있다.

이 문제는 불교 이론가들 사이에서 일찍부터 제기되었다. 승려들은 최소한 출가생활의 결실의 한 부분, 특히 성자(아라한)의 결실을 자신들의 권리로 보전하기를 원하였다. 반대로 재가들은 출가들과 평등한 권리를 자신들도 확보하기 위하여 투쟁하였다.

가정에 살고 있는 재가들이 종교적 생활의 세 가지 결실을 수확하고, 소따빳띠(sotāpatti, Skt. srotaāpanna, 須陀洹, 豫流)·사까다가미(sakadāgāmi, Skt. sakrdāgāmin, 斯多含, 一來)·아나가미(anāgāmi, Skt. anāgāmin, 阿那含, 不還)의 경지로 나아갈 수 있다는 것은 논쟁의 여지없이 받아들여졌다.

그러나 첨예한 포인트는 '우바새들이 종교적 생활의 네 번째이자 마지막 결실인 아라한(arahat, arahan, 阿羅漢, 應供)으로 나아갈 수 있는가?' 하는 것을 아는 것이었다. 붓다는 명백한 입장을 채택하기를 거부하였다.30)

라모떼는 붓다의 입장이 명백하지 못하다고 하는 이유를 *Majjhima-Nikāya*에 나오는 '붓다와 또데야뿟따(Todeyaputta)의 대화'를 인용하고 있다. 대화는 이렇게 진행되고 있다.

「붓다가 사밧티의 제타 동산에 계실 때, 브라민 또데야의 아들 수바(Subha)가 찾아와 인사 올리고 질문하였다.

수바 : 스승 고따마시여, 브라민들은 이렇게 말합니다.
"가정생활 하는 사람들은 진리의 길, 청정한 담마를 완성한다.

---

30) E. Lamotte, Ibid, pp.79~80.

출가 수행자들은 진리의 길, 청정한 담마를 완성하지 못한다."
고따마께서는 이 문제를 어떻게 생각하십니까?

붓다 : 보게, 이 사람아, 나는 분석한 다음에 말하는 사람이라네. 나는 일방적으로 말하지 않는다네. 나는 재가자들이나 출가자들이나, 그들의 잘못된 행위를 칭찬하지 않는다네. 왜냐하면, 재가자들이나 출가자들이나 잘못된 행위를 하는 사람이라면, 그 잘못된 행위에 의하여 그들은 진리의 길, 청정한 담마를 성취하지 못하기 때문이라네.

나는 재가자들이거나 출가자들이거나, 그들의 올바른 행위를 칭찬한다네. 왜냐하면, 재가자들이거나 출가자들이거나, 올바른 행위를 하면, 그 올바른 행위에 의하여 그들은 진리의 길, 청정한 담마를 성취하기 때문이라네.31)」

라모떼는 이 담마를 듣고, 왜 이 문제에 대한 붓다의 입장이 불분명한 것이라고 했을까? 붓다가 단정적으로 말하지 않았기 때문일까? 만일 그렇다면, 그는 오류를 범한 것으로 생각된다. 붓다 스스로, '나는 분석하기 전에는 말하지 않는다. 나는 일방적으로 말하지 않는다.'고 분명한 입장을 밝히지 않았는가?

출가─재가 문제에 대한 붓다의 입장은 명백하고 확고하다. 바로 이 '붓다와 수바의 대화'에서 여실히 입증되고 있다. 출가─재가의 문제는 우열(優劣)・본말(本末)・주종(主從)의 문제가 결코 아닌 것이다. 붓다는 어떤 형식논리도 인정하지 않는다. 어떤 인습적・전통적

---

31) MN 2.197-198(98. Subha-Sutta) ; *The Collection of the Middle Length Sayings 2* (P.T.S.), pp.386~387.

편견도 인정하지 않는다. 이것은 모두 사견(邪見)·분별식(分別識), 곧 망상으로 규정되고, 소멸 타파가 수행의 목표가 되는 것이다.

붓다는 오로지 행위에 의하여 판단한다. 이것이 'Kamma의 담마', '업(業)의 법칙'이다. 그리고 바로 이 '업의 법칙'에 입각하여, 붓다와 초기 주역들은 인도 대륙에 거대한 정신적·윤리적 혁신을 불러일으키고, 황량한 공간에 'Buddhist India'를 개척할 수 있었던 것이다.

재가 견성의 문제도 이 원칙에 입각하고 있다. 누구든지, 재가든 출가든 바르게 행위하면, 담마를 경청하고 진지하게 수행하면, 견성 열반한다. 예류인이 되고, 아라한이 되고, Ariya가 되고, 성자·성중이 되는 것이다.

Aṅguttara-Nikāya 속의 재가 성자 20인

이것은 부동의 원리이다. 아라한은 어떤 특정 집단에 의하여 독점될 수 있는 유위(有爲)의 경지가 결코 아니다. 만인에게 크게 열려 있는 무위(無爲)의 문, 청정 자성의 경지인 것이다. 누구든지 자성만 여실히 보면 그가 아라한이고, 정각자(正覺者)이고, Ariya이다. 재가대중들이 출가대중의 공동체, sangha에 들어갈 수 없다는 현실적 문제와는 전혀 상관없이, 이것은 자명한 부동의 원리이며 근본 담마인 것이다.

'여러 경전의 문장 속에서 성인의 지위〔아라한〕는 모든 사람들에게 동일한 것으로 나타나고'[32] 있는 것도 이 때문일 것이다. *Saṅgyutta-Nikāya*에서, 붓다는 이렇게 설하고 있다.

---

32) E. Lamotte, Ibid, p.79.

"나는 선언하노라. 해탈의 문제에 있어서, 집착을 버린 재가 제자나 번뇌로부터 벗어난 수행승 사이에는 아무 차이도 없느니라."

(I declare that there is no difference between the lay-disciple who thus avers and the monk whose mind is freed from the asavas.)33)

'해탈에 있어서,
재가 · 출가 사이에는 아무 차이도 없느니라.'
이 '견성 열반의 길, 사부대중 평등의 담마'는 단순히 선언적 구호가 결코 아니다. Anguttara-Nikāya에 의하면, 붓다는 출가대중들 앞에서, 궁극의 해탈에 이른 재가대중 20명의 명단을 이렇게 외우고 있다.

"수행승들이여, 여섯 가지 일을 준수함으로써, 선인(善人) 따뿟사(Tapussa)는 여래로 인하여 궁극에 가서,34) 불사(不死)를 보고, 그의 존재는 불사(不死)를 실현하였다.
여섯 가지 일이란 무엇인가?
곧 붓다 · 담마 · 상가 · 성스러운 덕성(Ariyā-virture) · 성스러운 지혜(Ariyā-knowledge) · 성스러운 해탈(Ariyā-release)에 대한 흔들림 없는 믿음이다.
이들이 또한 그러하니, 선인 발리까(Bhallika) · 수닷타-아나타삔디까(Sudatta-Anāthapiṇḍika) · 칫타-마치까상디까(Citta-Macchikāssaṇḍi-

---

33) SN 55.11.7.13(text. v. 409, Visiting the sick) ; The Book of the Kindred Sayings 5(P.T.S.), p.351.
34) 'to have won to nibbāna, the deathless.' ; The Book of the Gradual Sayings 3(P.T.S, tr. E. M. hare), p.313. note-4.

ka)·핫타까-알라바까(Hatthaka-Ālavaka)·마하나마-사카(Mahānāma-Sakka)·욱가-베살리까(Ugga-Vesālika)·욱가따(Uggata)·수라-암바타(Sūra-Ambattha)·지바까-코마라박카(Jīvaka-Komārabhacca)·나꿀라삐따(Nakulapitā)·따바깡니까(Tavakannika)·뿌라나(Pūrana)·이시닷타(Isidatta)·산다나(Sandhāna)·비자야(Vijaya)·밧지야마히따(Vajjiyamahita), 그리고 재가 제자 바셋타(Vāsettha)인 멘다까(Mendaka)·아리타(Arittha)와 사락가(Sāragga) 등이다."35)

4) 재가 아라한 0.1%의 의미

4쌍8배 계위설의 재검토

〔표 4〕로 다시 돌아가 보자. 이 표에서 특히 두드러진 현상은, 아라한의 계위가 출가대중에 의하여 거의 독점되고 있다는 것이다. 아라한 총 8,352명 가운데, 비구·비구니의 출가대중이 8,342명(99.9%)으로 거의 독점하고 있다. 이에 대하여, 우바새·우바이의 재가대중은 10명 (0.1%)에 불과하다. 그 반면 예류(豫流)인 소따빳띠, 수다원 경지는 총 4,642명 가운데, 재가대중이 3,130명(67.5%)을 점하여, '출가-아라한, 재가-소따빳띠'의 양극화(兩極化) 현상이 도식화되고 있다.

Dhammapada-Commentry 속에 내재하는 이러한 양극화의 도식은 붓다의 담마를 진지하게 실천하면 누구든지 견성할 수 있다는 '견성 열반 사부대중 평등의 담마'가 후대에 와서 심각하게 도전 받고 훼손되었다는 사실을 드러내는 것으로 판단된다. 이것은 바히야와 같은 수

---

35) AN 6.12.131(text. iii. 447) ; *The Book of the Gradual Sayings 3*(P.T.S.), pp.313~314.

많은 재가 아라한, 재가성중들이 실재했던 초기불교의 역사적 사실이 부파의 주역들에 의하여 왜곡 은폐되고 있다는 것을 드러내는 것으로 주목된다. 이러한 주장은 4쌍8배(四雙八輩)의 구조가 후대의 고안이라는 분석에 의하여 더욱 객관적으로 지지되고 있는 것으로 보인다. 토마스는 이렇게 논하고 있다.

도덕적 행위는 현세와 (다음 생의) 또 다른 존재 속의 행복이라는 보상으로 이끌어간다. 그러나 그것은 모든 것이 일시적이며, 그런 까닭에 고통스러운 그런 종류의 존재로부터의 해방을 완성하는 그러한 구원으로 이끌어갈 수는 없는 것이다. 재가대중들도 4단계의 길(4쌍, 저자 註) 가운데서, 선행의 과보 속에서 최후의 행복(견성 열반)을 추구하는 목표 위로 자신들을 단번에 올려놓는 그런 수행의 과정을 그들 앞에 설정하고 있다.
열반의 길을 4단계로 정리하는 것은 후기의 저술 속에 빈번하게 나타나고 있다. 그리고 비록 그러한 것이 경전 속에 나타날지라도, 그것은 초기의 가르침을 재분류한 것으로 보인다. 재가대중들은 (4단계 가운데서) 최초 3단계를 획득하는 것으로 빈번히 나타나고 있다.36)

4쌍8배의 견성 계위가 후대의 의도적인 시설이라는37) 주장은 [표 4]에 의해서 보다 명백하게 입증된다. 이 표에 의하면, 4쌍8배 가운데 사까다가미와 아나가미가 전혀 유명무실하다는 사실이 드러나고 있다. 2

---

36) E. J. Thomas, Ibid, p.177.
37) '정신적 4단계(4쌍)의 교리가 초기 붓다 교설의 한 부분을 형성할 수는 없는 것으로 관찰된다. 니까야 속에서 'Anāgāmin'(3단계 Anāgāmi)이란 용어가 보다 초기의 비(非)전문적 용도로 사용된 점으로부터 이러한 사실은 명백해진다.' ; G. C. Pande, p.539.

계위의 실제 인원은 11명으로서 전체 견성자의 0.08%에 불과하다. 이것은 이 2계위가 허구적인 구도라는 것을 사실적으로 입증하는 것으로 판단된다. 이것은 견성이 4쌍8배의 과정을 거쳐 단계적으로 완성된다는 '아라한 4계위설' 자체의 허구성을 시사하는 것으로 생각된다. 이러한 계위설은 후대에 이르러 깨달음-견성 열반에 대한 차별화, 전문화의 관념에 의하여 의도적으로 고안된 도식화인 것으로 생각된다.

〔표 4〕에 의하면, 견성 열반은 '예류, 아라한'이라는 보다 간명하고 실제적인 구조로 추구된 것이다. 진지한 발심과 분명한 이해로 견성의 흐름으로 들어서고(소따빳띠, 예류), 끊임없이 수행 정진함으로써 마침내 깨달음을 완성하고 아라한의 경지로 나아가는 것이 견성의 실제적 양상이다. 따라서 예류, 아라한의 길은 불퇴전의 지속적인 하나의 과정으로서, 예류의 사람들을 '견성대중'·'성중(聖衆)'으로 인정하는 것도 이러한 논거에 입각한 것이다.

0.1%의 의미

재가 아라한 총 10명 + 다수(1회), 재가 아라한 0.1% -

이 통계가 '견성 열반 사부대중 평등의 담마'를 의심하거나 부정하려는 어떤 의도들도 더 이상 정당화시킬 수는 없을 것이다. 이미 관찰한 바와 같이, 이 평등의 담마는 다시 도전될 수 없는 확고 부동한 정통성과 역사성을 지니는 것이기 때문이다.

0.1%는, 라모떼가 앞서 지적한 것과 같이, 불교사의 흐름 속에 온존되어 온 오랜 갈등과 왜곡을 암시하고 있는 것으로 보인다. 후대의 논사들에 의한 의도적인 불평등의 갈등구조 속에서도, 0.1%의 재가들이 아라한의 성위를 획득한 것으로 기록되어 있는 것은, 불전 편찬자들의

고뇌의 산물로 평가되어야 할까? 후일 대승불교가 아라한의 가치를 평가절하하고, 만인 앞에 평등히 열려 있는 보살도와 실개성불(悉皆成佛)의 이념을 추구한 것도 이러한 역사적 갈등과 깊이 연관되는 것으로 보인다.

여기서 또 하나 주목되는 것은, 재가대중의 경우 3천여 명을 넘는 개인들과 4회에 달하는 '많은 사람들'이 예류의 경지로 들어서고 있다는 사실이다. 예류(豫流, 수다원, sotāpatti)는 잘 알려진 바와 같이, 아견(我見)·의심(疑)·맹신의 세 가지 장애를 제거함으로써 도달하는 경지로서, '인간보다 낮은 세계로 윤회하지 않으며, 구원이 확실하고 궁극적 깨달음의 획득이 결정되어 있는 것이다.'38) 이미 깨달음, 견성의 흐름으로 들어선 성자의 경지인 것이다.

〔표 4〕에 의하여 확인되는 이러한 사실은 불교도가 추구하는 최고의 목표인 깨달음, 견성·해탈 열반의 문이 보통의 재가대중들에게 활짝 열려 있을 뿐만 아니라, 실제로 수많은 대중들이 이 깨달음의 길로 들어서고 있다는 초기불교의 역사적 실상을 입증하는 것으로 해석될 수 있을 것이다. 이것은 진지하게 붓다-담마를 실천하면, 누구든지 견성의 흐름으로 들어설 수 있다는 사실을 의미하는 것이기 때문에, 견성의 보편성, 대중성의 확보라는 측면에서 특히 중요한 의의를 내포

---

38) "The Bhikhu named so-and-so has died ; the Blessed One hasdeclared of him, 'With the destruction of three fetters he has become a stream-enterer〔sotā-patti〕, no longersubject to perdition, bound 〔for deliverance〕, headed for enlightenment.' " ; MN 68.13(text. i. 466) ; *The Middle Discourses of the Bud- dha*(tr. Bhikhu Nanamoli), p.569. cf MN 1. 467(B. Naḷakapāna-sttta) ; *The Collection of the Middle Length Sayings 2* (P.T.S.), pp.139~140.

하는 것으로 생각된다.

이러한 '아라한의 보편성, 대중성의 담마'는 '악기닷타(Aggidatta)와 1만 외도들의 아라한 사건'에서 구체적으로 실현되고 있다. *Dhammapada-Commentry*에 의하면39) 악기닷타는 꼬살라국 빠세나디 왕의 왕실 제사장 출신으로 1만 명의 외도들을 거느리는 대교단의 승려가 되었다. 어떤 기회에 붓다는 그와 1만 명의 대중들에게 '산이나 숲·신전·무덤 같은 곳은 의지처가 되지 못한다. 진정한 의지처는 붓다·담마·상가이다'라고 설하고, 이 담마 끝에 악기닷타와 1만의 대중들은 그 자리에서 아라한의 경지를 실현하였다. 그리고 곧 출가하였다.40) 여기서 분명한 것은 악기닷타와 1만의 외도들이 재가의 몸으로, 외도의 몸으로, 그 자리에서 아라한을 실현하고 있다는 사실이다. 이 사건의 과장성을 감안하더라도, 이 사건이 아라한의 길이 출가-재가의 모든 대중, 모든 시민들에게 평등하게 활짝 열려 있는 초기불교의 역사적 상황을 실체적으로 입증하고 있다는 사실에 대해서는 의문의 여지가 없는 것으로 보인다.

깨달음의 흐름으로 들어서는 수많은 재가대중들,
담마 한마디에 즉시 아라한이 되는 만여 명의 대중들,

---

39) Dhp-Com. 14.6(text. N. iii. 241-24, vers. 188-192) ; *Dhammapada-Commentry*, vol.3, pp.63~67.
40) At conclusion of the lessen all those sages attained Arahatship, together with Supernatural Faculties. Thereupon they saluted the Teacher and asked to be admitted to the Order. The Teacher stretched out his hand from under his robe and said, "Come, monks ! Lead the Holy Life." ; Ibid, vol. 3, p.66.

진지한 구도심에 의하여 아라한의 경지에 이르는 상인·주부·노인·소년·자산가·곡예사 등 보통 사람들―.

1만 명에 육박하는 수많은 출가 아라한들의 출현도 이러한 사람들, 민중들의 깨달음의 힘에 의하여 지지되고, 거대한 민중적 견성의 물결 속에서 가능했던 것으로 보인다. 출가대중 또한 전체 대중, 전체 민중의 한 부분으로 설 때에만, 그 존재의 기능이 비로소 가능하기 때문이다. 따라서 *Dhammapada-Commentry*의 견성대중 분포는 견성에 있어서 출·재가의 차별이 아니라, 역사의 흐름 속에서 거대한 새 조류를 형성하고 있는 전체 불교도의 대중견성운동이라는 총체적 맥락에서 파악되어야 할 것으로 생각된다. 출가와 재가의 사부대중은 역사와 민중 앞에서 한 덩어리의 책임과 헌신을 요구받는 한 공동체며 운명적 동반자이기 때문이다.

왕족·자산가·목동·외도 여인들·시녀들·소매치기·나병환자·청년들·농부·꽃장수·미친 여인·노비·사냥꾼·주부들·노인들·베짜는 소녀·처녀들·공주·창녀·하녀들·깡패들·도둑……

진지하게 담마를 실천하여 견성의 흐름으로 들어서는 이 수많은 출가·재가의 사람들,

상인들·왕족들·귀족들·자산가들·청년들·빈민·관리들·관리의 부인들·난쟁이·어린이들·해상·도둑들·살인강도·주부들·직조공·외도들·브라민들·노인들·고행자·금세공·곡예사들·노동자들…….

치열한 구도심으로 담마를 실천하여 아라한의 경지로 나아가는 이 수많은 출가·재가의 사람들―

바로 이들이 *Dhammapada* 견성대중들의 실체이다.

0.1%의 재가 아라한, 이것은 이 사부대중 공동체의 본질적 동질성을 밝히는 마지막 작은 보리 씨앗이 아니겠는가.

3. 〔질문3〕 전문적 선정 – 명상을 통하지 않고서도 견성할 수 있는가?

1) '곡예사 욱가세나의 즉시견성 사건'[41]

「붓다께서 라자가하 벨루바나에 계실 때 일이다.

5백 명의 단원을 거느린 곡예단이 반년, 또는 1년마다 왕 앞에서 공연을 하고, 많은 금과 돈을 벌곤 하였다.

어느 날, 어떤 여자 곡예사가 장대 위에 올라가 그 위에서 재주넘기를 하고, 장대 끝에서 몸을 평평히 하고, 마치 허공을 밟는 것같이 노래하고 춤추었다. 마침 이때, 한 은행가의 아들 욱가세나(Uggasena)가 친구들과 함께 이 광경을 보고 사랑에 빠지고 말았다. 그는 말하였다.

"저 여인을 얻는다면 살 것이고, 얻지 못한다면 곧 죽을 것이다."

그는 곧 청혼했으나 같은 곡예사가 아니면 안 된다는 조건이었기 때문에, 욱가세나는 집을 나와 곡예단에 입단하여 그 여인과 결혼하였다.

그러나 욱가세나는 곡예를 잘 하지 못했기 때문에 아내로부터 구박을 받았다. 고민 끝에 욱가세나는 곡예를 제대로 배우기로 결심하고 열심히 연습해서 일류 곡예사가 되었다.

이 곡예단은 여러 지방을 돌아다니다가 어느 때 라자가하로 들어왔

---

[41] Dhp-Com. 24.6(text. N. iv. 59-63, 348) ; *Dhammapada-Commentry*, pp. 226~231.

다. 육가세나는 고향 사람들에게 자기 묘기를 보이기 위하여 전력을 다
기울였다. 그때 붓다께서 삼매에 들어 두루 살피시다가, 곡예사 육가세
나가 인연이 성숙되었음을 살피시고, 라자가하로 탁발을 나갔다 돌아
오는 길에 곡예단 공연장을 찾았다. 그때 육가세나는 높은 장대 위에
올라 공중으로 솟아올라 일곱 바퀴를 도는 고난도 묘기를 보이고 있었
다. 붓다께서 들어와서, 목갈라나 비구를 통하여 육가세나의 묘기를 보
고 싶다고 청하셨다. 육가세나는 대답하였다.

"위대한 지혜와 신통력을 갖추신 목갈라나 스님,
여기를 보십시오.
저는 구경꾼들에게 곡예를 보이겠습니다.
그리하여 그들을 웃게 하겠습니다."

육가세나는 공중으로 몸을 솟구쳐 열네 바퀴를 회전하고 장대 위로
내려 앉았다. 긴장과 환호의 순간이 끝나자, 붓다께서 육가세나 앞에
나아가 무상의 담마를 설하고, 이렇게 게송을 읊으셨다.

"육가세나여, 현명한 사람은 과거·현재·미래의 5온에 대한 집착을
모두 버린다. 그럴 때라야, 그는 진정 생·노·병·사로부터 해탈하느
니라."

붓다께서 곧 게송을 읊으셨다.

"미래의 일들을 포기하라.
과거의 일들을 포기하라.
현재의 일들을 포기하라.
머나먼 바다를 건너라.
그대의 마음이 모든 집착으로부터 벗어날 때,
다시는 생사의 길을 가지 않으리."

그 순간, 은행가의 아들 욱가세나는 높은 장대 위에 선 채로 신통력을 갖춘 아라한이 되었다. 욱가세나는 곧 땅으로 내려와 붓다에게 경배를 올리고, 5계를 받고 출가하기를 청하였다.
붓다께서 말씀하셨다.
"오라, 비구여!"
이렇게 해서 욱가세나는 그 자리에서 출가하여 비구가 되었다.」

2) 깨달음에 선(禪)은 필수인가?

붓다께서 사밧티 제타 숲 기원정사에 계실 때, 여러 수행자들에게 말씀하셨다.
"나는 정각을 얻기 전에 선정을 통한 사유에 골몰하면서, 이와 같이 생각하였다.
어떤 법이 있기 때문에 생사가 있는 것일까?
생이 있기 때문에 노사가 있다.……
이와 같이 유·취·애·수·촉·6입처·명색이 있다.
어떤 법이 있기 때문에 명색이 있고, 어떤 법을 연(緣)하여 명색이 있는가를 사유한 결과, 식(識)이 있기 때문에 명색이 있고, 식(識)을 연하여 명색이 있다는 여실하고 무간등(無間等)한 인식이 생겼다.
……"42)

여기서 붓다는 자신의 깨달음이 선정(禪定) 속에서 이루어지고 있다는 사실을 분명하게 술회하고 있다. 보다 전문적으로는, 구차제정(九次第定)의 단계적 선정을 이수하고, 최종적으로 멸진정(滅盡定)

---
42) 『雜阿含經』 287, 「城邑經」 ; 『한글대장경 雜阿含經』 1, pp.327~328.

을 성취함으로써 무명(無明)을 멸진하고 명(明)을 획득하여, 큰 깨달음을 실현한 것으로 해석되고 있다.43) 이를 계기로 불교의 수행은 선(禪, jhāna, dhyāna, 禪那)·좌선(坐禪, Yoga, 瑜伽)이 근간이며, 깨달음은 제종의 선수행을 통하여서만 가능한 것으로 널리 인정되어 왔다.44)

*Dhammapada*에서도 선정과 위빠사나(vipassanā)를 통한 마음의 정화가 견성의 길, 지혜의 길임을 도처에서 설하고 있다.

「학식과 자만심이 높은 뽀틸라(Poṭhila) 비구가 뒤늦게 겨우 일곱 살 난 어린 사미에게 좌선 지도를 받고 심신의 변화에 마음을 집중하는 수행에 열중하고 있을 때, 붓다가 그 앞에 광명을 비추며 이렇게 설하였다.
"지혜는 좌선수행(yoga)에서 일어나는 것
좌선 수행이 없으면 지혜는 사라진다.
이같이 얻음과 잃음의 두 길을
바르게 아는 수행자는
열심히 좌선수행 하여 지혜를 증진시켜야 한다."
이 설법 끝에 뽀틸라 비구는 즉시에 아라한과를 성취하고, 장로의 한 사람이 되었다.45)」

그러나 *Dhammapada-Commentry*에서 우리는 또 다른 깨달음의 사건을 도처에서 발견하고 있다. 그것은 선정 수행을 통하지 않고서도

---

43) 이중표, 앞의 책, pp.93~135.
44) 김동화,『原始佛敎思想』, pp.315~322.
45) Dhp-Com. 20.7(text. N. iii. 41481, 282) ; *Dhammapada-Commentry*, vol. 3, pp.157~159.

견성하는 경우들이다. *Dhammapada*(vers. 348)의 '곡예사 욱가세나의 즉시견성 사건'도 그러한 실례 가운데 하나이다. 담마에 대한 사전 지식이 없었고 수행한 적도 없는 한 곡예사가 붓다의 담마를 듣고, 높은 장대 위에 선 채로, 지혜와 신통력을 갖춘 아라한의 경지로 직입(直入)하고 있다. 돈오돈수(頓悟頓修)의 경지가 이런 것일까?

'곡예사 욱가세나의 즉시견성 사건'은 깨달음의 길, 견성 수행법에 관하여 매우 의미심장한 메시지를 전파하고 있는 것으로 보인다. 공식처럼 운위되는 계·정·혜 삼학(三學)을 닦지 않고서도, 단 한번의 붓다 귀의와 담마에 대한 이해의 공덕만으로도, 단 한마디의 담마에도, 지혜의 눈을 떠서 깨달음의 길, 아라한의 길로 들어서고 있는 것이다. 보다 중요하게 생각되는 것은, 이러한 일이 일회성의 사건으로 끝나지 아니하고 흔히 일어나고 있는 일반적 상황이라는 사실이다.

[표 5] *Dhammapada*의 즉시견성 대중들

구분	소따빳띠	사가다가마	아나가마	아라한	계
비 구	-	-	-	502	502
비구니	-	-	-	-	-
우바새	76+다수3	-	3	4	83+다수3
우바이	2,026+다수1	-	1	-	2,027+다수1
계	2,102+다수4	-	4	506	2,612+다수4

* 비구-500명 : 도둑들 vers(110게송)
* 우바이-500명 : 시녀 vers(게송53), 부인(146), 처녀(200), 하녀(223)

〔도표 5〕에 의하면, *Dhammapada-Commentry*에는 총 견성사건 299건 가운데 78건(25.1%), 인원으로는 2,612명(20.1%)이 즉시견성으로 기록되어 있다.

이러한 통계는 장기간의 전문적인 수행을 통하지 않고서도, 적절한 계기에 수백, 수천의 대중들이 견성할 수 있다는 사실을 반영한 것이다. 이것은 견성이 장기간의 수행 정진, 특히 장기간의 선정 수행을 통해서만 가능하다는 고정관념에 대한 재검토를 요구하는 중요한 문제로 보인다. 이것은 선 수행의 중요성을 약화시키는 것이라기보다는, 깨달음에 이르는 방법론의 지평을 보다 넓게, 다양하게 개방한다는 측면에서 검토되어야 할 문제로 생각된다. 이와 관련하여 슈만은 이렇게 논하고 있다.

만일 선정의 목표가 붓다의 가르침 가운데서 특별한 것이라면, 그 목적은 지적(知的)으로 이해한 내용을 진정한 자기 자신의 것으로 만들기 위해서, 그 이해를 살아 있는 체험으로 전환시키는 것이다.

그러나 선정은 그것 자체가 결코 궁극적인 목표가 아니다. 베살리로 여행하는 도중, 마할리(Mahāli)가 붓다에게 물었다.

"수행승들이 수행을 하는 것은 선정 속에 살기 위한 것입니까?"

붓다가 대답하였다.

"마할리여, 그것이 아니니라. 수행승들이 선정을 하는 것은 보다 높고 상쾌한 일들, 말하자면 탐·진·치의 파괴를 위한 것이니라."[46]

선정은 해탈을 위하여 하나의 도움이 되는 것이지, 그 이상 아무것도 아니다(Meditation is an aid to liberation, nothing more). 선정은 이

---

46) DN 6.12f(text. i. 156-157, Mahāli-Sutta) ; *The Long Discourses of the Buddha*, p.145.

해를 위한 유익한 정신적 조건들을 창출한다. 그러나 선정을 억지로 해서 해탈을 얻을 수 있는 것도 아니고, 해탈을 위하여 절대적으로 있어야 하는 기본적인 것도 아니다. 빠알리 경전은 결코 선정을 닦은 적이 없으면서도 깨달음과 해탈을 획득한 많은 사람들의 사례를 간직하고 있다.47)

3) 즉시견성 하는 수많은 대중들

위 통계에서 또 하나 주목되는 것은, 즉시견성 사건이 재가대중의 경우 소따빳띠-예류에 집중되고 있다는 점이다. 출가대중의 경우는 그 사례가 세 건에 불과하다. 이것은 출가대중들은 선정 수행이 일상적인 과업이란 사실을 상기하면 충분히 이해되는 상황이다. 선정을 포함한 담마 수행의 기회가 거의 없는 재가대중들의 경우, 어떤 계기에 담마를 듣고 분명히 이해하거나 깊이 수용하면, 그것에 의하여 즉시견성의 길로 들어서는 것이 가능하고, 경우에 따라서는 아라한의 궁극에까지 이를 수 있는 것이다.

재가 견성대중 총 3,123명(도표 4) 가운데, 즉시견성이 2,110명 (80.8%)의 절대적 우위를 점한다는 것은, 담마를 진지하게 듣고 분명히 이해하고 확신하는 것에 의하여 견성의 길로 들어서는 것이 초기불교시대의 보편적 상황이었다는 것을 입증하는 것으로 생각된다. 이것은 깨달음의 문제, 대중견성-민중견성의 본질을 이해하는 데 매우 중요한 요소로서 주목되어야 할 것이다.

반면 아라한의 경지는 이 통계에 의하면, 선정 수행을 포함한 장기

---

47) H. W. Schumann, Ibid, p.211.

간의 정진을 통해서 비로소 그 실현이 가능한 것으로 규정될 수 있을 것이다. 전체 아라한 8,352명 가운데 즉시견성은 506명(6.1%)에 불과하기 때문이다.

그러나 많은 빠알리-니까야의 기록에 의하면, 수많은 대중들이 즉시에, 또는 단기간에 아라한의 경지를 성취하고 있다는 사실에 주목할 필요가 있을 것이다. 바라나시 사슴동산의 최초의 다섯 수행자들이 그랬고, 야사스를 비롯한 54명의 청년들이 '그 자리에서 먼지와 때를 여읜 법안을 얻고', "이윽고 그들의 마음에 집착이 사라져 모든 번뇌에서 해탈하였다. 그리하여 이 세상에 아라한이 61명이 되었다.48) 까샤빠 3형제와 1,000명의 외도들도 출가 직후 가야시산에서 '불의 설법'을 듣고 즉시에 집착이 사라져 모든 번뇌에서 해방되었다."49) 1,000명의 아라한이 새롭게 탄생한 것이다.

요컨대, 견성의 길이 반드시 멀고 험한 것이 아니라는 사실이 새삼 인식되어야 할 것으로 생각된다. 몇 생(生)을 다시 태어난다든지, 오랜 기간의 전문적 선정 수행을 통해서만 견성이 가능하다는 주장이 있다면, 이것은 붓다의 근본 의도와는 거리가 먼 것이고, 또 역사적 사실과도 일치하지 않는 것으로 생각된다.

견성 가능성은 시간과 전문적 수행의 문제가 아니라 진지한 발심과 분명한 이해와 확신, 줄기찬 노력, 그리고 스승의 역할 등 접근 방법의 문제로서 판단되어야 할 것으로 생각된다. 미천한 곡예사가 높은 장대 위에서 처음으로 담마를 듣고 선 채로 깨달을 수도 있고, 7년 동안 애쓰다가 이루지 못하고 새끼줄에 목을 매는 순간 깨달을 수도 있으

---

48) Mv 1.10.4 ; *The Book of the Discipline 4* (P.T.S.), p.28.
49) Mv 1.21.4 ; Ibid, p.46.

며,50) 평생을 방황하다가 끝내 무위가 되는 수도 있는 것이다. 견성의 길은 이렇게 다양하게 열려 있다.

즉시견성의 길로 들어서는 수많은 대중들,
담마를 듣고 진지하게 생각하고 분명히 이해하고 확신함으로써 깨달음의 길로 들어서서 다시 퇴전하지 않는 수많은 보통 사람들,
진지하고 줄기찬 노력으로 머지 않아 아라한의 경지로 나아가는 수많은 출가·재가의 수행자들—
이것이 붓다가 전개한 초기 불교운동—대중견성운동의 실체적 진실 가운데 하나이다.
높은 장대 위에 선 채 아라한이 되는 곡예사,
담마 한번에 깨달음의 길로 들어서는 늙은 여인〔Dhp vers. 35〕·목동〔Ibid, 42〕·여인〔Ibid, 50〕·소녀와 장자, 시녀들〔Ibid, 53〕·소매치기〔Ibid, 63〕·30명의 청년들〔Ibid, 65〕·나병환자〔Ibid, 66〕·주부〔Ibid, 82〕·해상(海商)〔Ibid, 101〕·도둑들〔Ibid, 110〕·주부들〔Ibid, 146〕·처녀들〔Ibid, 200〕·하녀들〔Ibid, 223〕·관리들과 부인들〔Ibid, 79〕·악기닷타와 1만 명의 외도 대중들〔Ibid, 188-192〕…….

이 수많은 대중들이 즉시견성의 지평을 열고 있다. 깨달음에 대한 오랜 고정관념을 여지없이 타파하면서, 만인견성의 광활한 지평을 활짝 열고 있다. 누구든지 진지하게 담마를 듣고 정신차리면 오랜 선정 없이도, 복잡 난해한 교리공부 없이도 즉시에 눈뜨고 여실히 볼 수 있는 경이로운 신천지를 열어 보이고 있다. 바로 여기에 대중견성운동,

---

50) Thīg, 77-81, 『비구의 고백 비구니의 고백』(민족사, 1991), pp.241~242.

민중견성운동의 진의가 드러나는 것인지 모를 일이다.

4. 〔질문4〕 대중들이 집단적으로 견성할 수 있는가?

1) '상낏짜와 500 도둑 견성사건'51)

「붓다께서 사밧티 제따바나에 계실 때이다.

어느 때 30명의 비구들이 붓다로부터 명상 주제를 받고, 제따바나로부터 멀리 떨어져 있는 마을로 가서 정진하기를 원하였다. 붓다는 그들의 안전을 염려하여 이미 견성한 사리뿟따의 제자 사미(沙彌, sāmaṇera) 상낏짜(Saṁkicca)를 동반하게 하였다. 그때 그 마을 근처 숲속에 500명의 도둑들이 큰 소굴을 만들고 노략질을 일삼고 있었다. 그들은 때때로 사람을 희생시켜 제사를 올리기도 했다.

어느 날 도둑들이 수행처로 침입해 와서 신에게 제물로 올릴 사람을 하나 내놓으라고 강요하였다. 장로 비구가 이렇게 말하였다.

"도반들이여, 형제들이 임무를 수행할 때, 마지막 결정은 장로인 나의 몫이오. 그런 까닭에, 내 목숨을 내 놓아 이들과 함께 가겠소. 그대들은 마음집중 하여 참선 정진하시오."

그러나 비구들이 서로 가겠다고 자원하고 나서, 결정이 안됐다.

그때 겨우 일곱 살인 사미 상낏짜가 대중들에게 고하였다.

"스님들, 여러분들은 여기 남으셔야 합니다. 제가 목숨을 버리겠습니다.……

---

51) Dhp-Com. 8.9(text. N. ii. 240-253, 110) ; *Dhammapada-Commentry*, vol. 2, pp.238~246.

세존께서 여러분들을 우리 스승께 보냈고, 우리 스승께서 저를 여러분에게 보낸 것은 이런 일이 있을 것에 대비해서 저를 보내셨습니다. 그러니 제가 도둑들에게 가야 합니다."

이 말을 들은 수행승들 눈은 눈물로 가득 차고, 가슴의 살이 떨렸다.

이렇게 해서 상낏짜가 뽑혀서 도둑굴로 끌려갔다. 도둑들이 제사를 올린다고 큰 잔치를 열고 술을 마시며 크게 취하였다. 때가 되자 상낏짜를 앉혀놓고 목을 치려고 칼을 휘둘렀다. 상낏짜는 좌선하고 앉아서 고요히 선정에 들어 있었다. 도둑들이 아무리 칼을 휘둘러도 칼이 몸을 해치지 못하였다. 겁에 질린 도둑들이 하나 둘 칼을 버리고 어린 사미승 앞에 무릎을 꿇었다. 마침내 500명의 도둑들이 모두 무릎을 꿇고 용서를 빌며, 자기들도 출가하기를 원하였다.

상낏짜는 그들의 출가를 약속하고 500명의 무리를 이끌고 먼길을 걸어 제따바나의 붓다 앞에 이르렀다. 붓다는 사정을 들으신 다음, 그들에게 담마를 설하여 일깨우고 게송을 읊으셨다.

"마음을 관찰하지 않고
부정(不淨)하게 백년을 사느니
단 하루라도 계행을 지키며
마음을 닦는 것이 훨씬 나으리라."

붓다의 이 담마가 끝나자, 500명의 도둑들이 모두 아라한의 지위를 획득하였다.」

2) 집단 견성의 도도한 시대적 물결

96%의 집단 견성대중들

깨달음, 특히 선정·명상과 관련되는 깨달음은 지극히 내밀한 개인적인 사건, 체험으로 인식되어 온 것이 사실이다. 수행자는 대중의 번잡함을 떠나서 한적한 장소에서 홀로, 또는 소수의 뜻 맞는 도반끼리 특별한 자세로 앉아서, 외부의 영향을 모두 차단하고 마음을 오로지 내면적인 주제에 집중시키고……

이렇게 해서 깨달음을 얻는 것이 빠알리-니까야 도처에서 발견되는 깨달음의 일반적인 양상이다. 그래서 붓다는 이렇게 설하고 있다.

> "모임을 즐기는 이에게는
> 잠시도 선정의 안식에 들 겨를이 없다.
> 태양의 후예〔붓다〕가 한 가르침을 명심하여
> 들판을 가는 무소의 뿔처럼 혼자서 가라."52)

그러나 깨달음, 견성이 극히 은밀하고 은둔적인 특수한 개인적 사건으로 일반화되는 것은 초기불교의 본래의 양상과는 상당한 괴리가 있는 것으로 생각된다. 이와 관련하여 스리랑카의 학승 라훌라는 이렇게 논하고 있다.

붓다의 가르침, 특히 그의 선정(meditation), 명상법은 완전한 정신적 건강, 평형과 고요함의 상태를 만들어내는 데 그 목적이 있다. 붓다

---

52) Sn 54 ; Sutta-nipāta(tr. Bhikkhu Thanissaro, Micro-soft Word 6).

의 가르침 가운데, 선정만큼이나 불교도나 비불교도 사이에서 오해되고 있는 것이 거의 없을 정도라는 것은 불행한 일이다. '명상〔禪定〕'이라는 단어가 언급되자마자, 사람들은 생활의 일상적인 활동으로부터 도피하는 것으로 생각한다. 곧 사회로부터 멀리 단절되어 있는 어떤 사원의 동굴이나 암자의 석상(石像) 같은 특별한 자세로 앉아서 생각에 잠기거나, 신비적이고 불가사의한 생각이나 무아상태에 빠져 있는 것으로 연상한다. 진정한 불교도의 선정은 전혀 이런 도피가 아니다.53)

견성-깨달음이 사회로부터의 도피나 반드시 특이한 개인적 체험을 그 본질로 하지 않는다는 사실은 '상낏짜와 500 도둑 견성사건'을 통해서도 잘 드러나고 있다. 그들은 한 어린 수행자를 보고 크게 감동하여 발심하고, 붓다-담마를 듣고 그들의 삶에 비추어 그 진실을 분명히 이해하고 공감함으로써 500명이 집단적으로 함께 견성하고, 아라한의 경지로 나아가고 있는 것이다. 거기에는 어떤 사회로부터의 은둔이나 특이한 개인적 체험이 개입되어 있지 않다. 'Dhammapada 견성사건들'에 의하면, 이러한 집단적 견성사건이 일반화되고 있다는 것을 발견할 수 있다.

〔표 6〕에 의하면, 500명 이상 집단의 동시 견성사건이 비구 16회, 비구니 1회, 우바새 1회, 우바이 5회, 총 23회, 총인원 12,500명에 달한다. 500 성중(聖衆)이 21회, 1,000 성중도 2회나 된다. 집단 견성대중의 수가 총 견성대중 12,975명의 96.3%를 차지하고 있다. 놀라운 현상으로 생각된다.

---

53) W. Rahula. Ibid, p.67.

[표 6] *Dammapada*의 500인 이상 집단 견성 사례

대중	소따빳띠	아라한	계
비구	500비구(3회 : 1,500명) [109, 123, 159게송] *3회 : 1,500명	500비구(12회 : 6,000명) [40, 110, 149, 170, 181, 273~276, 277, 278, 279, 280, 377, 398게송] 1,000비구(1회) [79게송] *13회 : 7,000	16회 : 8,5000명
비구니	-	1,000명 관리(1회) [79게송]	1회 : 1,000
우바새	500남자(1회) [227-230게송]	-	1회 : 500
우바이	500여자(5회 : 2,000명) 궁녀[21-23] 시녀[53게송] 주부[146] 처녀[200] 하녀[223] *5회 : 2,500명	-	5회-2,5000
계	9회 : 4,500명	14회 : 8,000명	23회 : 12,500명

※ [ ] 숫자는 Dhammapada의 게송번호임.

이것은 초기 포교의 견성운동이 개인의 차원을 넘어서서 대중적・민중적으로 전개되었다는 역사적 상황을 반영하는 것으로, 대중견성 —민중견성의 본질 규명을 위하여, 특히 중요한 의미를 지니는 정보로 생각된다. [표 2]에서 발견되는 수십 명 규모의 집단과 '다수(사부대중) 27회', 불특정 다수의 '대중 7회'까지를 포괄해서 고려하면, 초기

견성운동이 지니는 대중적·집단적인 특성은 더욱 강화된다. 이에 비하여 순수 개인의 견성 사례는 207명(1.6%)에 불과하다.

'500'·'1,000'이라는 숫자의 상징성과 애매성을 충분히 감안하더라도, 초기 견성운동이 대중적·민중적 견성운동으로서 집단적·사회적으로 전개되었다는 역사적 상황은 명백한 것으로 확인된다. 초기 불교운동의 주류를 '대중견성운동'으로 규정한 판단이 역사적 실체에 확고히 입각하고 있다는 사실이 새삼 입증된 것으로 생각된다.

초기불교의 집단적 견성사건은 *Dhammapada*의 사례로 한정되지 않는다. 이것은 빠알리-니까야의 초기불전 전편을 통하여 드러나는 보편적 현상으로 보인다. 몇몇 사건만 들어봐도 이러하다.

- 빠알리-니까야의 집단 견성사건 예
- 우루벨라의 까샤빠 3형제의 무리 1,000명〔Mv 1.15.1-20.24〕
- 라자가하의 사리뿟따와 목갈라나를 비롯한 250명의 산자야파 외도들〔Mv.1.23.1-24.3〕
- 브라만 사제 쎌라와 제자 300〔Sn. 569〕
- 로히니 강변 물분쟁 사건 때, 꼴리와 가빌라밧투의 많은 시민들과 500명의 청년 비구들〔SN.1.26〕
- 파타차라 장로니의 제자들인 500명의 비구니들〔Thīg. 132〕

불전 속의 '1,250명의 성중', '1,200 아라한'이라는 정형적 표현도 바로 이러한 견성운동의 집단성을 반영한 결과로 해석될 수 있을 것이다.

견성도, 번영도 대중 속에서

초기 불교운동에서 이러한 대중성(大衆性)·공동성(共同性)은 불교적인 삶의 한 원리로서, 불교도들에 의하여 왕성하게 추구되었다. 초기불교의 사부대중들은 이름 그대로 대중 중심으로 살고, 대중과 더불어 함께 수행하고, 대중이 집단적으로 견성의 길로 들어섰다. 대중 견성의 도도한 흐름 속에서, 우바새·우바이·비구·비구니들이 다 같이 성중(聖衆)으로서 강인한 정신적 공동체를 형성하였고, 굳건한 시민적 연대관계 속에서 전법 견성운동의 공동작업을 전개하였다.

그들은 자주 함께 모여 대중공사를 벌였고, 함께 토론하고 함께 협의하며 서로 공경하고 친애하는 마음으로 어울렸다. 담마〔法施〕와 물질〔財施〕을 함께 나누고, 고통과 기쁨을 더불어 하였다. 문제가 발생했을 때는 대중들이 함께 모여 토론하고 협의하며, 담마에 따라 해결해 갔다. 수행승의 문제, 승단(僧團)의 문제라 할지라도 중요한 상황일 때는, 사부대중이 적극적으로 동참하여 비판하고 지원하였다. '꼬삼비 비구들의 분쟁사건'때 시민들이 보여준 관심과 '공양거부운동'[54] 등도 이러한 맥락에서 이해된다.〔1집 『초기불교 개척사』 제2편 2장 참조〕 이러한 기록들은 빠알리-니까야 도처에서 무수히 발견되고 있다.

무아(無我)의 실천을 통하여 비이기적 사회를 실현하려는 공동선·공동부(共同富)의 이념으로 고취된 불교도들에게는, 이러한 대중적·집단적인 삶 자체가 신성한 수행으로 인식되고 있었다. 또 이러한 공동체적 삶은 사회와 교단을 영속적으로 발전시키는 '공동체 번영

---

54) Mv 10.5.1-2 ; *The Book of the Discipline* 4(P.T.S.), p.505.

의 원리'로 수용되고 있었다. '밧지족의 7불쇠법'과 '교단의 7불쇠법'이 바로 그 구체적인 사례라 할 것이다. '연기의 근본 담마'와 '초기 불교 운동의 민중적·시민적 연대성의 원리'를 상기하면, 이러한 집단성·공동체성은 오히려 자연스런 귀결로 보인다. '밧지족 7불쇠법(不衰法)'에서, 붓다는 가장 먼저 이렇게 대화하고 있다.

> 붓　다 : 아난다야, 그대는 밧지족 백성들이 정기적으로, 그리고 자주 모여 회동하고, 또 그 모임에 많은 사람들이 참석한다고 들은 적이 있느냐?
> 아난다 : 세존이시여, 저는 그렇게 들은 적이 있습니다.
> 붓　다 : 아난다야, 밧지족들이 정기적으로, 그리고 자주 회합하고, 또 그 모임에 많은 사람들이 참석하는 동안에는, 그들은 번영할지언정, 쇠망하지는 않을 것이다.55)

깨달음은 홀로 실현될 수 없는 것으로 생각된다. 깊은 숲속의 고독한 수행이 반드시 고립 독선의 길을 의미하는 것이 아니라는 진실은 '이기 독선의 빠째까 의식'에서 이미 관찰되고 극복되었다. 총림(叢林), 빽빽하고 울창한 숲속에서 수목은 거대한 재목으로 성장하듯, 견성 열반도 대중 속에서 좋은 벗들, 도반들과 함께 할 때 비로소 실현되는 것이다. 나 홀로 할 수 없는 것, 대중들·민중들과 함께 할 수 있는 것, 이것이 붓다-담마의 본질이다. 붓다는 거듭 이렇게 일깨우고 있다.

---

55) DN 16.1.4(text. ii. 75) ; *The Long Discourses of the Buddha*, p.231.

"수행자들이여, 그대들은 아침에 해가 떠오르는 모양을 잘 알리라. 해가 뜰 때에는 먼저 동쪽 하늘이 밝아지고, 그런 다음에 조금 있다가 빛을 찬란히 발하면서 떠오른다. 즉 동쪽 하늘이 밝아오는 것은 해가 떠오를 선구요 전조라 할 것이다.

수행자들이여, 이와 마찬가지로 그대들이 성스러운 8정도를 일으키는 데에도 그 선구가 있고 전조가 있으니, 그것은 곧 좋은 벗〔善友〕을 가지는 것이니라.

수행자들이여, 그러므로 좋은 벗을 갖고 있는 수행자라면, 그가 마침내 성스러운 8정도를 배우고 닦아 그 결실을 거둘 수 있을 것으로 기대해도 좋으리라."56)

대중견성운동 과정에서 특히 주목되는 현상 가운데 하나가 여성들의 집단적·대중적 깨달음이 현저하게 나타나고 있다는 사실이다. 〔도표 6〕에서 보는 바와 같이, 궁녀·시녀·주부·처녀·하녀 등 다양한 계층의 여성 그룹들이 5회에 걸쳐 2,500명이나 성중이 되어 향상일로로 나아가고 있고, 비구니의 경우에도 관리의 부인 1,000명이 아라한을 성취하고 있다. 기원전 7~5세기의 인도의 사회적 상황을 고려하면, 이러한 현상은 '혁명적'으로 표현될 수 있을 정도로 획기적인 변화로 평가될 수 있을 것이다. 여성들의 자유와 존엄성은 붓다에 의하여, 초기불교의 대중견성운동에 의하여, 외형적 분야에서뿐만 아니라 지적(知的)·정신적·인격적인 분야에서도 평등하게 인정되고 구체적으로 실현되고 있는 것이다. 인도 현대불교의 개척자 암베드카 박

---

56) SN 45.1.4.2nd Rept(text V. 27, Friendship with the lovely) ; *The Book of the Kindred Sayings 5* (P.T.S.), p.27.

사(Dr. B. R. Ambedkar)는 이렇게 논하고 있다.

붓다가 인도의 여성들에게 부여한 이러한 자유는 비구니들의 비구 상가에 대한 종속성 속에 내포되어 있는 것으로 주장되는 어떤 형태의 질곡(桎梏) 보다도 더 높이 평가되는 매우 중요한 사실이다. 그것은 여성들이 예민하게 향유하고 구가하는 그런 자유였다. 브라민 여성이었던 무타(Mutta) 비구니는 이렇게 노래하고 있다.
"오, 참으로 자유롭구나!
오, 나는 얼마나 영광스럽고 자유로운가!57)
브라민 여성이었던 또 다른 비구니 메티까(Mettika)는 이렇게 노래하고 있다.
"나는 여기 바위 위에 앉아서
마음 속 깊이 자유를 호흡하고 있다."58)

3) 만인의 길, 보통의 길

다시 한번 '업의 담마'로
청정한 비구·비구니, 출가 수행자들,
왕·왕족·귀족과 관리·장군·자산가와 은행가·거사·장자들·브라민들,
상인·농부·어부·목동·금은세공·무용수·마부·나무꾼·곡

---

57) Thīg(Psalms of the Sisters) 24.
58) Ibid, 30. Dr. B. R. Ambedkar, 'The Rise and Fall of The Hindu Woman', *A Panorama of The Indian Buddhism*(ed. D. C. Ahir, Sri Satguru Pub., Delhi, 1995), p.162.

예사·머슴 등 노동자들,

  난쟁이·시각장애자·나병환자·정신병자 등 장애인들,

  도둑·걸인·깡패·창녀·하녀·노예들,

  어린이·청년·처녀·주부·노인들……

'*Dhammapada-Commentry*의 견성사건들' 분석을 통하여, 초기불교의 전법 견성운동이 다양한 계층의 보통 사람들을 중심으로 대중적·민중적으로 확산되었다는 역사적 사실이 확인되었다. 뛰어난 상근기의 엘리트들과 더불어 하열한 근기의 천민에 이르기까지, 실로 모든 계층의 민중들이 견성의 주역이 되고, 성자·성중, Ariya가 되었다.

출가대중들과 더불어 세속의 재가대중들도 깨달음을 실현하였다. 선정 등 전문적인 수행자들과 더불어 전문적 수행의 경험이 전혀 없는 대중들도 적절한 계기만 부여되면, 담마를 여실히 보고 자성을 깨달았다. 7년·20년, 평생을 수행해도 못 깨닫는가 하면, 담마 한마디에 즉시에, 장대 끝에 서서도 깨달았다. 무소의 뿔처럼 강인하게 정진하는 개인들과 더불어 비구니들·비구들·도둑들·관리들·관리부인들·궁녀들·시녀들·주부들·처녀들·하녀들……. 여러 계층의 대중들이 수백 수천으로, 집단적으로 견성의 길로 들어서고, 또는 아라한이 되고, 성인이 되었다.

만인의 길, 보통의 길.

깨달음의 길은 실로 '만인의 길'로, '보통의 길'로 활짝 열린 것이다.

이렇게 해서, 견성 열반은 '수백 수천 수만의 길'로, '보편, 보통의 길'로 현실화되어 갔다. 누구든지 붓다·담마·상가에 귀의하고, 열심히, 진지하게 노력하면, 오로지 그 힘에 의하여, 불사(不死)의 궁극에 이르는 것이다. 여기에는 어떤 전제도 없고 유보 사항도 없다. 오로지 이것으로, 이 '행위의 담마'로 족한 것이다. 붓다는 다시 한번 경각시키고 있다.

"나는 재가자들이거나 출가자들이거나, 그들의 올바른 행위를 칭찬한다네. 왜냐하면, 재가자들이거나 출가자들이거나 올바른 행위를 하면, 그 올바른 행위에 의하여, 그들은 진리의 길, 청정한 담마를 성취하기 때문이라네."〔MN 99.4(text. ii. 197〕

'업의 담마.'
'담마를 경청하고 진지하게 노력하면, 누구든지 깨달을 수 있다, 견성 열반할 수 있다.-'
이것은 문자 그대로 '누구든지' 이해할 수 있고, 받아들일 수 있고, 실천할 수 있고, 성공할 수 있는 보통의 일이고, 평범한 진리이다. 붓다와 초기불교의 주역들은 이 평범한 보통의 길을 널리 전파하였고, 그대로 실증해 보인 것이다. 그래서 수많은 사람들이 모여들었고, 그대로 실천했고, 그대로 성취한 것이다. 그래서 수천 수만의 사람들이 견성대중이 되고, 성자·성중-Ariya가 된 것이다. 견성 열반이 만인의 길, 민중의 길, 보통의 길이 된 것이다. 이것이 대중견성운동이다. 생각해 보면, 이것은 지극히 자연스런 귀결이 아니겠는가? 그들은 이미 본래 깨달아 있을지도 모를 일이다.

도도한 물결, 울창한 총림 속에서

만인의 길, 보통의 길―

이것은 초기불교의 깨달음·견성이 소수 개인의 관념적 체험의 범주를 크게 벗어나, 그 사회의 도도한 시대적·민중적 정신 변혁운동으로 확산되고 있었다는 역사적 사실을 입증하는 것이다. 보다 중요하게 생각되는 것은, 초기불교의 대중견성운동이 단순히 정신적 변혁의 영역에 안주하지 않고, 민중들의 삶과 사회 체제를 깨달음의 담마에 상응하게 근원적으로 개혁하고 정화해 갔다는 사실이다. 이것이 사회 변혁운동이다.

붓다와 깨달음을 실현한 견성대중들은 그들 스스로 초기 전법 견성운동의 자발적 주체가 되어, 연기-중도-무아의 근본 담마에 입각하여, 비폭력 운동 등 시대적 상황에 상응하는 다양한 패러다임을 창출하고 열성적으로 추구함으로써 뿌리깊은 구체제를 변혁하고, 담마를 민중들의 실제적인 삶의 행복으로 구체화해 간 것이다.

이것은 인도 민중 스스로가 깨어난 대중들이 되고, 깨어 있는 시민이 되어, 인간의 본질적 자유와 인권을 실현하고 사회정의를 구현하는 작업에 헌신하였다는 것을 의미하는 것이다. 바로 이점이 초기 불교운동이 민중의 폭발적 지지를 이끌어내고, 치열한 경쟁상황에서 우위를 확보하며, 단기간에 'Buddhist India'의 기적을 이룩한 근본 원인, 근본 동력으로 판단된다.

"어떻게 해서 초기불교 시대에는 수많은 대중들이 쉽게 깨달을 수 있었는가? 왜 현대의 대중들은 견성하는 사람이 적은가? 근기가 부족해서인가?"

많은 사람들이 흔히 이런 문제를 제기하면서, 대개 근기의 하열성(下劣性)에서 그 원인을 구하는 경향이 있다. 그러나 이것은 근기의 문제가 아니라 흐름의 문제라고 생각되고, 보다 정확하게는 견성-깨달음에 대한 발상의 문제, 접근방법의 문제로 생각된다.

붓다 당시에는 견성운동이 도도한 시대적 조류, 사회적 물결을 형성했기 때문에 그 흐름 속에서, 그 조류·그 물결 속에서 진지하게 노력하면 눈 있는 이들은 스스로 볼 수 있었던 것이다. 향연(香煙) 속에 있으면 사람들마다 몸에서 향기가 나고, 생선 무리 속에 있으면 비린내가 나는 것이 연기의 담마 아닌가? 불교공동체를 흔히 총림(叢林, vindhyavana)에 견주는 것도 이런 의미가 아니겠는가?

대중견성·민중견성·만인견성-

그러나 이것이 맹목적 집단주의·집단의식을 부추기거나 깨달음에 대한 진지한 개인적 고뇌의 중요성을 감소시키는 경향으로 해석되는 것은 본말전도의 오류를 범하는 일이 될 것이다. 깨달음이 본질적으로 한 개인의 고뇌며 책무라는 진실에는 추호의 가감이 없을 것이다.

깨달음·견성 열반-

이것은 모든 사람들이 저마다 홀로 지고 가야하는 고독하고 고통스런 삶일 것이다. 누구도 대신할 수 없는 고유한 삶이고, 수천·수만이 견성할지라도 스스로 신명을 던져 헌신하지 아니하면 가까이 갈 수 없는 영원한 고행일지 모른다. 이 고행의 길을 가로막고 있는 중첩된 허위의식-장애들을 근원적으로 해소하려는 데 이 대중견성-만인견성운동의 진정한 의미가 빛나는 것으로 생각된다. 이제 붓다는 이렇게 설하고 있다.

"만일 그대가 좋은 벗을 만나거든
바르게 살고 지혜로우며,
온갖 위험을 잘 극복하는 길동무(道伴)를 만나거든
기뻐하며 정신차려서 그와 함께 가라.

만일 그대가 좋은 벗을 만나지 못하거든
바르게 살고 지혜로우며,
온갖 위험을 잘 극복하는 길동무(道伴)를 만나지 못하거든
왕국을 버리고 떠나는 왕과 같이
마탕가의 숲에서 무리를 떠나는 코끼리같이
그대는 혼자서 가라.

(If you gain a mature companion,a fellow traveler, right-living & wise,overcoming all dangers go with him, gratified, mindful.

If you don't gain a mature companion,a fellow traveler, right-living & wise, go alonelike a king renouncing his kingdom,like the elephant in the Matanga wilds, his herd)[59]

---

59) Sn 45-46 ; Sutta-nipata(tr. Bhikkhu Thanissaro, Microsoft Word 6).

제3장 대중견성의 길과 깨달음의 삶
― 8정도의 삶으로 ―

"팔정도가 최상의 길이요
사성제가 가장 훌륭한 길이라네.……
오직 이 길뿐이다.
그 어디에도 청정한 눈으로 이끄는 다른 길은 없느니
그대들은 마땅히 이 길을 따르라.……
나는 이 길로써 번뇌의 화살을 뽑을 수 있었기에
그대들에게 이 길을 보여 주는 것이다……."
〔Dhp 273-276〕

제3장 대중견성의 길과 깨달음의 삶
−8정도의 삶으로−

1. 견성에 대한 발상의 대전환

1) '수빠붓다 견성사건'1)

「이와 같이 나는 들었다.
어느 때 세존은 라자가하 교외의 벨루바나에 계셨다.
그때 라자가하에는 수빠붓다(Suppabuddha)라는 이름의 나병환자가 살고 있었다. 그는 가련한 부랑자였다.
어느 날 세존은 수많은 사람들에게 둘러싸여 담마를 설하고 계셨다. 나병환자 수빠붓다는 많은 사람들이 모여 있는 광경을 멀리서 지켜보며 생각하였다.
'필시 저곳에는 뭔가 단단한 음식이라든가 부드러운 음식을 나누어 주고 있을 것이다. 나도 저 사람들 있는 곳으로 가보자. 거기 가면 틀림없이 먹을 것을 얻을 수 있으리라.'

---

1) Ud 5.3(Kutthi-Sutta, Leper) ; *Udāna*(tr. Bhikkhu Thanissaro, Microsoft Word 6) ;『기쁨의 언어 진리의 언어』(민족사, 1991), pp.91~94. cf. Dhp-Com. 5.7 (text. N. ii. 33-37, 66) ; *Dhammapada, Commentry*, vol.2, pp.119~121.

나병환자 수빠붓다는 그곳으로 갔다. 그런데 그는 그곳에서 세존이 많은 사람들에게 둘러싸여 담마를 설하고 계시는 모습을 보고 생각하였다.

'여기에서는 먹을 것을 나누어 주는 것이 아니라, 이 사마나 고따마가 사람들 한가운데서 담마를 설하고 있구나. 나도 담마를 들어보자.'

그는 담마를 들으려고 그곳에 앉았다. 그러자 모든 사람들의 마음을 알고 계시던 세존은 '여기서 담마를 이해할 만한 사람은 누구일까?'라고 생각하셨다. 세존은 나병환자 수빠붓다가 사람들 가운데 앉아 있는 모습을 보고, '이 사람이라면 담마를 이해할 수 있을 것이다.'라고 생각하시고, 그를 위하여 순서대로 담마를 설하셨다.

곧 보시에 관한 담마, 계율에 관한 담마, 생천(生天)에 관한 담마, 온갖 욕망에는 허물이 있고 비천하며 더러움이 있다는 담마, 욕망을 떠나는 일은 이익이 된다는 담마를 설하셨다.

세존은 수빠붓다의 마음이 겸손해지고 부드러워지며 편견이 없어지고 북돋워지며 드맑아졌음을 아시고, 모든 부처님의 가르침 가운데서 가장 훌륭한 담마, 고(苦)·집(集)·멸(滅)·도(道)를 설하셨다. 그러자 눈처럼 깨끗하고 하얀 천이 갖가지 염색약을 순식간에 빨아들이듯이 나병환자 수빠붓다는 바로 그 자리에서 '무엇이든 생겨나는 것은 모두 멸한다.'라고 깨달아 더러움을 떠나 깨끗한 담마의 눈이 생겼다.

수빠붓다는 담마를 보고 담마에 통달하고 담마를 알며, 담마를 깊이 이해하여 의심을 넘어서고 의혹을 떠나 확신을 얻어 스승의 가르침으로 말미암아 다른 사람의 가르침에 마음이 흔들리지 않는 사람이 되어, 자리에서 일어나 세존께 다가갔다. 그리하여 세존께 절하고 곁에 앉아 이렇게 말씀드렸다.

"거룩하셔라 세존이시여, 거룩하셔라 세존이시여!

마치 넘어진 자를 일으켜 세우듯이
덮인 것을 열어 보이듯이
길 잃는 이에게 길을 가리켜 주듯이
어둠 속에 등불을 밝히고 '눈 있는 자는 보라'고 하듯이
이렇게 세존께서는 갖가지 방법으로 담마를 가르쳐 주셨습니다.
세존이시여,
저는 거룩한 부처님께 귀의합니다.
거룩한 가르침에 귀의합니다.
거룩한 수행승들에게 귀의합니다.
세존이시여,
저를 우바새로 받아들여 주소서.
목숨이 다하는 날까지 귀의하나이다."

나병환자 수빠붓다는 세존의 설법에 깨달음을 얻고 격려 받고 고무되고 기쁨을 얻었다. 그는 크게 기뻐하고 감사하면서 자리에서 일어나 세존을 오른쪽으로 세 바퀴 돌며 경배한 뒤 떠나갔다.

그런데 그때 원한을 품은 귀신이 암소를 몰고 달려들어 수빠붓다를 들이받아 그의 목숨을 빼앗아 버렸다. 그 여인은 다름 아닌 과거 전생에 수빠붓다에게 죽음을 당한 창녀였다. 그 여인은 원한을 갚겠다고 굳게 맹세한 뒤 귀신이 되어 그를 죽인 것이다.

사건이 발생하자 수많은 수행자들이 세존 계신 곳으로 가서 세존께 절하고 곁에 앉아 이렇게 여쭈었다.

"스승이시여, 세존의 가르침에 깨달음을 얻어 기쁨을 얻었던 수빠붓다라는 이름의 나병환자가 숨을 거두었습니다. 그는 어떤 경지로 나아갈 것이며, 그의 내세는 어떠하겠습니까?"

붓다께서 대중들에게 말씀하셨다.

"수행자들이여, 나병환자 수빠붓다는 현자로서 담마에 의거하여 실천하였다. 또한 담마에 대한 논쟁으로 나를 괴롭히는 일이 없었다.
　수행자들이여, 수빠붓다는 세 가지 맺힘〔三結〕을 끊은 예류인(豫流人)이 되어, 뒤로 물러서지 않고, 틀림없이 올바른 깨달음의 경지로 나아가게 될 것이다."
　때에 세존은 그것을 아시고 이러한 우다나를 읊으셨다.

"눈 있는 자는 힘껏 노력하여 위험을 피해 가듯이
현자는 이 세상의 악을 피해야 하느니라."」

2) 견성은 보고 이해하는 것

나병환자 수빠붓다를 보라
거리에서 먹을 것을 찾는 가난한 나병환자,
사람들 속에서 허기진 몸으로 담마에 귀기울이는 나병환자 수빠붓다,
가난하고 미천한 나병환자를 위하여 고구정녕 담마를 설하는 붓다,
마음이 겸손해지고 부드러워지며 편견이 없어지고 북돋워지며 드맑아지고, 눈처럼 깨끗하고 하얀 천이 갖가지 염색약을 순식간에 빨아들이듯이, 그 자리에서 '무엇이든 생겨나는 것은 모두 멸한다.'라고 깨달아 더러움을 떠나 깨끗한 담마의 눈을 뜨는 수빠붓다,
　담마를 보고 담마에 통달하고 담마를 알며, 담마를 깊이 이해하여 의심을 넘어서고 의혹을 떠나 확신을 얻어 스승의 가르침으로 말미암아 다른 사람의 가르침에 마음이 흔들리지 않는 예류의 사람〔豫流人〕이 되어 완전한 깨달음의 길로 나아가는 성자(聖者, Ariyā) 수빠붓다-.

이 광경을 목격하고, 아마 많은 사람들은 큰 충격과 환희를 함께 느끼게 될 것이다. 이 충격은 견성-깨달음에 대하여 지녀왔던 자신들의 오랜 고정관념이 여지없이 무너져 내리는 굉음으로 들릴지도 모른다. 그리고 이 환희는, '나도 저 수빠붓다같이 견성할 수 있을까? 깨달을 수 있을까?' 하는 기대의 설렘으로 다가올지 모른다.

이 '나병환자 수빠붓다(Suppabuddha) 견성사건'은 초기교단에서 매우 잘 알려진 사건으로서, *Udāna*뿐만 아니라 *Dhammapada*에도 기록되어 있다. *Dhammapada-Commentry*(vers. 66)에 의하면, 수빠붓다가 소에 받쳐 죽은 다음, 붓다는 그의 전생의 악행과 그 과보를 설하고 이렇게 게송을 읊고 있다.

"지혜 없는 음식은
곧 자신의 적이 되느니
악행을 저지르고
그 과보로 더욱 쓴맛을 본다."〔Dhp-Com. 5.7(text. N. ii. 33-37)〕

'나병환자 수빠붓다 견성사건'에서 새삼 발견할 수 있는 가르침은, 진지하게 담마를 듣고 보고 이해하는 자들에게 견성의 문은 곧 열린다는 진실이다. 그리고 이러한 견성의 진실은 앞에서 관찰한 바 있는 '*Dhammapada-Commentry* 견성사건'을 통하여 수없이 입증되어 왔다.

왕 · 왕족 · 귀족과 자산가 · 관리 등 상류층들,
상인 · 농부 · 어부 · 목동 · 금은세공 · 무용수 · 마부 · 나무꾼 · 곡예사 · 머슴 등 노동자들,

난쟁이・시각장애자・나병환자・정신병자 등 장애인들,
도둑・걸인・깡패・창녀・하녀・노예 등 하층민들,
어린이・청년・처녀・주부・노인 등……

출가・재가의 이 수많은 평범한 대중들, 민중들이 붓다의 담마를 듣고, 진지하게 경청하고, 확신하며, 그들의 삶의 현장에서 즉시에 눈을 뜨고 견성하였다. 혹은 예류인이 되어 깨달음의 길로 들어서고, 혹은 아라한이 되어 최고의 경지를 실현하였다. 베 짜는 소녀가 예류의 길로 들어서고, 해상(海商) 바히야가 아라한이 되었으며, 곡예사 욱가세나가 장대 위에서 견성 해탈하고, 500 도둑들이 담마를 듣는 즉시에 궁극의 경지에 이르고…….

이렇게 수백 수천의 사람들이 즉시에, 또는 얼마 동안의 수행 끝에 깨달음을 실현하였다. 이 역사적 사건들을 보면서, 많은 사람들은 혼란과 회의에 빠질지도 모른다. 이 수많은 견성사건들을 무슨 전설이나 신화정도로 들을지도 모른다.

"어떻게 그렇게 쉽게 견성할 수 있단 말인가?
오랜 참선을 통해서만 견성할 수 있는 것 아닌가?……"

이제 붓다는, 이렇게 의심하고 있는 사람들에게 큰 소리로 외치고 있다.
"이 수빠붓다를 보라.
이 나병환자 수빠붓다가 한마디 담마에 즉시견성 하는 것을 보라.
그러니 정신차리고 벌떡 일어서라. 의심굴에서 훌쩍 벗어나라.
나도 저 수빠붓다같이 할 수 있다고 외쳐 보아라."

누구든지 보고 이해할 수 있는 것

이제 많은 사람들은 견성 해탈에 대한 그들의 오래되고 완강한 고정관념을 깨트리고 나와야 할 때가 되었다고 생각한다.

가장 시급한 것은, 견성을 가리고 있는 신비주의의 어둔 장막을 활짝 열어 젖히는 일일 것이다. 견성이 특별한 일, 신비한 일이 아니라는 사실을 붓다는 수없이 강조하고 있다. 붓다-담마는 귀 있는 자라면 누구든지 들을 수 있고, 눈 있는 자는 볼 수 있고 이해할 수 있는 것이고, 잘 보고 분명히 이해하면, 잘 알면 누구든지 깨달을 수 있는 것이다.

"눈 있는 자는 힘껏 노력하여 위험을 피해 가듯이
현자는 이 세상의 악을 피해야 하느니라."〔Udāna 5.3〕

이것이 담마다. 이 정도의 이치를 귀 있는 자라면 누군들 알아듣지 못하겠는가? 눈 있는 자라면 누군들 보지 못하겠는가?

그래서 붓다는, '우루벨라의 연꽃보관 사건'에서 이렇게 선포하고 있다.

"귀 있는 자는 들어라.
그대들 앞에 불사(不死)의 문은 열려 있다.
낡은 믿음을 버려라."2)

낡은 믿음이란 무엇일까?

인간의 빛나는 능력을 믿지 못하고 오로지 신(神)에게 의지하려는

---

2) Mv 1.5.12 ; *The Book of the Discipline 4* (P.T.S.), p.9.

당시 인도인들의 나약한 신비주의적 사고방식일 것이다. 또 그것은 견성 열반을 신비화하고 전지전능한 것으로 과장하고 위장하는 현대인들의 환상과 허위의식으로 생각된다.

"지혜 없는 음식은
곧 자신의 적이 되느니
악행을 저지르고
그 과보로 더욱 쓴맛을 본다."〔Dhp 66〕

이것이 붓다-담마다. 자기가 잘못하면 금새 그 결과가 자기에게 돌아오는 이 자명한 사실을, 눈 있는 자라면 누군들 보지 못하겠는가? 생각 있는 자라면, 이 정도의 사실을 누군들 이해하지 못하겠는가? 그래서 붓다는 이렇게 설하고 있다.

"수행자들이여, 나는 말한다.
알고 보는 사람에게는 마음의 번뇌가 멸하고
아는 것이 없고 보는 것이 없는 사람에게는
번뇌가 소멸되지 않느니라."3)

견성은 보는 것이다. 보고 아는 것, 곧 이해하는 것이다. 진지하게 듣고, 있는 그대로 보고, 분명히 이해하는 것이다. 내가 악행을 행하면 그 과보를 내가 받는다는 이 단순하고 자명한 사실을 여실히 보고 분

---

3) MN 70.477-478 ; *The Middle Length Discourses of the Buddha 2* (P.T.S.), p.152. cf. *Udāna*, 102.

명히 이해하는 것, 이것이 바로 견성이고 깨달음이라는 사실을 이렇게 누누이 천명하고 있다. 그런 까닭에 붓다는 끊임없이, "와서 보아라. 눈 있는 자는 와서 여실히 보아라."고 일깨우고 있는 것이 아닌가?4) 슈만은 이렇게 논하고 있다.

> 최초의 다섯 수행자뿐만 아니라, 그 이후의 많은 승려들과 재가대중들이 비교적 쉽게 깨달음을 얻는 것을 보고, 불전을 읽는 독자들이 붓다시대의 사람들은 오늘날의 사람들에 비하여 정신력이 보다 강했다고 생각하게 될지도 모른다. 이것은 가능한 일이다. 역사적으로 볼 때, 정신력이 보다 강하거나 약한 시기가 발견되기 때문이다.
> (붓다 당시에) 아라한의 성취를 빈번히 선언하는 보다 큰 이유는, 고대 인도에서는 이해하는 것과 깨닫는 것이 동일한 일이라는 확신이 넘쳐 있었기 때문이다. 4성제를 분명히 이해하는 사람은 누구든지, 두 번째의 집제(集諦)에 의하여, 탐욕(taṇhā)이 재생과 고통의 원인이라는 것을 깨닫고, 바로 이러한 통찰에 의하여 탐욕을 타파하고, 그렇게 해서 아라한을 획득하는 것이다. 오늘날 우리들은 이해의 유용성에 대하여 (그 당시보다, 저자 註) 덜 낙관적이다.5)

3) 담마공부 하는 법

근본 담마 공부는 깨달음의 등불
"귀 있는 자는 와서 들어라.
눈 있는 자는 와서 보아라.

---

4) W. Rahula, Ibid, p.9.
5) H. W. Schumann, Ibid, pp.66~67.

듣고 보고 알아라, 그대로 이해해라."

이렇게 와서 듣는 것은 귀 있는 자는 누구든지 할 수 있는 일이다. 이렇게 와서 보는 것은 눈 있는 사람이라면 누구든지 할 수 있는 일이다. 이렇게 듣고 보고 알고 이해하는 것은 누구나 할 수 있는 일이다. 보통 일이다. 평범하고 쉬운 일일 것이다. 정신차리고 진지하게 생각하면, 저 수빠붓다같이 누구든지 할 수 있는 일일 것이다.

이렇게 견성은 보통 일이다. 견성 열반은 보통 일이다. 특별한 사건이 아니라 보통 사건, 일상적인 사건이다. 다반사(茶飯事)라고 할까? 끽다거(喫茶去)라고 할까? 그래서 *Dhammapada*의 대중들이 그렇게 무수히 깨달을 수 있었던 것이 아니었을까?

눈뜨고 보는 데에 심오한 교리해석이 있어야 하는 것은 아니라고 지적되고 있다. 5온·12처·18계 등 이 수많은 교리들을 분석하고 이해할 필요는 없다는 뜻이다. 그것은 전문적인 학자들의 몫일 것이다. 전문적 교리 연구는 불교의 사상적 정립과 발전을 위해서는 매우 중요한 작업으로서 격려되고 지지되어야 한다. 그러나 이것이 그대로 견성의 길은 아닌 것으로 보인다. 수빠붓다가 이러한 교리를 분별하고 분석하고 통달해서 법의 눈(法眼, dhamma-cakku)을 떴겠는가? 곡예사 욱가세나와 500명의 도둑들이 심오한 담마를 분별하고 이해해서 아라한이 될 수 있었겠는가?

5온·12처·18계······.

이것은 어둔 연기〔流轉緣起〕의 세계를 규명하는 개념이기 때문에, 이런 개념들을 개념적으로 분석하고 추론해 들어가면, 자칫 어둔 진흙 수렁에 빠져들어 끝없이 침몰하고 말 것이다. '영혼은 존재하는가? 윤회의 주체는 무엇인가? 열반의 경지는 어떤 것인가?······.' 이런 생각에 빠져들면 출구가 없어진다. 생각하고 머리 굴리면 더욱더 빠지고 만다. 그렇게 해서 해결될 문제가 아닌 것이다.

따라서 이 사변(思辨)의 수렁, 과도한 아비달마주의는 마땅히 뛰어넘어야 할 대상으로 인식된 것이다. 붓다는 담마에 대한 이러한 아비달마적 논쟁적 접근이 오히려 견성에 장애가 되는 것이라고 경계하고 있다. 그래서 이렇게 술회하고 있다.

"수빠붓다는 담마에 대한 논쟁으로 나를 괴롭히는 일이 없었다."
〔Udāna 5.3〕

이러한 표현은 빠알리-니까야 도처에서 반복해서 발견되고 있다.
그러나 이것이 붓다-담마의 기본적 교설에 대한 무지(無知)니 불립문자(不立文字)를 정당화하는 논리로 이해되는 것은 곤란할 것이다. 불립문자는 담마공부 하지 말라는 가르침이 아니지 않은가? 붓다 이래 불교 집안에 그런 가르침, 그런 전통은 없는 것이다.

12연기-연기법, 4제 8정도-중도, 5온-무아…….

붓다-담마의 기본으로 이미 규정되고 논의된 이러한 근본 담마에 대한 공부는 모든 불교도들의 필수적인 수행의 하나로 장려되어야 할 것이다. 이러한 근본 담마는 견성 열반의 등불이 되기 때문에, 기본적인 공부가 꼭 필요한 것이다. 이런 공부 하는 것이 바로 분별(分別, vibhajjavāda)이다. 이 분별이 깨달음을 촉진하고 분명하게 하는 불교적 방법론의 특성으로 인정되고 있다. 그래서 붓다도 '나는 분별하고 말하는 사람이다'라고 한 것이다.〔MN 99.4(text. ii. 197〕

진지한 삶 속에서 하는 공부

그러나 이 경우에도 분명한 기준이 있는 것으로 생각된다. 담마공부가 희론으로 빠지지 않기 위해서 먼저 인식되어야 할 것은, 12연기·4제 8정도·5온 등 근본 담마를 '기초적인 수준으로 이해하는 선'에서 멈춰야 한다는 것이다. 복잡하게 전문적으로 파고들면, 혼란에 빠지고 만다. 이론적으로 깨끗하게, 명료하게 정리해 보려고 꾀하면 꾀할수록 혼란과 사변적 관념주의에 떨어지고 만다.

무엇 때문일까?

왜 근본 담마들이나 견성·열반 등의 이념들이 이론적으로 명료하게 규명이 안 될까?

그것은 이들 근본 담마들이 본질적으로 수행의 산물이기 때문이다. 삶의 결실이고, 깨달음의 발로이기 때문이다. 붓다-담마는 땀 흘리는 현장에서 그 땀을 통하여 정화된 순수한 마음의 결정이다.

이렇게 배운 담마라야 진실한 것이다. 이렇게 해서 얻은 깨달음이라야 해탈 열반이 되는 것으로 생각된다. 다만 신념이나 전통·권위·여론·추론·사변 등으로 배운 공부는 도리어, '이것만이 진리다. 다른 것은 다 거짓이다.'라는 독단론에 빠질 위험이 있다. 그래서 오빠싸다(Opassada)라고 불리는 꼬살라의 한 마을에서, '이것만이 진리다'라고 주장하는 문제에 관하여, 붓다는 브라민 바라드바자(Bhārad-vāja)에게 이렇게 설하고 있다.

"바라드바자여, 두 가지 결론(vipaka)을 갖는 다섯 가지 방법이 있다. 그 다섯 가지란 무엇인가?

믿음(saddha, faith)·경향(ruci, inclination)·종교적 권위를 가진 전

설(anussava, report)・논리적인 추론(akara parivitakka, consideratio of reasons)・사변을 통한 독단적인 사상의 승인(diṭṭhimijhaana, reflection on and approval of an opinion)······.

바라드바자여, 이들이 두 가지 결론을 갖는 다섯 가지 법이다.

그런데 바라드바자여, 어떤 지식이 전적으로 믿음이 간다고 해도 거기에는 진실이 없고, 공허하고, 거짓일 수가 있다. 반대로, 전적으로 믿음이 안 간다 해도 그것이 사실이고, 진실하고, 거짓이 아닐 수가 있다.

자신의 경향에 맞는다고 해도, 전설과 일치한다고 해도, 논리적으로 잘 추론된 것이라 해도, 사변을 통해 승인한 이론과 일치한다고 해도, 거기에는 진실이 없고, 공허하고, 거짓일 수도 있는 것이다."6)

12연기・연기법(緣起法) －
"어둔 식〔無明識〕이 거짓 자아를 만들어낸다.

나고 죽는 것은 나, 나의 당체가 아니다. 이 거짓 자아가 나고 죽는 것이다.

어둔 식을 소멸하면, 어둔 자아의식을 소멸하면, 거기 불사(不死)의 경지, 무한 생명의 찬란한 세계가 벌어진다."

4제 8정도・중도(中道) －
"어둔 식의 삶은 모든 것이 고통이다.

8정도를 잘 이해하고 닦아 가면, 어둔 식이 사라진다.

어둔 식이 사라지면, '내가 있고, 내가 없고······' 하는 허망한 극단

---

6) MN 2. 170-171(95, Cańkī-Sutta) ; *The Collection of the Middle Length Sayings*(P.T.S.), pp.360~361.

론은 소멸된다. 일체 생명과 더불어 한 흐름으로 파동치는 우주적 생명의 세계가 벌어진다."

5온(五蘊)·무아(無我) —
"색(色)은 물질이 아니다. 물질이라고 느끼는 거짓된 의식(意識)이다.
5온은 모두 의식의 덩어리이다.
5온의 덩어리가 모여서, '나(自我, Attā)'라는 이기적 자아의식을 조작해 냈다.
이 5온의 덩어리는 감각적 쾌락과 이기적 탐욕 때문에 만들어진 것이다.
'나는 없다. 이 거짓된 나는 없다.
내것은 없다. 내것, 내 자식, 내 재산, 내 명예…….
이것은 모두 거짓된 식(識)의 욕심이다.
이것을 놓아 버려야, 진정 내가 살아난다.
내가 소중히 여기는 저 모든 것들을 진정으로 사랑할 수 있다.'
이렇게 결심하고 헌신적인 삶으로 돌아간다.
지금 여기서, 내 모든 것을 베풀며, 열심히, 진지하게 살아간다."

이런 기초적인 이해로 족하리라고 생각된다. 고요히 생각해 보면, 이 정도의 이치는 누구든지 이해할 수 있는 것이다. 그리고 열심히, 진지하게, 헌신적으로 살아가면 되는 것이다.

이것이 담마공부이다. 이렇게 삶으로, 삶을 통하여 공부하면 깨달음의 빛이 밝아온다. 새벽이 가까워 온다. 그 날, 성도의 날 새벽, 우루벨라 보리수 아래 붓다같이, 모든 사람들이 동쪽 하늘에 솟아오르는 태양같이, 힘차게 일어설 수 있을 것이다.

4) 깨달음을 만인에게 돌려주다

손바닥 보석 보듯이 바로 보라

깨달음은 본래 직지견성(直指見性)이다.

붓다-담마는 본질적으로 직지견성(直指見性)의 길이다. 바로 깨달을 수 있는 길이다. 잘 듣고 진지하게 생각하면, 손바닥의 보석을 보듯이, 즉시에 보고 깨달을 수 있는 것이다. 학승 라훌라는 이렇게 논하고 있다.

> 만약 내가 그대에게, "내 손바닥에 보석을 감췄다."라고 말하면, 그대가 그것을 직접 볼 수 없기 때문에, "믿을까, 말까?" 하는 믿음의 문제가 생겨난다.
> 그러나 만약 내가 손바닥을 펴고 보석을 그대에게 보여 주면, 그대 스스로 보게 되고, 믿음의 문제는 생겨나지 않는다. 초기불전 속에는 그런 구절이 많다.
> "손바닥 속의 보물 보듯이 깨달아라."[7]

이것은 개념적 추론이나 오랜 선정(禪定) 수행이 견성의 필수적인 과정이 아니라는 사실을 의미하는 것이다. 4선(四禪)·8선(八禪)·9차제정(九次第定)…… 등의 복잡한 선정이 논의되고 있지만, 이러한 선정주의는 고행주의와 더불어 직지견성을 가로막는 또 하나의 신비

---

7) W. Rahula, Ibid, p.9.

주의로 생각된다. 이러한 신비적 선정주의는 수행자 고따마에 의하여, 실제(實際)가 아닌 것으로 이미 판정되었다. 견성·열반과는 아무 관련이 없는 것으로 규정되어 이미 파기된 것이다. 불전 속에 '무상천(無想天, 四禪天)'·'비유상비무상처천(非有想非無想處天)' 등의 전통적 신비적 선정이 잔존해 있으나, 이것은 비불교적인 것이며, 열반의 실현에 있어 본질적인 것이 아니다.8)

그러나 이것은 불교 수행에서 선(禪)의 기능과 중요성을 배제하는 것이 아니다. 오히려 붓다적인 선의 전통, 정통으로 돌아가기를 촉구하는 것이다. 붓다는 전통적인 선정주의를 포기하고 4념처(四念處), 위빠사나(Vipassanā)라는 독창적인 지관법(止觀法)을 채택하여 정각을 실현하였다. 그리고 이 위빠사나를 보편적인 수행의 담마로 널리 설한 사실이 빠알리-니까야 도처에서 기술되고 있다.

이 위빠사나는 다음 장에서 보다 깊이 관찰되겠지만, 마음을 한 대상에 집중함으로써 보고 이해할 수 있는 정신적 능력을 증진시키는 수행법이다. 따라서 현실적으로 그 유효성을 증험할 수 있고, 즉시에 효과가 드러나는 것이며, 보통 사람들이 능히 실천할 수 있는 방법이다. 붓다-담마의 다섯 가지 본질에 일치하는 것이다. 붓다의 선(禪) 수행은 초월적 경지를 추구하는 신비적 선정주의나 한 소식 기다리며 화두에 침잠하는 또 다른 신비적 선(禪) 수행과는 본질을 달리하는 길이다.9) 치열하고 고통스런 삶을 통하지 아니하는 '이 뭣고'식의 참선 또한 과도한 아비달마주의와 같이 허구적 관념주의에 빠질 취약성

---

8) W. Rahula, Ibid, p.68 ; 김동화, 앞의 책, p.41.
9) W. Rahula, Ibid, pp.68~69.

을 갖고 있는 것으로 보인다.

　붓다의 선(禪) 수행은 본질적으로 일상의 삶 그 자체이다. 삶의 현장에서 정신차리고, 눈뜨고 담마를 보고, 분명히 이해하는 일상적 삶 그 자체이다. 나병환자 수빠붓다가 음식을 구하는 그런 마음으로 정신차리고, 붓다의 담마를 경청하는 그 행위가 바로 위빠사나이다. 곡예사 욱가세나가 높은 장대 위에서 정신차리고 붓다의 담마를 듣고 그대로 보고 이해하는 그 행위가 곧 위빠사나인 것이다. 위빠사나라는 또 하나의 복잡하고 특별한 수행체계를 생각한다면, 그것은 발상(發想)부터 착각이며 환상이라고 할 것이다.

　그들은 본래 이미 깨달아 있는 것은 아닐까?
　손바닥의 보석 보듯,
　정신차려서 붓다-담마를 여실히 보는 것,
　삶의 현장에서 분명히 이해하는 것-.
　이것이 깨달음이다. 붓다가 스스로 증오(證悟)하고, 선포하며, 신명을 바쳐 전파한 견성 열반으로 규정된다. 거기에는 어떤 중간적 수단이나 방법들도 개재될 수 없는 단도직입의 경지로 보인다. 교리적 추론이나 단계적 수선(修禪), 고행과 의식(儀式) 등 일체의 방편시설이 간섭할 수 없는 단순 명료한 경지로 보인다.
　이러한 수행들은 다만 일상으로 하는 것이다. 하루 세 끼 밥먹듯이, 일상으로 공부하고 참선하고 기도하면서 정신력을 증진시키는 것이다. 참선 등 수행법들은 매우 유용한 것이다. 깨달음에 큰 도움이 된다. 그러나 이러한 수행들이 견성의 본질은 아니며, 깨달음의 본질을 방해할 수는 없는 것이다. 견성에 필수불가결의 요소는 아닌 것으로 규정되고 있다.

　견성은 오로지 직지견성(直指見性)일 뿐이다. 바로 보는 것이다. 허기진 나병환자 수빠붓다가 대중들 틈에 끼어서 밥을 구하는 간절함으로, 정신차려 담마를 경청하고 보는 것이 바로 견성이라 할 것이다. 곡예사 욱가세나가 높은 장대 위에 서서 정신차려 붓다의 담마를 듣고, 그대로 이해하는 것이 곧 견성 해탈이라 할 것이다. 500명의 도둑들이 지난날의 악업을 참회하는 겸허하고 빈 마음으로 붓다-담마를 듣고, 단순하고 자명한 인과의 현실을 그대로 보고 새 삶으로 살아가는 것이 견성이며, 해탈 열반이라 할 것이다. 여기에 다시 무슨 방법이나 시설이 필요할 것인가?

　손바닥의 보석을 보듯이,
　정신차려 붓다-담마를 경청하고,
　현실을 있는 그대로 보고 분명히 이해하고, 보고 이해한 대로 열심히 살아가고…….
　이것은 누구든지 능히 할 수 있는 평범한 일이다. 귀 있는 사람이면 누구든지 할 수 있다. 눈 있는 사람이면 누구든지 할 수 있고, 손발 있는 사람이면 누구든지 할 수 있다. 오체불만족(五體不滿足)의 장애자들도 능히 할 수 있는 평범한 일상의 대중사(大衆事), 보통 일, 보통 사건인 것이다. '대중견성(大衆見性)'이라 일컫는 것도 이 때문이다.
　이렇게 듣고 보고 이해하고,
　보고 이해한 대로 열심히 살아가고…….
　이들이 바로 예류인이며 아라한이다. 정각자(正覺者)이며 선지식(善知識)·성자(聖者)·성중(聖衆)이다. 달리 또 누가 있겠는가?

그들은 이미 본래 깨달아 있는 것은 아닐까?

손바닥의 보석 보듯이,
정신차려 담마를 경청하고,
담마를 있는 그대로 보고 이해하고, 보고 이해한 대로 열심히 살아가고……

이것은 실로 누구든지 능히 할 수 있는 보통, 보편의 길이다. '만인의 길'로서 규정된다. 이렇게 만인이 능히 할 수 있는 일을 할 수 있도록 문을 열어 이끌어간 것이 붓다와 초기 불교운동의 주역들이 추구한 대중견성운동의 기본적 목표이다. 그리고 이 목표는 훌륭히 실현되어 갔다는 것이 수많은 견성사건들에 의하여 입증되고 있다.

이러한 성공은, 붓다와 사부대중의 주역들이 깨달음―견성을 신비의 장막으로 은폐함으로써 민중들을 실제(實際, dhamma)로부터 차단하고 유리시킨 전통적 종교·철학들의 허구를 타파함으로써 가능했던 것이다. '눈 있는 자는 누구든지 와서 보라.'고 당당히 선포함으로써 가능했던 것이다. 견성에 대한 대중들의 발상(發想)을 크게 전환시키고, 진리를 민중들에게 다시 돌려주기 위하여 목숨을 걸고 수고한 그 헌신 때문에 가능했던 것이다. 붓다 스스로 피를 흘리고, 출가대중들이 뼈가 부서져 나무숲에 뿌려지는 희생을 감내한 그 의지 때문에 가능했던 것이다. 거친 들판을 달리며 붓다-루트를 개척하고, 삼보에 대한 헌신으로 무수히 죽어간 나디까인·마가다인, 민중들의 열정 때문에 가능했던 것이다.〔1집 『초기불교 개척사』 제2편 3장 참조〕

깨달음을 민중에게 돌려주라.

견성 열반을 만인에게 돌려주라.
이러한 발상의 대전환은 바로 수빠붓다를 비롯한 수많은 민중들에 의하여 신증(身證)되고 있다. 그래서 그들은 붓다 앞에 나아가 이렇게 발로하고 있는 것이다.

"거룩하셔라, 세존이시여. 거룩하셔라, 세존이시여!
마치 넘어진 자를 일으켜 세우듯이
덮인 것을 열어 보이듯이
길 잃은 이에게 길을 가리켜 주듯이
어둠 속에 등불을 밝히고 '눈 있는 자는 보라'고 하듯이
이렇게 세존께서는 갖가지 방법으로 담마를 가르쳐 주셨습니다."
〔*Udāna* 5.3〕

2. 팔정도, 오직 하나의 길

1) '500 비구 견성사건'[10]

「어느 때 붓다께서 500명의 비구들을 이끌고 여러 마을을 유행한 뒤 제따바나로 돌아오셨다. 유행이 끝나고 본처로 돌아오자, 500 비구들이 큰 법당에 모여 그동안의 견문을 서로 얘기하고 있었다. 그들의 화제는 주로 그들이 걸어다녔던 길 사정에 관한 것들이었다.
어떤 길은 이러하고, 어떤 마을은 순하고, 또 어떤 길은 저러하고, 어

---

10) Dhp-Com. 20.3(text. N. iii. 401-404, 273-276) ; *Dhammapada-Commentry*, vol. 3, p.149. cf. tr. 거해, 2. pp.167~170.

떤 마을은 거칠고…….

이런 얘기들이 있은 뒤에, 그들은 그들이 여행했던 길에 관하여 토론을 벌이고 있었다. 이때 붓다께서 들어와, 비구들의 담화의 주제가 무엇인가 물으시고, 비구들이 이와 같이 얘기하자, 그들을 향하여 이렇게 설하셨다.

"수행자들아, 그 길들은 우리들의 관심과는 관계가 없느니라. 수행자들은 '성스러운 길(ariya-magga)'에 관하여 대화를 나누어야 할 것이니라. 오로지 그렇게 함으로써 고통으로부터 해탈할 수 있기 때문이니라."

그리고 붓다는 다음 게송을 읊으셨다.

"팔정도가 최상의 길이요
사성제가 가장 훌륭한 진리라네.
욕망을 벗어나는 것이 최선의 상태이고
볼 수 있는 눈을 가진 사람이
인간 가운데 으뜸이라네.

오직 이 길뿐이다.
그 어디에도 청정한 눈으로 이끄는 다른 길은 없느니,
그대들은 마땅히 이 길을 따르라.
그러면 마라를 어리둥절하게 할 수 있으리라.

그대들은 마땅히 이 길을 따르라.
그러면 모든 고통의 끝을 보리라.
나는 이 길로써 번뇌의 화살을 뽑을 수 있었기에

그대들에게 이 길을 보여 주는 것이다.

그대들 스스로 힘써 노력하라.
여래는 다만 길을 보여줄 뿐
누구든지 마음집중 하여 이 길로 들어서면,
마라의 묶임에서 벗어나리라."

붓다의 설법이 끝나자, 500명의 비구들이 모두 아라한의 경지를 성취하였다.」

2) 붓다-담마의 진수이며 심장

참으로 만나기 어려운 설법
"팔정도가 최상의 길이요
사성제가 가장 훌륭한 진리라네.
오직 이 길뿐이다.
다른 길은 없다.
그대들은 마땅히 이 길을 따르라.
나는 이 길로써 번뇌의 화살을 뽑을 수 있었기에
그대들에게 이 길을 보여 주는 것이다……."

이것은 참으로 만나기 어려운 감동적인 설법으로 들린다. 붓다가 이렇게 단호하고 확신에 차서 담마를 설하는 일은 매우 드문 일이다. 비장감마저 감돈다고 할까. 붓다 45년 간의 고심참담한 전법륜이 이

'500 비구 견성사건'의 한 설법에 결정적으로 농축되어 있는 것이다.
"팔정도가 최상의 길이요······."
(Maggānaṭṭhangiko seṭṭho)
이미 관찰한 바와 같이, 붓다는 바라나시 사슴동산에서 다섯 수행자들에게 8정도, 즉 4제 8정도로서 첫 법륜을 굴리기 시작하였다. 그리고 구시나가라 사라쌍수 언덕에서 수밧다에게 4제 8정도로서 마지막 법륜을 굴리고 있다. 학승 나나몰리는 이렇게 논하고 있다.

> 붓다가 정각의 밤에 깨달은 것은 이 4제이다.[MN 4.31, MN 36.42] 붓다가 바라나시에서 대적할 수 없는 법륜을 굴려 세상 사람들에게 알린 것도 이 4제이다.[MN 141.2] 붓다가 45년 간의 전도를 통하여, '붓다의 특별한 가르침(the teachings special to the Buddhas)'으로서 견지한 것이 이 4제이다.[MN 56.18][11]

붓다는 '바라나시 사슴동산의 초전법륜 사건'에서 이 8정도에 의하여 스스로 정각을 실현하고 있음을 명료하게 드러내고 있다. 붓다가 어떤 담마에 의하여 정각을 성취하였는가에 대해서는 여러 경전에서 다양한 방식으로 서술하고 있지만,[12] 8정도가 원형(原形)의 길이었다는 것은 의심의 여지가 없는 사실로 보인다. 붓다는 '초전법륜'에서 이렇게 사자후하고 있다.

"수행자들이여, 무엇이 여래가 온전히 깨달은 중도인가?

---

11) Bhikhu Nanamoli, Ibid, p.25.
12) 김동화, 앞의 책, pp.45~46.

무엇이 눈을 만들고, 앎을 만들고, 고요함과 위없는 이해, 깨달음·열반으로 이끄는 것인가?

그것은 8정도 바로 그것이다."13)

'오직 이 길뿐이다'

4성제(四聖諦, Cattāri-Ariyasaccāni),

고멸도제(苦滅道諦, Dukkhaniro-dhagāminī-paṭipāda-ariyasacca),

8정도(八正道, Ariyo-Aṭṭhaṅgiko maggo) —.

'불전에 산재해 있는 저 수많은 설법들의 진수(essence)는 8지성도(八支聖道), 8정도 속에서 발견되고 있다.'14) 초기·부파·대승의 전 과정을 통하여, 이 4제 8정도는 붓다-담마의 가장 근본적인 공통분모이고, 최상승(最上乘)의 심지법문(心地法門)으로 판단된다.

8정도가 정형화된 시기에 관해서는 이론들이 없지 않지만, 빈테르닛쯔(M. Winternitz)와 토마스(E. Thomas) 등은 '8정도가 붓다의 오리지널한 가르침을 대표한다.'고 주장하고 있다. 8정도에 체계적인 구도가 결여되어 있다는 사실이 그 증거로서 제시되기도 한다.15) 많은 빠알리-니까야에서, 특히 초전법륜에서 8정도가 언급되고 있는 것으로 보아, 이러한 주장은 거의 분명한 것으로 보인다

붓다는 이 4제 8정도에 의하여 만인의 고통을 진단하고 치유하였고, 수많은 사람들이 이 4제 8정도에 의하여 마라(māra, 惡魔)의 묶임에서 벗어나 견성 해탈을 성취한 것이다. 빤드는 이렇게 논하고 있다.

---

13) Mv 1.6.18 ; *The Book of the Discipline 4* (P.T.S.), p.15.
14) W. Rahula, Ibid, p.46.
15) G. C. Pande, Ibid, p.516.

문제의 4성제는 불교가 의학계의 과학으로부터 이어받은 것으로 시사되어 왔다. 붓다는 '의왕(醫王, vaidta-rāja)'으로 일컬어져 왔다. 그리고 'Vyādhi-Sutra'라는 경에서는 4성제를 의학계의 질병·진단·치유, 그리고 의약품으로 분명하게 비교하고 있다.16)

견성은 정신차려서 붓다-담마를 경청하고, 여실히 보고, 분명히 이해하고, 보고 이해한 대로 열심히 살아가는 일상적인 삶으로 규정되었다. 이제 사람들은 이런 질문을 제기하게 될 것이다.

"붓다-담마가 무엇인가? 우리가 경청하고, 보고, 이해하고, 실천해야 될 붓다의 근본 담마는 대체 무엇이란 말인가?"

그것이 곧 8정도이다. 8정도는 '붓다-담마의 심장(The Heart of Buddha's Teaching)'이며17) 정수(精髓)로 규정된다. 연기-중도-무아로 이어지는 붓다의 근본 담마가 이 8정도에 온전히 용해되고 농축되어 있는 것으로 인정되고 있다. 12연기-연기·4제-중도·5온-무아, 이 근본 담마들이 모두 이 8정도를 드러내기 위한 예비과정이었던 것으로 보인다.

이 4제 8정도는 깨달음을 얻는 중간적인 매개체가 결코 아니다. 그것은 깨달음 그 자체라고 할 것이다. 직지견성 그 자체라고 할 것이다. 죽어 가는 자신을 살려내는 의약(醫藥)이 오직 하나뿐일 때의 그 절박감으로, 정신차려서 4제 8정도의 담마를 찾고, 경청하고, 여실히 보고, 분명히 이해하고, 보고 이해한 대로 살아갈 것이 요구되고 있는 것이다. 그래서 붓다는 이렇게 간곡히 거듭거듭 권유하고 있는 것이다.

---

16) Ibid, pp.398~399.
17) W. Rahula, Ibid, p.16.

"오직 이 길뿐이다.
그 어디에도 청정한 눈으로 이끄는 다른 길은 없다.
그대들은 마땅히 이 길을 따르라.
그러면 마라를 어리둥절하게 할 수 있으리니.
그대들은 마땅히 이 길을 따르라.
그러면 모든 고통의 끝을 보리라."〔Dhp 274〕

3) 신해행증(信解行證), 8정도의 실천적 구조

8정도는 체계가 아니다

8정도(八正道, Ariyo-Aṭṭhaṅiko-maggo), 이것은 4제, 곧 성스러운 네 가지 깨달음의 진리 가운데 고멸도제(苦滅道諦, Dukkhanirodha-gāminī-paṭipāda-ariyasacca)이다. 일체의 고(苦, dukkha)를 소멸시키는 길이다. 어둔 식〔無明識〕 자아의식을 소멸시키는 견성 열반의 길이다.

8정도, 이것이 불교도들이 그들의 일상적인 삶 속에서 추구해 가야 할 '성스러운 삶'이고 깨달음의 삶이다. 아니 깨달음 그 자체일 것이다. 8정도를 간략히 정리하면 다음과 같다.

① 바르게 보고(正見, Sammā-diṭṭhi, Right Understanding) ┐
② 바르게 생각하고(正思, Sammā-saṅkappa, Right Thought) ┘ ─ 혜(慧)
③ 바르게 말하고(正語, Sammā-vācā, Right Speech) ┐
④ 바르게 행위하고(正業, Sammā-kammanta, Right Action) ├ ─ 계(戒)
⑤ 바르게 생활하고(正命, Sammā-ājīva, Right Livelihood) ┘

⑥ 바르게 노력하고(正精進, Sammā-vāyāma, Right Effort)
⑦ 바르게 정신 집중하고(正念, Sammā-sati, Right Mindfulness) ─정(定)
⑧ 바르게 마음을 고요히 하고(正定, Sammā-samādhi, Right Concen tration)

이것이 8정도이다. 이 8정도는 여기서 제시한 바와 같이 계(戒, sīla)·정(定, samādhi)·혜(慧, paññā)의 삼학(三學), 곧 '견성을 위한 세 가지 삶'으로 구분 요약되는 것이 오랜 전통으로 인정되어 왔다. 정견·정사유는 혜(慧)로, 정어·정업·정명은 계(戒)로, 정정진·정념·정정은 정(定)으로 배대되는 것이 그 대체적인 내용이다.18)

그러나 8정도의 수행과정은 3학의 과정과는 다르게 혜-계-정의 순서로 되어 있는 것을 보게 된다. 이와 관련하여 8정도를 혜-계-정-혜로, 또는 신(信)-계(戒)-정(定)-혜(慧)의 차제로 해석하는 견해도 있지만, 역시 자연스럽지 못한 것으로 보인다. 이것은 8정도가 3학과 관련하여 해석될 수는 있을지라도, 처음부터 3학의 개념에 입각하여 체계화된 것은 아니라는 것을 시사하는 것으로 보인다. 체계가 결여된 이점이 바로 8정도가 붓다의 '근본적인 가르침(an original teachings of Buddha)'으로 인정되는 이유가 되는 것이다.

따라서 수행의 실제 현장을 고려할 때, 8정도는 단순하고 현실적인 담마로서, 그 각지의 상호관계는 체계적 차제(次第)라기보다는, 상보적(相補的)이며, 상호 융섭적(融攝的), 동시다발(同時多發)의 관계로 생각된다.19)

---

18) MN 1.301(44. Cūḷavedalla-Sutta) ; *The Collection of the Middle Length Sayings 1* (P.T.S.), pp.362~363.
19) 水野弘元·무진장, 『불교의 기초지식』(홍법원, 1984), pp.226~227.

[표 7] 8정도의 수행과정

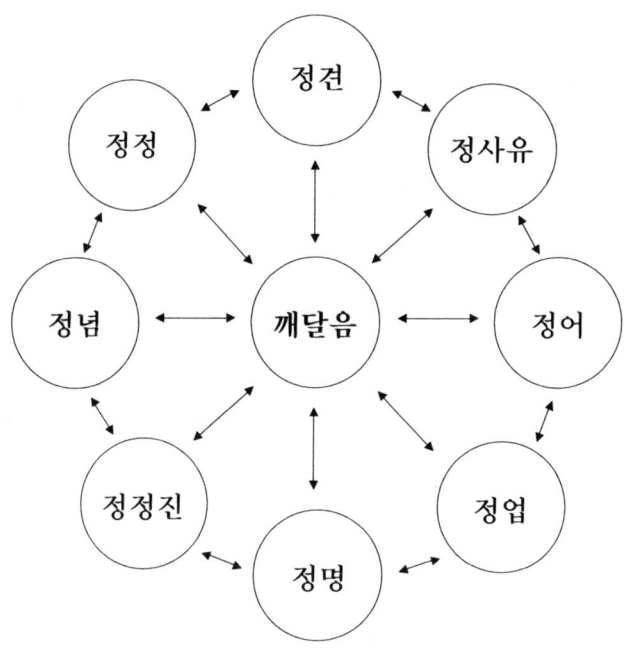

〔표 7〕에서 보는 바와 같이, 8정도의 수행과정은 법륜(法輪, Dhammacakra), 법바퀴 모양으로 되어 있다. 이것은 8정도가 각지로 분해될 수 없는 한 덩어리의 삶이며, 어느 때나 깨달음의 축(軸)을 중심으로 서로 어울려 돌아가고 있다는 사실을 잘 드러내고 있는 것이다. 법륜이 실제로 8정도를 상징하고 있다는 사실 또한 이런 의미에서 평가되어야 할 것이다.

8정도는 체계나 순서가 아니다. 실제 삶의 상황에 따라, 8정도의 각지는 어느 때나 단수, 또는 복수로 실천될 수 있는 것이다. 그리고 이렇게 실천된 각지는 견성의 증득·증오(證悟)에 수렴되는 동시에, 다른 각지에 영향을 끼치는 것이다. 수빠붓다와 욱가세나의 경우, 담마에 대한 정견, 분명한 이해를 일으키는 것으로 바로 견성의 흐름으로 들어서거나 아라한을 증득하였고, 500 비구들은 오랜 계행(戒行)과 지관(止觀), 곧 계와 정의 수행을 거친 끝에 정견, 혜를 얻고 아라한의 경지로 나아간 것이다.

이렇게 견성의 계기와 수행문은 자연스럽고 다양하게 열려 있는 것으로서, 여기에 과도하게 체계화나 차제화(次第化)를 시도하는 것은 무리라고 생각된다. 이러한 체계화가 도리어 본질을 왜곡시키게 된다. 체계적으로 이해하려고 하지 말고, 8정도 그 하나하나를, 그 중 어느 하나라도 열심히 살면 족한 것이다. 콜러는 이렇게 논하고 있다.

> 8정도가 '길(magga)'로 일컬어지기 때문에, 정견(正見)과 정사유(正思惟)로부터 시작하여 정정에 이르기까지, 차례로 실천되어야 하는 것으로 사람들은 흔히 생각한다. 그러나 이것은 착각이다. 건전한 삶을 위한 이들 여덟 가지 덕목은 동시적으로 추구되어야 할 필요가 있고, 이 덕목들은 상호 관련되어 있고 상호 보조적이기 때문이다.[20]

신(信)·해(解)·행(行)·증(證)으로 바로 세우기

8정도를 실제상황과 관련하여 검토할 때, 이것은 또 하나의 전통적 수행체계인 '신(信)·해(解)·행(行)·증(證)'의 과정과 보다 밀접한 것으로 보인다. 정견(正見)은 바른 이해(解, Right Understanding)와 바른 믿음(信, Right Confidence)의 의미를 내포하는 것으로 흔히 해석하고 있기 때문에 신(信)-해(解)로 정리될 수 있을 것이다.

---

20) John M. Koller, Ibid, pp.156~157.

그리고 정어·정업·정명〔戒〕과 정정진·정념·정정〔定〕은 행(行)으로, 8정도의 일상적 삶이 증(證)으로 파악될 수 있는 것이다.

　신해행증에 입각한 8정도의 이러한 해석은 수많은 견성대중들이 붓다-담마에 대한 진지한 경청과 확신, 분명한 이해를 계기로 깨달음의 흐름으로 들어서고, 계행(戒行)과 지관(止觀)의 실천에 의하여 궁극적 경지를 증득하고 있다는 역사적 사실과도 일치하는 것으로 생각된다. 신해행증의 수행과정에 대하여, 김동화 박사는 이렇게 정리하고 있다.

　　이상으로써 단혹증리(斷惑證理)의 과정이 거의 명백히 되었다. 불교의 목적은 대략 이와 같이 신(信)·해(解)·행(行)·증(證)의 순서에 의하여 성취되는 것으로, 수행인으로서는 붓다의 증(證)을 득하는 것이 목적이니,……21)

　'8정도, 신·해·행·증-.
　신념을 갖고 붓다-담마를 열심히 듣고
　8정도를 분명히 이해하고
　이해한 대로 실천하고
　이렇게 열심히 살아가는 것
　이것이 곧 깨달음의 삶이다.'
이렇게 정리하고, 이것으로서 '깨달음을 위한 삶의 내용', 곧 '불교도의 수행과정'으로 바로 세우는 것이 좋을 것으로 생각된다. 이렇게 정리하고, 이렇게 기억하고, 이렇게 노력하는 것이 실제적인 깨달음을

---

21) 김동화, 『佛敎學槪論』, p.482.

위해서 유익하기 때문이다.

'8정도, 신·해·행·증―.
분명한 이해와 확신으로
진지하고 열정적인 실천으로
이렇게 열심히 살아가는 것
이것이 곧 깨달음의 삶, 견성 열반의 길.'
끊임없이 이렇게 기억하고, 이렇게 바로 세우는 것으로부터 깨달음에 한발 가까이 들어가게 될 것이다.

4) 지혜와 자비, 8정도의 근본정신

붓다의 길, 성중(聖衆)의 길

    나는 침상에서 내려와 시내로 탁발을 나갔다.
    밥을 먹고 있는 한 나병환자에게 가
    그의 곁에 가만히 섰다.
    그는 문드러진 손으로
    한 덩어리의 밥을 주었다.
    발우에 밥이 떨어질 때
    마침 그의 문드러진 손가락이 '툭' 하고 떨어졌다.
    담벽 아래서
    나는 그가 준 밥을 먹었다.
    그것을 먹고 있는 동안

그리고 공양을 마치고 나서도
내게는 '더럽다'는 마음이 일어나지 않았다.22)

이것은 붓다의 상수제자인 마하까샤빠(Mahā-Kssapya, 摩訶迦葉) 장로의 고백이다. 마하까샤빠는 널리 알려진 바와 같이, 초기교단에서 가장 뛰어난 아라한이고, 붓다 입멸 이후 교단을 사실상 이끌었던 인물이다. 엄격한 정통파의 대표자로 인정되고 있다.

그가 지금 나병환자에게 다가가서, 한 덩어리의 밥을 청하고 있다. 썩어 문드러져서 진물이 흐르는 손가락이 떨어진 그 밥을 그는 먹고 있다. '더럽다'는 생각 없이…….

이 광경을 보고, 아마 많은 사람들은 충격을 받을 것이다. 그리고 거기서 어떤 형언할 수 없는 뜨거운 연민, 자비 같은 감정을 느낄 것이다. 그러면서 이렇게 생각할 것이다.

'그는 누구인가? 마하까샤빠는 대체 누구란 말인가?
아라한이란 어떻게 사는 사람들인가?
깨달은 사람들, 성중(聖衆)들은 대체 어떻게 사는 사람들인가?-'

아라한(阿羅漢, arahant, arhat)에 관해서, 불전에서는 여러 가지로 규정하고 있다. 그러나 불교사상 제1의 아라한인 붓다, 그리고 초기교단 제1의 제자 아라한인 마하까샤빠를 통하여, 그들의 삶의 현장을 통하여 아라한, 성자·성중의 모습을 발견하려는 것이 우리들의 방식이다.

붓다는 우루벨라 보리수 아래서 정각을 이루고, 12연기를 통찰하는

---

22) Thag 1054-1056 ; 『비구의 고백 비구니의 고백』, p.186.

크나큰 지혜 속에 있으면서, 가장 먼저 세상 사람들에 대한 설법을 생각하며 고민하고 있다. 곧 바로 결단을 내리고, 전법륜의 험한 길로 나서고 있다. 그리고 80평생, 육신의 숨이 넘어가는 순간까지, 낡은 수레처럼 몸을 던지는 헌신의 삶을 살아온 것이다.

이러한 붓다의 삶은 깨달음이 '지혜와 자비의 삶'이라는 진실을 온전히 드러내 보이는 것으로 보인다. '붓다의 길'-'지혜와 자비의 길'이라는 부동의 진실을 명백히 드러내 보이고 있는 것으로 생각된다. 빤드는 이렇게 논하고 있다.

> 단계적으로 발전하면서, 아직 미숙했던 (석가)보살의 지혜와 자비는 마침내 위없는 지혜와 자비로 실현되었다. 그렇게 해서 지혜와 자비, 이 둘은 (붓다의) 두 모습이 된 것이다. 하이나야나(Hīnayāna)에서는 이 지혜와 자비를 수단으로서, 기능으로서 강조하고 있지만, 마하야나(Mahāyāna)의 교리에서는 가장 오래된 경전에서조차도 씨앗의 형태로 드러나고 있다.23)

지혜와 자비, 붓다의 두 모습,
지혜와 자비, 깨달음[成佛]의 씨앗.

이것은 매우 중요한 본질적인 정의(定義)로 생각된다. 깨달음이 지혜와 자비라는 씨앗으로부터 개화되고 결실되어 간다는 진실을 명료히 밝히고 있다는 점에서 특히 그러하다. 이것은 씨앗과 열매가 둘 아니듯이, 지혜와 자비가 곧 그대로 깨달음이고 견성 열반이며, 지혜와 자비를 통하지 않고는 깨달음을 이룰 수 없고, 지혜와 자비의 삶 없이

---

23) G. C. Pande, Ibid, p.464. note-115.

는 견성 열반 없다는 본연의 담마를 의미하는 것이다.

지혜와 자비의 삶,
붓다의 길, 성중(聖衆)들의 길-.
다함없는 지혜와 자비로 살아가는 성중(聖衆)들, 사부대중들…….
이것은 장로 마하까샤빠에 의하여 여실히 실현되고 있다. 담벽에 기대서 나병환자의 피고름 묻은 밥을 함께 나누고 있는 아라한 마하까샤빠의 다함없는 연민을 통하여, 이 진실은 이미 남김없이 드러나고 있다. 그래서 예로부터 아라한 등 견성대중들을 '무량 자비성중(無量慈悲聖衆)'으로 일컬어온 것이다.

빛나는 눈, 따뜻한 가슴이 살아 있는 한
8정도, 계·정·혜 3학, 신해행증,
분명한 이해와 확신, 진지한 실천, 그리고 끊임없는 삶…….
어떻게 정리되든 별 문제가 없을 것이다. 더욱이 이론적으로 체계화하려는 시도는 깨달음에 오히려 장애가 될지 모른다.
그럼에도 불구하고 한 가지 분명한 사실은, 이러한 수행의 삶 속에서 지혜와 자비가 살아 있어야 한다는 사실이다. 지혜가 초롱초롱한 눈빛으로 살아 있어야 되고, 자비가 따뜻한 가슴으로 살아 숨쉬어야 한다는 사실이다.
8정도가 왜 8정도인가?
8정도가 왜 '유일한 깨달음의 길'로, 붓다에 의하여 찬탄되는가?
그것은 이 8정도 속에 지혜와 자비가 살아 있기 때문일 것이다. 8정도를 진지하게 살아가면, 지혜의 눈빛이 밝아오고 자비의 가슴이 뜨거워오기 때문일 것이다. 그래서 붓다는 '8정도가 눈을 만들고, 앎을 만들고, 고요함과 위없는 이해, 깨달음·열반으로 이끄는 것'이라고 고백하고 있다.24)

8정도를 비롯하여 37조도품 등 불교 속의 8만 4천 법문 모두가 지혜와 자비의 길 아닌 것이 없다. 아무리 경을 읽고 참선을 하고 앉았어도, 그 속에 지혜의 눈빛과 자비의 가슴이 살아 있지 않은 것이라면, 그것은 이미 붓다-담마가 아닌 것이다. 길쌈하고, 장대 위에서 곡예하고, 도둑질하고, 몸을 팔더라도, 그 속에 초롱초롱한 눈빛과 따뜻한 가슴이 살아 있는 것이라면, 그러한 행위들은 이미 거룩한 8정도의 삶이며 깨달음의 몸짓인 것이다.

왜? 무엇 때문인가?

'붓다의 길'은 곧 지혜와 자비의 삶이기 때문이다. 붓다의 길, 성중(聖衆)의 길은 곧 지혜와 자비의 삶이기 때문이다. 지혜와 자비가 깨달음 그것이며 견성 열반 그 자체이기 때문이다. 이것은 어떤 삶을 살고 어떤 길을 가든, 그들의 마음속에 지혜와 자비가 싹틀 때, 그들은 이미 깨달음의 흐름 속으로 들어선 것을 의미한다. 지혜와 자비 속에서만, 그들의 견성 열반도 드러난다는 사실을 의미하는 것이다.

지혜와 자비,
빛나는 눈과 따뜻한 가슴…….

---

24) 'This, monks, the niddle course, fully awakened to by the Truthfinder, making for knowledge, which conduces to calming, to super knowledge, to awakening, to nibbāna.' ; Mv 1.6.18 ; *The Book of the Discipline 4* (P.T.S.), pp.15~16.

이것이 없다면, 모든 삶이 무의미해진다. 모든 수행이 수행이 아니다. 유일한 길 8정도도 무의미해진다. 8정도를 몰라도 좋을 것이다. 12연기를 몰라도 좋고, 5온을 몰라도 좋으리라. 그러나 지혜의 눈빛은 빛나야 되고, 자비의 눈물은 뜨겁게 흘러내려야 된다.

나병환자에게 가서 밥을 비는 장로 마하까샤빠같이, 모든 생명들·고뇌하는 사람들·생명들을 연기적(緣起的) 동반자로, 착한 벗(善友, Kalyāna-mitra)으로 보는 눈빛이 살아 있고, 그들의 아픔을 함께 나누고 그들의 기쁨을 함께 나누려는 가슴이 뛰고 있는 한, 그들은 8정도의 삶을 훌륭히 살고 있는 것이다. 깨달음의 삶을 온전히 살고 있는 것이다. 아니, 그들은 이미 깨달아 있을지도 모른다.

「어느 때, 사밧티 제타 숲에서, 붓다와 사리뿟타(Sariputta) 비구는 이렇게 대화를 나누고 있었다.

  사리뿟타 : 세존이시여, 거룩한 삶(brahmacariya)은 좋은 벗(善友, Kalyāna-mitra)[25]과의 사귐 속에, 사랑스런 벗과의 사귐 속에 온전히 깃들어 있습니다.
  붓 다 : 잘 말했구나! 잘 말했구나! 사리뿟타여!
      그대가 말한 그대로다. 좋은 벗과 사귀고 사랑스런 벗과 사귀는 수행자라면, 성스러운 8정도를 발전시켜 나가는 것이 기대된다. 그가 성스러운 8정도의 길을 개척해 나갈 것을 기대해도 좋으리라.[26]」

---

25) SN 45.1.1(text. v. 2, Sāriputta) : *The Book of the Kindred Sayings 5* (P.T.S), p.2, note-3
26) SN 45.1.1(text. v. 2), Ibid, p.3

'지혜와 자비가 어떤 것인가?
지혜와 자비는 어떻게 생겨나는가?
지혜와 자비는 견성 열반과 어떤 관계가 있는가?……'
이렇게 질문할지도 모른다.
'지혜의 원어는 paññā이고, 자(慈)는 metta이고 비(悲)는 karuna인데……. 지혜는 계·정·혜 3학을 닦아야 하고, 참선을 해야 나오고…….'

또 이렇게 해설하려고 들지 모른다. 그러나 이런 일은 이제 그만두는 것이 좋을 것이다. 담마만 나오면 용어해설 먼저 하고, 체계찾기에 열올리는 불교도들의 낡은 습관은 이제 단호히 포기되어야 할 것이다. 바로 이런 습성이 지혜와 자비의 삶을 가로막는 장애며 병통이 아닌가?

지혜의 의미를 모르는 사람이 어디 있겠는가?

자비의 뜻을 모르는 사람이 어디 있겠는가? 국어사전만 펼쳐도 다 나오는데…….

한 가지 분명한 사실은 이 지혜와 자비는 모든 사람들에게 온전히 다 있다는 것이다. 지혜는 눈뜨고 보는 것이고, 자비는 가슴으로 함께 아파하고 눈물 흘리며 헌신하는 것이다.

눈 없는 사람이 어디 있으랴. 가슴이 고동치지 않는 사람이 어디 있으랴. 괴로워하는 벗, 중생을 보고 눈물 흘리지 않는 자가 어디 있으랴. 시각장애자에게도 마음의 눈이 빛나고, 심장병 환자의 가슴도 뛰고 있지 않은가?

이것은 만인의 본성(本性)·본심(本心)이며 본능(本能)이다. 그래서 '붓다의 길'은 '만인의 길'이다. 붓다의 깨달음은 '만인의 깨달음'이 되는 것이다.

지혜와 자비,

초롱초롱한 눈빛과 따뜻한 가슴, 뜨거운 눈물―.

이것은 그대로 드러나는 것이다. 8정도의 삶으로 달리면 그대로 드러나는 것이다. 담벼락에 기대서서 나병환자와 더불어 밥을 나눠 먹는 마하까샤빠같이, 그대로 드러나는 것이다.

이제 붓다가 세상 사람들을 향하여 선포하고 있다.

"어서 오라, 수행자들이여,
여기에 담마는 잘 설해졌다.
고통의 완전한 소멸을 위하여,
마땅히 청정한 행을 닦아라."27)

3. 분명한 이해와 확신으로― 정견·정사유〔信解〕

1) 깨달음에 관한 분명한 정의

정견(正見, Sammā-diṭṭhi) : 담마를 보고, 분명히 이해하고,

정사유(正思惟, sammā-saṅkappa) : 담마를 인정하고, 담마대로 살기를 생각하고―

8정도의 첫머리는 이렇게 정견(正見)으로 시작되고 있다. 이제 유일한 길, 8정도를 실천함으로써 지혜의 눈빛과 자비의 가슴을 일깨우려고 생각하는 사람들, 수행자들에게 이것은 매우 중요한 메시지로 보

---

27) Mv 1.6.32 ; Ibid, pp.18~19.

인다.

왜 8정도의 첫머리에서 '정견하라, 바르게 보라.'고 촉구하고 있을까?

정견이란 대체 어떻게 보는 것인가?

이것은 깨달음―견성 열반의 본질과 관련되는 것으로 생각된다. 지금까지 '깨달음은 와서 보고, 이해하고, 이해한 대로 열심히 살아가는 삶', 이렇게 반복적으로 정의되었다. 깨달음에 관한 이 평범한 정리는 매우 중요한 것이다. 여기서 어떤 추상적 이론이나 신비적 허구의식, 자기도 체험해 보지 못한 고담준론은 철저히 경계되어야 할 것이다. 깨달음은 누구나 일상의 삶에서 실현해 왔고, 또 실현할 수 있는 보통 일, 보통 사건이기 때문이다.

요컨대, 깨달음은 '그대로 보고, 그대로 살아가는 것'이 생명이다. 특별한 경지가 있는 것이 아니고, 또 그런 경계를 추구해서는 안 된다고 생각한다. 붓다는 사밧티에서 상수제자 까샤빠와 사리뿟타에게 이렇게 설하고 있다.

"와서 보라!
그러면 눈 있는 사람들[지혜로운 사람]은 누구나 자력으로 그것[담마]을 이해하게 될 것이다. 그들이 담마를 들으면 인정할 수 있고, 인정하면 실천할 수 있고, 실천하면 도달할 수 있을 것이다!"

(Come, see! that leads on, that is to be understood by the wise each man for himself, ··· and hearing it, may acknowledge the doctrine, and acknowledging it, may practise that they may so attain!)[28]

와서 보고, 듣고, 이해하고, 인정해서 받아들이고, 실천하고, 도달하고…….

이것이 깨달음이다. 견성 열반인 것이다. 이것은 눈 있고, 귀 있는 사람이라면 누구든지 할 수 있는 일이다. 지혜로운 사람이 별 사람이겠는가? 눈 있고 귀 있는 사람이 바로 지혜로운 사람일 것이다. 그리고 이 눈, 이 귀는 육신의 눈, 육신의 귀 이전의 마음의 눈, 마음의 귀일 것이다. 그래서 시각장애자 아누룻다(Anuruddha)도 깨달아 천안(天眼)을 얻는 성자(聖者)가 될 수 있고〔Mv 10.4.3〕, 정신지진아 쭐라-빤타까(Cullā-Panthaka)도 위대한 아라한이 될 수 있는 것이다〔Dhp-Com. 2.3(text. N. i. 239-255〕.

2) 분명한 이해가 깨달음의 패스워드

정견(正見), 4제에 대한 분명한 이해
'와서 보아라. 들어라. 그리고 이해하라.'
이렇게 8정도는 정견으로 들어간다.

정견(正見, sammā-diṭṭhi)은 사견(邪見, miccā-diṭṭhi)에 상대되는 용어로서, '누구나 그 결과에 있어 일치할 수 있는 관찰'이란 뜻이다. 보편적이며 객관적인 관찰을 의미한다. 정견은 흔히 '바른 이해(right understanding)', '분명한 이해' 등으로 해석된다. 4제를 잘 듣고, 분명히 이해하고, 8정도를 실천하면 누구나 멸(滅), 곧 견성 열반이라는 일치된 결과를 실현할 수 있다는 보편타당한 사실에 입각해서, '정견

---

28) SN 16.3(text. ii. 199, Comparable to the moon) ; *The Book of the Kindred Sayings 2* (P.T.S.), p.134.

(正見, sammā-diṭṭhi)'이라고 하는 것이다.29) 이것은 분명한 이해, 정견의 대상이 되는 붓다-담마가 4제이고, 이 4제는 보편타당한 진실이라는 것을 의미하는 것이다. 붓다는 이렇게 설하고 있다.

 "고통(苦, dukkha)에 대한 이해, 고통의 발생(苦集, dukkha-samudaya)에 대한 이해, 고통의 소멸(苦滅, dukkha-nirodha)에 대한 이해, 고통을 소멸시키는 길(苦滅道, dukkha-nirodha-magga)에 대한 이해, 이것이 정견(正見, sammā-diṭṭhi)이다."30)

4제를 분명히 이해한다는 것이 실제로 무엇을 의미하는 것일까? 붓다는 '바라나시 사슴동산의 초전법륜'에서 이렇게 선포하고 있다.

 "수행자들아, 여래는 고성제에서는 이것을 마땅히 이해해야 한다[解]는 것을 알아서 이해하고, 고집성제에서는 이것은 마땅히 끊어야 한다[斷]는 것을 알아서 끊고, 고멸성제에서는 이것은 마땅히 증득해야 한다[證]는 것을 알아서 증득하고, 고멸도성제에서는 이것은 마땅히 닦아야 한다[修]는 것을 알아서 닦았느니라."31)

① 5온(五蘊, 五取蘊)으로 이뤄진 어둔 식(識)으로 살아가는 중생적 인간의 삶과 존재 그 자체가 고통임을 마땅히 이해해야 한다.[解]

---

29) 이중표, 앞의 책, pp.84~85.
30) MN 1.48(9. Sammādiṭṭhi-Sutta) ; *The Collection of the Middle Length Sayings 1*(P.T.S.), p.58.
31) Mv 1.6.22-26 ; *The Book of the Discipline 4*(P.T.S, tr. I. B. Horner, M. A.), pp.16~17.

(苦聖諦, dukkha-ariyasacca)

② 이 고통의 원인, 어둔 식〔無明識〕을 만들어내는 탐욕(貪慾, 渴愛, taṇhā)과 집착을 마땅히 끊어야 한다.〔斷〕(苦集聖諦, dukkhasamudaya-ariyasacca)

③ 이 고통의 원인을 끊음으로써 견성하고, 마땅히 위없는 평화와 행복, 열반을 내 스스로 실현해야 한다.〔證〕(苦滅聖諦, dukkhanirodha-ariyasacca).

④ 이 고통을 멸하기 위하여 여덟 가지 행을 마땅히 실천해야 한다.〔修〕(苦滅道聖諦, dukkhanirodhagāmiṇīpaṭipadā-ariyasacca).

'어둔 이기적 삶이 고통임을 마땅히 알아라.
고통의 원인인 탐욕과 집착을 마땅히 끊어라.
위없는 평화와 행복의 경지를 마땅히 실현하라.
8정도의 삶을 마땅히 살아라.'

붓다의 4제법을 듣고, 이렇게 분명하게 이해하고 확신하는 것이 정견으로 규정되고 있다.[32] 8정도에서 정견을 첫머리에 내세우는 것은 붓다-담마, 곧 4제 8정도에 대한 분명한 이해와 확신이 견성 열반의 길에 긴요한 본질적 요인이 되고, 전조등(前照燈)이 되기 때문일 것이다.

'집(集)의 법이 멸(滅)의 법이로구나'

이것은 견성-깨달음이란, 구체적으로는 붓다-담마에 대한 분명한 이해와 확신으로부터 시작되고 있다는 사실을 의미한다. 말하자면, 4

---

32) 최봉수, 앞의 책, pp.313~323.

제에 대한 분명한 이해와 확신이 견성 열반의 문을 열고 들어서는 패스워드(pass-word)라고 할 것이다. 이러한 사실은 수빠붓다가 '집(集)의 법이 곧 멸(滅)의 법이구나.'라고 분명히 이해함으로써 예류의 길로 들어선 데서도 잘 입증되고 있다.

'집(集)의 법이 곧 멸(滅)의 법이로구나.'
(whatever is of the nature to uprise,
all that is of the nature to stop.)33)

이것은 고집멸도의 4제를 온전히 이해했다는 뜻이다. 우리가 괴로워하고 허둥대며 살아가는 현상의 세계는 모두 어둔 자아의식으로 인하여 생겨난 허위의 세계이기 때문에〔集〕, 8정도의 삶을 통하여 이 어둔 식(識)의 원인인 탐욕과 집착을 놓아 버리면, 일체의 고통과 혼란은 소멸되고 한량없는 평화와 행복의 세계가 푸르른 하늘처럼 열려오는 것이다〔滅〕. 여기서도 '자아라는 허위의식(self-illusion)'이 문제의 핵심이라는 사실이 새삼 상기되어야 할 것이다.

'집의 법이 곧 멸의 법이로구나.-'

이러한 '집멸(集滅)의 이해'에 대한 고백은 바라나시 사슴동산에서 다섯 수행자 가운데 최초로 견성한 꼰단냐(Aññāta-Koṇḍañña)가 발로한 이래, 많은 수행자들이 4제법에 대한 이해를 드러내는 한 정형으로 계승되어 왔다. 이 '집멸(集滅)의 이해'에 대한 고백은 수행자가 바른 깨달음의 길로 들어섰는가의 여부를 객관적으로 검증하는 보편타

---

33) Mv 1.6.29 ; *The Book of the Discipline* 4(P.T.S.), p.17.

당한 판단 기준이 되는 것이다.

　이것은 매우 중요한 의미가 있는 것으로 생각된다. 깨달음의 길이 정견(正見)으로, 곧 4제법에 대한 분명한 이해로서 들어설 수 있는 '이해, 곧 깨달음'이라는 초기불교의 이 확립된 전통은 대중견성운동을 가능하게 한 하나의 대전제로서 끊임없이 추구되어 온 것이다.

　깨달음이란 본질적으로 누구도 판단할 수 없는 자기 자신만의 주관적 체험의 세계일 것이다. 그러나 '집멸(集滅)의 이해'와 같은 객관적인 검증 기준이 확립되어 있기 때문에, 붓다 당시에는 수많은 대중들이 애매모호한 '견성 허위의식'의 미로에서 방황하지 않고, 보편타당한 담마에 의하여 깨달음을 쉽게 추구할 수 있었다. '고대 인도에서는 <u>이해와 깨달음을 동일시하는 확신</u>이 넘치고 있었던 것이 아라한의 실현이 빈번히 선언된 더 큰 원인이었던 것이다.'[34]라는 기왕의 분석이 새삼 상기될 필요가 있을 것이다. 토마스는 이렇게 논하고 있다.

　　불교는 인도의 모든 철학들과 같이, 서양에서처럼 세계가 어떻게 운행되고 있는가에 대한 호기심에 따른 단순한 이론적 구조가 결코 아니다. 인도의 사상체계는 모두 이해를 강조하고 있다. 진정한 이해가 구원의 획득에 대하여 본질적인 것이 되기 때문이다.[35]

---

34) H. W. Schumann, Ibid, p.67.
35) E. J. Thomas, Ibid, pp.192~193.

3) 분명한 이해, 어떻게 가능한가?

'열여섯 수행자들의 구도사건'36)

「목마른 자가 냉수를 찾듯
상인들이 큰 이익을 구하듯
더위에 지친 사람이 나무그늘을 찾듯
그들은 급히 스승이 머무는 산으로 올라갔다.
빛나는 저 태양과 같은
보름날 밤의 달과 같은
저 눈뜨신 분을 아지타는 보았다.
아지타는 붓다의 몸에
성자의 특성이 모두 갖춰져 있음을 보고
기뻐하며 그 곁에 서서 마음속으로 물었다.

아지타 : 우리 스승 바바리는 머리에 대해서
　　　　머리가 부서지는 것에 대해서 알고 싶어합니다.
　　　　눈뜨신 분이시여, 그것을 설명해 주십시오.
　　　　저희들의 의혹을 풀어주십시오.
붓　다 : 무지가 바로 머리인 줄 알라.
　　　　지혜와 믿음, 사색과 명상, 결단력과 의지,
　　　　이것들이 결합하여 무지의 머리를 부숴버리느니…….

---

36) Sn 1014-1028 ; Sutta-nipāta(tr. Bhikkhu Thanissaro, Microsoft Word 6).
　　cf. 『숫타니파타』(민족사), pp.259~262.

이 말을 듣고, 그 젊은이는 깊이 감동했다.
양털 가죽옷을 벗어 왼쪽 어깨에 걸친 다음
스승의 발에 엎드려 공손히 절했다.

아지타 : 거룩한 분이시여, 브라만 바바리는
그의 제자들과 함께 기쁨에 찬 마음으로
당신께 절합니다.
눈뜨신 분이시여…….」

가서 듣고 읽어라

정견(正見)·정지(正知), 4제법에 대한 분명한 이해―
이것은 어떻게 가능한가?

견성의 본질적 요인의 하나가 되고 견성 열반의 패스워드라고 할 수 있는 이 분명한 이해는 실제로 어떻게 가능한 것인가?

별 방법이 없다. 무턱대고 달려가서 듣고 보는 것이다. 무작정 달려가서 붓다―담마를 듣고, 불전·불서를 읽고 보는 것 이외에 다른 묘방이 없다. 데칸 남로 고다바리 강변의 열여섯 수행자들이 5,000㎞의 먼 거리를 달려가서, 목숨을 걸고 달려가서, 목마른 자가 찬물을 구하듯, 상인이 이익을 구하듯,〔1집 『초기불교 개척사』 제2편 2장 참조〕 붓다―담마를 듣고 귀의하는 것같이, 무작정 달려가서 보고 읽는 길이 최선의 정견이다.

그래서 붓다도 끊임없이 이렇게 촉구하고 있다.

"와서 보아라. 들어라.
그러면 스스로 이해할 것이다."

(Come, see! and hear, that is to be understood by the wise each man for himself.) 〔SN 16.3(text. ii. 199)〕

지금까지 관찰해 온 수많은 대중견성 사건들을 돌아보면, 모든 경우, 가서 와서 붓다가 설하는 담마를 듣는 것이 계기가 되고, 깨달음의 출발점이 되고 있다. 나병환자 수빠붓다도 찾아가서 들었다. 허기진 자가 음식을 구하는 그런 절실한 마음으로 담마를 경청하였다. 그래서 담마를 이해하고 깨달음의 길로 들어섰다. 꼬삼비 왕궁의 노비 쿠주따라도 가서 듣고, 이해하고, 예류인이 되었고, 사마와띠 왕비와 500 궁녀들도 쿠주따라를 통하여 담마를 전해 듣고, 담벽에 구멍을 뚫고 붓다를 친견함으로써 담마를 이해하고 깨달음의 길로 들어섰다.

목마른 자가 물을 찾는 절실함으로 스승을 찾아가서
그 빛나는 모습을 보고, 그 담마를 듣고
불경 읽고, 불서 탐독하고
맺혔던 마음의 의문을 남김없이 풀고〔理解〕
스승의 발아래 엎드려 찬탄하며 예배 올리고…….

이것이 믿음이다. 이것이 신(信)·해(解)·행(行)·증(證)의 첫번째인 믿음〔信〕이고, 8정도의 첫머리 정견(正見)이다. 이 믿음에 의하여, 이 절절한 믿음에 의하여, 그들은 담마를 이해할 수 있는 것이다. 볼 수 있는 것이다. 이렇게 믿음으로, 신심(信心)으로 보고 이해하는 것이기 때문에, 교학에서는 이것을 '신해(信解, Skt. sraddhadimukta)'라고 규정하고 있다. 이것은 믿음과 이해는 하나의 작용, 하나의 과정이란 사실을 의미하는 것이다.37)

불교의 믿음은 본질적으로 절대자에 대한 신앙(信仰, belief, faith)과는 구분되는 것이란 사실은 이미 널리 인식되고 있다. 불교도의 믿음이란 붓다를 찾아가서, 만나고, 그 담마를 경청하고, 이해하고, 확신하고, 그를 스승으로 받아들이고, 그 발아래 예배 올리고 찬탄하는 것이다. 그래서 '신해(信解)한다'라고 말한다. 라훌라는 이렇게 논하고 있다.

> 종교는 거의 모두 믿음 – 대개 맹신(盲信, blind)으로 보이는 것이지만 – 위에 세워져 있다. 그러나 불교에서는 '보는 것(seeing)'을 말한다. 알고(knowing), 이해하는 것(understanding)을 강조하는 것이지, (절대자에 대한) 신앙을 강조하는 것이 아니다.
>
> 불전에도 '믿음(saddha, Skt. sraddha)'이란 말이 있다. 이것은 흔히 'faith', 'belief'로 번역된다. 그러나 'saddha'는 (절대자에 대한) 신앙(aith, belief)이 아니라, 오히려 확신(comviction)에서 우러나는 신념(confidence) 같은 것이다.38)

가서 보고, 듣고, 읽고,
이해하고, 확신하고,
스승의 발아래 엎드려 예배 올리고, 헌신을 맹세하고……
이 과정에서, 가장 간절히 요구되는 것이 듣고 읽는 것이다. 가서 듣고 읽는 것이다. 이것이 불자들의 경건한 믿음이고 신심이다. 그래서 초기 이래 불자들의 신심고백은 이렇게 시작되고 있다.

---

37) 平川 彰·이성호, 앞의 책(상), p.232.
38) W. Rahula, Ibid, p.8.

"나는 이와 같이 들었습니다."

(如是我聞, Thus I have heard.)

이 들음의 믿음이 씨앗이 되어서, 4제의 담마에 대한 분명한 이해가 생겨난다. 눈빛이 밝아오고 따뜻한 가슴이 고동친다. 높은 장대 끝에서 목숨 걸고 듣는 곡예사 욱가세나같이, 그렇게 치열하게 붓다-담마를 듣지 않고는 이 모든 것이 불가능하다. 붓다-담마를 듣지 않고, 경을 보지 않고, 눈감고 앉아서 깨달아보겠다고 하는 것은, 씨앗 없이 농사짓는 일과 같이 무의미한 일이다. 그래서 이제 붓다가 세상 사람들에게 간곡히 권청하고 있다.

"수행자들이여, 귀를 기울여라. 여기 불사(不死)가 실현되었노라.
나는 가르치리라. 나는 담마를 설하리라. 가르치는 대로 따라 행하면, 곧 지금 여기서 그대 스스로 온전히 이해하게 될 것이다."[39]

붓다가 부재(不在)한 상황에서는 어떻게 할 것인가?
스승의 육성을 들을 수 없는 상황에서는 어떻게 할 것인가?
무턱대고 읽는 것이다. 불경·불서를 구하여 몸에 지니고, 끊임없이 읽고, 이해하든 못하든, 세 끼 밥먹듯 항상 읽고, 기억하고, 옮겨 쓰고, 남을 위하여 전해 주고, 한마디라도 해설해 주고…….
이것이 가서 보고 듣는 것이다. 피땀 흘리며 이렇게 열심일 때, 고다바리 강변의 열여섯 수행자들이 하듯 이렇게 열심일 때, 이미 그 속에 정견이 있고, 신해가 있고, 깨달음이 있는 것이다. 콜러는 이렇게 논하고 있다.

---

39) Mv 1.6.14 ; *The book of the Discipline 4* (P.T.S.), p.14.

이해[지혜]가 중요한 것은 지적 호기심의 충족 때문이 아니라, 그것이 삶에 영향을 끼치고 삶을 전환시키기 때문이다. 불교도들이 엄청난 시간과 에너지를 소비하면서 붓다의 가르침을 기억하고 베끼고 주석하는 동안, 실제로 중요한 것은 이러한 가르침을 그들의 삶 속으로 온전히 일치시키고 이 가르침들을 생존의 매순간 구현해 내는 것이라는 사실을 그들은 이해하게 되었다. Brahmajāla-Sutta에서는 이 중요성을 극적으로 표현하고 있다.

"그대 자신의 가죽을 벗겨 종이로 삼고, 피로 기름을 삼고, 골수로 물을 삼아 그것을 섞고, 그대의 뼈로 펜을 삼아서, 그대는 붓다의 가르침을 베껴야 하리라."[40]

4) 정사유(正思惟), 치열한 염원과 의지

이기심에 대한 단호한 포기
가서 보고, 듣고, 읽고, 베껴 쓰고,
스승의 발아래 엎드려 예배 올리며, 헌신을 맹세하고…….
이러한 과정에서 이해가 생겨나고 확신이 선다. 여기서 확신한다는 것은, 4제의 담마를 잘 이해하고, 인정하고(받아들이고), 4제의 담마에 따라 살아가고 헌신하기를 다짐하는 것을 의미하는 것일 것이다. 이렇게 받아들이고 그렇게 살아가기를 다짐하고 염원하는 것은 8정도의 정사유(正思惟, sammā-saṅkappa, right thought)에 해당된다.

---

40) John M. Koller, *The Indian Way*(Macmillan Pub. Co., New York, 1982) p.156.

정사유(正思惟)는 정견(正見)의 연속과정으로서, 3학에서는 정견·정사유가 '지혜의 구성요소'로서 규정되고 있다. 신해행증에서는 해(解)에 포섭되면서 다음의 행(行)을 이끌어내는 선행 요인으로 볼 수 있을 것이다. 콜러는 이렇게 논하고 있다.

고통을 극복할 수 있는 건전한 삶의 등불인 지혜는 존재에 대한 정견(正見)과 이 정견에 일치하여 행위하려는 정사유(正思惟)로 구성된다. 이 정사유는 오로지 사랑과 자비, 선의(善意)와 비이기심(非利己心)으로 행위하려는 의도이다. 지혜가 건전한 삶에서 살아가려는 결단을 내포하는 것으로 생각되는 것은 이 지혜가 단순히 이론적 지식만이 아니라는 사실을 보여 주는 것이다.[41]

콜러가 적절히 지적하고 있는 바와 같이, 담마를 분명히 이해하면 그 담마에 대한 확신이 서고, 그 담마를 삶의 가치로 받아들이고, 그 담마대로 행위하고 담마대로 살아가려는 염원과 의도, 의지·결의가 자연스럽게 생겨나는 것이다. 이것은 인식의 변화가 행위의 변화를 선도한다는 현대 교육심리학의 이론과 일치하는 것이다. 8정도를 질병을 치유하는 의약으로 규정하는 것도 바로 8정도의 이러한 과학성 때문이라 할 것이다.

따라서 '정사유(正思惟)'는 '치열한 염원과 의지'로서 규정될 수 있을 것이다. '담마대로, 지혜롭게, 자비롭게, 이기심을 버리고 행위하고 살아가려는 치열한 염원과 의지', 이것이 정사유(正思惟)이다.

여기서 주목되는 것은, 정견과 정사유가 이렇게 치열한 실천의지를

---

41) J. M. Koller, Ibid, p.157.

그 본질로 삼고 있다는 사실이다. 이것은 깨달음이 진리에 대한 추상적이며 형이상학적인 인지(認知)로서 추구되는 것이 아니라는 것을 의미하는 것이다. 4제에 대한 분명한 이해를 통하여 이기적 자아의식을 철저히 포기할 때, 바로 거기서 모든 생명들에 대한 다함없는 헌신의 염원, 결의가 솟구쳐 오르는 것이다. 그래서 빠알리-니까야에서는 '포기가 정사유, 곧 바른 생각'으로 규정하고 있다.42)

삼귀의, 치열한 실천의지의 발로

명상하고, 사색하고, 생각해서 행위하는 것이 아니다. 확철대오해서 실천하는 것이 아니다. 생각하면서 행위하는 것이고, 열심히 실천하면서 사유하는 것이다. 이와 같이 8정도를 수행하는 수행자들의 생각은 그 출발에서부터 근면하고, 치열하고, 단호한 것이다. 이러한 생각이 정사유(正思惟)이고, 이러한 생각이 지혜의 눈을 뜨게 하고, 자비의 눈물을 흘리게 한다. 이러한 생각이 견성 열반을 이끌어내는 것이다. 붓다는 사밧티 제타 숲에서 이렇게 설하고 있다.

"수행자들이여, 내가 이와 같이 근면하게, 치열하게, 단호하게 살아가려고 애쓰는 동안, 나에게 악의 없는 생각, 해치지 않으려는 생각이 떠올랐다. 나는 이렇게 이해하고 있었다.

'나에게 악의 없는 생각, 해치지 않으려는 생각이 떠올랐다. 이 생각은 나를 고통으로 이끌지 않을 것이다. 또 다른 이들을 고통으로 이끌

---

42) "When I, monks, was faring on, diligent, ardent, self-resolute, thought of renunciation arose and I understand thus, 'This thought of renunciation has arose in me.' " ; MN 1.117(19. Dvedhāvitakka-Sutta) ; *The Middle Length Sayings 1* (P.T.S.), pp.149~150.

지도 않을 것이다. 나와 남 모두를 고통으로 이끌지 않을 것이다. 이 생각은 지혜를 나게 도울 것이고, 고통을 만들지 않을 것이며, 열반으로 이끌어갈 것이다.'"43)

근면하게, 치열하게, 단호하게,
어둔 이기적 자아의식을 포기하고,
악의 없이, 남을 해치지 않으려는 생각,
담마대로 열심히 선하게 살아가려는 염원과 의지……
4제를 경청하고 이해하는 순간, 바로 그 자리에서 이런 생각, 정사유(正思惟)가 솟아난다. 이러한 염원과 의지는 삼보에 대한 헌신의 맹세로, 곧 삼귀의(三歸依)로 발로된다. '나병환자 수빠붓다 견성사건'에서는 이렇게 기술하고 있다.

「수빠붓다는 담마를 보고, 담마에 통달하고, 담마를 알며, 담마를 깊이 이해하여 의심을 넘어서고, 의혹을 떠나 확신을 얻어, 스승의 가르침으로 말미암아 다른 사람의 가르침에 마음이 흔들리지 않는 사람이 되어, 자리에서 일어나 세존께 다가갔다. 그리하여 세존께 절하고 곁에 앉아 이렇게 말씀드렸다.

"거룩하셔라, 세존이시여. 거룩하셔라, 세존이시여!
마치 넘어진 자를 일으켜 세우듯이
덮인 것을 열어 보이듯이
길 잃은 이에게 길을 가리켜 주듯이

---

43) MN 1.117 ; *The Collection of the Middle Length Sayings 1*(P.T.S.), p.150.

어둠 속에 등불을 밝히고 '눈 있는 자는 보라'고 하듯이
이렇게 세존께서는 갖가지 방법으로 담마를 가르쳐 주셨습니다.
세존이시여,
저는 거룩한 부처님께 귀의합니다.
거룩한 가르침에 귀의합니다.
거룩한 수행승들에게 귀의합니다.
세존이시여,
저를 우바새로 받아들여 주소서.
목숨이 다하는 날까지 귀의하나이다."」〔Udāna 5.3〕

무작정 가서 보고, 잘 듣고,
열심히 읽고, 베껴 쓰고,
무턱대고 붓다 발에 엎드려 절하고,
찬탄하고, 3귀의를 고백하고…….
이것이 정견(正見)·정사유(正思惟)의 삶이다. 신해(信解)의 삶이고, 혜행(慧行)·혜향(慧香)의 삶이다. 듣고 읽고 절하는 이 과정에서 담마에 대한 분명한 이해가 생겨나고 청정한 삶에 대한 확신이 선다. 이 분명한 이해와 확신이 8정도의 삶이고 깨달음의 삶이다. 지혜의 눈을 밝히고 자비의 눈물을 흘리게 하는 첫걸음이고, 대중견성의 문을 여는 패스워드인 것이다.

4. 다함없는 연민과 헌신으로 – 정어·정업·정명〔行, 戒行〕

1) 모든 생명에 대한 우주적 사랑과 연민으로

Mettā-Sutta, 『자비의 경』44)

> 공명하고 정직하며 말은 상냥하고 부드러우며
> 잘난 체 뽐내지 않는 것이다.
> 만족할 줄 알고, 변변치 않는 음식을 먹고
> 잡일을 줄이고, 검소하게 생활하며
> 모든 감각기관을 고요히 하고
> 남의 집에 가서도 욕심 내지 않는다.
> 뜻 있는 사람들로부터 비난받을 일을 결코 하지 않는다.
> 살아 있는 모든 것들아, 부디 행복하고 편안하여라.
> 어떠한 생명일지라도,
> 약한 것이건 강한 것이건, 큰 것이건 중간 것이건
> 제아무리 미미하고 보잘것없는 것일지라도
> 눈에 보이는 것이거나 보이지 않는 것이거나
> 멀리 있는 것이거나 가까이 있는 것이거나
> 이미 태어난 것이거나 앞으로 태어날 것이거나
> 살아 있는 모든 것들아, 부디 행복하여라.
> 남을 속여서는 안 된다.

---

44) Sn 143-152 ; Sutta-nipāta(tr. Bhikkhu Thanissaro, Microsoft Word 6). cf. 『숫타니파타』(민족사, 1993), pp.42~44.

또 남을 멸시해서도 안 된다.
남을 괴롭히거나 고통을 주어서는 더더욱 안 된다.
마치 어머니가 목숨을 걸고 외자식을 지키듯이
살아 있는 모든 생명에 대하여
다함없는 연민의 마음을 일으켜라
온 세계에 대하여 다함없는 자비를 행하라.
위로 아래로 또는 옆으로
장애와 원한과 적의가 없는 자비를 행하라.
서 있을 때나 걸을 때나, 앉을 때나 누울 때나
잠들지 않는 동안
이 연민의 마음을 굳게 지켜라.

동체적(同體的) 연민과 헌신의 발로

이 경은 *Sutta-nipāta*에 기록되어 있는 *Mettā-Sutta*, 곧 『자비의 경(慈悲經)』이다. 이 *Mettā-Sutta*는 보는 것만으로도 하나의 큰 충격으로 다가온다. 보고 읽고 듣는 것만으로도 전율 같은 기쁨으로 다가온다. 세계 종교문학사상 이렇게 아름답고 영감으로 가득한 문장은 아마 다시 발견하기 어려울 것이다. 붓다의 절절한 연민의 호흡이 가슴 깊이 와 닿는다. 번잡한 논리와 난해한 교리체계로 빽빽이 들어찬 것 같은 빠알리-니까야 속에서 이런 직설(直說)을 발견할 수 있다는 것은 얼마나 큰 행운인가.

이 *Mettā-Sutta*는 직지견성을 갈망하면서 마냥 좌선에 잠겨 있는 수많은 불교도들을 일으켜 세우기에 족할 것으로 보인다. 분석에 분석을 거듭하면서 교리의 체계화에 열중하는 수많은 불교도들을 일으켜 세워, 헌신과 실천의 현장으로 내몰기에 족할 것으로 보인다. 깨달음은 삶이며, 좌선이나 분석이 결코 아니라는 평범한 진실을 일깨우기에 족할 것으로 생각된다.

정어(正語, sammā-vācā) : 따뜻하게, 정직하게 말하고,
정업(正業, sammā-kammanta) : 힘껏 이웃과 더불어 함께 나누고,
정명(正命, sammā-ājiva) : 생명 살리는 직업에 종사하고-.

이것이 8정도의 두 번째 과정이다. 정어·업·명으로 나누는 번잡함을 피하여, 정업(正業)으로 포괄해서 일컫는 것이 좋을 것으로 생각된다. 이 정업은 보시(布施)와 일치하고 3학의 계(戒, sīla), 계학(戒學)과 관련된다. 그리고 정(定)·혜(慧)와 더불어 신해행증의 행(行)을 구성하고 있다. 그러나 이러한 정리는 실로 무의미한 것이다. 8정도가 본래 아무 체계가 없는 것이며, 그대로 달려나와 사는 것이기 때문이다. 특히 정업(正業)의 삶, 보시와 계의 삶은 더욱 그러한 것이다. 불문곡직 그렇게 사는 것이다. 그리고 그것으로 완성이다. 그것이 깨달음이며, 견성 열반인 것이다.

여기서 새삼 기억해야 할 것은, 이러한 정업(正業)의 삶, 보시와 계의 삶[戒行]이 자비의 마음을 입각처로 삼고 있다는 점이다. 8정도가 모두 지혜와 자비심을 근본으로 삼고 있는 것이지만, 특히 정업의 삶은 모든 생명에 대한 끝없는 연민과 헌신, 곧 자비심을 그대로 드러내는 것이다.

정견·정사유가 여실히 보고 이해하는 지혜의 면이 강조된 것이라면, 정어·정업·정명, 곧 보시와 계행(戒行)은 여실히 행위하고 여실히 살아가는 자비의 면이 두드러진 것이다. 정견에 의하여 인간의

자성이 본래 청정하며, 이 세상 모든 생명들이 우주적 상관성 속에서 함께 얽혀 있는 '좋은 벗(善友)'임을 여실히 보게 된다. 그런 까닭에, 이제 사람들은 말과 행위와 삶으로서 이웃 생명들에 대하여 다함없는 연민의 마음을 드러내고, 끊임없이 함께 나누며 헌신하려는 것이다. 이것이 곧 동체대비(同體大悲)인 것이다.

동체(同體)이기 때문에, 같은 몸·한 몸이기 때문에, 단순히 자기 자신의 윤리적 청정성에만 열중하지 않고, 마땅히 이웃 생명의 청정성도 동시에 추구하는 것이다. 계(戒, sīla)가 소극적으로 섭율의(攝律儀)·섭선법(攝善法)의 범주에 한정되지 않고 섭중생(攝衆生)의 영역으로까지 확대되는 것이 바로 이것이라 할 것이다. 이와 관련하여 라훌라는 이렇게 논하고 있다.

> 윤리적 행위인 계(sīla)는 붓다의 가르침이 서 있는 바, 살아 있는 모든 생명들에 대한 우주적 사랑과 연민이라는 바로 그 광대한 생각 위에 세워져 있다. 많은 학자들이 불교에 관하여 논의하고 저술할 때, 붓다 가르침이 지니는 이 위대한 생각을 망각한 채, 철학적이고 형이상학적인 메마른 방향으로 일탈해 버리는 것은 유감스러운 일이다. '많은 사람들의 이익을 위하여, 많은 사람들의 이익과 행복을 위하여', 붓다는 그의 가르침을 베풀었다.

8정도의 세 요소, 말하자면 정어·정업·정명은 사랑과 연민 위에 기반을 두고 있는 윤리적 행위, 곧 계 가운데 포함되는 것이다.[45]

---

45) W. Rahula, Ibid, pp.46~47

모든 생명에 대한 우주적 사랑과 연민,
마치 어머니가 목숨을 걸고 외자식을 지키듯이
살아 있는 모든 생명에 대하여 일으키는
다함없는 연민의 마음······.
바로 이것이 붓다의 마음이고, 모든 인류의 마음이다.
붓다 스스로 이렇게 드러내고 있다.

"여래는,
부처는 모든 생명에 대하여 연민을 느끼나니,
여래에게는 허물없고, 과오 없어라."46)

2) 조그마한 나눔 하나로

'꼬시야 부부의 빵 사건'47)

「붓다가 사밧티 제따바나 숲에 머무실 때이다.
라자가하 근교 잭그리(Jaggery)라 불리는 도시에 니가르들리-꼬시야(Niggardly-Kosiya)라는 한 인색한 보석상이 살고 있었다. 풀잎 끝의 한 방울 물만큼의 기름도 자신이나 남을 위해 쓰는 일이 결코 없을 정도였다.

---

46) 'In the Tathāgata, the Buddha who for every creature doth Compassion feel.' ; SN 1.4.5(text. i. 24, The Captions minded) ; *The Book of the Kindred Sayings 1*(P.T.S.), p.35.
47) Dhp-Com. 4.5(text. N. i. 566-576) ; *Dhammapada-Commentry*, vol. 2, pp.49~54. cf. Jāt *78* ; i. 345-349.

어느 날, 꼬시야는 왕궁에 갔다가 돌아오는 길에, 마을 사람이 짜빠띠를 맛있게 먹는 걸 보고, 시장기를 느끼고 집으로 돌아왔다. 그러나 꼬시야는 재료가 아까워서 말을 못하고, 침대에 누워 고통을 참고 있었다. 부인이 그 사연을 알고 제의하였다.

"그렇다면, 내가 이 잭그리 시민들을 다 먹일 만큼 많은 짜빠띠를 만들겠소."

"여보, 당신은 왜 그들까지 신경을 쓴단 말이오? 그들은 스스로 일해서 사 먹는 게 좋을 것이오."

"좋아요. 그렇다면, 한 거리의 시민들을 먹일 만큼 충분히 만들겠어요."

"나는 항상 당신이 낭비가 심하다고 생각해 왔소."

이렇게 해서, 마침내 혼자 먹을 것만 만들기로 작정하고, 꼬시야는 옥상에 올라가 몰래 짜빠띠를 만들기 시작하였다.

그때, 목갈라나 장로가 집앞에 탁발하러 나타났다. 그를 보자, 꼬시야의 심장 근육이 떨렸다.

"저런 자가 겁이 나서 여기까지 올라왔는데, 창문 앞에 나타나다니……."

그는 아내에게 말하였다.

"여보, 아주 작은 것을 하나 구워서 줘 보내버려."

그러나 어찌된 영문인지 짜빠띠가 자꾸 커지는 것이었다. 아무리 작게 만들려고 해도 더욱 커지는 것이었다. 실랑이 하는 사이에, 꼬시야의 욕망은 사라지고 말았다. 그는 체념하고 큰 짜빠띠를 목갈라나 장로에게 공양 올렸다. 목갈라나 장로는 그들 부부에게 삼보의 공덕에 대하여 설하고, 이렇게 말했다.

"공양이야말로 진실한 헌신이라오."

꼬시야여, 지금 사밧티 제타 숲에서, 부처님께서 그대를 기다리고 계신다오."

그래서 꼬시야 부부는 목갈라나 장로를 따라서 제타 숲으로 갔다. 부부는 짜빠띠를 만들어서 부처님과 500 대중들에게 공양 올렸다. 그래도 남았다. 수행원의 온 대중들과 걸인들에게까지 나눠 주었으나, 음식은 조금도 줄지 않았다. 대중들이 붓다께 여쭈었다.
"세존이시여, 음식이 줄어들지 않습니다."
"그래, 좋은 일이로구나. 그 음식을 성문 밖으로 갖다 놓아라."
그래서 대중들이 음식을 성문 밖에 내다 놓았다. 시민들은 그 문을 '빵의 굴'이라고 불렀다.

붓다는 꼬시야 부부에게 감사의 칭찬을 하셨다. 그 감사의 말씀 끝에, 꼬시야 부부는 둘 다 깨달음의 길로 들어섰다. 그들은 스승께 절하고 성문으로 올라가 집으로 돌아왔다. 그 이후 꼬시야는 혼자서 80크로니의 보석을 붓다의 교단에 헌납하였다.
붓다는 대중들에게 설하셨다.

"마치 꿀벌이 꽃을 해치지 않고
꽃의 색깔과 향기를 해치지 않고
꿀을 모아 날라가는 것같이
성자들은 그렇게 마을을 다녀야 한다."」

정어 · 정업 · 정명의 구체적 내용
모든 생명에 대한 우주적인 연민과 헌신,

외자식을 지키는 어머니의 마음으로…….

이렇게 붓다와 사람들의 자비심은 우주적이며, 그 연민과 헌신은 절절한 것이다. 정업(正業), 곧 보시와 계행(戒行)은 이 우주적이며 절절한 마음을 드러내고 실현하는 것이다. 그러나 정업의 삶은 지극히 사소하고 조그마한 하나의 행위로부터 시작되고 관철된다. 해설하고 고찰할 여지가 없다. 그저 조그맣게 행위하는 것이다. 붓다는 바라나시 사슴동산에서, 수행자들을 향하여 이렇게 설하고 있다.

"벗들이여, 무엇이 바른 말인가?
거짓말을 하지 않으려는 것이고, 악의 있는 말을 하지 않으려는 것이고, 거친 말을 하지 않으려는 것이고, 어리석게 소란 피우지 않으려는 것이고……. 이런 것을 바른 말, 정어(正語)라고 하느니라."[48]

정어·정업·정명의 하나하나에 대하여, 콜러는 이렇게 논하고 있다.

바른 이해[正見]와 의도[正思惟]의 지혜는 윤리적 행위를 직접적으로 이끌어낸다. 부정(不正)한 말·행위·삶의 방식은 부정한 이해와 의도로부터 솟아나기 때문이다.
(8정도의) 세 번째인 정어(正語)는 진실을 말하고, 친절하고 우호적인 방법으로 말하고, 그리고 유익한 것만을 말할 것을 요구한다. 말은 건전성·청정성(淸淨性)을 가져오기 위하여 쓰여야 한다는 것이 원칙이다. 불건전성으로 이끄는 말은 회피되어야 한다. 이렇게 해서 정어는

---

48) MN 3.252(141. Saccavibhaṅga-Sutta) ; *The Collection of the Middle Length Sayings 3*(P.T.S.), p.298.

다음과 같은 말을 금한다.

① 거짓말

② 욕설·인격손상·증오·질투·적의, 그리고 다른 사람들 사이에 불화를 가져올 말들

③ 모든 종류의 버릇없고 모욕적이며 악의적인 언어들을 포함한 거칠고 무례한 대화

④ 게으른 잡담과 수다

(네 번째의) 정업(正業)은 사람의 모든 행위는 다른 사람들의 복지와 모든 생명들의 평화와 행복을 존중해야 한다는 것을 의미한다. 반대로, 그것은 생물을 죽이고 해치는 행위와 도둑질·부정직, 그리고 삿된 성적(性的) 행위를 금한다.

(다섯 번째의) 정명(正命)은 정어와 정업을 생계 획득의 수단으로까지 확장한 것이다. 자신과 이웃의 평화와 복지를 증진시키는 생계수단들만 허용된다. 무기·술·마약을 매매하거나 살생과 매춘 등 이웃을 해치는 직업은 금지된다.[49]

조그마한 나눔 하나의 구동력(驅動力)
따뜻한 말 한마디,
무심코 건네는 담마 한 말씀,
풀 한 포기도 함부로 뽑지 않으려는 사소한 망설임,
남에게 손해 끼치지 않으려고 고민하는 작은 양심 ─.
이 조그마한 하나하나의 행위가 우주적 연민과 헌신 바로 그것이다. 대자비(大慈悲, mahā-karuna) 바로 그것이다. 그래서 마음 비우고

---

49) John M. Koller, Ibid, p.159.

올리는 떡 하나가 일체 중생을 먹이고도 오히려 줄지 않는 것이다.

칭찬하고 위로하는 말 한마디,

방황하는 이웃에게 전하는 붓다-담마 한 구절,

허기진 이와 더불어 함께 나누는 밥 한 그릇,

붓다와 청정한 수행자에게 올리는 빵 하나의 공양,

장애인의 손을 잡아 이끌어주는 작은 정성,

어린 물고기를 그물에서 거두어 바다로 돌려 보내는 어부의 손길-.

이 조그마한 행위 하나하나가 우주적 연민과 헌신이고, 외자식을 지키려는 어머니의 마음이다. 이것이 크나큰 보시(布施, dāna) 바로 그것이다. 대승의 보시바라밀 바로 그것이다. 그래서 목갈라나 장로의 담마 한마디가 인색한 꼬시야를 변화시키고 있는 것이다.

사람들에게 기대되는 것은 이 조그마한 나눔 하나이다. 이 조그마한 나눔 하나, 공양 하나가 수행의 근본이고 깨달음의 근본이다. 이 조그마한 나눔 하나, 공양 하나 없이는 수행도 없는 것이다. 깨달음도 없고, 견성 열반도 없는 것이다. 지혜도 없고, 참선도 없는 것이다. 아니, 참된 삶이 없는 것이다. 인간으로서의 진실한 삶이 없는 것이다. 이 조그마한 보시, 나눔 하나가 원동력이다. 이 모든 것을 가능하게 하는 원동력이고, 깨달음으로 향하여 달려가는 수레의 구동력(驅動力)인 것이다.

3천년 불교사를 통하여, 보시를 모든 수행의 머리로 삼는 것은 이때문일 것이다. 계(戒)를 3학의 첫머리에 두고, 정어·정업·정명을 계학(戒學)으로 규정한 것도 이런 이유 때문일 것이다.50) 5분향(五分

---

50) 라자가하 벨루바 숲에서, 비구니 담마딘나(Dhammadinnā)는 우바이 비사카(Visakha)의 질문에 이렇게 대답하고 있다. "벗 비사카여, 3학은 8정도에 포

香), 5분법신(五分法身)에서 계향(戒香)을 첫머리에 두는 것도 이 이유 때문일 것이다. 작은 나눔 하나가 깨달음의 수행 전체를 구동시켜 가는 수레의 전륜(前輪)이 되는 것이기 때문이다.51)

3) 보시와 5계, 이욕(離慾)의 삶으로

탐욕을 멸하는 처방
담마 한마디,
평화로운 미소 하나,
함께 나누는 떡 하나, 밥 한 그릇,
병든 이웃에게 부어주는 붉은 피 한 방울,
외롭고 고단한 이들의 손을 살며시 잡아주는 따뜻한 마음 하나ㅡ.
이 조그마한 나눔, 보시가 무연(無緣)의 자비이다. 이 작은 계행(戒行)이 시방세계를 두루 공양하는 무량(無量)한 계의 향운[戒香]이다. 이것이 일체를 성취시키는 무한의 능력이다. 이것을 할 수 있는 선의와 용기가 있다면, 저 보석상 꼬시야같이 그는 마땅히 이 우주를 구하고 오히려 남음이 있을 것이다.
아마 많은 사람들은 이렇게 자문할지 모른다.
'무엇 때문일까?
이 조그마한 보시 하나, 계행 하나가 어떻게 그런 큰 능력을 발휘할

함되지 않는다. 그러나 8정도는 3학에 포함된다. 정어 · 정업 · 정명, 이들 과정은 계(戒)에 포함된다. 정정진 · 정념 · 정정, 이 과정은 정(定)에 포함된다. 정견 · 정사유, 이 과정은 혜(慧)에 포함된다." ; MN 1.301 ; *The collection of the Middle Length Sayings 1*(P.T.S.), p.363.
51) 이중표, 앞의 책, pp.312~313.

수 있을까? 어떻게 수많은 시민들을 먹이고도 줄어들지 않는 것일까? 어떻게 광명 구름이 되어 시방의 불보살들을 공양할 수 있는 것일까? 이 신비의 근원은 무엇일까?……'

그러나 그 대답은 단순하고 명료하다. 복잡한 체계를 동원할 필요조차 없을 것이다. '나병환자 수빠붓다의 견성사건'과 '보석상 꼬시야 부부의 빵 사건'으로 돌아가 보면, 그 대답은 자명해지기 때문이다.

'나병 환자 수빠붓다 견성사건'의 경우, 경에서는 이렇게 기록하고 있다.

「세존은 나병환자 수빠붓다가 사람들 가운데 앉아있는 모습을 보고, '이 사람이라면 담마를 이해할 수 있을 것이다.'라고 생각하시고, 그를 위하여 순서대로 담마를 설하셨다.

곧 보시에 관한 담마, 계율에 관한 담마, 생천(生天)에 관한 담마, 온갖 욕망에는 허물이 있고 비천하며 더러움이 있다는 담마, 욕망을 떠나는 일은 이익이 된다는 담마를 설하셨다.

세존은 수빠붓다의 마음이 겸손해지고 부드러워지며 편견이 없어지고 북돋워지며 드맑아졌음을 아시고, 모든 부처님의 가르침 가운데서 가장 훌륭한 담마, 고(苦)·집(集)·멸(滅)·도(道)를 설하셨다. 그러자 눈처럼 깨끗하고 하얀 천이 갖가지 염색약을 순식간에 빨아들이듯이 나병환자 수빠붓다는 바로 그 자리에서 '무엇이든 생겨나는 것은 모두 멸한다.'라고 깨달아 더러움을 떠나 깨끗한 담마의 눈이 생겼다.」
〔Udāna 5.3〕

보시와 계율의 담마,
온갖 욕망에는 허물이 있고 비천하며 더러움이 있다는 담마,

욕망을 떠나는 일은 이익이 된다는 담마,

 겸손해지고 부드러워지며 편견이 없어지고 북돋워지며 드맑아지는 수빠붓다,

 눈처럼 깨끗하고, 하얀 천이 갖가지 염색약을 순식간에 빨아들이듯 이 담마를 받아들이는 수빠붓다,

 깨끗한 담마의 눈, 법안(法眼, dhamma-loka)이 생겨나는 나병환자 수빠붓다—.

 이것은 보시와 5계가 어둔 식〔無明識〕의 근원인 탐욕(貪慾, taṇhā〕을 멸진시키는 긴요한 처방이 된다는 사실을 분명하게 보여 주고 있다. 보시와 5계, 곧 연민과 헌신의 자비심이 12연기의 근원이 되는 욕심·집착을 환멸시키는 해탈의 의약(醫藥)이 된다는 사실을 명쾌하게 보여 주고 있다. 그래서 붓다는 8정도에서 매양 정업(正業)을 설하고, 차제설법(次第說法)에서 언제나 보시·5계·생천(生天)을 논하고 있는 것이다.

 이것은 조그마한 나눔 하나, 5계 하나가 누대의 유전인자로 굳어버린 본능 같은 욕심을 말끔히 털어내고, 그들을 본래의 순결한 마음으로 돌려놓고 있다는 사실을 드러내 보이는 것이다. 단순히 생천(生天)으로 머물지 아니하고, 그들 맘속에 여실히 볼 수 있는 진리의 눈, 지혜와 자비의 눈을 움틔우고 있다는 담마의 진실을 여지없이 드러내 보이고 있는 것이다.

 교학적으로 관찰하면, 보시·계행이 어둔 식〔無明識〕의 단초가 되는 색온(色蘊, 色取蘊)을 소멸시키는 법신(法身) 수행으로 규정되고 있다. 이것은 색온의 감촉에서 생기하는 감각적 쾌락이 보시·5계의 삶에 의하여 소멸됨으로써, 우리들의 마음이 욕심〔욕탐, 탐욕〕을 벗어

나, 견성 해탈이 구체적으로 실현된다는 것을 의미한다. 이중표 교수는 이렇게 논하고 있다.

    따라서 욕탐으로부터의 심해탈(心解脫)로, 무명으로부터의 해탈은 혜해탈(慧解脫)로 이야기되고 있는 것이다. 그리고 이같은 해탈을 얻기 위하여 수행해야 할 덕목이 계정혜 3학(三學)이다. 즉 해탈하여 열반을 성취한 성자의 삶의 태도를 본받아 이를 실천함으로써〔戒〕마음이 욕탐에서 벗으나 심해탈〔定〕을 성취하게 되며, 욕탐에서 해탈된 마음으로 사유함으로써 무명에서 벗어나 혜해탈〔慧〕을 성취하게 되는 것이다.52)

만인을 변화시키는 청정한 마음의 능력
순수한 마음,
욕심을 멀리 여의고 흰 천같이 밝게 빛나는 마음,
겸손하고 부드러우며 편견이 없고 북돋워져 힘차게 약동하는 마음—.
이 청정한 마음이 신비의 근원이다. 시공을 초월하는 신비한 능력의 원천이다. 꼬시야의 빵 하나가 500 대중을 먹이고 남은 것도 이 마음 때문이다. 수천의 대중·거리의 걸인·시민들까지 먹이고 여전히 줄어들지 않은 것도 바로 이 순결한 마음 때문이다. 빵 하나 속에 깃든 욕심 없는 마음이 이 믿기지 않는 일을 가능하게 하는 신비의 원인이다. 빵 하나의 나눔 속에 사무친 순결 무구한 연민과 헌신, 동체의 자비심이 이 모든 신비의 근원인 것이다.

---

52) 이중표, 앞의 책, p.313.

담마 하나, 미소 하나, 빵 한 조각,
피 한 줌, 손길 하나, 감사와 칭찬 한마디…….
이 조그마한 나눔 하나 속에 스며 있는 청정무구한 마음, 대비의 마음 ─ 이것이 최선의 담마이다. 일체를 변화시키고 승화시키는 신비한 능력인 것이다. 이 마음이 자신을 변화시키고, 또 수많은 이웃들을 변화시킨다. 이 마음이 능히 자신과 사람들을 깨달음으로 들어서게 하는 신비한 능력의 원천이다.

더욱이 욕심 없는 사람, 순수한 사람, 자비로운 이의 미소를 보고 말씀 한마디 듣는 것만으로도 이러한 변화는 가능하다. 그의 무욕(無慾)으로 인하여 보고 듣는 자들도 이욕(離慾)이 된다. 그의 자비로 인하여 보고 듣는 이도 자비로워지는 것이다. 이것이 법력(法力) 아니겠는가?

시장 바닥의 천한 나병환자 수빠붓다가 깨달음의 길로 들어선 것도 아마 붓다의 미소 하나 때문일 것이다. 미천한 자기를 인정해 주는 붓다의 청정한 그 미소 때문에, 자기 자신도 그렇게 욕심 없고 악의 없는 청정한 자성으로 돌아갈 수 있었을 것이다. 인색한 보석상 꼬시야가 예류의 길로 들어선 것도 목갈라나 장로의 맑은 눈빛 하나 때문이었을 것이다. 붓다의 애정 넘치는 감사의 칭찬 한마디 때문이었을 것이다. 번거로움과 성가심을 돌보지 않고 자기 한 사람 구하려고 진력하는 목갈라나 장로와 붓다의 눈빛과 말씀 한마디가 매몰된 그의 마음을 드러내기에 족했을 것이다.

미소 하나,
무욕(無慾)에서 솟아나는 고요한 눈빛 하나,
감사와 칭찬 하나,

연민과 헌신의 대비심에서 우러나는 따뜻한 대화 하나ㅡ.

이것이 담마이다. 담마의 실체이다. 이 담마 하나가 붓다와 만인을 교감의 광장에서 서로 만나게 하고, 자신과 만인을 변화시키는 법력의 실체이다. 수많은 대중들, 민중들이 단 한번의 담마로도 견성할 수 있었던 그 신비가 여기에 있다. 이 조그마한 나눔 하나로 발로되는 무욕(無慾)의 마음이 바로 여기에 있는 것이다.

4) 대중 참회의 오랜 전통

대중 앞에 참회하는 붓다 53)

「이와 같이 나는 들었다.

어느 때, 세존께서 사밧티 근교 동쪽 숲의 미가라마투(Migāramatu) 강당에 계셨다. 세존께서는 500명의 아라한 대중들과 함께 계셨다.

그때, 세존께서는 보름날 밤의 포살일에 행하는 빠바라나(Pavāraṇā, 自恣) 의식에 임해서 마당에 앉아 계셨다.

세존께서 침묵하는 대중을 살피시고 말씀하셨다.

"이제 수행승들에게 묻노라. 그대들은 내 행위와 말에서, 무엇인가 비난할 만한 것이 없는가?"

세존께서 이렇게 말씀하시자, 사리뿟타 장로가 자리에서 일어나, 한 쪽 어깨에 가사를 걸치고, 붓다를 향하여 합장하여 절하고 말하였다.

---

53) SN 8.7(text. i. 190, Invitation); *The Book of the Kindred Sayings 1*(P.T.S.), pp.242~244. cf. Mv 4.3.1-5; *The Book of the Discipline 4*(P.T.S.), pp.213~214;『아함경전』4(tr. 한갑진, 한진출판사, 1998), pp.300~303.

"세존이시여, 아니옵니다. 저희들은 세존께서 비난받을 만한 행위나 말을 한 것을 보지 못했습니다.

세존이시여, 세존께서는 아직 일어나지 않은 길을 일어나게 하고, 생겨나지 않은 길을 만들고, 선포되지 않은 길을 선포하십니다. 세존께서는 길을 알고, 길을 이해하고, 길에 정통하십니다.

세존이시여, 저희 제자들은 세존을 따라서, 그 길을 그들 자신의 길로 만들고 있습니다.

세존이시여, 저도 세존께 문사옵니다. 제게 무엇인가 비난할 만한 행위나 말이 없었습니까?"

"사리뿟타여, 아니로다. 내가 그대를 비난할 만한 행위나 말이 없었느니라.

사리뿟타여, 그대는 지혜로우니라. 그대의 지혜는 폭넓고 다양하니라. 그대의 지혜는 즐겁고, 민첩하고, 날카롭고, 세밀하니라.

사리뿟타여, 아버지가 정복의 수레를 굴린 것같이 수레를 바르게 굴리는 왕의 큰아들같이, 그대는 내가 굴린 것같이 법륜을 바르게 굴리고 있느니라."

"세존이시여, 만일 참으로 세존께서 제게 비난할 만한 행위나 말이 없었다면, 이들 500명의 형제들에게는 세존께서 비난할 만한 행위나 말이 없었습니까?"

"아니로다, 사리뿟타여. 이들 500명의 대중들에게는 내가 비난할 만한 행위나 말이 없었느니라. 이들 500명의 대중 가운데서 60명은 세 가지 지혜〔三明〕를 얻었고, 60명은 여섯 가지 신통력을 가졌고, 60명은 두 가지 길〔마음과 지혜〕에서 해탈하였고, 그리고 다른 수행자들은 지혜에서만 해탈하였느니라."

그때, 방기사(Vangīsa) 장로가 자리에서 일어나, 한쪽 어깨에 가사를 걸치고, 합장하고 세존께 절하고 말하였다.

"세존이시여, 제게 이런 생각이 떠올랐습니다.
세존이시여, 제게 이런 생각이 떠올랐습니다."
"방기사여, 그것을 드러내 보라."
그러자 방기사 장로는 세존 앞에서 적절한 말로 찬탄하였다.
"오늘 포살의 날, 온전한 청정을 위하여
500 형제들이 함께 모였네.
번뇌를 끊고, 속박을 끊고,
재생과 고통으로부터 벗어난 통찰자들이여,
세상을 지배하는 왕이
그의 신하들에게 둘러싸여,
바다에서 끝나는
그의 제국을 온통 누비는 것같이,
전쟁의 승자(勝者)시여,
우리들의 대상(隊商), 비할 바 없는 스승이시여,
삼명을 얻고, 죽음을 부숴버린
저희 제자들이 모여서 기다리옵니다.
저희들은 모두 세존의 자녀들,
저희 가운데는 빈 쭉정이는 없사옵나니,
저는 탐욕의 화살을 부숴버린 이에게 절하옵니다.
저는 태양의 후예에게 예배 올리옵니다."」

부끄러워할 줄 모르는 사람들을 위하여
달 밝은 보름 전야(前夜), 거룩한 자자(自恣)의 밤,54)

광장에 함께 모인 붓다와 수행자들, 성스러운 500 대중들,
"대중들이여, 내게, 내 행위와 내 말에,
비난받을 만한 허물이 있으면,
부디 지적해 주오. 지적해 주면 고치리라."
그 대중 앞에서, 손을 모아 스스로 허물을 묻고 있는 붓다,
스스로 참회하는 스승 붓다ㅡ.

9월 보름 전야 밝은 밤, 사밧티의 동쪽 숲, 미가라마투(Migāramatu, 鹿子母) 광장에서는 실로 희유한 일이 벌어지고 있다. 이 '미가라마투 보름밤의 빠바라나 사건'은 인류 종교사상 유례를 찾기 어려운 아름답고 진실한 일대 장관(壯觀)으로 보인다. 붓다 아니면 할 수 없는 일, 불교 아니면 상상할 수 없는 일이 하나의 현실로 전개되고 있는 것이다. 온갖 명목의 권위주의와 교만한 청정(淸淨)의식으로 물든 이들에게는 이 광경을 보는 것만으로도 큰 충격이 될 것이다. 그리고 그들의 권위주의와 청정의식이 얼마나 허망한 허위인가를 새삼 깨닫게 될 것이다.

"수행승들이여, 그대들은 내 행위와 말에서 무엇인가 비난할 만한 것이 없는가?"

(Well then, bhikkus, I invite you ; have ye not aught where in you blame me, in deed or word?)[SN 8.7(text. i. 190)]

---

54) 초기불교의 우안거(雨安居, vassa)는 대개 아살하 달(Āsāḷha, 6월~7월) 보름에 시작하여 아씨나 달(Āssina, 9월~10월) 보름까지 3개월 간이다. 안거가 끝나기 전날 밤에 빠바라나(pavāraṇā, 自恣)가 열린다. cf. H. W. Schumann, Ibid, p.170.

왜 붓다는 이렇게 스스로 비판을 청하고 있는 것일까?

일체의 번뇌와 허물을 멸진하고 위없는 청정을 실현한 붓다가 새삼 이렇게 대중들의 비판을 청하고 있는 것은 무엇 때문일까?

아마 그것은 부끄러워할 줄 모르는 사람들을 위함일 것이다. 부끄러워할 줄 모르고, 두려워할 줄 모르는 세상 사람들에게 부끄러움, 두려움을 일깨워주기 위함일 것이다. '나는 청정하다, 나는 깨끗하다, 나는 허물없다'라고 스스로 생각하고 맹목적인 권위와 신념이라는 이름의 어리석은 집착을 고집하는 사람들에게, 그 허위의식을 일깨워주기 위함일 것이다. 그리고 그들이 맨몸으로 내려오기를 촉구하기 위함일 것이다. 온갖 권위와 신념의 장식들을 떨쳐버리고, 적나라한 맨몸으로 밑바닥으로 내려와, 대중 앞에 무릎 꿇고 참회하기를 촉구하기 위함일 것이다.

"수행승들이여! 그대들은 내 행위와 말에서 무엇인가 비난할 만한 것이 없는가?─"

여기서 사람들은 붓다의 무오류성(無誤謬性, infallibility)─무류성(無謬性)에 관해서 생각할지 모른다.

'붓다에게도 잘못이 있을 수 있는가?

여래(如來, Tathāgata)・세존(世尊, Bhaggava)・천인사(天人師, Sasta-deva-manusyaṇaṃ)인 붓다에게도 허물이 있을 수 있는가? 오류가 있을 수 있는가?……

아마 이렇게 혼란에 빠지는 이들도 적지 않을 것이다. 그러나 이 문제에 대한 대답은 명료하고 간단하다. 그 날, 9월 보름 전야, 사밧티의 동쪽 숲 미가라마투 광장에 모인 수행승들에게서 그 대답을 들을 수 있다. 사리뿟타는 붓다 앞에 나아가 이렇게 고하고 있다.

"스승이시여, 스승께는 허물이 없습니다. 스승의 행위와 말에는 비난할 만한 어떤 허물도 없습니다.
스승이시여, 스승께서는 길을 깨달으셨고, 길을 선포하셨습니다."
〔SN 8.7(text. i. 190)〕

그럼에도 불구하고 붓다 스스로 자기 허물·오류에 대한 비판을 요구한 것은 무엇 때문인가?
그것은 아마 진리에 대한 확신과 용기 때문일 것이다. 자신의 오류 가능성을 인정하고 끊임없이 자신의 허물을 드러내고 비판을 요구하는 무한히 열린 마음이라야 진정으로 진리의 시현자(示顯者)가 될 수 있다는 확신 때문일 것이다.
오류·허물이 지적될 때, 언제든지 부끄러워하고 두려워하며 고칠 수 있는 용기-.
이 용기가 바로 전지자(全知者)·일체지자(一切知者)의 존재를 담보한다는 확신 때문일 것이다.
왜 불교인가?
그 분명한 대답의 하나가 바로 여기에 있다. 2천년의 고통스런 역사를 체험하고서야, 이제 인류는 이러한 붓다의 열린 확신과 용기가 옳다는 것을 깨닫고 있다. 절대자의 이름으로 자행된 수없는 폭력과 죄악을 경험하고 나서야, 이제 인류는 '절대선(絶對善)은 절대악(絶對惡)'이라는 사실을 뼈아프게 깨닫고 있는 것이다. 인도의 지성 암베드카 박사의 비판을 다시 경청해 볼 때가 된 것 같다.

다른 종교의 스승들은 그러한 용기가 없었다. 그들은 수정(修正, repair)를 허용하는 것에 대하여 두려움을 갖고 있었다. 그들은 그러한 자유가 그들이 세운 구조를 파괴하는 데 사용될까봐 두려워한 것이다. 붓다는 그러한 두려움이 없었다. 그는 자신의 기초를 확신하고 있었다. 붓다는 가장 난폭한 파괴주의자들조차도 자신의 종교적 핵심을 파괴할 수 없을 것이라는 것을 알고 있었던 것이다.55)

5계 받고, 때때로 대중참회하고
담마 하나, 미소 하나, 빵 한 조각,
피 한 줌, 손길 하나, 감사와 칭찬 한마디.
이 조그마한 나눔 하나 속에 스며 있는 청정무구한 마음, 대비의 마음―

자신과 많은 사람들의 마음을 청정하게 하는 조그마한 보시와 5계, 사람들이 이 자명한 도리를 제대로 실천하며 살지 못하는 것은, 무엇보다 그들에게 부끄러워하고 두려워하는 마음이 부족하기 때문일 것이다. 따라서 그들의 마음속에 부끄러워하고 두려워하는 마음을 일깨우는 것이 다함없는 연민과 헌신, 대비심을 살려내는 관건이 된다. 바로 이 일을 위하여, 지금 붓다와 500명의 대중들이, 9월 보름 달 밝은 자자의 밤, 사밧티 동쪽 숲속, 미가라마투 광장에서 무릎 꿇고 두 손 모으고, 파바라나(pavāraṇā), 자자(自恣)의 모임을 열고 있는 것이다.

5계(五戒, pañca-sīla)의 수지와 포살(布薩, uposatha), 자자(自恣,

---

55) B. R. Ambedkar, 'Buddha and the Future of His Religion,' *A Panorama of Indian Buddhism*(ed. D. C. Ahir, St Satguru Pub. Delhi, 1995), pp.30~31.

pavāraṇā)—.

이 셋은 초기교단이래 확립되어 온 오랜 전통이다. 불교도들의 가슴 속에 부끄러워하고 두려워하는 마음을 일으켜 세우고 청정심을 발로시키기 위하여, 붓다가 친히 확립한 신성한 의식(儀式)이고 대중집회인 것이다. 이 세 가지 대중의식이 준수될 때, 교단의 청정기풍이 확립되고, 견성 열반을 실현하는 대중들이 무수히 탄생하였다. 그러나 이 세 가지 대중의식이 혼란되고 망각될 때, 교단의 청정기풍이 무너지고, 교만하고 부끄러움을 모르는 자들이 횡행한 것이다.

5계(五戒, pañca-sīla)

3귀의와 5계를 수지하는 것은 초기불교 이래 오랫동안 준수되어 온 성스러운 전통이다. 불교도의 '입문의식(入門儀式)'으로 일컬어도 좋을 것이다.56) 불교도들은 붓다 앞에 나아가 무릎 꿇고 합장하고, 경건히 3귀의를 고백하고, 스스로, 또는 수행승의 인도에 따라, 이렇게 5계의 준수를 서약할 것이다.

① 저는 생명을 해치지 말라는 계를 지키겠습니다.
　(pāṇātipātā veramaṇī sikkhāpadaṃ samādiyāmi)
② 저는 주지 않는 것을 갖지 말라는 계를 지키겠습니다.
　(adinnādānā veramaṇī sikkhāpadaṃ samādiyāmi)
③ 저는 삿된 음행을 하지 말라는 계를 지키겠습니다.
　(kāmesu micchācārā veramaṇī sikkhāpadaṃ samādiyāmi)
④ 저는 거짓말하지 말라는 계를 지키겠습니다.

---

56) W. Rahula, Ibid, p.80.

(musāvādā veramaṇī sikkhāpadaṃ samādiyāmi)

⑤ 저는 취함과 나태의 원인이 되는 과음을 하지 말라는 계를 지키겠습니다.

(surā-meraya-maja-pamādaṭṭhānā veramaṇī sikkhāpadaṃ samādiyāmi)57)

불교도의 윤리는 이 5계를 근본으로 삼고 있다. 비구·비구니도 이 5계를 근본으로 삼고 있고, 재가대중의 8계(八戒, aṭṭhaṅga-sīla).58) 10계(十戒, dasa-sīla)59) 등도 이 5계를 근본 삼고 있고, 대승보살의 10중대계도 이 5계를 근본 삼고 있다. 따라서 이 5계를 수지하는 것은 정업, 보시·계행의 근본이 되고, 다함없는 연민과 헌신의 대비심을 발로하는 제1의 방편이 되는 것이다.

포살(布薩, uposatha)

포살은 대중참회 의식이다. 한 달에 기본적으로 두 차례, 초하루와 보름,60) 대중들이 함께 모여, 계목(戒目, pātimokkha)을 외우고 허물을 발로함으로써, 대중의 청정성을 회복하는 불교집안의 가장 신성한 대중집회이다. 포살은 출가대중과 재가대중들이 별도로 거행하도록 규정되어 있다.

① 출가대중의 포살61)

---

57) 사다티사·조용길, 앞의 책, p.113.
58) 앞의 책, pp.146~147.
59) 앞의 책, pp.148~149.
60) Vinaya에는 매월 8일·14일·15일에 모이도록 규정되어 있다. cf. Mv 2.1.4 ; *The Book of the Discipline 4*(P.T.S.), p.131.
61) Mv 2.1.1-36.4 cf. Ibid, pp.130~182.

② 재가대중의 포살
*Sutta-nipāta*에서는 이렇게 설하고 있다.

"재가대중이 해야 될 일을 말하리라.
첫째, 살아 있는 것을 해치지 말라.
둘째, 주지 않는 것을 갖지 말라.
셋째, 거짓말하지 말라.
넷째, 술을 과음하지 말라.
다섯째, 삿된 음행을 하지 말라.
여섯째, 밤에 때아닌 때에 먹지 말라.
일곱째, 화환을 걸치지 말고, 향수를 쓰지 말라.
여덟째, 땅 위에 펼친 자리 위에서 자라.
이것이 8계(八戒)의 포살이니라.[62]
이 8계의 포살을 통하여 모든 고통이 극복된다.
특히 제8일·14일·15일에는
아주 깨끗하고 청정한 마음으로
이 8계의 포살을 잘 지켜야 하느니라."[63]

빠바라나(pavāraṇā, 自恣, 隨意)
*Saṅgyutta-Nikāya*에서 이미 관찰한 바와 같이, 빠바라나는 3개월 간의 우안거(vassa)가 끝나는 전날 보름 전야(前夜)에(대개 9, 10월), 대

---

[62] 8계의 6·7·8항은 특별한 날, 포살일에만 준수되는 것이다. 8계는 8재계(八齋戒)·8관재계(八關齋戒)라고도 한다.
[63] Sn 393~402 ; Sutta-nipāta(tr. Bhikkhu Thanissaro, Microsoft Word 6) ; 『숫타니파타』(민족사), pp.101~103.

중들이 함께 모여 안거기간의 허물을 자청하여 묻고 참회하는 성스러운 의식이다. 포살과 더불어 Mahāvagga에 한 장으로 규정될 만큼, 초기교단에서 빠바라나는 중시되고, 이에 관한 엄격한 규정이 마련되었다.

빠바라나는 웃어른인 장로로부터 신참 수행승으로 차례대로 진행된다. '미가라마투의 붓다와 500 수행승의 빠바라나 사건'에서 붓다가 제일 먼저 나서서 비판을 청한 것도 이 규정 때문이다. 차례가 되면, 가사를 왼쪽 어깨에 걸치고, 바닥에 무릎 꿇고, 합장하여 손을 높이 들고, 이렇게 큰 소리로 고한다. 이때 대중들도 모두 무릎을 꿇는다.

"존경하는 형제들이여, 저는 이제 승단에 청합니다. 저에 관하여 무엇인가 허물을 보았거나, 들었거나, 의심한 적이 있습니까? 존경하는 형제들이여, 자비심으로 제게 말씀해 주십시오. 허물을 보았다면, 저는 마땅히 고치겠습니다.

존경하는 형제들이여, 저는 이제 두 번째로 승단에 청합니다.

존경하는 형제들이여, 저는 이제 세 번째로 승단에 청합니다."64)

이 자자(自恣) 의식은 매우 엄격하고 경건하게 진행되어, 한 노(老)장로가 자자 중에 너무 오래 꿇어앉아 있어서 졸도하는 사건까지 발생하였다.65)

붓다 앞에 무릎 꿇고 5계를 받아 지니는 대중들,
초하루·보름, 절에 가서 함께 모여 담마를 듣고 참회하는 민중들,

---

64) Mv 4.1.14 ; *The Book of the Discipline 4* (P.T.S.), p.212.
65) Mv 4.2.2 ; Ibid, p.212.

안거가 끝나기 전날 밤, 보름달 아래 모여 앉아, 붓다로부터 젊은이들에 이르기까지, 차례대로 무릎 꿇고 합장하여 손을 높이 치켜든 채, 대중들에게 허물을 묻는 출가 수행승들…….

여기서 사람들은 참으로 사람답게 살아가는 사람들의 모습을 보게 될 것이다. 부끄러움이 무엇인가를 알고, 두려움이 무엇인가를 아는 겸허한 사람들의 세상을 목격하게 될 것이다. 청정한 사람들·순결무구하게 살아가는 대중들·성중(聖衆)들이 한갓 종교적 이상(理想)이나 허구가 아니라, 현존하는 엄연한 실체로서 만나게 될 것이다.

초기교단의 윤리적 건전성과 정신적 청정성은 바로 이러한 엄격하고 삼엄한 대중참회의 전통으로부터 확립된 것이다. 초기 대중들이 도도한 강물처럼 연민과 헌신의 삶으로 살아가고, 한마디 담마에 견성열반을 실현할 수 있었던 그 신비의 근원이 바로 이 엄격한 대중참회의 전통 속에서 발원(發源)되는 것이었다.

"대중들이여, 그대들에게 청하노니, 내게, 내 행위와 말에서, 무엇인가 허물 되는 것을 보거나, 듣거나, 의심하지 않았는가?
대중들이여, 자비심으로 나를 위해 부디 지적해 주오.
허물을 보면, 마땅히 고치리다."
바닥에 내려와 대중 앞에서 무릎 꿇고, 합장하고 두 손을 치켜든 채, 이렇게 참회하는 붓다 석가모니―.
왜 불교도들은 이 붓다를 잊었을까?
왜 오늘의 인류는 이 붓다 석가모니, '대상(隊商)·승자(勝者)'를 잊었을까? 잊었을까?

무작정, 허기진 이에게 떡 한 조각,
외로운 이에게 고요한 미소 하나,
헤매는 이에게 담마 한 말씀,
병든 이에게 피 한 줌 함께 나누고,
무턱대고, 5계를 받아 지니고,
때때로 마당에 내려앉아 대중 앞에 허물을 묻고…….

이것이 정업(正業)·정어(正語)·정명(正命)의 삶이다. 계행(戒行)·계향(戒香)의 삶이다. 나누고 부끄러워하는 이러한 과정을 통하여 일체 생명에 대한 다함없는 연민과 헌신이 솟아난다. 이 다함없는 연민과 헌신이 곧 8정도의 삶이고 깨달음의 삶이다. 지혜의 눈을 밝히고 자비의 눈물을 흘리게 하는 첫걸음이고, 대중견성의 문을 여는 패스워드인 것이다.

5. 마음집중과 살펴봄으로
― 정정진·정념·정정〔禪 수행〕

1) 호흡집중〔數息觀〕, 선(禪) 수행의 출발점

바보 쭐라-빤타까의 견성사건[66)]

「나의 수행은 부진했다.
전에 나는 경멸당했다.
형은 나를 쫓아냈다.

---

66) Thīg 557-563 ;『비구의 고백 비구니의 고백』, p.118.

"집으로 돌아가버려."라고 말했다.
쫓겨난 나는 절 앞 길가의 작은 집에
풀이 죽은 채, 가만히 서 있었다.
붓다의 가르침이 있기를 기다리면서.
그곳에 거룩하신 스승께서 오셨다.
내 머리를 만지시며 손을 잡으셨다.
그리고 나를 절 안으로 데리고 가셨다.
자비로운 마음으로,
스승은 내게 발 닦는 수건을 주셨다.
그리고 말씀하셨다.
"이 청정한 물건에 생각을 집중하여
마음을 가다듬어 보아라."
나는 스승의 말씀을 듣고, 이를 음미하면서
위없는 도리를 깨닫기 위하여
마음을 집중하였다.
나는 전생을 깨달았다.
천안(天眼)을 얻었다.
세 가지 명지(明知)를 체득하였다.
붓다의 가르침은 실현되었다.
나는 신통력으로
천 번씩이나 자신의 모습을 바꿔가며
즐거운 망고 숲속에 앉아 있었다.
공양시간을 알리는 소리가 들릴 때까지……」

무턱대고 지금 당장 앉아라, 호흡을 헤아려라

무턱대고 앉아라. 불문곡직하고, 저 바보 빤타까 스님같이, 지금 당장 앉아라. 앉아서 호흡을 헤아려라. 그리고 마음을 한 대상에 집중하라. 그 대상이 무엇이든 좋을 것이다. 발 닦는 걸레도 좋고, 똥막대기도 좋고, 책상 위의 컴퓨터란 놈도 좋고, 거울 속에 비친 내 얼굴도 좋고, '이 뭣고'도 좋고……, 그러면 곧 깨달을 것이다.

머리가 우둔해서 수행을 못하고 쫓겨난 바보 스님도 며칠만에 깨달았는데, 머리 좋은 대중들이 어찌 깨닫지 못할 것을 두려워하랴. 근심 걱정 다 놓아 버릴 일이다.

참선은 이렇게 하는 것이다. 무턱대고 시작하는 것이다. 화두(話頭)가 어떻고, 간화선(看話禪)이 어떻고, 위빠사나가 어떻고……, 이런 식으로 나가면 이미 틀린 것이다. 간화선이 중국의 조사(祖師)들이 독창적으로 개발한 가장 수승한 견성법이란 얘기도 맞는 것이 아니다. 화두는 '쫄라-빤타까의 발걸레'로부터 이미 시작된 것이 아닌가?

스승 붓다가 이미 가르친 담마대로 하나하나 해 가면 그것으로 족한 것이다. 붓다 참선법이 바보를 당장 견성 열반하게 하는 위없는 담마인데, 무슨 법이 또 필요할 것인가? 오직 붓다 참선법 모르는 것을 두려워하고 부끄러워 해야 할 것이다.

빠알리-니까야와 전문가들의 분석을 중심으로, 붓다의 참선법을 간략히 정리해 보려고 한다. 보는 이들은 이것이 평지풍파(平地風波)인 줄 알면, 함정에 떨어지지 않을 것이다.

첫째, 연민과 자비심으로 마음을 돌이킨다.

악(惡)하고 불건전한 생각과 습성들, 과도한 욕심·미워함·이기심・악의(惡意)・관능적인 욕망・기만 등을 제거하고, 선하고 건전한 생각과 습관을 유지하고 강화하기 위하여 끊임없이 노력하는 것으로부터 출발한다. 이것은 8정도의 여섯 번째인 정정진(正精進, sammā-vāyāna)으로서, 의지(意志)를 강화시키고 훈련시키는 것을 의미하는 것이다.67) 운명론과 신의 은혜라는 당시 인도 사상계의 낡은 전통 관념을 극복하고 자력 개척을 추구하려는 초기불교는 수행의 전제로서 이 의지, 의지 훈련을 매우 중요한 것으로 강조하였다.

둘째, 편히 앉아서 천천히 호흡을 헤아린다.

몸과 주변을 깨끗이 하고, 좌선자세로 편안하게 앉아, 천천히 호흡을 내쉬고 들이쉰다. 그러면서 '하나-둘-셋-' 이렇게 그 숫자를 헤아림으로써 마음을 안정시킨다.

이것은 8정도의 일곱 번째 수행인 정념(正念, sammā-sati)의 첫 단계인 신념처(身念處)의 도입 부분으로서, 선정 수행의 기본자세라고 할 것이다. 이렇게 호흡 헤아리는 수행을 '호흡에 대한 마음집중(ānapāna-sati, 안나빤나념)'・'안반념(安般念)'・'안반수의념(安般隨意念)'이라 일컫고, 그 의미에 따라 '수식관(數息觀)'으로 부르기도 한다. '호흡집중'에 관하여 냐나뽀띠까(Nyanapotika) 장로(長老, Thera, 원로 비구)는 *The Heart of Buddhist Meditation*에서 이렇게 논하고 있다.

    신념처는 '호흡에 대한 염(ānāpāna-sati, 安般念)'으로 시작한다. 호흡에 대한 염은 염처 수행이지, 힌두 요가의 조식법(調息法, pranayāma) 같은 호흡 연습이 아니다. 불교 수행에서는 호흡을 '머금은 채 가만히 있는다'거나, 다른 방법으로 호흡을 방해하는 일이 없다. 단지

---

67) John M. Koller, Ibid, p.159. W. Rahula, Ibid, p.48.

호흡의 자연스러운 흐름을 확고하고 안정되면서 동시에 편안하고 '경쾌하게', 즉 긴장하거나 경직되지 말고 조용히 있는 그대로 관찰하는 것뿐이다.

호흡의 길고 짧음에 주목하기는 하나, 의도적으로 규칙적으로 하지는 않는다. 그러나 규칙적인 수련에 의하여 호흡이 자연스럽게 안정되고 고르고 깊어질 것이다. 그리고 호흡이 안정되고 고르고 깊어지면, 삶의 리듬 또한 안정되고 고르고 깊어질 것이다. 이렇게 호흡에 대한 염은 비록 그것이 수련에 부수적인 것이기는 하나 육체적·정신적 건강에 중요한 요소이다.68)

호흡이 출입하는 과정에 마음을 집중하며, '들이쉼-내쉼-하나', '들이쉼-내쉼-둘', 이런 식으로 헤아리기도 하고, 배의 움직임을 보고, '일어남-사라짐-하나', '일어남-사라짐-둘', 이런 식으로 헤아리기도 한다. 작업하거나 생활하는 현장에서는 배에 집중하여, '일어남-사라짐', 이렇게 반복적으로 관찰할 수도 있다. 익숙해지면 바로 호흡의 안정과 마음의 안정에 들어갈 수 있는 것이다.

이러한 호흡집중은 당장 구체적인 성과를 드러낸다. '이렇게 호흡에 마음을 집중하는 것은 제일 간단하고 쉬운 수련의 하나인데, 이것은 매우 신비스런 경지(dhyāna, 禪)에 이르게 하는 (마음)집중력을 계발하는 것을 의미한다. 더욱이 마음집중의 힘은 열반의 체험을 포함하여 어떤 형태의 사물의 본질에 관한 깊은 이해와 통찰에 반드시 필요한 것이다. 이런 것을 떠나서도, 이러한 호흡훈련은 즉시적인 결과를 가져온다. 그것은 신체의 건강·휴식·숙면·일상 업무에서의 능률 등

---

68) 냐나뽀띠까·송위지,『불교 선수행의 핵심』(시공사, 1999), p.71.

을 위하여 유익하다.'69)

2) 4념처(四念處), 붓다 참선법의 실제 과정과 그 본질

'4념처가 유일한 길'

셋째, 몸과 정신의 작용 한 가지에 마음을 집중하고, 그 변화를 있는 그대로 살펴봄으로써 마음을 정화하고 마음을 있는 그대로 보는 것이다.

이것은 8정도의 일곱 번째 수행인 정념(正念, sammā-sati)으로서, 흔히 '4념처(四念處)'・'염처(念處, sati-paṭṭhāna)'라고 일컫는 것이다. 한 대상, 한 주제, 한 화두에 마음을 온전히 집중하고, 그 변화를 있는 그대로 살펴보는 수련이기 때문에, 흔히 '마음집중(mindfulness, attention)'・'살펴봄(awareness)'으로 일컬어지기도 한다. 간화선(看話禪)의 원리도 이 4념처 수행에 이미 내포되어 있는 것으로 보인다.

유의할 것은, 이론적으로는 여덟 번째인 정정(正定, sammā-samādhi, 三昧), '마음 고요하게'가 정념과 구분되는 것으로 시설되어 있지만, 실제 수행 현장에서는 정념・정정은 하나의 연속적인 과정으로 작용하는 것이다. 이 과정에는 8정도의 첫머리인 정견(正見), 분명한 이해도 포함된다. 이 문제는 다음 항에서 곧 논의될 것이다.

정념・4념처를 중심으로 하는 선정, 선(禪, Jhana, Dhyāna) 수련은 몸과 마음의 네 가지 대상에 마음을 집중하는 것으로부터 시작된다. 네 가지 대상이란 곧 몸[身]・느낌[受]・마음[心]・현상[法]이다.

---

69) W. Rahula, Ibid, pp.70~71.

Sangyutta-Nikāya의 '염처상응'(「念處經」, Sati-Sutta)에서는 이렇게 설하고 있다.

「나는 이렇게 들었다.
어느 때 세존께서는 베살리 암바팔라 숲에 머물러 계셨다.
그때 세존께서는 수행자들에게 이렇게 설하셨다.

"수행자들이여, 이것이 유일한 길이다.
중생들을 정화로 인도하고, 슬픔과 근심을 온전히 넘어서고, 고뇌와 비탄을 부수고, 올바른 길을 얻고, 열반을 실현하고, 지혜로 인도하는 유일한 길, 그것은 바로 4념처이다.

네 가지란 무엇인가?
이 가르침에서, 수행자들은 몸을 바르게 보고 지니며, 분명한 이해와 염처로 세상에 대한 탐욕과 근심을 없앤다[身念處].
그는 느낌을 바르게 보고 지니며, 분명한 이해와 염처로 세상에 대한 탐욕과 근심을 없앤다[受念處].
그는 마음을 바르게 보고 지니며, 분명한 이해와 염처로 세상에 대한 탐욕과 근심을 없앤다[心念處].
그는 마음의 대상[法]을 바르게 보고 지니며, 분명한 이해와 염처로 세상에 대한 탐욕과 근심을 없앤다[法念處].
수행자들이여, 여기 유일한 길이 있다. 중생들을 정화(淨化)로 인도하고…….70)」

---

70) SN 47.1(text. v. 1.40) ; *The Book of the Kindred Sayings* 5(P.T.S.), pp.119~120.

신념처, '이 몸은 무상하고 텅 빈 것이다'

일상적인 삶의 현장에서 실천 가능한 4념처의 수련방법을 다음과 같이 제시해 보려고 한다.

신념처(身念處, kāyānupassanā)[71]

① 평상시

• 호흡집중(참선자세로 앉아서)

먼저 호흡을 헤아리며 호흡과 마음을 고요히 안정시킨다.

• 몸집중(앉은 상태에서 호흡을 조절하면서)

몸 전체에 대하여 마음집중 한다. 이 몸이 끊임없이 변화하고, 늙어 가고, 병들고, 마침내 소멸해 가는 현상을 알아차린다. 그럼에도 불구하고 이 몸에 집착하여, 몸의 실상을 있는 그대로 보지 못하는 것은 어둔 식(識) 때문이라는 사실을 관찰한다. 이 몸에 대한 집착을 놓아 버릴 때 마음을 본다. 마음의 자유를 얻는다. 본래 청정한 자성이 광명을 발한다는 진실을 관찰한다. 맘속으로 고요히 이렇게 관(觀)한다.

'이 몸 이대로 무상하고 텅 빈 것이다. 끊임없이 변하고 사라져간다. 몸에 대한 집착은 어둔 식(識) 때문이다. 몸에 대한 집착을 놓아 버린다. 본래무일물(本來無一物), 본래 텅 빈 자성(自性) 자리, 고요하고 청정하구나.'

• 몸의 각 부분 집중(앉은 상태에서 호흡을 조절하면서)

머리부터 발끝까지, 몸의 각 부분, 각 기관을 하나하나 떼어서 알아

---

71) 냐나뽀띠까 · 송위지, 앞의 책, pp.71~79 ; 김열권, 『위빠사나』 2(불광출판부, 1998), pp.20~29.

차리고, 거기에 마음집중 한다. 몸이 수많은 부분, 기관들로 조합되어 있고, 그 부분, 기관 하나하나가 또한 끊임없이 변화하고 소멸되어 가고 있는 현상을 관찰한다. 또 눈에는 눈물, 코에는 콧물, 목에는 가래, 장기에는 온갖 부정물(不淨物)로 가득 차 있음을 관찰한다. 마음속으로 고요히 이렇게 관(觀)한다.

'이 몸 이대로 무상하고 텅 빈 것이다. 끊임없이 변하고 사라져간다. 몸에 대한 집착은 어둔 식(識) 때문이다. 몸에 대한 집착을 놓아 버린다. 본래무일물(本來無一物), 본래 텅 빈 자성(自性) 자리, 고요하고 청정하구나.'

· 몸의 움직임에 대한 집중(가고 오고 앉고 서고 동작하면서, 호흡을 조절하고)

지금 진행되고 있는 몸의 움직임을 알아차리고, 거기에 마음집중 한다. 몸의 동작 하나하나를 알아차리면서, 그 동작들이 끊임없이 변화하고 사라져가는 현상을 관찰한다. 마음속으로 고요히 이렇게 관한다.

'이 몸 이대로 무상하고 텅 빈 것이다. 끊임없이 변하고 사라져간다. 몸에 대한 집착은 어둔 식(識) 때문이다. 몸에 대한 집착을 놓아 버린다. 본래무일물(本來無一物), 본래 텅 빈 자성(自性) 자리, 고요하고 청정하구나.'

② 문제상황에서(참선자세로 앉아서 호흡을 조절하면서)

어떤 경우, 몸이 아프거나 장애 등 문제상황이 생겼을 때, 곧 알아차리고 멈추어 염처의 자세로 돌아가, 아프거나 문제가 된 부분에 마음집중 한다.

'몸이란 본래 이런 것이다'라고 관찰하고, 이 고통, 이 장애 또한 변하고 사라져가는 현상을 알아차린다. 마음속으로 고요히 이렇게 관한다.

'이 몸 이대로 무상하고 텅 빈 것이다. 끊임없이 변하고 사라져간다. 몸에 대한 집착은 어둔 식(識) 때문이다. 몸에 대한 집착을 놓아 버린다. 본래무일물(本來無一物), 본래 텅 빈 자성(自性) 자리, 고요하고 청정하구나.'

③ 특별한 경우

몸의 각 기관이 부정(不淨)한 것으로 가득 차 있는 모습을 관하거나〔不淨觀〕, 백골을 관하거나〔白骨觀〕, 묘지 등을 관할 수 있다.72)

몸에 대하여 이와 같이 염처를 수련함으로써, 곧 몸의 움직임에 마음집중 하고 그 변화를 알아차림으로써 몸의 성질을 보게 될 것이다. 이 몸은 본래 무상하고 공(空)해서 끊임없이 변화하고 소멸되어 가는 성질임을 이해하게 되고, 궁극적으로 육신에 대한 거짓된 식(識)을 만들어낸 5온의 본질이 텅 빈 것임을 보게 될 것이다.

그렇게 해서 몸의 움직임을 그대로 머물게 하고〔止〕, 몸을 몸으로만 보게〔觀〕 되어, 육체의 집착으로부터 자유로워질 수 있는 것이다. 이것은 육신 그 자체를 버린다는 것이 아니라, 육신에 대한 거짓된 식(識)을 버린다는 것을 의미한다. 그리고 그 무상한 변화 속에서 초연한 자성의 본질을 보게 될 것이다. '설사 육체가 병의 고통에 굴복한다

---

72) 냐나뽀띠까 · 송위지, 앞의 책, pp.71~79.

할지라도, 그의 마음의 평온함을 해치지는 못할 것이다.'73)

이 경지를 체득한 아바야 비구니는 자신을 향하여 이렇게 노래하고 있다.

"아바야여, 어리석은 자들이 애지중지하는
이 육신은 반드시 사라질 수밖에 없는 것
나는 이를 깊이 깨닫고
육신을 여의고자 한다.
세상에는 괴로움을 불러일으키는 일이 많아
기꺼이 애써 노력한 결과
마침내 헛된 집착을 다한 경지에 이르렀다.
붓다의 가르침은 모두 성취되었구나."74)

수념처, '이 느낌은 무상하고 텅 빈 것이다'

수념처(受念處, vedanāupassanā)75)

① 평상시(참선자세로 앉아서 호흡을 집중하고)

현재 자신이 보고 듣는 등 어떤 감각적인 접촉을 통해서, 즐거워하거나 싫어하거나, 또는 즐겁지도 않고 싫지도 않은 덤덤한 느낌인가를 알아차린다. 이 느낌에 마음집중 한다. 이 느낌이 끊임없이 변하고 사라져가는 현상을 알아차린다.

그럼에도 불구하고 이 느낌에 집착하여, 느낌의 실상을 있는 그대로

---

73) 앞의 책, p.79.
74) Thīg 35-36 ; 『비구의 고백 비구니의 고백』, p.233.
75) cf. 냐나뽀띠까 · 송위지, 앞의 책, pp.79~81. 김열권, 앞의 책, p.30.

보지 못하는 것은 어둔 식(識) 때문이라는 사실을 관찰한다. 이 느낌에 대한 집착을 놓아 버릴 때 마음을 본다. 마음의 자유를 얻는다. 본래 청정한 자성이 광명을 발한다는 진실을 관찰한다. 마음속으로 고요히 이렇게 관(觀)한다.

'이 느낌 이대로 무상하고 텅 빈 것이다. 끊임없이 변하고 사라져간다. 느낌에 대한 집착은 어둔 식(識) 때문이다. 느낌에 대한 집착을 놓아 버린다. 본래무일물(本來無一物), 본래 텅 빈 자성(自性) 자리, 고요하고 청정하구나.'

② 문제상황에서(참선자세로 앉아서 호흡을 조절하면서)
어떤 경우, 보고 듣고 접촉하는 과정에서 감정이 격해지거나 흔들릴 수 있는 문제상황이 되었을 때, 곧 잠시 멈추어 염처의 자세를 취하고, 자기 느낌이 즐거운 상태인지, 불쾌한 상태인지, 아니면 덤덤한 상태인지를 알아차린다. 그 느낌에 마음을 집중한다.

그 느낌이 생겨난 원인을 관찰한다. 변하고 소멸되는 현상을 관찰한다. 마음속으로 고요히 이렇게 관한다.

'이 느낌 이대로 무상하고 텅 빈 것이다. 끊임없이 변하고 사라져간다. 느낌에 대한 집착은 어둔 식(識) 때문이다. 느낌에 대한 집착을 놓아 버린다. 본래무일물(本來無一物), 본래 텅 빈 자성(自性) 자리, 고요하고 청정하구나.'

느낌(受, vedanā)은 어떤 감각적 접촉에서 나오는 첫번째 반응이기 때문에, 다양한 형태의 격렬한 감정을 일어나게 하고 여기에 집착하게 함으로써, 윤회의 원인이 되는 집착[集]을 만들어내는 무서운 힘으로 작용할 수 있다.

이때 수념처를 통하여 느낌을 느낌 그 상태로, '내가 지금 기뻐하고 있다', '나는 지금 슬퍼하고 있다', '나는 지금 불쾌하다', '나는 지금 덤덤하다'라고 알아차리고, 그 상태로 멈추게[止] 할 수 있다면, 느낌을 느낌으로 보게 되고[觀], 감정의 집착에서 자유로워질 수 있는 것이다.

이러한 '느낌집중'의 염처 수련은 느낌의 이기성과 과장된 반응을 극복할 수 있고, '일상생활에서 자신의 감정과 다른 이의 감정이 부딪쳤을 때, 빠르고 간단하게 효과적으로 처리하는 데 특히 중요하다.'76)

이 느낌집중이 잘 수련되면, 감각기관이 안정되고, 정서적으로 흔들림 없는 평화의 경지에 이르게 된다. 이 경지를 스스로 체험한 수행자 브라말리는 이렇게 노래하고 있다.

"마부가 말을 길들이듯,
감각기관의 안정을 이룬 사람은 누구인가?
오만을 버리고 오염에서 벗어난 사람,
이런 경지에 오른 사람들은
신(神)들조차 부러워한다.
마부가 말을 길들이듯,
나의 모든 감각기관은 다소곳하다.
오만하지도 않고,
오염에서 벗어난 나를
신들조차 부러워한다."77)

---

76) 냐나뽀띠까·송위지, 앞의 책, p.81.

심념처, '이 마음은 무상하고 텅 빈 것이다'

심념처(心念處, cittānupassanā)[78]
① 평상시(참선자세로 앉아서 호흡을 조절하면서)
　자신의 마음의 움직임을 알아차리고, 거기에 마음을 집중한다. 이 때의 마음이란 주어진 그 순간에 드러나는 의식이나 생각의 일반적 상태를 말한다. 거울에 얼굴을 비춰보듯 자신의 마음을 염처, 마음집중과 알아차림의 거울에 비춰보면서, 다음과 같이 살핀다.
　'내 마음은 지금 고요한가? 아니면 혼란스러운가? 마음은 지금 평화로운가? 아니면 화가 나 있는가? 마음은 지금 선한 생각으로 차 있는가? 아니면 악의로 차 있는가? 마음은 지금 미워하는 마음으로 차 있는가? 아니면 사랑하는 마음으로 차 있는가? 마음은 지금 밝고 깨끗한가? 아니면 어둡고 흐려 있는가? 마음은 지금 명랑하고 쾌활한가? 아니면 우울하고 불쾌한가? 마음은 지금 움츠러들고 있는가? 흩어져 있는가?'
　이 마음이 끊임없이 변하고 사라져가는 현상을 알아차린다.
　그럼에도 불구하고 이 마음에 집착하여, 마음의 실상을 있는 그대로 보지 못하는 것은 어둔 식(識) 때문이라는 사실을 관찰한다. 이 마음에 대한 집착을 놓아 버릴 때 마음을 본다. 마음의 자유를 얻는다. 본래 청정한 자성이 광명을 발한다는 진실을 관찰한다. 마음속으로 고요히 이렇게 관(觀)한다.
　'이 마음 이대로 무상하고 텅 빈 것이다. 끊임없이 변하고 사라져간

---

77) Thag 205-206 ; 『비구의 고백 비구니의 고백』, p.64.
78) cf. 앞의 책, pp.82~86 ; 김열권, 앞의 책, p.31.

다. 마음에 대한 집착은 어둔 식(識) 때문이다. 마음에 대한 집착을 놓아 버린다. 본래무일물(本來無一物), 본래 텅 빈 자성(自性) 자리, 고요하고 청정하구나.'

② 문제상황에서

어떤 경우, 마음이 크게 흥분되었거나 격한 문제상황이 생겨났을 때, 내 마음이 지금 흔들리고 있다는 사실을 알아차리고, 곧 멈추어서 염처자세로 돌아간다. 그 마음상태에 마음집중 한다.

그러한 변화가 발생한 원인을 알아차린다. 그 마음의 상황이 변하고 사라져가는 현상을 관찰한다. 마음속으로 고요히 이렇게 관한다.

'이 마음 이대로 무상하고 텅 빈 것이다. 끊임없이 변하고 사라져간다. 마음에 대한 집착은 어둔 식(識) 때문이다. 마음에 대한 집착을 놓아 버린다. 본래무일물(本來無一物), 본래 텅 빈 자성(自性) 자리, 고요하고 청정하구나.'

이렇게 마음의 변화를 알아차리고 마음을 집중함으로써, 마음을 마음의 상태로 그대로 머물게 하고[止], 마음을 보게 되며[觀], 집착의 위험으로부터 자유로워질 수 있는 것이다. 이때 주의할 것은, 마음상태에 휩쓸려 들어가서는 안 된다는 것이다. 학승 라훌라는 이렇게 논하고 있다.

> 이것은 (마음상태를) 비판하거나, 옳다거나 그러다거나 착하다거나 악하다거나 판단하고 분별하는 태도는 아니다. (마음집중 하고 알아차린다는) 것은 단순히 관찰하고, 주시하고, 살펴보는 것이다. 사람들은 심판관이 아니라 과학자가 되어야 한다.

그들이 그들의 마음을 관찰하고, 그 마음의 (무상한) 본질을 분명하게 보게 되면, 그들은 정서·감정 등 마음의 상태와 관련하여 평정해지게 된다. 그렇게 해서 사람들은 집착을 벗어나 자유로워지고, 그렇게 해서 사물을 있는 그대로 볼 수 있게 된다.79)

찟타핫타(Cittahattha)는 사밧티의 젊은이로, 출가와 환속, 다시 출가하기를 일곱 번이나 반복한 변덕쟁이였다. 그러다가 일곱 번째 출가하고서는 정신차리고, 자기 마음의 일어남과 사라짐에 마음집중 하여 관찰하고, 며칠만에 아라한이 되었다. 대중들이 이를 이상히 여기자, 붓다가 그들에게 설하였다.

"마음이 안정되어 있지 않고
담마를 이해하지 못하고
믿음이 굳세지 못한 사람은
온전한 지혜를 얻을 수 없다.
마음이 번뇌의 비로 젖지 않고
악의의 불길로 휘둘리지 않으며
악과 선 둘 다 포기하고
정신차리고 있는 사람,
그런 사람은 두려워할 무엇도 없느니라."80)

---

79) W. Rahula, Ibid, pp.73~74.
80) Dhp-Com. 3.5(text. N. 305-313) ; *Dhammapada-Commentary*, vol. 2, pp.12~17.

법념처, '이 마음의 문제상황은 무상하고 텅 빈 것이다'

법념처(法念處, dhammānupassanā)[81]
① 평상시(참선자세로 앉아서 호흡을 조절하고)
붓다의 간결하고 명료한 근본 담마, 곧 연기법 · 4제 8정도 · 무아의 담마에 관하여 마음을 집중하고, 다음과 같이 그 뜻을 관찰한다.

〔연기법에 관한 관찰〕
이것이 있으므로 저것이 있고,
저것이 있으므로 이것이 있다.……
영원한 것, 홀로 있는 것, 절대적인 것은 아무것도 없다.
모든 것은 우주적 상관성 속에 서로 얽혀 있다.
일체 중생, 삼라만상이 동일생명, 동체 생명이다.
생로병사(生老病死)는 본래 없는 것이다.
어둔 식(識)으로 인하여 한때 생겨난 것이다.
이 어둔 자아의식이 나고 죽고 하는 것이다.
한 생각 놓아 버리면 불생불멸이다.
텅 빈 자성 자리, 고요하고 청정하구나.

〔4제 8정도에 관한 관찰〕
고집멸도, 고집멸도…….
집의 법이 멸의 법이다.
모든 존재, 모든 현상에는 원인이 있다.

---

81) cf. 냐나뽀띠까 · 송위지, 앞의 책, pp.84~86 ; 김열권, 앞의 책, pp.32~51.

모든 문제, 모든 고통에는 원인이 있다.
모든 병에는 반드시 원인이 있다.
그 원인을 보고 멸해 버리면, 모든 고통이 소멸된다.
견성 열반의 광명 천지가 열린다.
나 개인과 가정·직장·사회·인류…….
이 모든 문제와 고통은 이기적 욕심과 집착으로 인하여 생겨난다.
어둔 식(識), 자아의식이 만들어낸 것이다.
이 욕심과 집착을 놓아 버려라.
어둔 식(識)을 놓아 버려라.
본래 공(空)한 것이다. 텅 빈 것이다.
깨달음만이 유일한 희망이다.
한 생각 놓아 버려라.
'나', '내것'이란 한 생각 놓아 버려라.
지금 여기서 한 생각 돌이키면 직지견성이다.
문득 놓아 버리면 깨닫는다.
지금 내게는 무엇이 장애인가?
무엇이 문제인가? 왜 놓지 못하는가?
지나친 욕심인가? 분노인가? 악의인가?
혼미인가? 무기력인가? 불안인가? 근심인가? 의심인가?[82]
나에게 요구되는 수행력은 무엇인가?

---

[82] 경론에는 전통적으로 다섯 가지 장애, 5개(五蓋, pañca-nivarana)가 제기되어 왔다. 곧 욕심(kāmacchanda)·분노-악의(vyāpāda)·혼미와 수면(thīna-middha)·불안-근심(uddhacca-kukkuccā)·의심(vicikicchā)이다. cf. W. Rahula, Ibid, p.74.

마음집중인가? 선수행인가?
근본 담마에 관한 이해인가?
굳건한 의지인가? 긍정적인 생각인가?
경쾌한 마음인가? 마음의 고요함인가?
상황에 따라 흔들리지 않는 냉철함과 평정성인가?[83)]
이 자리서 발심하리. 8정도를 실천하리.
우리도 부처님같이, 용맹정진하리.

[무아(無我)에 관한 관찰]
나는 지금 허망한 자아의식에 묶여 있다.
'이것이 나다, 내것이다,
내 자식이다, 내 재산이다.'
이것은 착각이다. 허망한 생각이다.
이것은 그림자일 뿐이다.
어둡고 이기적인 자아의식의 그림자일 뿐이다.
5온·12처·18계······.

---

83) 경론에는 일곱 가지 수행법, 7각지(七覺支, sapta-sambojjhaṅga)가 제시되어 있다.
   염(念)각지(sati-sambojjhaṅga) : 마음집중.
   택법(擇法)각지(dhamma-vicaya-sambojjhaṅga) : 교리 이해.
   정진(精進)각지(viriya-sambojjhaṅga) : 의지력.
   희(喜)각지(pīti-sambojjhaṅga) : 긍정적인 생각, 기뻐하는 마음.
   경안(輕安)각지(passaddhi-sambojjhaṅga) : 경쾌한 마음.
   정(定)각지(samādhi-sambojjhaṅga) : 마음의 안정, 고요함.
   사(捨)각지(upekkhā-sambojjhaṅga) : 흔들리지 않는 마음의 평정. cf. Ibid, p.75.

이 모든 주관세계가 허위이며 그림자일 뿐이다.
한 생각 놓아 버려라. 나라는 한 생각, 이제 그만 놓아 버려라.
한 생각 놓아 버리면, 청정자성 드러난다.
본래면목, 주인공이 드러난다. 광명 천지가 열려온다.
우리도 부처님같이 살아가리.
피땀 흘리며 열심히 일하리. 검소하게 아끼며 살아가리.
이웃과 함께 나누리.
밥 한 그릇, 함께 나누리. 부처님 담마 한마디, 함께 나누리.
따뜻한 미소 하나, 함께 나누리. 피 한 방울, 함께 나누리. 눈물 한 줌, 함께 나누리.
우리도 부처님같이 살아가리.
부처님 앞에 무릎 꿇고, 3귀의를 맹세하리. 5계를 받아 지니리.
대중 앞에 무릎 꿇고, 내 허물을 참회하리.
우리도 부처님같이 살아가리.
불경 읽고 공부하리.
때때로 가부좌하고, 하나-둘, 호흡을 헤아리리.
마음집중 하리. 참선하리.
이 몸과 느낌, 마음과 모든 현상,
이 모든 것이 본래 무상하고 텅 빈 경지를 살펴보리.
본래 자성이 고요하고 청정한 경지를 살펴보리.
우리도 부처님같이,
피땀 흘리며, 이렇게 열심히 살아가리.
이것이 직지견성이라네.
이것이 해탈 열반이라네.

② 마음의 문제상황에서(참선자세로 앉아서 호흡을 조절하면서)

어떤 경우 여러 가지 생각들, 주의·주장·견해·토론의 주제나 도덕적·사상적·지적인 문제들로 인하여 갈등과 대립이 발생하고, 고민과 혼란이 생겨났을 때, 이것이 곧 법념처의 문제임을 알아차린다. 염처의 자세로 돌아가 그 문제에 마음집중 한다.

그러한 갈등의 원인을 관찰한다. 그러면서 4제 8정도의 담마를 기준으로 삼아 그 주의·견해·사상을 법답게 관찰한다. '지금 나는 어떤 종류의 고집과 집착에 빠져 있는가?' 하고 관찰한다. 그 마음의 문제상황이 변하고 소멸되어 가는 현상을 관찰한다. 마음속으로 고요히 관한다.

'이 마음의 상황, 상태 이대로 무상하고 텅 빈 것이다. 끊임없이 변하고 사라져간다. 마음의 상황, 상태에 대한 집착은 어둔 식(識) 때문이다. 마음의 상황, 상태에 대한 집착을 놓아 버린다. 본래무일물(本來無一物), 본래 텅 빈 자성(自性) 자리, 고요하고 청정하구나.'

이렇게 갈등과 혼란 등 문제상황으로 인한 마음의 변화를 알아차리고, 마음을 집중함으로써 갈등과 혼란을 그 상태로 그대로 머물게 하고〔止〕, 마음의 작용을 보게 되며〔觀〕, 집착의 위험으로부터 자유로워질 수 있는 것이다. 한 생각 돌이키면, 일체의 문제상황이 고요하고 평화로워지는 것이다.84)

「자식을 읽고 방황하는 여인과 붓다와의 대화는 이렇게 진행되고 있다.

붓 다 : 여인이여, 그대는 '지바야!'라고 외치며,

---

84) 냐나뽀띠까·송위지, 앞의 책, pp.84~86.

숲속에서 울고 있구나.
웃바리여, 그대 자신을 알라.
지바라는 이름을 가진 8만 4천이나 되는 딸들이
이 화장터에서 다비되느니,
그 중에서 누구를 그대는 서러워하는가?

웃바리 : 아아, 당신은 제 가슴에 박혀
잘 보이지 않던 화살을 뽑아 주셨습니다.
당신은 비탄에 잠겨 있는 저를 위해
딸의 죽음으로 인한 슬픔을 제거해 주셨습니다.
저는 지금 화살을 뽑아내고
집착으로부터 벗어나
온전한 평안을 얻었습니다.
저는 거룩하신 붓다・담마・상가에 귀의합니다.[85]」

3) '있는 그대로' 본다

4념처가 자등명(自燈明)・법등명(法燈明)

호흡의 들고 남을 헤아리고, 거기에 마음집중 하고,
느낌의 일어남을 알아차리고, 거기에 마음집중 하고,
마음의 변화를 알아차리고, 거기에 마음집중 하고,
생각・견해의 갈등과 혼란을 알아차리고, 거기에 마음집중 하고…….
이것이 4념처의 요지이다. 이것이 붓다가 확립하고 널리 전파한 불

---

85) Thīg 51-52 ;『비구의 고백 비구니의 고백』, p.236.

교 선(禪, Jhana, dhyāna) 수행의 진수이다. 붓다 참선법, 여래선(如來禪)의 요체인 것이다.

빠알리-니까야를 보면, 붓다는 중요한 시기, 어려운 상황을 당하면, 대개 '자등명(自燈明) · 법등명(法燈明)의 담마'를 설하고 있는데, 이 자등명(自燈明) 법등명(法燈明)의 실제적 내용이 바로 이 4념처로 되어 있다. '대입멸의 행진' 때 베살리에서 아난다 장로에게 그 유명한 '벨루바 마을의 대법문'을 설할 때도, '자기 자신을 등불 삼고, 법을 등불 삼아라' 하고, "아난다야, 자기 자신을 등불 삼고 법을 등불 삼는다는 것이 어떻게 하는 것이겠는가? 곧 몸을 몸으로 보고, 느낌을 느낌으로 보고……." 이렇게 설하고 있음을 이미 관찰한 바 있다.86)

대입멸을 얼마 남겨두지 않았던 때, 붓다는 가장 사랑했던 제자 사리뿟타를 먼저 보내게 된다. 춘다(Cunda) 사미로부터 그의 발우와 가사, 다비한 재를 받아든 붓다가 비통해 하던 모습은 아직도 생생하게 기억하고 있을 것이다. 그때, 붓다는 이렇게 설하고 있다.

"아난다야, 견고하고 왕성한 힘으로 울창한 거대한 숲, 승단에서 큰 가지의 하나가 부러져 나갔구나. 그와 같이 견고하고 왕성한 힘으로 서 있는 승단에서, 사리뿟타가 가다니…….
아난다야, 나는 이미 말하지 않았더냐. 생겨난 것, 만들어진 것, 합성된 것, 일시적인 것을 보고, '오, 사라지지 말기를!' 하고 소원한들 어찌 그것이 가능하겠는가?
아니로다. 그런 일은 있을 수 없구나.
아난다야, 그런 까닭에, 그대들은 자기 자신을 귀의처로 삼아라. 자

---

86) DN 16.2.26(text. ii. 101) ; *The Long Discourses of the Buddha*, p.245.

기 자신을 등불 삼아라. 남을 등불 삼지 말라.

그대들은 담마를 귀의처로 삼아라. 담마를 등불 삼아라. 다른 것을 등불 삼지 말라.

아난다야, 수행자는 어떻게 그렇게 머무를 수 있겠느냐?

아난다야, 이제 수행자는 몸을 (무상한) 몸으로서 관찰하면서 머물러라. 치열하게, 고요하게 마음집중 하여, 욕심으로부터 생겨나는 이 세상의 좌절감을 억제하라.

그와 같이 느낌을 (무상한) 느낌으로 관찰하면서 머물러라.

마음을 (무상한) 마음으로 관찰하면서 머물러라.

마음의 상황을 (무상한) 마음의 상황으로 관찰하면서 머물러라.

아난다야, 이것이 수행자들이 자기 자신을 의지처로 삼고, 자기 자신을 등불 삼으며, 다른 사람을 등불 삼지 않으며 머무는 것이니라.

아난다야, 지금이나 내가 입멸한 뒤거나, 그대들은 자기 자신을 귀의처로 삼아라. 자기 자신을 등불 삼아라. 남을 귀의처로 삼지 말라.

아난다야, 그리하면 그대들은 나의 제자가 될 것이다. 슬픔을 멈추게 될 것이다. 이렇게 하는 것이 수행에 열중하는 것이니라."[87]

'몸을 (무상한) 몸으로서 관찰하라.

느낌을 (무상한) 느낌으로서 관찰하라.

마음을 (무상한) 마음으로서 관찰하라.

마음의 상황을 (무상한) 마음의 상황으로서 관찰하라.'

이것이 4념처(四念處)이다. 이것이 정념(正念, Sammā-sati)이다. 8정도의 일곱 번째 정념이다. 이 4념처가 붓다 선(禪) 수행의 진수이

---

[87] MN 47.3.2.3(text. v. 162, Cunda) ; *The Book of the Kindred Sayings 5*(P.T.S.), p.143.

며 요체인 것이다. 그리고 이 4념처가 바로 자등명(自燈明) – Atta-dipā, 법등명(法燈明) – Dhammadipā이다. 등불이며 귀의처인 것이다.

입멸을 앞둔 시점에서, 사랑하는 제자를 잃은 슬픔과 상실의 비탄 속에서, 붓다가 이 '4념처의 자등명 – 법등명'을 설한 것은 매우 시사하는 의미가 큰 것으로 보인다. 어쩌면 자신의 죽음을 예감한 80세의 노(老)붓다가 사랑하는 제자들과 이 세상 사람들을 위하여 남기는 마지막 가르침일지 모른다. 밤낮으로 외자식 생각하는 어머니가 그 외자식을 남겨두고 떠나면서, 자식의 손에 꼬옥 쥐어주는 최후의 등불인지 모른다. 그래서 이 '4념처의 담마'는 절실하고 간곡하다. 이 '자등명·법등명의 담마'는 비장감마저 불러일으키는 것이다.

붓다는 모든 불교도들에게 이렇게 촉구하고 있다. 구원의 등불을 기다리는 세상 사람들에게 이렇게 촉구하고 있다. 사랑하는 제자의 죽음을 슬퍼하면서, 자신의 죽음을 내다보면서, 이렇게 정성을 다하여 권청하고 있는 것이다.

"그대들이여, 마음집중 하라.
치열하게, 고요하게, 이렇게 관찰하라.

본래무일물(本來無一物)…….
이 몸은 무상하고 텅 빈 것이다.
이 느낌은 무상하고 텅 빈 것이다.
이 마음은 무상하고 텅 빈 것이다.
이 마음의 상황은 무상하고 텅 빈 것이다.
이것이 자등명·법등명이다.

이것이 마지막 구원의 등불이다.
이것이 마지막 구원의 귀의처이다.
이것이 직지견성하는 유일한 길이다.

이렇게 머무르는 자라야 진정 나의 제자로다.
그대들은 이 세상의 슬픔과 좌절에서 벗어날 것이다."

마음 비우고 살펴보라, 보일 것이다

"아난다야, 이제 수행자는 몸을 (무상한) 몸으로서 관찰하면서 머물러라.
치열하게, 고요하게 마음집중 하여, 욕심으로부터 생겨나는 이 세상의 좌절감을 억제하라."

(Herein, Ānanda, a monk abides in body contemplating body (sa transient), ardent, composed and mindful, resraining the dejection in the world that arises from coveting.) [SN 47.3.2.3(text. v. 161)]

이것이 염처(念處, sati) 수행이다. 마음집중(mindfullness)이다. 정념(正念) 수행, 청정한 마음 수행이다. 여기서 중요한 것은, 정신차려서 여실히 관찰한다는 것이다. 마음집중은 마음을 몸·느낌 등 한 대상, 한 화두에 집중해 놓고 그냥 있는 것이 아니다. 마음을 집중하여, 정신·주의력을 집중하여 그 대상을 있는 그대로 보는 것이다. 몸을 몸으로서 보고, 느낌을 느낌으로서 보고, 마음을 마음으로서 보고, 마음상황을 마음상황으로서 보는 것이다.

'몸을 몸으로서 본다'는 것은 무엇인가? 어떻게 보는 것인가?

붓다는 '담마를 한마디로 간략하게 가르쳐 달라'는 한 수행자의 요구에, 이렇게 답하고 있다.

"보이는 것에는 오직 보이는 것만 있고,
들리는 것에는 오직 들리는 것만 있고,
(냄새 맡고 맛보고) 만지는 것에는 오직 (냄새 맡고 맛보고) 만지는 것만 있으며,
생각하는 것에는 오직 생각하는 것만 있다."[88]

이 말은 몸·느낌 등 대상에 대하여 보는 이의 감정·주관·판단 등을 개입시키지 않고 대상 그 자체로서, '있는 그대로' 본다는 것이다. 여실지견(如實知見)하는 것이다. 냐나뽀띠까는 이렇게 논하고 있다.

청정한 염(正念, 念處, sati)은 대상을 있는 그대로 정확하게 받아들이는 것이다. 이것은 보는 것처럼 쉬운 일이 아니다. 아무 관심도 없는 것을 대할 때가 아니라면, 대부분 그렇게 하지 못하기 때문이다. 사람은 보통 사물 그 자체에 무관심하지 않을 뿐더러, 많든 적든, 또는 좋든 나쁘든 자신의 입장에서 그 사물을 '이용하고' 판단한다. 인간은 육체적·정신적 영역을 형성하는 사물들을 분류한다. 이러한 분류는 인간의 한정된 관점과 관찰력을 명확하게 드러낸다. 인간은 일반적으로 그 분류 내에서 생활하고, 행동하고, 반응한다.[89]

그렇다면 어떻게 할 것인가?

---

[88] Ud 1.10(Bāhiya-Sutta) ; *Udāna*(tr. Bhikkhu Thanissaro, Microsoft Word 6). cf. 『기쁨의 언어 진리의 언어』, p.30
[89] 냐나뽀띠까·송위지, 앞의 책, pp.41~42.

이러한 한계를 극복하고, 대상을 있는 그대로 보고 관찰하려면 어떻게 해야 하는가?

그래서 수행하는 것이다. 수행하는 길밖에 달리 왕도가 있을 수 없다. 차 하나를 운전하려 해도 엄청난 수련이 필요한데, 자아·인생·세계……. 이 모든 것을 운전하려는데 어찌 수련하지 않을 수 있겠는가?

연기법·4제 8정도의 이치를 잘 이해하고
'모든 것은 무상하고 텅 빈 것이다'라는 이치를 항상 생각하고
살아 있는 모든 것에 대하여 연민의 눈물을 흘리고
조그마한 하나를 끊임없이 함께 나누고
5계를 받아 지니고,
때때로 붓다 앞에 나아가 무릎 꿇고 참회하고
시간 날 때마다 반가부좌하고 앉아서
'하나-둘-셋-.'
이렇게 호흡을 헤아리고
몸·느낌·마음·마음상황에 마음을 집중하고…….
이렇게 하는 것이 그 길이다.
'있는 그대로' 볼 수 있는 길이다.

이렇게 정신차려 수행하면 '있는 그대로' 볼 수 있는 눈이 생긴다. 이것은 의심의 여지없는 자명한 이치이다. 진지하게 조금만 노력하면 누구든지 이런 눈을 갖게 된다. '있는 그대로' 보게 된다. 즉시에 볼 수도 있다. 나병환자 수빠붓다도 금방 하고, 바보 빤타까도 며칠만에 하고, 500명의 도둑들도 머지않아 하고……. 이렇게 누구든지 할 수 있는 것이다.

'있는 그대로' 보는 것이 어떻게 보는 것인가?
'있는 그대로'는 어떤 모습일까?
'…………'
말할 수 없다.
그러나 굳이 말로 한다면, 무상(無常)하고 텅 빈 것을 본다. 공(空)한 것을 본다. 연기를 보고, 4제 8정도를 보고, 무아(無我)를 본다. 8정도의 첫머리, 정견으로 다시 돌아온 것이다. 먼저 이해한 것을 이번에는 직접 눈으로 '있는 그대로' 보는 것이다. 그리고 그렇게 살아간다. 본 대로 살아간다. 이해한 것을 '있는 그대로' 보게 하는 것, 직관(直觀)하게 하는 것이 참선의 힘이다.

분명하게 이해하고, 헌신과 참회로 치열하게 실천하고, 마음집중-참선으로 있는 그대로 보고- 이 과정이 곧 견성이다. 견성 해탈한다. 견성 열반한다. 그래서 우리 마음이 일체의 속박으로부터 자유로워진다. 이것이 곧 깨달음이다. 위없는 평화와 행복, 기쁨이다. 이러한 수행과정을 흔히 '위빠사나(Vipassanā)'라고 일컫는다. 이것은 참선·선(禪) 수행이 단순히 앉아서 관찰하는 것이 아니라, 치열하게 살아가는 삶 자체라는 사실을 강력히 시사하는 것이다. 냐나뽀니까는 이렇게 논하고 있다.

위빠사나[비파사나, 원저]는 삼법인, 즉 제행무상(諸行無常)·제법무아(諸法無我)·일체개고(一切皆苦)를 직접 깊이 있게 통찰한다. 또한 이러한 진리를 단순히 지적으로나 개념적으로 아는 것이 아니라, 수행을 반복하여, 그 진실 밑에 존재하는 사실들과 대면함으로써, 그것들을 명백하고 확고하게 경험하는 것이다.

프랑스의 사상가 기요(Guyeau)는 "알고 있으면서도 그에 따라 행동하지 않는다면, 그 사람은 불완전하게 알고 있는 것이다."라고 말했다. 이처럼 위빠사나도 삶을 변화시키는 지식이다.

탐욕·성냄·어리석음으로부터 벗어나, 내적·외적 세계의 모든 사물을 '있는 그대로의 현상(suddha-dhamma)'으로 명확하게 보는 것이 위빠사나의 본성이다. 바로 이것이 또한 청정한 염[正念]을 수행하는 마음가짐이다.90)

6. 선(禪)을 던져라, 화두를 놓아라

1) 선(禪)의 체계, 거대한 미로

"그대들이여, 마음집중 하라.
치열하게, 고요하게, 이렇게 관찰하라.
있는 그대로 관찰하라.
이 몸은 무상하고 텅 빈 것이다.
이 느낌은 무상하고 텅 빈 것이다.
이 마음은 무상하고 텅 빈 것이다.
이 마음의 상황은 무상하고 텅 빈 것이다."

이것이 4념처(四念處)다. 정념(正念)이다. 정정(正定)·정견(正見)·정사유(正思惟)다. 그리고 정어(正語)·정업(正業)·정명(正命)·정정진(正精進)이다. 그리고 이것이 위빠사나(Vipassanā)이다.

---

90) 앞의 책, p.53.

이것이 무슨 말인가?

8정도는 한 덩어리의 삶이란 뜻이다. 하나하나 분리될 수 없는 한 묶음의 삶이란 의미이다. 〔표 7〕에서 본 바와 같이, 8정도는 서로 얽혀 돌아가는 불가분의 총체적인 삶의 현장이다. 정리하기 좋게 3학으로 구분하고 신해행증으로 나눌 뿐, 실제로는 거기에 3학도 없고, 신해행증도 없는 것이다. 간략히 정리해 보면 이와 같다.

정정진(正精進, sammā-vāyāna) : 굳건한 의지를 다짐하고,

정념(正念, sammā-sati) : 한 대상에 마음집중 하여,

정정(正定, sammā-samādhi) : 마음을 고요히 하고 —

8정도의 세 번째 수행은 이렇게 정념으로 대표되는 선정(禪定)이다. 신해행증의 과정에서는 행(行)의 한 부분을 형성하고, 3학과 5분향의 정(定), 정향(定香)에 해당된다. 불교의 선(禪, Jhana, dhyāna) 수행에 해당된다.

그런데 분석가들의 분석은 끝없이 전개된다.

8정도의 마지막 항목으로 정정(正定, sammā-samādhi)이 별도로 설해져 있고, 많은 경론에서 이 정정 선정(禪定)에는 4단계의 과정, 곧 4선(四禪)이 시설되는 것으로 논하고 있다. 또는 9차제정(九次第定)이 시설되기도 한다.[91]

그리고 정정(samādhi, 止) — 정견(Vipassanā, 觀)으로 이어지는 지관법(止觀法)이 시설되고 이 지관(止觀)이 정혜(定慧)로서 규정되기도 한다.[92] 최봉수 교수는 이렇게 논하고 있다.

---

91) 이중표, 앞의 책, pp.93~125. W. Rahula, Ibid, pp.48~49.
92) '지(止)는 정(定)을 말하고 관(觀)은 혜(慧)를 말한다. 일체선법(一切善法)의 수(修)로부터 생(生)하는 것은 모두 이 양자에 섭(攝)하며, 또 산심(散心)

도제(道諦)의 내용으로 자주 설해지는 팔정도(八正道) 중 중요한 것은 역시 정견(正見, sammā-diṭṭhi)·정사유(正思惟, sammā-saṅkappa)와 정정진(正精進, sammā-vāyāna)·정념(正念, sammā-sati)·정정(正定, sammā-samādhi)을 들 수 있는데, 이중 정견(正見)·정사유(正思惟)는 관(觀, vipassanā)에 해당하고 정정진(正精進)·정념(正念)·정정(正定)은 지(止, samatha)에 해당하기 때문이다. 이러한 지(止)와 관(觀)은 도제(道諦)에 있어서 바로 제법(諸法)의 소멸과정에 동인(動因, Hetu)으로서 작용할 것을 짐작할 수 있다.[93]

분석은 여기서 멈추지 않는다. 4념처·4선·위빠사나·지관 등 붓다의 선수행이 끝없이 전문화되고 체계화, 기교화되어 갔다. 붓다고사의 *Visuddhimaggo*(『淸淨道論』) 등 많은 논서들이 나오고, 오늘날 미얀마 등 남방 불교국가들에서 행해지고 있는 것같이, 복잡다단한 형태가 고안되고 제시되었다. 붓다의 참선법은 마치 거대한 미로처럼 얽혀 들었다.

그러나 붓다의 수행법·참선법이 본래부터 이렇게 접근 불가능한 미로로 얽혔던 것은 결코 아니라고 생각된다. 4선(四禪)은 초기 경장에서 자주 언급되고 있음에도 불구하고,[94] 분명히 불교 이전의 힌두계통인 *Mahābhārata*(Santi Parvan)와 *Yoga-Sutra*에서 연유하는 것이고, 아비담마 단계에서 체계화되고, 붓다고사의 *Visuddhimaggo* 등 논서에서 놀랄 정도로 복잡하게 해설되고 있는 것이다.

에 있는 문사(聞思) 등의 혜(慧)도 이 가운데 섭(攝)하느니, 이 이(二), 곧 사(事)로써 능히 도법(道法)을 판별한다.';『成實論』 15.
93) 최봉수, 앞의 책, p.321.
94) G. C. Pande, Ibid, p.533-note. 128.

염처(sati)의 경우도, '항상 정신차리고 있어야 한다는 마음집중의 필요성이라는 기본적 아이디어는 분명히 매우 초기부터 있었지만',[95] '신념처(kāyāgata-sati)〔MN 1. 266〕・안나반나념(anapana-sati)〔MN 3, 82-84. AN 5. 3. f〕과 4념처의〔MN Satipaṭṭhāna. DN Mahasati- paṭṭhā- na. SN 5. Satipaṭṭhāna-Sam〕세부 항목들은 보다 후대의 발전으로 보인다.[96]

2) 참선은 본래 이름이 없다

'빠따차라 장로니의 견성 고백'

> "세속에서는 호미로 밭을 갈고 땅에 씨를 뿌려
> 처자를 부양하면서, 젊은이들은 부(富)를 쌓는다.
> 제가 계행을 몸에 지니고, 스승의 가르침을 실천하고 있는데,
> 어찌해서 제가 평안을 얻을 수 없겠습니까?
> 저는 두 발을 씻고, 물 속에 비친 자신의 모습을 보았습니다.
> 발 씻은 물이 높은 곳에서 낮은 곳으로 흘러 내려가는 것을 보고,
> 저는 혈통이 좋은 준마를 길들이듯, 마음을 가라앉혔습니다.
> 저는 저녁 등불을 잡고 방으로 들어갔습니다.
> 저는 누울 자리를 살피고 잠자리에 들었습니다.
> 저는 바늘을 잡고 등 심지를 낮췄습니다.
> 불꽃이 스러지듯, 마음의 해탈이 일어났습니다."[97]

---

95) Ibid, p.523.
96) Ibid, p.523.
97) Thīg 112-116 ; 『비구의 고백 비구니의 고백』, p.246.

물은 위에서 흘러간다

이것은 초기불교사의 유명한 전법사의 한 사람인 '빠따차라 장로니(Paṭacārā-Therī) 장로니의 견성 고백'이다. 붓다의 담마는 이렇게 간결하고 명료하다. 또 일상에서 누구나 실천할 수 있는 것으로 제시되어 있다. 여기에는 미로(迷路)와 같은 4념처 수행법이나 4선의 체계는 없다. 파고들고 파고드는 위빠사나(Vipassanā)도 없다. 선수행만이 유일한 길이라거나 몇 년, 몇십 년 좌선하고 앉아야 견성할 수 있다는 전제도 결코 없는 것이다.

여기서 가장 주목되는 것은, 붓다-담마가 '4념처'·'4선'·'위빠사나'·'8해탈' 등으로 개념화되지 않고 있다는 것이다. 농부들이 농사짓는 것같이 단순하고 간결한 일상의 삶 그 자체로서 실천되고 있다는 사실이다. 선(禪)이 선(禪)으로서 있지 않고, 한 덩어리의 삶으로서 녹아들고 있는 것이다. 흐르는 물을 있는 그대로 관찰하고, 등불의 심지를 줄이면서 그 현상을 있는 그대로 관찰하고 있는 것이다. 그러면서 그 속에서 무상의 담마를 깨닫고 있는 것이다.

참선이란 본래가 이런 것이다. 붓다의 참선법은 본래 이름이 없는 것이다. 체계가 없는 것이다. 기술이 없는 것이다. 정신차려 보는 것이다. 일상의 삶에서, 정신차려서, 마음집중 하여 보는 것이다. 그러면서 붓다의 근본 담마를 생각하는 것이다. 그러면서 있는 그대로 보는 것이다. 모든 것이 있는 그대로인데, 왜 보지 못하겠는가?

물은 높은 곳에서 낮은 곳으로 그대로 흘러가고,
등불은 시간이 지나면 잦아들고,
농부들은 열심히 농사를 지어 그대로 처자를 부양하고,

수행자는 계행을 지키며 그대로 공부하고…….

이렇게 모든 것이 법답게 흘러가고, 변하여 가고, 연화해 가는 것인데 왜 '있는 그대로' 보지 못한다고 하는 것인가?

붓다-담마는 이렇게 모든 사람들에게 열려 있다. 자연스런 삶으로 열려 있다. 모든 담마가 모든 대중들의 견성을 위하여 널리, 그리고 평등하게 열려 있는 것이다. 누구든지 쉽게 보고 쉽게 깨달을 수 있는 것이다. 그것이 붓다-담마이다. 그리고 이러한 담마의 특성은 수천 수만의 대중들의 즉시견성 사건들을 통하여 이미 사실로 입증되지 않았는가?

3) 화두(話頭), 놓아 버려라

'선(禪)은 상근기가 하는 것이다. 간화선은 최상승 근기가 하는 최상승 수행법이다.-'

이런 주장은 비(非)불교적, 비(非)붓다적인 발상으로 들린다. 이것은 '귀 있는 자는 들어라', '눈 있는 자는 와서 보라', '누구든지 볼 것이다'라고 선포한 붓다의 근본 담마에 어긋나기 때문이다. 마땅히 포기되어야 할 중국인의 대국적(大國的) 자만으로 생각된다.

지금까지 끊임없이 간화선을 비판하고 내던져 버리기를 촉구해 왔지만, 이것은 조사선(祖師禪)의 가치를 부정하는 것이 결코 아니다. 조사선은 인류 정신사의 전개에 일단의 큰 기여를 한 것이 분명하다. 그 위대한 유산은 계승되고 발전되어야 한다. 이 이치를 누가 모르랴.

문제는 후대에 와서 구축되고 맹종된 간화선 우월주의와 비(非)일상적·반(反)대중적 참구방법으로 생각된다. 일념삼천(一念三千)의 그 일념을 한 찰나에 타파한다고 주장하지만, 이런 발상 자체가 극단적인 관념론의 산물이 아닐지 냉철히 검토되야 할 것이다. 일념이 본래 공하고 텅 빈 것인데, 이것은 바보도 다 아는 자연스런 담마인데, 평지풍파를 일으킬 까닭이 어디 있겠는가?

피땀 흘리는 일상적 삶의 고통 없이, 깨닫겠다고 화두 들고 몇 년 몇십 년 앉아 기다리고 있는 것이 가장 심각한 문제이다. 일상적 삶의 고통 없이, 어떻게 절절한 의단(疑團)이 발로할 수 있겠는가? 또 이렇게 해서 한 소식 한다고 해서, 이것이 정녕 깨달음이겠는가? 생사해탈 한다고 해서, 이것이 과연 생사해탈이겠는가?

문제는 생사해탈이 아니라, 지금 여기 이 고통스런 삶의 현장에서, 이웃들과 어울려 서로 사랑하며 세상의 짐을 나누어지고 가는 것이 아니겠는가? 이 평범한 세속적인 삶으로 환원되지 못하는 생사해탈이 무슨 의미가 있겠는가? 범부든 성자든, 어차피 죽음 앞에서 평등한 것인데……

조사선은 불교적 수행법의 하나일 뿐이다. 간화선은 4념처로 총괄되는 붓다 참선법과 8정도의 삶의 기초 위에 설 때 비로소 그 생명력을 발휘할 수 있을 것으로 기대된다. 한 소식 하기 위하여 화두를 수단으로서 들 것이 아니라, 화두 드는 그 자체로서 삶을 삼을 때, 이미 그 속에 깨달음은 온전히 드러나 있을 것이다. 삶의 현장 굽이굽이에서, '제행은 무상하고 텅 빈 것이다, 본래무일물(本來無一物)이다', 이렇게 끊임없이 관찰할 때, 거기에 이미 직지견성이 온전히 발로해 있을 것이다.

화두, 이제 놓아 버릴 때가 된 것 같다.

화두 놓아 버리고, 화두에서 풀려 나와, 햇빛 내리비치는 삶의 들판으로 달려나갈 때가 된 것 같다. 조금만 정신차려 보면, 거기에 화두가 넘치고 있는 것을 보게 될 것이다. 활구(活口)가 도처에 넘치고 있다는 놀라운 사실을 깨닫게 될 것이다.

4) 선(禪)을 던져 버려라

'선(禪)을 던져 버려라.
선(禪)을 만인에게 돌려줘라.
그래야 선(禪)이 산다.'
빤타까를 비롯한 많은 선사들이 이렇게 경각하고 있는 것 같다.

선에 관한 모든 이론과 체계를 포기하는 것으로부터 선수행은 시작되지 않으면 안 될 것으로 보인다. 4념처·4선·위빠사나·번뇌론·지혜론 등에 관한 기존의 모든 이론과 체계를 미련 없이 던져 버리고 무식(無識)해지는 것, 선에 대한 과도한 기대를 몰록 포기해 버리는 것, 이것이 진정 붓다의 참선법을 살리는 길이 될 것이다.

오로지 참선을 통해서만 직지견성할 수 있다는 맹신으로부터 자유로워지는 것이 붓다 선수행의 유용성을 회복시키는 길의 첫 출발로 생각된다. 위빠사나도 간화선도 다 버려야 참으로 선(禪)이 살아날 것 같다. '붓다는 진리의 달을 가리켰는데, 흔히 그의 추종자들은 손가락을 잡고 만족하고 있기' 때문에,98) 그 손가락을 제거하는 길밖에 달리 방법이 없다.

---

98) Vijnaptimatratasiddhi, La Siddhi de Hiun tsang, traduite et annotee par L. de la Vallee Poussin(Paris, 1928-1929), Ⅱ. p.669.

역사적으로 관찰할 때, 중관(中觀)이나 밀교(密敎), 중국의 조사선(祖師禪)이 이러한 시도의 하나로 인정되지만,99) 이 모든 시도가 결과적으로 동일한 오류를 반복하고 있다는 사실이 드러나고 있다. 이러한 오류는 콘즈에 의하여 이미 '치명적인 위험'으로 지적된 바 있다.

"이제 무작정 두 발을 씻고 앉아라.
한쪽에 앉아 호흡을 헤아려라.
그리고 마음을 집중하여 이 몸과 느낌·생각을 관찰하라.
'이 몸 이대로 무상하고 텅 빈 것이다.
이 느낌, 이 생각 이대로 무상하고 텅 빈 것이다.
본래무일물(本來無一物)이다.……'
이렇게 있는 그대로 관찰하라.
그러면 곧 보게 될 것이다. 깨닫게 될 것이다. 어쩌면 그들은 지금 이미 깨달아 있는지 모를 일이다."

그때, 30명의 수행자들에게 했던 것같이,100) 이제 다시 빠따차라 장로니가 이 시대의 수행자들에게 이렇게 촉구하고 있는 것같이 들려온다.

"문득 가부좌하고 앉아라.
'제행은 무상하고 텅 빈 것이다.
본래무일물(本來無一物)이다.'
오로지 이렇게만 관찰하라.
그것으로 족한 법, 곧 보게 될 것이다."

---

99) G. C. Pande, Ibid, pp.538~539.
100) Thīg 117-121 ; 앞의 책, p.247.

몸과 느낌·마음·생각의 변화를 알아차리고
거기에 마음집중 하여
'이것은 무상하고 텅 빈 것이다.
본래무일물(本來無一物)이다.'
무턱대고 이렇게 관찰하고…….

이것이 정념(正念)·정정(正定)·정정진(正精進)의 삶이다. 정행(定行)·정향(定香)의 삶이다. 이것이 만고불변의 참선법이다. 이렇게 호흡을 헤아리고 관찰하는 과정에서 마음이 집중되고 통찰력이 빛을 발한다. 이 마음집중과 통찰력이 곧 8정도의 삶이고 깨달음의 삶이다. 지혜의 눈을 밝히고 자비의 눈물을 흘리게 하는 첫걸음이고, 대중견성의 문을 여는 패스워드인 것이다.

무작정 열심히 듣고 읽고 베끼고
붓다 발아래 절하고
밥 한 그릇, 미소 하나, 말씀 한마디,
피 한 줌 함께 나누고
5계 받아 지니고,
때때로 대중 앞에 엎드려 허물을 묻고
무턱대고 반가부좌로 앉아 호흡 헤아리고
몸과 느낌·마음·생각에 마음집중 하여
'이것은 무상하고 텅 빈 것이다.
본래무일물(本來無一物)이다.'
이렇게 관찰하고…….

이것이 8정도의 삶이다. 이렇게 열심히 살아가는 것이 곧 깨달음의 삶이고 대중견성의 삶인 것이다. 이 가운데 어느 하나라도 정신차려 열심히 하면 그것으로 족한 것이다.

제4장 즉신견성(卽身見性)의 원리

"보잘것없고 이러저러한 생각에 끄달리기 쉬운 이 몸 그 자체 속에서, 세계(고통)와 세계(고통)의 발생, 세계(고통)의 소멸과, 세계(고통)의 소멸로 이끄는 길이 있음을 나는 전제한다."〔AN(Colombo), p.218〕

제4장 즉신견성(卽身見性)의 원리

1. 견성 열반은 수행의 결과인가?

1) 길도 아니고 길의 결과도 아닌 것

'열반의 노래'[1]

「나는 이와 같이 들었다.

어느 때 세존께서는 사밧티 근교 제타 동산의 아나타삔디까 수행원에 계셨다. 그때 세존께서 열반에 관한 담마를 설하여, 수행자들을 가르치고 촉구하고 분발시키고 격려하였다. 수행자들은 들을 준비를 갖추고 정신차려 그들의 모든 주의를 집중하고 귀를 기울여 담마를 들었다.

그들이 그 담마의 중요성을 이해했을 때, 세존께서는 이렇게 감흥을 읊으셨다.

"수행자들이여, 이러한 곳이 있다.
그곳에는 흙도 물도 없으며 불도 없고 바람도 없다.

---

1) Ud 8.1-3(Nibbāna-Sutta) ; *Udāna*(tr. Bhikkhu Tanissaro, Microsoft Word 6) ; 『기쁨의 언어 진리의 언어』, pp.143~145.

그곳은 허공으로 가득 찬 곳〔空無邊處〕도 아니고
의식이 가득 찬 곳〔識無邊處〕도 아니고
어떤 것도 아닌 곳〔無所有處〕도 아니고
생각도 아니고 생각 아닌 것도 아닌 곳〔非想非非想處〕도 아니다.

이 세상도 아니고 저 세상도 아니며
해와 달도 없다.
그곳에 온다고도 말할 수 없고
그곳으로 간다고 말할 수도 없고
그곳에 머무른다고 말할 수도 없고
그곳에서 머문다고, 그곳에서 죽는다고 말할 수 없고
그곳에 태어난다고도 말할 수 없다.

그것은 무엇에 의하여 있는 것도 아니고
무엇으로부터 생겨난 것도 아니고
무엇에 의지해 있는 것도 아니다.
그곳은 다름 아닌 세상의 끝이다.
열반은 참으로 보기 어렵다
담마는 결코 쉽게 보이지 않는다.
지혜로운 이는 갈애를 환히 알며
보는 자는 어떠한 것도 소유하지 않는다.

수행자들이여, 생겨난 것이 아닌 것,
이루어진 것이 아닌 것, 만들어진 것이 아닌 것,
합성된 것이 아닌 것이 있다.

만약 생겨난 것이 아닌 것, 이루어진 것이 아닌 것,
그리고 만들어진 것이 아닌 것,
합성된 것이 아닌 것이 없다면,
그곳에는 생겨난 것과 이루어진 것, 만들어진 것,
합성된 것을 싫어하며 떠나는 일은 알 수 없을 것이다.

수행자들이여, 생겨난 것이 아닌 것,
이루어진 것이 아닌 것,
그리고 만들어진 것이 아닌 것,
합성된 것이 아닌 것이 있기 때문에
생겨난 것, 이루어진 것,
만들어진 것, 그리고 합성된 것을
싫어하며 떠나는 일도 알 수 있는 것이다."」

'수행으로 얻는 것 아니다'

많은 사람들이 견성 열반은 수행으로 이루어지는 것, 수행의 결과로 얻어지는 것으로 믿고 있는 것처럼 보인다. 깨달음이나 성불은 오랜 기간의 고심참담한 수행의 결과로 얻어지는 것이라고 굳게 믿고 있는 이들이 많다. 그래서 '깨닫기 전에는 세상에 나가지 않겠다'고 생각하는 이들도 많은 것이 사실이다.

'6년 고행'이나 4쌍8배의 '예류설(預流說)',[2] 역겁성불론(歷劫成佛論) 등이 이러한 생각과 관련 깊은 것으로 생각된다.

'견성은 수행의 결과인가?'

---

[2] 예류에 들면 7회 이상 윤회에 들어가기 전에 완전히 깨닫게 된다는 주장.

깨달음과 열반은 수행의 결과로 얻어지는 수행의 산물인가?……'
이것은 참으로 중요하고도 심각한 본질적인 문제가 아닐 수 없다.
이제 본론은 대중견성의 가장 핵심적인 문제와 직면하고 있다.
이 문제에 대해서 붓다는 어떻게 설하고 있는가?

"수행자들이여, 생겨난 것이 아닌 것,
이루어진 것이 아닌 것, 만들어진 것이 아닌 것,
합성된 것이 아닌 것이 있다.
만약 생겨난 것이 아닌 것, 이루어진 것이 아닌 것,
그리고 만들어진 것이 아닌 것,
합성된 것이 아닌 것이 없다면,
그곳에는 생겨난 것과 이루어진 것, 만들어진 것,
합성된 것을 싫어하며 떠나는 일은 알 수 없을 것이다."

(There is, monks, an unborn−unbecome−unmade−unfabricated. If there were not that unborn−unbecome−unmade−unfabricated, there would not be the case that emancipation from the born− become− made−fabricated would be discerned. But precisely because there is an unborn−unbecome−unmade−unfabricated, emancipation from the born−become−made−fabricated is discerned) [Udāna 8.3]

이것은 최고층의 빠알리-니까야로 분석되는 *Udāna*에서3) 설한 'Nibbāna-Sutta', 곧 붓다의 '열반의 노래'이다.
이 '열반의 노래'는 참으로 감동적으로 들린다. 그러면서 매우 시사

---

3) G. C. Pande. Ibid, p.71.

적이서 그 뜻을 이해하기 어려워 보인다. 그러나 이 '열반의 노래'가 전하는 메시지는 분명한 것으로 생각된다.
  '견성 열반은 수행에 의해서 만들어지는 것이 아니다.
  4선·8선·9선에 의해서 만들어지는 것도 아니다.
  수행 이전에, 수행에 관계없이 본래 그대로 있는 것이다.
  본래 자연으로 있는 것이다.'
  이것이 이 '열반의 노래'가 밝혀 보이는 진실의 메시지라고 생각된다. 이것은 궁극적으로 견성 열반의 본질이 무위(無爲) – 무위법(無爲法, asaṃkhata-dhamma)이라는 사실을 일깨우고 있다는 것을 의미한다. 이와 관련하여, 라훌라 비구는 이렇게 논하고 있다.

  열반이 탐욕을 제거한 자연스런 결과라는 생각은 잘못이다. 열반은 그 무엇의 결과가 아니다. 만일 열반이 무엇의 결과라면, 열반은 어떤 원인의 결과가 될 것이다. 그리되면 열반은 '만들어지고', '조건지어지는' 유위(有爲, saṃkhata)가 될 것이다.
  열반은 원인도 아니고 결과도 아니다. 열반은 인과를 넘어서 있는 것이다. 실상(實相, Truth)은 결과도 아니고 [수행의] 효과도 아니다. 실상은 선정이나 삼매처럼 신비하고 정신적이며 지적인 상태로 만들어지는 것이 아니다. 실상은 실상 [그 자체]이다. 열반인 열반 [그 자체]이다.
  우리가 할 수 있는 유일한 일은 열반을 보는 것이다. 열반을 실현하는 것이다. 열반의 실현으로 이끄는 길이 있다. 그러나 열반은 이 길의 결과가 아니다.4)

---

4) '여기서 9개의 초세간법을 기억하는 것이 유익할 것이다. '열반은 길(道, magga)

2) 거기 그렇게 빛나고 있는 것

장엄한 히말라야산이 그렇게 빛나듯

"열반은 무엇에 의하여 있는 것이 아니다.
열반은 무엇으로부터 생겨난 것이 아니다.
열반은 생겨난 것, 이루어진 것, 만들어진 것, 합성된 것이 아니다."
(열반의 노래)

"열반은 무위(無爲)이다.
수행의 길도 아니고 수행의 결과도 아니다.
빛이 스스로 그대로 있는 것같이, 열반 또한 스스로 그대로 있는 것이다.
실상은 (실상 그 자체로 거기에) 있는 것이다.
열반은 (열반 그 자체로 거기에) 있는 것이다."
(Truth is. Nirvāna is)〔W. Rahula〕

이것은 참으로 놀라운 소식으로 들린다. 많은 사람들의 고정관념을 여지없이 붕괴시키는 혁명적인 담마가 아닐 수 없다. 당혹감마저 느낀다.
그러나 생각해 보면, 이것은 얼마나 단순하고 자명한 이치인가? 히말라야산이 어디 등산의 결과로 생겨난 것인가? 등산로를 개척해 간 끝에 히말라야가 한순간에 우뚝 솟아난 것인가? 히말라야산은 본래

과 결과(果, phala)를 넘어서 있다.' ; W. Rahula, Ibid, p.40, note-3.

거기 그렇게 의연히 빛나고 있지 않았던가?
 어찌 히말라야산뿐이겠는가? 하늘도 땅도, 바람도 물도, 사람도 꽃도……, 천지만물이 공장제품이 아니라면, 본래 빛처럼 그렇게 빛나고 있는 것이 아니겠는가? 거기서 그렇게 빛여울같이 빛을 발하며 흘러가고 흘러오는 것이 아니겠는가? 그래서 학승 라훌라는 이렇게 논하고 있다.

　우리는 길을 따라서 산에 도달할 수 있다. 그러나 산은 그 길의 결과로 있는 것도 아니고, 길을 잘 가서 그 효과로 있는 것이 아니다. 우리는 빛을 보고 있다. 그러나 그 빛은 우리가 본 결과로 있는 것이 아니다.5)

 거기 그렇게 있는 열반,
 거기 그렇게 장엄한 히말라야 산맥같이, 스스로 빛을 발하며 있는 열반의 경지-.
 '거기가 어딜까?
 견성 열반의 히말라야산은 어디일까?……'
 이렇게 묻는 이는 아마 없을 것이다. 열반을 찾아 히말라야산으로 달려갈 사람은 아마 없을 것이다. 지금까지 공부해 온 수행자라면 이미 알고도 남음이 있을 것이기 때문이다. 바보 빤타까도 알고, 노비 쿠주따라도 보는 것을 왜 그들 수행자들이 모르겠는가?

　"이 세상도 아니고, 저 세상도 아닌 곳,
　해와 달도 없는 곳,

---
5) W. Rahula, Ibid, p.40.

온다고도 할 수 없고, 간다고도 할 수 없는 곳,
머문다고도 할 수 없고, 태어난다고도 할 수 없는 곳,
더더구나 죽는다고도 할 수 없는 곳."〔Udāna 8.1〕

거기는 곧 마음이다.
히말라야 산맥같이 장엄하게 빛나고 있는 열반의 봉우리는 바로 저마다의 마음속에 있는 것이다. 아니 마음, 바로 그것이라 해야 할 것이다. 그래서 지금까지 끊임없이, '견성, 견성 열반', 이렇게 일컬어 온 것이다. 열반은 제 마음을 보는 것이기 때문이다. 자성(自性)을 보는 것이기 때문이다.
'보아라. 와서 보아라…….
눈 있는 자는 와서 보아라. 있는 그대로 보아라.'
스승 붓다가 수없이 이렇게 촉구한 것도 바로 열반이 제 마음을 보는 것이기 때문일 것이다.

존재 · 비(非)존재에 대한 목마름 때문에
거기 그렇게 있는 열반,
저마다의 마음속, 마음 그것으로,
거기 그렇게 히말라야 산맥같이 찬란히 빛나고 있는 견성 열반의 경지-.
그러나 사람들은 갈애(渴愛, taṇhā) 때문에, 욕심과 집착 때문에, 이 단순명료한 자연의 실상을 보지 못한다. 어둔 식(識)에 가려서 '있는 그대로'를 보지 못한다. 보지 못하기 때문에 '창조다, 종말이다' 하며 혼란에 빠져 허덕이고 있는 것이다. 갈애 · 욕심의 종류에 관하여,

빠알리-니까야에서는 이렇게 설하고 있다.

"재생(再生)을 만들어내는 것은 갈애(渴愛, 慾心, tanhā)이다. 이 갈애는 탐욕과 미혹과 더불어 새로운 쾌락을 찾아 여기저기 헤매고 있다. 갈애는 이름하여 다음 셋이 있다.
첫째, 감각적 쾌락에 대한 갈애(the craving for sensual pleasure)
둘째, 존재와 생성에 대한 갈애(the craving to be born again)
셋째, 비(非)존재에 대한 갈애(the craving for existence to end)
수행자들이여, 이것이 고통의 생겨남에 대한 거룩한 진리[集諦]이다."6)

교학적으로는 인간의 탐욕·갈애를 이렇게 분류한다.7)
① 감각적 쾌락에 대한 갈애 - 욕애(慾愛, kāma-tanhā)
② 존재와 생성에 대한 갈애 - 유애(有愛, bhava-tanhā)
③ 비(非)존재에 대한 갈애 - 무유애(無有愛, vibhava-tanhā)

성(性)에 대한 쾌락 등 감각적인 욕망을 추구하면서(慾愛),
영생(永生) 등 자기 존재(有)를 영속시키고 부활시키려는 욕망을 추구하면서(有愛),
영혼·신(神)·천국(天國) 등 존재를 넘어서는 정신적인 것(無有)에 대한 욕망을 추구하면서(無有愛)……
이 '갈애의 담마, 욕망의 담마'를 들으면서, 많은 사람들은 자기 내

---

6) SN 56.12.2.1(text. v. 421, Spoken by the Tathāgatā) ; *The Book of the Kindred Sayings* 5(P.T.S.), p.357.
7) W. Rahula, Ibid, p.29.

면을 들여다보고 부끄러움을 느낄지도 모른다. 특히 세 번째의 비(非)존재에 대한 욕망에 이르러서는 당혹감마저 느낄지 모른다.

'영혼의 존재를 바라는 것도 갈애란 말인가? 신(神)・하느님을 찾고, 천국에의 영생을 구하고, 부활을 원하는 것도 고통의 원인이 되는 탐욕이란 말인가?……'

그러나 분명히 그렇다. 그런 것이다. 이것이 모두 끝없는 고통과 윤회를 불러오는 어둔 동력(動力)이 되는 것이다. 이것이 붓다-담마이다. 삼엄하고 두렵다고 할까? 추호의 사정이 없는 것이다. 기원전 7~5세기, 인도사회에 팽배했던 신(神)절대주의 - 브라만(Brahman, Brahmā) 우월주의를 비판하고 혁파하면서, 불교운동이 시작되었다는 역사적 상황을 다시 한번 상기해 볼 것이다.〔1집 제1편 4장 참조〕

사람들은 이러한 욕망으로 눈 가리워져, 보지 못하고 있는 것이다. 거기 그렇게, 제 마음속에서 빛나고 있는 견성 열반의 엄연한 경지를 보지 못하고 방황하고, 엉뚱한 착각을 하고 있다. 그래서 김용옥 교수는 "기독교가 천국에 가는 것처럼, 불교는 열반의 세계로 가는 것이다. 따라서 기독교와 불교는 동질성을 갖고 있다."라고 주장하고 있다.[8] "선덕여왕이 첨성대를 만든 것은 33천의 세계, 곧 신(神)의 세계를 그리워했기 때문이다."라고 역사왜곡을 하고 있는 것이다.[9]

생각하면, 제 문화의 뿌리・사유체계를 단절하고 신의식(神意識)에 찌들려 있는 자들이 신(神)의 존재, 신의 세계마저 탐욕・무유애(無有愛)에 속한다는 이치를 어찌 쉽게 볼 수 있겠는가? 붓다의 세

---

8) 2000년 12월 15일 밤 10시, KBS-1 TV 공자 강의에서.
9) 2001년 4월 7일, KBS-1 TV, 일요스페셜 '선덕여왕의 비밀코드 첨성대.'

계·견성 열반의 세계는 이 어둔 신(神)의식마저 놓아 버린 청정한 마음의 경지라는 도리를 어찌 쉽게 이해할 수 있겠는가?

 영혼, 천국 등 무유(無有)·비존재(非存在)에 대한 인간들의 욕망은 실로 이렇게 맹목적이고 목마른 것이다. 문자 그대로 '갈애(渴愛, thirst, taṇhā)'이다. 바로 이 때문에 '열반은 참으로 보기 어렵다. 담마는 쉽게 보이지 않는다.'라고 설하고 있는 것이다.

 그럼에도 불구하고 열반의 세계는 거기 그렇게 빛나고 있는 것이다. 구름이 가리든 말든 광명은 거기 그렇게 스스로 빛나고 있고, 오르는 사람이 있든 없든 히말라야산은 거기 그렇게 스스로 빛나고 있고, 갈애 번뇌가 덮든 말든 열반은 모든 사람들의 마음속에서, 거기 그렇게 스스로 청정한 빛을 발하고 있는 것이다.

 그래서 사람들은 어둠을 싫어하고 광명을 좋아한다. 번뇌·고통을 싫어하며 열반·평화의 경지를 염원한다. 병을 두려워하며 건강을 희구한다. 사람들은 어둠을 벗어나 광명을 찾아 나선다. 사람들은 히말라야산에 오르기 위하여 목숨조차 기꺼이 던진다. 갈애를 여의어 히말라야같이 빛나는 청정한 자성으로 돌아가기를 열렬히 추구하며 신명을 던지는 것이다. 이러한 일들은 열반이 거기 있기 때문에, 거기서 히말라야처럼 빛을 발하며 있기 때문에 가능한 것이다. 산이 거기 있기 때문에 산에 오르는 것이다. 그래서 '열반은 거기 있다.(Nibbāna Is)'고 한 것이다. '열반의 노래'는 이렇게 구가하고 있다.

 "수행자들이여,
  생겨난 것이 아닌 것,

이루어진 것이 아닌 것,
그리고 만들어진 것이 아닌 것,
합성된 것이 아닌 것이 있기 때문에
생겨난 것, 이루어진 것,
만들어진 것, 그리고 합성된 것을
싫어하며 떠나는 일도 알 수 있는 것이다."(열반의 노래)〔*Udāna* 8.3〕

3) 자성청정(自性淸淨), 인류 구원의 메시지

'자성청정의 경(自性淸淨經)'[10]

「나는 이와 같이 들었다.
세존께서 사밧티 제타 숲에 계실 때, 수행자들에게 설하셨다.

"수행자들이여, 이 마음은 빛을 발한다(청정하다).
그러나 이 마음은 온 곳이 없는(본질적인 것이 아닌) 번뇌〔客塵〕에 의하여 오염되어 있다. 그러나 배우지 못한 많은 사람들은 이것을 있는 그대로 이해하지 못한다.
나는 선언하노라.
'그런 까닭에, 배우지 못한 사람들은 마음을 닦지 않는다.'
수행자들이여, 이 마음은 빛을 발한다(청정하다).
그러나 이 마음은 온 곳이 없는(본래적인 것이 아닌) 번뇌로부터 벗어나 있다. 많이 배운 성스러운 제자들은 이것을 있는 그대로 이해하고

---

10) AN 1.6.1-10(text. i. 10) ; *The Book of the Gradual Sayings 1*(P.T.S.), pp.8~9.

있다.
　나는 선언하노라.
　'그렇기 때문에 많이 배운 성스러운 제자들은 마음을 닦는다.'
　수행자들이여, 아직 생겨나지 않은 악(惡)을 생겨나게 하고, 만일 악이 이미 생겨났으면, 그 악으로 선(善)을 쇠퇴하게 하는 것으로서, 게으름과 같은 힘을 나는 아직 보지 못하였구나.
　수행자들이여, 아직 생겨나지 않은 선(善)을 생겨나게 하고, 만일 선이 이미 생겨났으면, 그 선으로서 악을 쇠퇴하게 하는 것으로서, 진지함과 같은 힘을 나는 아직 보지 못하였구나."」

인류 구원의 빛나는 문
거기 그렇게 빛나는 열반,
만인의 마음속, 거기 그렇게 스스로 빛나는 열반,
우리들의 착각과 혼란, 집착에도 불구하고, 태초 이전부터 빛나는 마음의 열반,
히말라야처럼 거기 그렇게 푸르게 빛나는 모든 생명의 자성, 본질……
　'사실일까? 이것이 정말 진실일까?
　내게 저토록 찬란한 열반이 빛나고 있단 말인가?
　이 마음속에, 이 복잡하고 번뇌로 어두워져 있고, 죄로 더렵혀진 이 마음속에, 히말라야처럼 빛나는 구원의 경지가 있단 말인가?……'
　아직도 많은 이들은 이렇게 놀라고 의심하고 있을 것이다. 이때 그들 앞에 붓다가 나타나 친히 설하고 있다.

"수행자들이여, 이 마음은 청정하다. 빛을 발한다.

그러나 이것은 온 곳이 없는(본질적인 것이 아닌) 번뇌에 의하여 오염되어 있다.

수행자들이여, 이 마음은 청정하다. 빛을 발한다.

그러나 이 마음은 온 곳이 없는(본래적인 것이 아닌) 번뇌로부터 벗어나 있다."

(This mind is luminous, but it is defiled by taints that come from without.

This mind is luminous, but it is cleansed of taints that come from without.)〔AN 1.6.1-10(text. i. 10〕

이것은 실로 놀라운 세계 아닌가?

놀라운 법문 아닌가?

이 '자성청정의 경'이야말로 참으로 듣기 어려운 법문이다. 희유한 소식이다. 그리고 이 법문으로부터 인류 구원의 빛나는 문이 크게 열리는 것을 예감한다. 새벽 동녘하늘을 붉게 물들이는 여명(黎明)이라고 할까?

빠알리-니까야에서는, 이 *Anguttara-Nikāya*의 '청정의 경'에서 보듯, '자성청정(自性淸淨)의 담마'를 명료하게 발견하기가 쉬운 일이 아니다. 이것이 대승불교의 고유한 사상인 줄 알고 있는 경우도 많다. 그러나 정신차려 살펴보면, 이 자성청정에 관한 붓다의 설법은 초기경전 도처에서 감지되고 있다.[11]

무엇보다 먼저, '우루벨라의 연꽃보관(蓮花普觀) 사건'에서 이 담마

---

11) 김동화, 『原始佛教思想』, pp.199~201.

를 만나게 된다. 거기서 붓다는 이 세상 모든 사람, 모든 중생들이 연꽃이라는 진실을 평등하게 관찰한다. 이것은 이 세상 모든 사람들이 그들의 번뇌와 죄악에도 불구하고, 그 속에서 찬란한 연꽃을 피울 수 있는 물들지 않는 청정한 본성을 지니고 있다는 보편적 사실에 대한 붓다의 대긍정을 의미한다.

그리고 이러한 대긍정은 수많은 사람들의 대중견성·만인견성 사건에 의하여 역사적 사실로 입증되어 온 것이다. 따라서 이 '자성청정의 담마'는 붓다가 우루벨라 보리수 아래서 정각하고 선포한 깨달음의 핵심으로 인정되어도 좋을 것이다.

"이 마음은 청정하다. 빛을 발한다.
이 마음은 오는 곳이 없는 번뇌에 의하여 오염되어 있다.
이 마음은 청정하다. 빛을 발한다.
이 마음은 오는 곳이 없는(본래적인 것이 아닌) 번뇌로부터 벗어나 있다.―"

이것은 교학적으로 자성청정(自性淸淨) 사상으로, 자성본정(自性本淨) 사상으로 규정되고 있다. 그리고 이 자성본정, 자성청정 사상은 초기·부파·대승불교의 전 과정을 통하여 확장되고 심화되어 온 것이다. 반야공(般若空)·여래장(如來藏)·불성(佛性)·성불(成佛) 사상 등이 모두 여기에 기초하고 있고, 반야(般若)·법화(法華)·정토(淨土)·화엄(華嚴)의 경전들이 모두 여기에서 표출되고, 또 여기를 변조(遍照)하고 있는 것으로 생각된다. 그런 의미에서 이 자성청정·자성본정은 붓다-담마의 일관된 정수(精髓)며 빛을 발하는 안정(眼精)이라고 할 것이다.

번뇌의식 · 죄의식으로부터의 해방
'자성청정(自性淸淨) 자성본정(自性本淨). —'
이 담마를 듣는 것만으로도 많은 사람들이 구원을 느낄 것이다. 듣고 보는 것만으로도 수많은 사람들이 말할 수 없는 해방감 · 해탈감을 느낄 것이다.
무엇으로부터의 해방일까?
곧 번뇌의식(煩惱意識) · 업보의식(業報意識)으로부터의 해탈일 것이다. 죄의식(罪意識) · 죄인의식(罪人意識)으로부터의 해방일 것이다.
'탐욕 · 갈애 · 욕탐 · 욕심 · 탐진치 삼독 · 무명,
식(識) · 업(業) · 업장(業障) · 업보(業報) · 윤회(輪廻)……'
그들은 끊임없이 이런 소리를 들으면서, 이런 부정적이고 우울한 담마들을 듣고 배우면서 지내왔다. 그 결과 수많은 사람들이 이미 중생이 되어 버렸는지 모른다. 무명중생 · 번뇌중생 · 업보중생이 되어 버린 것인지도 모른다.
'너는 죄인(罪人)이다. 원죄(原罪)다.
신에게 빌어라. 신에게 희생을 바치면서 구원을 빌어라. 안 그러면 머리가 일곱 조각으로 깨지고 말 것이다.'
그들은 끊임없이 이런 소리를 들으면서, 이런 위협적이고 보복적인 소리를 듣고 배우면서 세뇌되어 왔다. 그 결과, 수많은 선량한 사람들이 이미 죄인이 되어 버렸는지 모른다. 신의 공희(供犧)를 위하여 수백 수천의 생명들을 살육하기에 주저함이 없는 잔인한 죄인으로 변질되어 버렸는지 모를 일이다.
기원전 7~5세기경 북동 인도사회에서, 이러한 번뇌의식 · 죄의식

이 민중들을 더 큰 죄악과 속박으로 몰아넣는 부정(不淨)한 담마로 심각하게 인식되고 있었다. 그래서 '우루벨라의 범천 권청사건'에서, 천신(Brahmā, 梵天) 사함빠띠(Sahampati)는 두번 세번 붓다에게 호소하고 있다.

"이전부터 마가다에는
부정(不淨)한 의식(意識)에 의하여 고안된
불순한 담마들이 나타났습니다.
세존이시여, 불사(不死)의 문을 여소서.
그들로 하여금 번뇌 없는 이가 깨달으신
담마를 듣게 하소서."12)

"자성청정, 자성청정……
마음은 청청하다. 빛을 발하고 있다.
오는 곳이 없는 번뇌로부터 벗어나 있다."
이것이 그 대답이다. 마가다 민중들이 갈망하던 번뇌 없는 이의 담마이다. 그들 인도 민중들을 번뇌의식・죄의식에서 구하여 살려내는 불사(不死)의 문이다.

"자성청정, 자성청정….
마음은 청청하다. 빛을 발하고 있다.
오는 곳이 없는 번뇌로부터 벗어나 있다."
그리고 이것은 시공을 초월하여, 인류를 멸망과 죄악에서 구하여 살

---

12) Mv 1.5.5 ; *The Book of the Discipline 4*(P.T.S.), p.8.

려내는 구원의 메시지이다. 무명(無明), 무명번뇌(無明煩惱)・무명식(無明識)이 본래 오는 곳이 없는 허망한 허위의식의 그림자라는 사실을 드러냄으로써, 인류를 중생으로부터 일으켜 청정한 각자(覺者)로 우뚝 세운 것이다. 죄(罪), 죄의식(罪意識)・징벌의식(懲罰意識)이 본래 오는 곳이 없는 어리석은 자아의식의 투사라는 사실을 비춰냄으로써, 인류를 죄인으로부터 일으켜 선량한 시민으로 드높이 세운 것이다.

2. '그대들은 이미 깨달아 있다'

1) '앙굴리마라의 순법(殉法) 사건'[13]

「이제 앙굴리마라(Aṅgulimāla) 비구는 사밧티에서 탁발하였다. 그는 탁발에서 돌아와 아침공양을 마친 다음, 세존께서 계시는 곳 가까이 갔다. 가까이 다가가서 세존께 절하고, 한쪽에 앉았다.

"세존이시여, 바로 오늘 아침, 저는 내의 입고, 발우 들고, 가사 걸치고, 공양을 얻기 위하여 사밧티로 들어갔습니다. 그리고 저는 이집에서 저집으로 흔들림없는 탁발을 했습니다. 저는 어떤 부인이 진통 속에서 출산의 고통으로 괴로워하고 있는 것을 보았습니다. 제가 그 여인을 보았을 때, 이런 생각이 떠올랐습니다.

'아! 생명이란 얼마나 괴로운 것인가. 아! 산다는 것이 얼마나 괴로운 것인가.'"

"좋다, 앙굴리마라여. 그대는 지금 사밧티로 가라. 그 여인 가까이 가

---

13) Dhp-Com. 13.6(text. MN 86. ii. 97-105, 173) ; *Dhammapada-Commentry*, vol. 3, pp.11~13.

서 이렇게 말하라.

'누이여, 태어난 그 날부터, 나는 어떤 생명도 빼앗겠다는 조그마한 생각도 하지 않았소. 만약 이것이 진실이라면 그대는 건강할 것이오. 그대의 태어날 아기도 건강할 것이오.'"

"그러나 세존이시여, 그것은 정말 거짓말이 아닙니까?

세존이시여, 저는 많은 생명을 빼앗았습니다."

"좋다, 앙굴리마라여. 그대는 지금 사밧티로 가라. 그 여인 가까이 가서 이렇게 말하라.

'누이여, 태어난 그 날부터, 나는 어떤 생명도 빼앗겠다는 조그마한 생각도 하지 않았소. 만약 이것이 진실이라면, 그대는 건강할 것이오. 그대의 태어날 아기도 건강할 것이오.'"

"좋습니다, 세존이시여!"

앙굴리마라 비구는 대답하고, 스승의 명에 따랐다. 그는 사밧티로 가서 그 여인에게 다가가, 이렇게 말하였다.

"누이여, 태어난 그 날부터, 나는 어떤 생명도 빼앗겠다는 조그마한 생각도 하지 않았소. 만약 이것이 진실이라면, 그대는 건강할 것이오. 그대의 태어날 아기도 건강할 것이오."

곧 그 여인은 건강하게 아기를 출산하였다.

이제 앙굴리마라는 세상으로부터 물러나 홀로 살면서, 오랫동안, 그의 생애 동안 일찍이 없었던 정도로 치열하게, 단호하게 마음집중 하였다. 스스로 선량한 젊은이들이 가정을 떠나 출가하여 추구하는 성스러운 삶의 위없는 목표를 이해하고, 실현하고, 도달하기 위하여 정진하였다. ……그렇게 해서, 그는 아라한의 경지를 실현하였다.

어느 날 아침, 앙굴리마라 비구는 내의 입고, 발우 들고, 가사 걸치고, 사밧티로 탁발하러 들어갔다. 그때, 한 사람이 그에게 흙덩이를 던져 맞혔다. 또 한 사람이 막대기를 던져 맞혔다. 또 한 사람이 돌을 던져 맞혔다. 앙굴리마라 비구는 머리가 깨어져 피를 흘리면서, 발우가 깨어진 채, 옷이 찢긴 채 세존 가까이 갔다. 세존께서 앙굴리마라가 가까이 오는 것을 보고, 그를 보면서 말하였다.

"참아라, 브라만이여! 참아라, 브라만이여!

브라만이여, 그대는 그대의 악행으로 인하여, 지옥에서 몇 해 동안, 몇백 년 동안, 몇천 년 동안 당할 고통을 지금 여기서 다 갚고 있느니라."

이제 앙굴리마라는 홀로, 세존의 축복을 체험하면서 숨을 거두었다. 세존께서 게송으로 설하셨다.

"전에는 방심했더라도 지금 마음집중 하는 이,
그는 이 세상을 비춘다. 마치 달이 구름에서 벗어나듯이.
선행으로 지난 악행을 극복한 이,
그는 이 세상을 비춘다. 마치 달이 구름에서 벗어나듯이.
젊어서 붓다의 길에 헌신하는 이,
그는 이 세상을 비춘다. 마치 달이 구름에서 벗어나듯이."」

2) 인류 무죄(無罪) 선언

"나는 태어날 때부터 한 생명도 빼앗지 않았소.
누이여, 진실로 건강하소서, 순산하소서. - "

이렇게 외치는 앙굴리마라 비구를 바라보면서, 아마 많은 사람들은 눈물을 흘릴지 모른다.

흙덩이에 맞고, 막대기에 맞고, 돌에 맞고, 머리가 터져 피를 흘리는 앙굴리마라 비구, 그 몸으로 스승 곁으로 다가가는 앙굴리마라 비구, 죽어가는 제자를 향하여, "참아라, 참아라. 수백 수천 생의 빚을 갚고 있느니라." 이렇게 위로하는 붓다…….

이 제자와 스승을 바라보면서, 아마 많은 사람들은 또 눈물을 흘릴지 모를 일이다.

인과(因果)의 삼엄한 질서,

추호도 간극(間隙)이 없는 담마의 엄연한 운행,

담마를 위하여 고요히 몸을 던지는 치열한 헌신,

살인 강도를 성자(聖者)로 일으켜 세우려는 스승의 다함없는 연민과 사랑…….

이것은 실로 불교사의 일대 장관이라 할 것이다.

그러나 이 '앙굴리마라의 순법(殉法) 사건'이 담지하는 가장 본질적인 의미는 '모든 사람들이 지금 이대로 이미 깨달아 있다'는 자성청정의 발로에 있는 것으로 보인다. '모든 생명들이 지금 이대로 이미 견성 열반하고 있다'는 즉신견성(卽身見性)의 실증에 있는 것으로 보인다. 이것이야말로 만인의 감동을 불러일으키기에 충분한 일대사(一大事)가 아닌가?

이것은 '자성청정(自性淸淨)의 담마'가 한갓 아름다운 고차원의 이념이 아니라는 사실을 의미하는 것이다. 이 세상에서, 이 복잡하고 험난한 세속의 한복판에서, 살인강도를 무루(無漏)의 Ariyān, 성자(聖者)로 확립시키는 실제적인 삶의 원리로 작용한다는 사실을 의미하는 것이다.

"누이여, 태어난 그 날부터, 나는 어떤 생명도 빼앗겠다는 조그마한 생각도 하지 않았소. 만약 이것이 진실이라면, 그대는 건강할 것이오. 그대의 태어날 아기도 건강할 것이오.-"

이것은 실로 경천동지(驚天動地)하는 법문으로 들린다. 수천 수만 년 어둔 인류사(人類史)·인간사(人間史)를 담박 한순간에 밝혀 놓은 법등(法燈)으로 보인다. 99명을 살해한 살인 강도로 하여금 "나는 태어날 때부터 한 생명도 죽일 생각을 한 적이 없다."라고 당당히 선언하게 할 수 있는 종교가 세계사상 다시 또 있겠는가? 그리고 이 선언을 현실로 입증해낼 수 있는 담마가 붓다-담마 이외에 또 무엇이 있겠는가?

이것은 죄를 용서하고 사(赦)한다는 그런 차원의 논리가 아니다. 인간을 '죄인(罪人)'으로 규정해 놓고, 단죄해 놓고, 사한다거나 대속(代贖)한다거나 하는 그런 오염된 번뇌가 아닌 것이다. 죄가 본래 없는 것이라는 뜻이다. 사하고 대속할 죄가 본래 텅 빈 것이라는 담마를 밝혀 보이는 것이다.

3) '그대들은 이미 깨어 있다, 깨달아 있다'

이것은 단순히 '인류는 죄 없다'는 말이 아니다. '죄가 있다, 없다' 하는 것도 번뇌망상이다.

이 법문은 보다 깊이, 모든 생명은 본래 이미 깨달아 있다는 미증유의 대법문이다. 붓다가 앙굴리마라의 본래 무죄·본래청정을 설하기 위하여, 하늘의 달을 비유한 것은 참으로 의미 깊은 시설로 보인다. 하늘의 찬란한 달은 본래 그렇게 빛나고 있는 것이다. 노력을 해서, 수행을 해서, 번뇌의 구름을 다 여의고나니까, 그때 밝은 달이 새로 생겨난 것이 아니다.

  구름이 있든 말든, 달은 거기 그렇게 고고히 빛나고 있는 것이다. 아니, 먹구름이 충천한 바로 그 순간, 그 현장에, 그것과는 아무 상관없이, 달은 거기 그렇게 빛나고 있는 것이다. 정신차려 보기만 하면 되는 것이다. 이것이 본래청정(本來淸淨), 자성청정(自性淸淨) 소식이다. 마음이 번뇌로 오염되었다는 번뇌론(煩惱論) 자체가 오염된 번뇌망상이다. 누가 달이 구름으로 오염되었다고 할 것인가? 그래서 붓다는 이렇게 선포하고 있다.

    "전에는 방심했더라도
    지금 마음집중 하는 이,
    그는 이 세상을 비춘다.
    마치 달이 구름에서 벗어나듯이."
    (He who heedless before, heedless is no more, Illumine this world as does the moon freed from a cloud.)〔Dhp vers. 173〕

    "그대들은 이미 깨어 있다.
    달이 구름에서 본래 벗어나 있듯이,
    세상 사람들은 본래 이미 깨달아 있다.
    이 세상 모든 생명들은 그 몸 그대로 이미 견성 열반해 있다."
  '앙굴리마라의 순법(殉法) 사건'에 의하여, 이 '이미 깨달아 있다는 담마'는 담박 현실로 드러났다. '앙굴리마라는 일찍이 한 사람도 죽이지 않았다'는 '앙굴리마라의 청정선언'에 의하여, 이 자성청정(自性淸

淨) 즉신견성(卽身見性)의 원리는 몰록 명백한 사실로 현전(現前)한 것이다. 이 자리는 일체 언어사려를 초월해 있다. 일체 이론을 넘어서 있는 것이다. 다시 무슨 구구한 논리가 필요하랴.

3. 보잘것없는 이 몸, 이 생각으로
― 즉신견성(卽身見性)의 원리 ―

1) 보잘것없는 이 몸, 이 고통 속에

「악마 : 케마여, 당신은 젊고 아름답습니다.
　　　　나 역시 젊고 한창입니다.
　　　　케마여, 우리 다섯 가지 악기나 연주하며 즐기지 않으렵니까?
　케마 : 병에 걸리기 쉽고 이즈러지며,
　　　　악취를 풍기는 이 몸에 대하여
　　　　나는 시달려 왔고, 혐오를 느꼈나니
　　　　사랑에 대한 헛된 집착은 뿌리채 뽑아 버렸어라.
　　　　모든 욕망은 칼과 창 같나니,
　　　　이것들은 개인의 존재를 구성하는
　　　　5온을 난도질한다.
　　　　악마여, 그대가 '사랑'이라고 부르는 것은
　　　　지금 내게는 즐거운 것이 아니라오.
　　　　쾌락의 즐거움은 모두 무너지고
　　　　무명(無明)의 암흑덩이는 산산히 부서졌도다.
　　　　어리석은 이들이여, 그대들은 별자리를 숭배하고,

숲속에서 화신(火神)을 섬기며,
본래 모습 그대로 보지 못하고,
그것을 '청정하다'고 생각한다.
그러나 나는 정각자,
위없는 어른께 예배 올리고,
스승의 가르침을 실천하며
모든 고통으로부터 벗어났느니라.14)」

'보잘것없는 이 몸속에 구원의 길이 빛난다'
"그대들은 이미 깨어 있다.
달이 구름에서 본래 벗어나 있듯이,
세상 사람들은 본래 이미 깨달아 있다.
이 세상 모든 생명들은 그 몸 그대로 이미 견성 열반해 있다.-"

그러나 아직도 많은 사람들이 이 '이미 깨달아 있다는 담마'를 듣고 의심할지 모른다. 선뜻 용기를 내지 못할지도 모른다. 중생의식(衆生意識)·업장의식(業障意識), 또는 원죄의식(原罪意識)들이 사람들의 마음의 빗장을 굳게 잠그고 있을지도 모른다. 자신들의 보잘것없는 몸과 생각과 삶의 현실을 생각할수록 그들은 부끄러움을 느끼고 더욱 자신감을 상실할지도 모른다. 그들을 위하여 붓다는 이렇게 설하고 있다.

"보잘것없고 이러저러한 생각에 끄달리기 쉬운 이 몸 그 자체 속에서, 세계(고통)와 세계(고통)의 발생, 세계(고통)의 소멸과, 세계(고

---

14) Thīg 139-142 ; 『비구의 고백 비구니의 고백』(민족사), p.251.

통)의 소멸로 이끄는 길이 있음을 나는 전제한다."

(Within this fathom-long sentiment body itself, I postulate the world,15) and the arising of the world, the cessation of the world, and the path leading to the cessation.)16)

"고통도 보잘것없는 이 몸속에 있고,
고통의 원인도 보잘것없는 이 몸속에 있고,
고통이 소멸된 열반의 세계도 보잘것없는 이 몸속에 있고,
고통의 소멸에 이르는 길도 보잘것없는 이 몸속에 있고……."

이것은 참으로 명쾌한 '즉신견성(卽身見性)의 담마'로 들린다. 즉신열반(卽身涅槃)의 담마로 들린다. 자꾸만 물러서려고 하는 사람들, 보잘것없는 보통 사람들·범부중생들을 마지막으로 크게 한번 일으켜 세우는 간곡한 연민과 지혜의 메시지로 생각된다.

그러나 이 '보잘것없는 이 몸으로의 담마'는 새삼스런 것이 아니다. 빠알리-니까야 도처에서 발견되고 있는 붓다-담마의 보편적 당간(幢竿) 가운데 하나이다. 무엇보다 빠알리-니까야의 수많은 사건들이 이 '보잘것없는 이 몸의 담마'를 선설(宣說)하고 있다.

로히니 강 언덕의 석가족과 꼴리야족 백성들,
붓다와 1천 성중(聖衆)의 마가다 대행진을 맞이하는 12만 명의 라자가하 민중들-.

---

15) 'world'란 말은 'dukkha'(고통)의 처소란 뜻으로 쓰인다. ; W. Rahula, Ibid, p.42.
16) AN(Colombo, 1920), p.218. cit. W. Rahula, Ibid, p.42.

왕·왕족·귀족과 관리·장군·자산가와 은행가·거사·장자들·브라민들,

상인·농부·어부·목동·금은세공·무용수·마부·나무꾼·곡예사·머슴 등 노동자들,

난쟁이·시각장애자·나병환자·정신병자 등 장애인들,

도둑·걸인·깡패·창녀·하녀·노예들,

어린이·청년·처녀·주부·노인들…….

여기 이 사람들, 눈에 익은 이들 대중견성 – 민중견성운동의 주역들, 이 사람들이 바로 이 몸으로, 보잘것없는 이 몸으로 견성 열반을 드러내고 있지 아니한가?

분노하고, 사랑하고, 미워하고, 끊임없이 쾌락을 추구하고, 욕심 내고, 권력과 명예에 집착하고, 성(性)에 탐닉하고, 병들고, 늙고, 오물을 쏟아내고…….

실로 보잘것없는 이 몸으로, 이 생각으로 그들은 견성을 드러내고 있지 아니한가? 즉신견성(卽身見性)·즉신열반(卽身涅槃)의 신비를 실현하고 있지 아니한가?

앙굴리마라,

잔인한 살인 강도 앙굴리마라 –.

바로 그가 이 몸으로, 피로 얼룩진 이 몸으로 견성하고 있다. 살육의 분노로 미쳐 날뛰던 이 몸으로 견성 열반하고 있다. 아라한, 위대한 성자(聖者)가 되고 있다.

'보잘것없는 이 몸으로…….'

이제 이 즉신견성의 담마가 붓다와 초기 대중들이 추구했던 대중견성 – 민중견성운동의 실제적 원리란 것이 부동의 사실로 드러나고 있다. 수많은 대중 성자·민중 성자들에 의하여 분명한 사실로 입증되고 있는 것이다.

이 몸을 통찰하라, 고통을 직면하라
'보잘것없는 이 몸으로 고통받고,
보잘것없는 이 몸으로 깨닫고, 해탈 열반하고—.'

"어떻게 이것이 가능한가?
어떻게 이런 모순된 사실이 가능한가?
이 몸으로 인하여, 보잘것없는 번뇌의 이 몸으로 인하여 고통이 생겨나고, 고통받고, 윤회하는 것이라면, 보잘것없는 이 몸, 이 번뇌의 몸을 버려야 할 것 아닌가? 수행을 통해서, 번뇌의 이 몸 버려야 해탈 열반의 몸을 얻을 수 있을 것이 아닌가? 수행 정진을 통해서, 번뇌의 이 세상 버리고 떠나야 구원의 정토로 갈 것 아닌가? 이것이 논리에 맞는 일 아닌가?"
아마 많은 사람들이 이렇게 자문할지 모른다. 좋은 일이다. 마땅히 이런 생각들을 해야 되고, 관찰하고 분별해야 된다. 이것이 '나는 분별하고 말한다'라는 붓다적 탐구 자세에 일치하는 일로 생각된다.

"병에 걸리기 쉽고 이즈러지며,
악취를 풍기는 이 몸에 대하여
나는 시달려 왔고, 혐오를 느꼈나니,

사랑에 대한 헛된 집착은 뿌리채 뽑아버렸어라."〔Thīg 140〕

이것은 악마의 유혹을 물리치는 '케마(Khema) 비구니의17) 고백'이다. 이 '케마 비구니의 고백' 속에 많은 사람들의 의문에 대한 명쾌한 해답이 드러나 있다.

케마 여인은 보잘것없는 그 몸으로 괴로움을 받아왔다. 병들고 이즈러지고 악취를 풍기는 그 몸으로 형언하기 어려운 고통을 받아왔다. '내가 잘 났다'는 어둔 5온적 식(識)으로 인하여 인생을 허위의식 속에 낭비하고 있었던 것이다. 그래서 발심한 것이다. 그 고통과 부끄러움이 컸기 때문에, 그래서 수행한 것이다. 그래서 깨달을 수 있었다. 그래서 견성 열반할 수 있었다. 보잘것없는 그 몸으로 고통을 받았고, 보잘것없는 그 몸으로 견성 열반한 것이다. '보잘것없는 이 몸으로의 담마'가 여지없이 실현된 것이다.

병이 드는 것도 이 몸이고, 병이 낫는 것도 이 몸이다. 이 몸속에 병의 원인이 있고, 보잘것없는 이 몸속에 병을 치유하는 길이 있다. 쾌락의 악기를 연주하는 것도 5온으로 하고,18) 난도질하는 것도 5온으로 하고, 수행하는 것도 5온으로 하고, 견성 열반하는 것도 5온으로 하고, 무명 암흑덩어리를 산산히 부수는 것도 바로 이 5온으로, 5온의 보잘 것없는 이 몸으로 하는 것이다.

5온으로 인하여, 어둡고 이기적인 식(識)으로 인하여 괴로워하며

---

17) 빔비사라 왕의 왕비. 뛰어난 미모를 과시하며 붓다의 가르침을 무시하였으나, 붓다의 신통력에 의하여 출가, 아라한이 되었다. cf. Dhp-Com. 24-5(text. N. iv. 57) ; *Dhammapada-Commentary*, vol. 3, pp.225~226.
18) 보잘것없는 이 몸이란 5온으로 이루어진 허위의 자아의식을 일컫는다. cf. W. Rahula, Ibid, p.42.

허덕이는 보잘것없는 이 몸을 통찰해 보면, 이 몸속에, 이 고통 속에, 고통의 원인과 소멸·치유의 길이 여실히 드러난다. 치유의 길이 열린다. 병을, 병든 몸을 잘 관찰하면 병원균을 보게 되고, 퇴치의 길이 열리는 것이다. 그런 까닭에 붓다가 '보잘것없는 이 몸속에 고통이 있고, 고통의 생겨남이 있고, 고통의 소멸이 있고, 고통 소멸의 길이 있다.'라고 '즉신견성의 담마'를 설하고 있는 것이다.

그러나 고통을 외면하면, 치유의 길 또한 외면된다. 병을 외면하면 원인균도 모르고, 치유의 길도 영영 막히고 만다. 버리고 떠나면 길이 사라진다. 경전에서는 흔히 이렇게 서술하고 있다.

"5온은 무상하다.
무상한 것은 고통이다.
고통을 싫어해서 버리고 떠난다."

그러나 이것은, '현전의 이 고통, 문제들을 버리고 떠나라'는 의미가 아닐 것이다. 실제로는 이렇게 설하는 담마일 것이다.

"5온을 떠나지 말라.
5온의 고통을 외면하지 말라.
5온에 대한 무관심과 무지에서 떠나라.
5온을 직면하라. 5온의 번뇌, 어둔 식(識)의 고통을 직면하라.
이 보잘것없는 이 몸의 고통, 이 몸의 문제와 대면하고, 문제 삼아라."

그래서 붓다는 4제 8정도의 첫머리에서 끊임없이 '이것이 고통임을 알아라.' 하고 간곡히 촉구하고 있다. 또 케마 여인은 악마를 피하지 않고 당당히 대면하고 대결하며, 이렇게 항마를 선포하고 있다.

"쾌락의 즐거움은 모두 무너지고
무명(無明)의 암흑덩이는 산산히 부서졌도다."〔Thīg 142〕

과도한 욕심이 일어날 때,
미워하는 감정이 솟아오를 때,
감각적 쾌락에 목마를 때,
'내 자식', '내 재산'…… 이렇게 집착이 마음을 옥죄어 올 때,
과로와 수면으로 나태해질 때,
공포심이 자신의 의지를 위축시킬 때,
회의와 의혹에 빠질 때,
위선과 고집으로 남과 갈등할 때,
그릇된 방법으로 얻은 이익과 명성이 나를 유혹할 때,
자신을 과시하고 남을 멸시하려는 유혹에 빠질 때……19)

이 때가 바로 발심의 기회이다. 이미 깨달아 있는 자신의 청정자성을 여실히 깨달을 좋은 계기이다. 따라서 자신의 보잘것없는 이런 생각, 이런 번뇌에 대하여 감사하게 생각하고, 과감히 직면하고 통찰하고 대결할 것이다. 이들 어둔 식(識)의 마군(魔群)들을 사정없이 타파하고 항복 받을 것이다.

---

19) 우루벨라 보리수 아래서, 붓다는 이런 어둔 번뇌들을 '마왕의 군대'로 규정하고 항마 성도하고 있다 ; cf. Sn 436-438 ; Sutta-nipāta(tr. Bhikkhu Thanissaro, Microsoft Word 6).

요컨대, 이 몸을 통찰하고, 이 몸의 고통·병을 직면하고 통찰함으로써 치유·멸(滅)·견성 열반의 길을 발견하려는 것이 이 법문의 근본 의도이다. 그런 까닭에, 바라나시 사슴동산의 수행자 꼰단냐로부터 수빠붓다에 이르기까지, 수많은 견성대중들은 깨달음의 순간 이렇게 환호하고 있는 것이다.

"집(集)의 법이 곧 멸(滅)의 법이로구나.
번뇌와 고통 속에 바로 견성 열반이 빛나고 있구나.
보잘것없는 이 몸, 이 몸의 고통 속에 해탈의 길이 있구나."〔Mv 1.6.33〕

2) 이 몸으로 세상의 고통을 짊어지고

Mahā-dukkhanda, 고통의 집합구조
"보잘것없는 이 몸으로,
이 몸의 고통, 이 몸의 병을 통찰하라.
직면하라, 대결하라.
이 몸속에, 이 고통 속에 구원의 길이 있다.
이 병 속에 불사의 청정 생명이 빛나고 있다.-"

이것이 '보잘것없는 이 몸으로의 담마'가 지니는 본격적인 함의이다. 즉신견성의 원리가 밝히는 실체적인 깨달음의 길이다. 그리고 이 담마는 당연히 모든 사람들·수행자들이 세상 속으로 뛰어들어, 이 세상의 고통을 직면하고, 이 세상의 문제를 문제 삼고 대결하고 극복할 것을 요구하고 있다.

무엇 때문일까?

왜 이 세상의 머리 아픈 고통들을 직면하고, 복잡하고 난해한 문제들 속으로 뛰어들 것을 요구하고 있는 것일까?

이 문제와 관련하여, 많은 사람들은 다음과 같은 붓다의 법문을 아직 기억하고 있을 것이다.

"수행자들이여, 무엇이 감각적 쾌락의 위험인가?

감각적 쾌락이 원인이 되어, 감각적 쾌락이 원천이 되어, 감각적 쾌락이 의지처가 되어, 단순히 감각적 쾌락이 원인이 되어서, 왕들은 왕들끼리 투쟁하고, 귀족들은 귀족들끼리, 브라민들은 브라민들끼리, 가장들은 가장들끼리, 어머니들은 아이들과, 아이들은 어머니들과, 아버지는 아이들과, 아이들은 아버지들과, 형제들은 형제들끼리 투쟁하고, 형제들은 자매들과, 자매들은 형제들과, 친구들은 친구들끼리 투쟁한다.

그리고 그들의 투쟁과, 언쟁과, 논쟁 속에서, 그들은 주먹으로, 흙덩어리로, 막대기로, 칼로 서로를 공격한다. 그렇게 해서 그들은 죽음을 초래하고, 죽음 같은 고통을 초래한다."〔MN 1.87(13. *Mahā-dukkha-kkhonda-Sutta*)〕

여기서, 사람들의 고통과 병이 자기 혼자만의 문제가 아니라는 사실이 분명하게 드러나고 있다. 사람들의 모든 고통과 병들, 극히 개인적 사건인 죽음조차도 사회적 갈등과 투쟁, 사회 전체적 업(業)의 산물이라는 사실이 적나라하게 밝혀지고 있다.

따라서 보잘것없는 이 몸의 5온적 고통은 본질적으로 이 사회 전체의 총체적 고통으로부터 유출되고, 이 세상의 병·이 세상의 문제는 즉시적으로 개개인의 병·개개인의 문제로 환원된다. 개인의 행위, 개인의 kamma(業)는 즉시적으로 사회 전체의 kamma(業)와 연기적으로 밀접해 있기 때문이다.[20] 따라서 모든 고통은 'Mahā-dukkhanda', 곧 '크나큰 고통', '크나큰 고통의 덩어리'로 규정되는 것이다.

Mahā-dukkhanda,

크나큰 고통, 크나큰 문제,

크나큰 고통의 덩어리, 크나큰 문제들의 집합구조…….

이것은 사람들이 저마다, 또는 서로 연대하여, 이 세상의 고통을 주체적으로 직면하고 대결하지 않으면 안 된다는 사실을 의미하는 것이다. 저마다 공동의 주인이 되어, 이 사회·국가·인류·우주적 대공동체의 문제들을 기꺼이 짊어지고, 통찰하고, 극복해 가는 과정 속에 깨달음이 비로소 발로되어 간다는 궁극적 진실을 열어 보이는 것이다. 단순히 개인적인 고통·문제도 공동의 노력 없이는 근원적으로 해결되지 않는다는 '동업중생(同業衆生)의 담마'를 강력히 시사하고 있는 것이다.

깨달음은 홀로 추구하는 불공의 업(不共業)이 될 수 없는 것이다. 혼자만 잘해서 실현되는 자기 중심적 작업이 아니다. 깨달음은 세상 먼지와 티끌을 여의고 번거로움과 번뇌로움을 떠나 고립하여 추구하는 적정한 행[寂靜行]이 될 수 없는 것이다. 본질적으로 붓다의 깨달

---

20) 교학적으로는 사회 전체의 과보를 초래할 공동체적 행위를 공업(共業)으로, 개인적인 업을 불공업(不共業)으로 구분하고 있다. cf. 『佛敎學大辭典』(홍법원), p.1044.

음은 빠쩨까 붓다의 깨달음, 독각(獨覺)이 아니다. 그래서 이런 독각적인 견해는 일찍 '악마'로, 'māra'로 규정되고, 이것을 타파하려는 항마의식(降魔意識)이 불교도의 심리적 동기로 보편화된 것이다.

깨달음은 보잘것없는 이 몸으로, 이 몸의 고통을 통하여 세상의 고통 속으로 들어가, 그 고통들과 직면하고, 고통의 짐을 짊어지고 한발한발 극복해 가는 공동체적 과업이다. 곧 공업(共業)인 것이다. 이것은 깨달음이 사회적·민중적 협업(協業)과 상호 연기적 연대(連帶)에 의하여 비로소 실현된다는 엄연한 담마를 의미하는 것이다. 그래서 붓다는 출발점에서부터 대중견성-민중견성운동을 문제 삼고, 사회적 변혁운동을 대중견성의 기본 작업으로 추구하고 있는 것이다. 티워리(M. Tiwary) 교수는 이렇게 논하고 있다.

불교운동은 사회적 변혁을 위한 지속적인 노력이다. 붓다는 한 개인이나 특별한 한 집단의 민중들에게 한정되는 것이 아니라, 그는 인류를 위하여 헌신하였다.

"일체 생명이여, 행복하라."

(Sabhe Satta bhavantu Sukhitatta / Let all the beings be happy) 이것이 붓다의 모토이다. 그런 까닭에, 붓다는 그의 제자들에게 숲속으로 들어가 은거하라고 권고한 것이 아니라, "많은 사람들의 선(善)을 위하여, 많은 사람들의 행복을 위하여, 세계의 모든 생명들 위에 자비를 비처럼 내리며 민중들 사이를 유행하기를"[Mv 1.11.1] 촉구하고 있는 것이다.21)

---

21) Mahesh Tiwary, 'Social Reforms Among Buddhists'; *A Panorama of Indian Buddhism*(ed. D. C. Ahir), pp.174~175.

세상의 고통과 문제가 깨달음의 현장

"이 몸으로 세상의 고통 속으로 들어가
보잘것없는 이 몸으로 세상의 고통을 직면하고, 극복하며 — "

'보잘것없는 이 몸으로의 담마'는 이렇게 그 의미 영역을 무한히 확장시켜 간다. 전 인류적으로, 전 우주적으로 견성 열반의 영역을 확장시켜 가는 것이다. 그것은 끝없는 도전과 개척의 역정이라고 할 것이다.

견성 열반은 대상(隊商)들이 무리를 이루어 험하고 먼 벌판을 개척하며 나아가는 것이다. 깨달음은 전쟁터의 코끼리가 사방의 화살을 맞으며, 그것을 당연한 임무로 생각하며 전진해 가는 것이다. 물러나 마음의 평화를 몽상하거나, 회피하면서 원융화쟁(圓融和諍)을 가장하는 것으로는 결코 실현될 수 없는 대중적 모험이며 도전으로 생각된다.

그래서 '꼬삼비 시민들의 붓다 박해사건'때, 떠나기를 청하는 아난다 장로에게 붓다는 이렇게 경책하고 있는 것이다.

"아난다야, 그렇게 말해서는 안 되느니라. 곤란이 발생하면, 바로 그 현장에서 해결해야 되느니라. 그런 다음에 다른 곳으로 갈 수 있을 것이다.

아난다야, 누가 우리를 욕하고 있느냐?"

"세존이시여, 모든 사람들이 욕하고 있습니다. 노비들도, 모든 시민들도……."

"아난다야, 나는 싸움터로 나가는 코끼리와 같느니라. 마치 사방에서 날아오는 화살에 맞서며 싸움터로 나가는 것이 코끼리의 임무같이, 바로 그와 같이, 사악한 자들의 모욕을 참고 견디는 것이 나의 임무이니

라."〔Dhp-Com. 2.1(text. N. i. 213)〕

"그리고 그들의 투쟁과 언쟁과 논쟁 속에서,
그들은 주먹으로, 흙덩어리로, 막대기로, 칼로 서로를 공격한다.
그렇게 해서 그들은 죽음을 초래하고, 죽음 같은 고통을 초래한다."〔MN 1.87〕

'투쟁과 언쟁·논쟁……'
이 세상의 투쟁 속에 구원의 길이 있다. 이 투쟁 속에서 깨닫는다. '로히니 강변의 분쟁사건'에서 보듯, 그들은 살벌한 전쟁 현장에서 견성한다.〔1집 제2편 1장 참조〕
'주먹질과 흙덩이·막대기·칼……'
이 폭력 가운데 영구평화의 길이 열린다. 이 폭력 가운데서 견성한다. '앙굴리마라 비구의 죽음 사건'에서 보듯, 그들은 이 잔인한 폭력 현장에서 깨닫는다. 흔들림 없는 평화를 실현한다.
'죽음·죽음 같은 고통……'
이 죽음 가운데 불사(不死)의 문이 열린다. 죽음 같은 민중들의 이 고통 속에 '본래 깨달아 있는 담마'의 등불이 빛을 발하는 것이다. 죽음이 문제되지 않는 상황, 그곳에는 불사(不死)의 희망이 없다. 고통이 직시되고 도전되지 않는 사회, 그곳에는 깨달음의 희망이 없다. 대중견성―만인견성의 희망이 없는 것이다.
투쟁과 폭력·죽음·죽음 같은 고통…….
이것은 대중 발심의 기회다. 대중들이 집단적 5온의 고통을 느끼고, 집단적인 어둔 식(識)의 문제, 집단적 무의식(無意識)의 문제를 알아차리고 직면하고 도전할 수 있는 좋은 계기이다. 고통의 세상, 병든 현실을 견성 열반의 기쁨으로 전환시킬 수 있는 변혁의 전기인 것이다. 따라서 붓다와 초기 주역들은 당시 사회의 모든 고통을 문제 삼고, 모든 문제를 문제 삼았다. 이와 관련하여, 인도 건국의 주역 가운데 한 사람인 네루(Jawaharlal Nehru)는 이렇게 논하고 있다.

붓다는 (비합리적인) 민중 종교·미신·의식(儀式)·성직자〔브라민〕의 능력, 그리고 그들에게 속해 있는 모든 기득권들을 공격할 수 있는 용기를 갖고 있었다. 붓다는 또한 형이상학적이며 신학적인 견해·기적·계시, 그리고 초자연적인 능력을 비난하였다. 그의 주장은 논리적이고, 이치에 맞으며, 체험적인 것이었다. 붓다는 윤리를 강조하였고, 그의 방법론은 심리적인 분석, 영혼을 내세우지 않는 그런 심리적 분석에서 나오는 것이었다.
붓다의 전체적인 접근은 형이상학적인 사변(思辨)이라는 곰팡이 냄새 나는 공기를 몰아내며 산 위에서 불어오는 신선한 바람을 호흡하는 것 같은 것이다.22)

신선한 바람,
산 위에서 불어오는 신선한 바람,
형이상학적 사변이라는 퀴퀴한 냄새를 몰아내고 불어오는 신선한 산상(山上)의 바람…….
깨달음이 명상에 잠겨서 한 소식만을 기다리는 퇴영적이며 비(非)

---

22) Jawaharlal Nehru, *The Discovery of India*(London, 1956), p.35. cit. *The Panorama of the Indian Buddhism*(ed. A. C. Ahir), p.120.

역동적인 사변(思辨)이 아니라는 사실을 네루는 잘 통찰하고 있는 것으로 보인다. 어찌 네루뿐이겠는가?

  불의(不義)·부조리(不條理)를 성역 없이 공격하고, 비판하고,
목숨을 걸고 기득권에 대결하고,
보잘것없는 몸으로, 생각으로, 5온의 고통을 받아들이고,
가정과 직장, 지역사회의 문제에 직면하고,
이 세상과 인류 공동체의 고통을 짊어지고,
논리적으로 통찰하고, 심리적으로 분석하며,
윤리적으로 행위하고, 새로운 사회적 질서를 제시하며,
스스로 체험하고, 단호하게 행동하며…….

  견성 열반은 이렇게 끊임없이 고뇌하고 극복해 가는 삶의 고뇌를 통하여 드러난다는 사실을 네루는 분명하게 통찰하고 있는 것으로 보인다. 어찌 네루뿐이겠는가? 있는 대로 담마를 보는 이들은 모두 이와 같이 보는 것이고, 붓다와 초기 대중들 또한 이와 같이 통찰한 것이다.

3) 수행으로 드러낸다

'사밧티 500 여인들의 취중 견성사건'[23)]

  「붓다가 사밧티 제타 숲에 계실 때이다.
  사밧티에 사는 500명의 젊은이들이 매양 술에 취하여 방탕한 자기 부인들을 비사카 부인에게 맡겨 치유하기를 희망하였다. 비사카 부인

---

23) Dhp-Com. 11.1(text. N. iii. 100-103. 146) ; *Dhammapada-Commentry*, vol. 2, pp.328~330.

은 이미 붓다에게 귀의한 우바이로서, 널리 베풀기를 좋아하고, 염처(念處) 수행에 힘써 이미 깨달음의 길에 들어 있었다. 그때부터 500명의 여인들은 비사카 부인과 함께 행동하기로 약속하였다.

어느 날, 7일 간의 축제가 벌어졌다. 이 기간 동안 여인들은 남편들을 위하여 독한 술을 준비하고, 남편들은 그 술을 마시며 즐겼다. 8일째 되던 날 축제가 끝났다. 그때 여인들은 술 생각이 나서, 각기 술을 몸에 지니고, 비사카 부인을 찾아갔다. 여인들은 부인에게 청해서, 제타 숲으로 가서 부처님의 설법을 듣기로 하였다. 제타 숲에 도착한 여인들은 감춰온 독한 술을 마시고 몸을 가누지 못할 정도가 되었다.

이때 악마 마라가 그들의 몸을 장악해 버렸다. 그래서 여인들은 붓다 앞에서 손뼉을 치기도 하고, 춤을 추기도 하였다. 그때 붓다께서 사정을 알아차리고 생각하셨다.

'마라 왕(마왕)의 무리들이 내려오지 못하게 하리라. 나는 지금까지 항상 마왕의 무리들이 내려오지 못하도록 깨달음을 실현해 왔다.'

붓다께서는 곧 미간으로부터 짙은 청색 광명을 발하여 그들 여인들을 비췄다. 방 전체가 캄캄해졌다. 그러자 여인들은 죽음의 공포로 몸을 떨었다. 그 공포가 너무 강렬하여 500 여인들을 술에서 깨어나게 하였다. 그때 붓다께서는 순간적으로 시네루 산(Mt. Sineru) 정상에 서서, 미간으로부터 흰 광명을 발하니, 그 빛이 천 개의 달빛같이 밝았다. 붓다께서 말씀하셨다.

"내 있는 곳으로 올 때는 마음집중 해야 하느니라. 마음집중 하지 않으면, 마왕의 무리들이 그대들을 점령하고, 웃게 하고 경솔하게 행동하게 할 것이다. 이제부터 그대들은 혼미와 다른 악한 번뇌들의 불꽃을 끄기 위하여 온갖 노력을 다해야 할 것이니라."

그리고 붓다께서는 이렇게 게송으로 담마를 설하셨다.

"세상은 불길로 타고 있는데
어찌하여 웃고 있는가? 기뻐하고 있는가?
그대들은 어둠 속에 가려 있는데
어찌하여 빛을 찾지 않으려는가?"
이 담마 끝에 500명의 여인들은 소따빳띠로, 곧 깨달음의 길로 들어섰다.」

수행으로 본래 깨달음을 드러낸다

마왕의 무리에게 정복당한 여인들,
술에 취하여 손뼉치고 춤추는 사밧티의 500 여인들,
담마를 듣고, 번뇌의 불길 속에서 깨어나는 여인들,
정신차리고 견성 열반의 길로 확고히 들어서는 500 성중(聖衆)들…….

깨달음은 이렇게 번뇌의 불길 속에서 이뤄진다. 견성 열반의 문은 이렇게 고통과 문제상황 속에서 열린다. 술에 취하고 방탕하지 않았던들, 500 여인들이 어떻게 발심할 수 있었겠는가? 어떻게 담마 한마디로 견성할 수 있었겠는가? 세상의 많은 사람들이 번뇌와 고통의 문제상황 속에서 취해 있으면서도 깨어날 줄 모르는데, 이 여인들은 담마를 만난 인연으로 깨어날 수 있었다는 데, 붓다-담마의 위대함이 있는 것이 아닌가?

'어떻게 담마 한마디로 깨달을 수 있단 말인가?
수행하지 않고, 어떻게 한마디 담마를 듣는 것으로 깨달음의 길로 들어설 수 있단 말인가? 이것은 지나친 과장이 아닌가?'
'사밧티 500 여인들의 취중 견성사건'을 보고, 아직도 이렇게 회의할지 모른다. 지금까지 수없이 제시되어 온 즉시견성(卽時見性)·즉신견성(卽身見性) 사건들을 보고, '그게 아닌데…….' 하고 의문을 갖는 이들이 적지 않을 것이다. 바로 이것이 장애요인이다. 깨달음에 관한 왜곡된 고정관념, 이런 견해가 수많은 사람들의 깨달음을 가로막는 마장(魔障)이 되고 있다.

'이 마음은 본래 청정하다. 빛을 발하고 있다.

그대들은 이미 깨달아 있다. 견성 열반 가운데 있는 것이다.'

'사밧티 500 여인들의 취중 견성사건'은 다시 한번 '본래청정, 본래 이미 깨달아 있음의 근본 담마'를 확고히 입증하고 있다. 본래 이미 깨달아 있지 않고서야, 어떻게 독한 술에 취한 저 방탕한 500 여인들, 알콜 중독자들이 한순간에 견성할 수 있었겠는가? 한번의 수행 없이도, 성중(聖衆)의 길로 들어설 수 있었겠는가? 그런 까닭에 붓다는 이렇게 설하고 있다.

"수행자들이여, 이 마음은 빛을 발한다(청정하다).

그러나 이 마음은 온 곳이 없는(본래적인 것이 아닌) 번뇌로부터 벗어나 있다.

많이 배운 성스러운 제자들은 이것을 있는 그대로 이해하고 있다.

나는 선언하노라.

'그렇기 때문에 많이 배운 성스러운 제자들은 마음을 닦는다.'"

(This mind is luminous, but it is cleansed of taints that come from without. This the educated Ariyān disciple understands as it really is. Wherefore for the educated Ariyān disciple there is culeivation of the mind, I declare.)〔AN 1.6.5(text. i. 10)〕

여기서 수행(修行)의 본질이 여실히 밝혀지고 있다.

수행이란 무엇인가? 마음 닦는다는 것이 무엇인가?

그것은 곧 청정자성(淸淨自性)을 드러내는 것이다. 본래 이미 빛나고 있는 마음의 광명을 드러내고 있는 것이다. 본래 이미 깨달아 있는 마음의 광명을 삶으로 드러내는 것이다. 영봉 히말라야 산맥같이, 본래 이미 거기 그렇게 장엄하게 빛을 발하고 있는 해탈 열반의 경지를 환하게 밖으로, 세상으로 드러내는 것이다. 그래서 붓다는 "(청정자성을 잘 이해하고 있는) 많이 배운 성스러운 제자들은 마음을 닦는다."라고 명쾌히 선언하고 있는 것이다.

히말라야산은 거기 그렇게 빛을 발하며 있다.

깨달음은 거기, 저마다의 마음속에, 그렇게 빛을 발하며 있는 것이다. 취하여 방탕한 500여인들의 그 취한 마음속에서도 그렇게 찬란히 빛을 발하며 있는 것이다.

산행(山行)의 결과, 길을 간 결과로서 히말라야산이 생겨난 것이 아니다. 산행과 상관없이, 길과 상관없이, 본래 이미 그렇게 있는 것이다.

수행의 결과, 길을 간 결과로서 깨달음이 생겨난 것이 아니다. 수행과 상관없이, 열반의 히말라야산은 본래 이 몸속에 그렇게 있는 것이다. 보잘것없는 이 몸, 이 고통, 이 마장(魔障) 속에 그렇게 있는 것이다. 히말라야산은 이 지구 위에 하나밖에 없는 것이지만, 해탈 열반의 원적산(圓寂山)은 모든 사람, 모든 생명 저마다의 몸속에 있는 것이다.

무엇을 할 것인가?

이제 세상 사람들은 무엇을 해야 할 것인가?

깨달음을 위하여, 견성 열반을 위하여, 무엇을 할 것인가?

대답은 이미 명료하고 확고한 것으로 보인다.

사람들이 할 수 있는 유일한 길은 빛을 밖으로 발하는 것이다. 빛을 발하여 열반을 드러내는 것이다. 깨달음을 드러내는 것이다. 붓다의 미간에서 찬란한 광명이 솟아나 악마의 무리들에게 잡힌 500 여인들을 비추듯, 청정한 마음의 빛을 발하여 이 세상을 비추는 것이다. 이 세상의 어둠을 남김없이 비추는 것이다. 이 세상 모든 생명들의 고통과 병과 죽음을 여지없이 비추는 것이다. 그렇게 해서 자는 사람들, 병든 사람들, 죽음의 불길 속에서도 취하여 자는 사람들을 일깨우는 것이다. 이것이 수행이다.

수행은 무학도(無學道)이다

드러낸다는 것이 무엇인가?

빛을 발하여 깨달음을 드러낸다는 것이 무엇인가?

빠알리-니까야에서는, 처음부터 끊임없이 반복하며 이렇게 설하고 있다.

"와서 보라. 눈 있는 자는 와서 보라."

열반은 보는 것이다.

이것이 견성이고 수행이다.

'본다'는 것이 무엇인가?

이제 이 '본다'는 것에 관하여 보다 진전된 의미를 참구할 단계에 이른 것으로 생각된다. 이것은 수행의 본질과 관련되는 중요한 문제이기 때문이다.

빠알리-니까야에서는, 이 '보다'와 관련되는 말로 '현관(現觀)하다'라는 용어가 자주 쓰이고 있다. '현관하다(現觀, abhisamaya)'는 것은 4제의 행상(行相, akara, 本質)을 '잘 알다(知, abhijānāti)'·'분명히 이해하다(解, parijānāti)'·'수행하다(修, bhāveti)'·'증득하다(證, sacchikaroti)' 등의 의미를 동시에 지니는 단어로, '몸과 마음의 현상을 관찰함으로써 4제의 본질적 이치를 분명히 이해하고 실천하고 드러내다〔證得〕'는 의미를 내포하고 있다.24)

사물을 있는 그대로, 직면한 현상을 통하여 4제의 행상, 곧 4제 8정도의 과정을 잘 관찰하고, 이해하고, 잘 알고, 그대로 실천하고, 그렇게 살아가고…….

이것이 보는 것이고 수행하는 것이고 깨닫는 것이고 견성 열반하는 것이다. 드러낸다는 것은 곧 이렇게 살아가는 것이다.

4제 8정도를 잘 이해하고 실천하고 그대로 살아가고…….

'수행하다'가 이렇게 규정될 때, 그것은 수행이 깨닫기 위한 예비적 행위가 아니라, 수행이 깨달음 그 자체이고 수행이 바로 견성 열반의 드러냄, 증득이라는 사실을 의미하는 것이다. <u>수행은 '깨달음을 위하여'가 아니라, '깨달음 그대로'인 것이다.</u> '청정자성 그대로 살아가는 것', '열반 그대로 살아가는 것', '견성 열반 그대로 살아가는 것', 이것이 수행이다. 도(道)가 곧 멸(滅)인 것, 길 그대로가 삶인 것, 이것이 바로 불교수행의 본질로 규정되고 있다.

이것은 견성 열반이 궁극적으로 무소득(無所得)의 무학도(無學道)라는 사실과 관련되는 매우 자연스런 결론으로 보인다. 이와 관련하여

---

24) 최봉수, 앞의 책, pp.311~313.

이중표 교수는 이렇게 논하고 있다.

> (수도를 통해 괴로움이 멸진한 열반의 경지, 즉 세간을 벗어나게 되었다면)25) 더 이상의 의혹이나 주저함이 없이 이것을 자신의 삶의 방식으로 선택하게 될 것이다. 즉 이 같은 삶을 자기화할 것이다. 이것이 진리의 체득이며 사성제의 무학도(無學道)이다. 그리고 무학도(無學道)에서는 멸(滅)성제와 도(道)성제의 구별이 있을 수 없다. 왜냐하면, 정견을 가지고 바르게 사유하고 정진하면서 항상 마음의 평화를 누리는 것, 즉 팔정도가 그대로 열반이기 때문이다. 바꾸어 말하면, 집성제가 생사의 세계에서 살아가는 중생들의 삶의 방식이듯이, <u>도성제는 멸성제를 얻기 위한 수단이 아니라 열반의 세계에서 살아가는 삶의 방식인 것이다.</u>
>
> 이와 같이, 수습(修習, bhaveti)과 작증(作證, sacchikanoti)은 수습하고 나서 작증하는 것이 아니라 수습하면서 작증하는 관계에 있다. 즉 수습은 행위이고 작증은 행위를 통한 체험인 것이다.26)

수습(修習)이 곧 작증(作證)이다.
수행이 곧 드러냄이다.
도(道, Magga)가 곧 과(果, Phala)이며, 집(集, Samadaya)이 곧 멸(滅, Nirodha)이다.

---

25) 이러한 서술은 다소 문제가 있는 것으로 본다. 수도를 통해 멸진의 경지, 열반의 경지를 이루었다면, 이미 그것으로 완성된 것인데, 무엇을 다시 자기화한다는 것일까? 수도는 그 자체가 처음부터 열반의 자기화 과정으로 보아야 하지 않을까?[저자 註]
26) 이중표, 앞의 책, pp.268~269.

수행할 때, 이미 그것으로 깨달음이다.
수행해서 깨달음을 기다리는 것 아니다.

그런 까닭에 사성제의 인과관계, 도(道)와 멸(滅)의 인과관계는 시간적 인과관계가 아니라 동시적·즉시적·쌍조적(雙照的) 연기관계인 것이다.27) 8정도[道, 因]를 닦아서 멸[滅, 果]이 생겨나는 것이 아니다. 8정도의 행위를 실천할 때 멸, 곧 깨달음은 그대로 드러나고[發露] 자기화되는 것이다. [표 7]에서 이미 관찰한 바와 같이, 4성제의 어느 하나를 수행할 때, 다른 셋을 동시에 수행하는 것이고,28) 8정도의 어느 하나를 수행할 때, 그것은 곧 견성 열반을 드러내고, 깨달음을 그대로 살아가는 것이 된다.

"본래 청정,
이 마음은 본래 청정한 것이다. 빛을 발하고 있다.
사람들은 모두 본래 이미 깨달아 있다. 견성 열반해 있다.
이 몸으로, 보잘것없는 이 몸으로, 자신의 고통을 직면하고,
이 몸으로, 보잘것없는 이 몸으로, 세상의 고통과 문제를 직면하고, 극복하고,
이렇게 열심히 살아가는 것이 담마를 보는 것이고, 수행하는 것이며, 깨달음을 드러내고, 해탈 열반을 살아가는 것이다."

---

27) 앞의 책, p.269.
28) '고(苦)를 보는 자는 집(集)·멸(滅)·도(道)도 보느니라. 집(集)을 보는 자는 고(苦)·멸(滅)·도(道)도 보느니라. 멸(滅)을 보는 자는 고(苦)·집(集)·도(道)도 보느니라. 도(道)를 보는 자는 고(苦)·집(集)·멸(滅)도 보느니라.' cit. 최봉수, 앞의 책, p.322.

이것은 참으로 놀라운 '직지견성, 즉신견성의 담마'이다. 이러한 즉신견성의 담마를 투철히 이해할 때, 그들은 즉시 떨치고 일어나 현장으로 달려갈 것이다. 자기 삶의 현장으로, 가정으로, 직장으로, 사회로 달려갈 것이다. 거기서, 그 현장에서, 고통과 장애를 통찰하고, 신명을 던져 직면하고 극복해 갈 것이다. 그 삶 하나하나의 현장에서 담마를 실현하고, 견성 열반을 증득할 것이다. 이것이 수행이다. 그래서 '많이 배운 성스러운 제자들은 마음을 닦는다.'라고 설한 것이다.

그러나 이 즉신견성의 담마를 철저히 이해하지 못한다면, 그들은 기다릴 것이다. 몇 년이고 몇십 년이고 앉아 수행하며, 한 소식 확철대오 하기를 기다릴 것이다.

'내가 깨달은 다음에 중생을 제도해야지.

자신도 밝히지 못하면서 어떻게 남을 밝힌다고 할 것인가.'

이렇게 생각하며 끝없이 기다릴 것이다. 그들이 이미 빛나는 광명인 줄 깨닫지 못하고, 기다릴 것이다. 그들이 이미 빛나는 진금광(眞金鑛)인 줄 깨닫지 못하고, 앉아 기다릴 것이다.

4) 떨치고 일어나 빛을 발하라

붓다-담마를 정신차려 경청하고, 잘 이해하고, 확신하고,
일체 생명에 대한 다함없는 연민과 헌신으로,
밥 한 그릇·담마 한 말씀·미소 하나·피 한 줌 힘껏 나누고,
굳건한 의지로 하나-둘 호흡을 헤아리며,
몸과 마음의 무상한 변화를 알아차리고, 마음집중 하여 살피고…….
이렇게 살아가는 것이 이미 깨달음이다. 깨달음의 삶이다. 엄밀하게

말하면, 8정도 사이의 이러한 순서나 체계도 의미 없는 것이다. 신해행증・계정혜・9차제정・5분법신・7각지・참선법・화두 드는 법……

이런 차제나 체계마저도 당연히 포기될 때, 깨달음은 진면목을 드러낸다. 수행은 만인의 삶이 된다. 만인 앞에 만인견성, 대중견성의 문이 활짝 열리는 것이라고 생각된다.

붓다 앞에 정성껏 꽃공양 하나 올릴 때,

온갖 부정한 생각에 허덕이는 보잘것없는 이 몸으로 꽃공양 하나 올리고, 두 손 모아 발원할 때,

이것이 이미 발심이다.

배고픈 이에게 따뜻한 밥 한 그릇 나눌 때,

가진 것이 없는 보잘것없는 이 몸으로 큰마음 한번 먹고, 밥 한 그릇 나눌 때,

이것이 이미 깨달음이다.

붓다-담마를 정신차려 들을 때,

술에 취한 보잘것없는 그 몸으로 담마 한 말씀 경청할 때,

이것이 이미 견성이다.

이웃을 찾아 담마 한 말씀 전할 때,

배운 것이 별로 없는 보잘것없는 이 몸으로 부끄러움을 무릅쓰고, 담마 한 조각 전할 때,

이것이 이미 해탈이다.

'하나-둘-셋-넷……'

번뇌망상에 시달리는 이 보잘것없는 생각으로 이렇게 호흡을 헤아리며, 몸과 마음에 마음집중 할 때,

이것이 이미 직지견성의 대삼매이다.

불의(不義)한 자들의 폭력 앞에 나설 때,

비겁하고 허약한 이 몸으로 문득 용기를 내서, 불의한 폭력과 대결할 때,

이것이 이미 영원한 열반의 평화이다.

보잘것없는 이 몸이 실로 법신(法身)이다.

번뇌망상이 실로 청정자성(淸淨自性)이다.

늙고 병들고 죽어가는 이 삶이 실로 불생불멸(不生不滅)이다. 그래서 '모든 법은 본래 열반의 경지이다(諸法不動本來寂).'라고 하는 것 아닌가?

8정도의 어느 하나라도 진지하게 생각하고 행하면, 그대로가 이미 깨달음이고 견성 열반이다. 이것이 보는 것이고, 수행하는 것이다.

사람들로 하여금 보게 하는 계기는 일상의 주변에 지천으로 널려 있다. 사람 몸에 숨구멍이 8만 4천 개라고 하듯, 발심으로 일깨우는 기연(機緣)은 무한하다고 할 것이다. 그래서 '8만 4천 법문'이라고 하는 것일까?

어느 한 계기에 발심하면 되는 것이다. 오래 앉아 수행하더라도, 이 발심의 계기를 잡지 못하면 그것은 죽은 수행일 뿐이다. 수행자 잠부까가 55년 동안이나 고행에 몰두해도 깨닫지 못하였지만,29) 사밧티의 500 여인들이 한번의 담마로 견성하는 것도 바로 이 때문이라고 할 것이다.

보잘것없는 이 몸으로, 일상의 고통과 장애 속에서, 문득 한번 마음

---

29) Thag 283~286 ;『비구의 고백 비구니의 고백』, pp.77~78.

돌이키면 그것으로 족한 것이다. 그것으로 대방광(大放光)이다. 그런 의미에서 견성 열반은 돈오돈수(頓悟頓修)라고 할까?

"세상은 불길로 타고 있는데,
어찌하여 웃고 있는가? 기뻐하고 있는가?
그대들은 어둠 속에 가려 있는데,
어찌하여 빛을 찾지 않으려는가?"〔Dhp 146〕

이제 발심의 순간이다.
떨치고 일어나 빛을 발할 순간이다.
이 몸, 이 잡념, 번뇌망상…….
보잘것없는 이 몸으로 자신 속의 고통을 통찰하고, 직면하며, 발심할 순간이다.
보잘것없는 이 몸으로 세상 속으로 뛰어들어, 세상의 고통과 문제들을 직면하며, 발심할 순간이다.
발심하는 순간, 대방광이다. 천 개의 달보다 더 밝은 청정한 자성 광명이 삼천대천 세계를 두루 비추고, 시방삼세를 넘어 두루 원만할 것이다. 고통이 클수록 자성 광명은 더욱 빛날 것이다. 세상의 부조리와 투쟁의 불길이 거셀수록, 견성 열반의 광명은 더욱 찬란히 빛을 발할 것이다.

4. 대중견성운동의 마지막 키워드(Key-Word)

1) '여자 종 뿐나의 쌀겨 빵 공양사건'[30]

「붓다께서 라자가하 독수리봉에 계실 때 일이다.

여자 종 뿐나(Puṇṇā)는 밤늦도록 등불을 켜놓고 벼를 찧고 있었다. 너무 지친 뿐나는 잠시 쉬기 위하여 밖으로 나와 땀으로 흠뻑 젖은 몸으로 바람을 쐬고 있었다. 그때 말라인 두바(Dubba)는 비구들의 숙박 관리인이었는데, 등불을 밝혀 들고 비구들을 안내하고 있었다.

그 불빛으로 뿐나는 비구들이 산길을 가는 것을 볼 수 있었다. 여인은 생각하였다.

'나는 내 일 때문에 지쳐서 여태까지 잠을 못 자고 있지만, 저 스님들은 무엇 때문에 늦도록 잠을 못 자고 있단 말인가?'

한참 생각한 끝에 뿐나는 이렇게 생각하였다.

'거기에 살고 있는 스님들 중에 어떤 분이 병이 났거나 뱀에 물린 것이 분명해.'

그렇게 새벽이 되었을 때, 뿐나는 쌀겨를 모아서 손에 쥐고 물로 반죽을 해서 빵을 만들어 숯불로 구웠다. 그리고 여인은 중얼거렸다.

'강의 목욕하는 곳으로 가서 이 빵을 먹어야지.'

뿐나는 떡을 치마 속에 넣고 물병을 들고 강의 목욕하는 곳으로 나아갔다.

그때 세존께서는 여느 때와 같이 라자가하로 들어가기 위해서 같은

---

30) Dhp-Com. 17.6(text. N. iii. 321-325. 226) ; *Dhammapada-Commentry*, vol. 3, pp. 111~113. cf. Jāt 254 ; ii. 286-291. 이 사건은 *Milindapañha* 115와 관련됨.

장소로 나아가고 있었다. 뿐나는 붓다를 보고 생각하였다.

'전에 내가 붓다를 뵈었을 때에는 내게 붓다께 올릴 공양거리가 없었고, 공양거리가 있을 때에는 붓다를 뵈올 수 없었다. 그런데 오늘은 붓다를 마주 뵙게 되었을 뿐만 아니라, 내게 그에게 올릴 수 있는 공양거리도 있다. 만약 붓다께서 이 빵이 질이 좋은 것인지 나쁜 것인지 구별하지 않고 받으신다면, 이 빵을 공양 올리고 싶은데……'

그래서 여인은 물병을 옆으로 내려놓고, 붓다께 인사하고 말하였다.

"세존이시여, 이 거친 음식을 받으시고 제게 축복을 내려 주소서."

붓다는 아난다 장로를 쳐다보았고, 아난다는 가사 속에서 발우를 꺼내 붓다에게 건넸다. 그 발우는 왕이 붓다에게 드린 것이다. 붓다는 발우를 내밀어 그 안에 빵을 받았다. 뿐나는 빵을 붓다의 발우에 넣고, 땅에 엎드려 오체투지로 절하며 말하였다.

"세존이시여, 세존께서 보신 담마를 제게도 유익하게 하소서."

붓다가 대답하였다.

"그러자꾸나……"

그리고 붓다는 그 여인 앞에 서서 감사의 말을 했다. 그러자 뿐나는 생각했다.

'붓다께서는 내 빵을 받으시면서 축복의 말씀을 내리셨으나 아직 드시지는 않으셨다. 그는 틀림없이 그 빵을 조금 가서는 소나 개에게 던져주고 말 것이다. 그리고 그는 왕이나 왕자의 집으로 가서 잘 차린 음식을 골라 먹을 것이다.'

붓다는 생각하였다.

'저 여인은 무슨 생각을 하고 있는 걸까?'

붓다는 여인의 마음을 생각해 내고, 아난다 장로를 쳐다보며 먼저 자리에 앉으려 하였다. 아난다 장로는 가사를 접어서 자리를 마련하였다.

붓다는 거기 앉아서 아침공양을 드셨다. 뿐나는 그 광경을 지켜보며 서 있었다. 공양이 끝났을 때, 아난다 장로가 붓다에게 물을 드렸다. 이렇게 공양이 끝나자, 붓다는 뿐나에게 말하였다.

"뿐나여, 그대는 지난밤에 왜 우리 제자들을 비난하였는가?"

"세존이시여, 저는 그들을 비난하지 않았습니다."

"그렇다면 우리 제자들을 보고 무슨 말을 했단 말인가?"

"세존이시여, 그건 간단한 얘기입니다. 저는 혼자 생각했습니다.

'나는 나 자신의 일 때문에 잠잘 수 없지만, 저 스님들은 무엇 때문에 이렇게 늦은 시각까지 잠들지 못하는가? 틀림없이 거기 사는 어떤 스님이 아프거나 뱀에게 물렸을 것이다.'"

붓다는 여인의 말을 듣고 말하였다.

"뿐나여, 그대가 잠들지 못한 것은 그대 자신의 일 때문이지만, 내 제자들은 꾸준히 살펴보기 때문에 잠들지 않는 것이니라."

그렇게 말씀하시고, 붓다는 이어서 게송을 읊으셨다.

"항상 깨어 있어 살펴보는 사람들,
밤낮으로 정진하는 사람들,
열반을 위하여 노력하는 사람들,
그들은 번뇌를 여의느니라."

이 가르침 끝에, 뿐나는 거기에 선 채로 예류의 길로 들어섰고, 주변에 있던 사람들 또한 이 가르침에 의하여 이익을 얻었다.

붓다는 뿐나가 쌀겨로 만들어 석탄 불로 구운 빵으로 공양을 마치고 정사로 돌아왔다. 그때 수행자들은 법의 방에 모여 토론하고 있었다.

"형제들이여, 이것은 세존께 얼마나 곤란한 일입니까?

세존께서는 뿐나가 석탄 불에 구워 만든 쌀겨 빵을 받아 아침공양을 하셨습니다."

그때, 붓다가 그들 가까이 다가와서 물었다.

"수행승들이여, 그대들은 다들 여기에 모여서 무엇에 관하여 토론하고 있는가?"

그들이 붓다에게 사정을 말씀드렸을 때, 붓다는 말하였다.

"수행승들이여, 뿐나가 내게 준 붉은 쌀겨 빵을 먹은 것이 이번이 처음이 아니니라. 전생에도 같은 일이 있었느니라."

그렇게 말하고, 붓다는 다음 게송을 설하였다.

"매양 그대들은 풀잎을 먹었고
그대들은 붉은 쌀겨의 찌꺼기를 먹었느니라.
그런 것이 지난 날 그대들의 음식이었으니
오늘, 왜 그대들은 그대들의 음식을 먹지 않는가?"」

2) '순수 헌신'

인류사 최대의 신비(神秘)
밤늦도록 쌀 방아를 찧는 여자 종 뿐나,
땀으로 몸을 적시며 잠잘 수 없는 고단한 여자 종 뿐나,
늦은 밤에도 잠자지 않고 깨어나 마음을 살피고 있는 수행승들,
제 신세에 비춰 수행승들을 염려하고 있는 뿐나,
쌀겨로 거친 빵을 만들어 허기진 배를 채우려는 뿐나,
망설이다 그 거친 빵을 붓다에게 공양 올리는 뿐나,

하천한 여인의 보잘것없는 빵을 공양 받는 붓다,
그 붓다를 위하여 묵묵히 발우와 자리와 물을 준비하는 아난다 비구,
여인의 마음을 헤아리고 길가에 앉아 거친 쌀겨 빵을 먹는 붓다,
여인을 위하여 담마를 설하시는 붓다,
붓다-담마를 듣고 선 채로 눈을 뜨고 견성 열반의 길로 들어서는 여자 종 뿐나,
그 주변에서 이 광경을 지켜보며 큰 기쁨을 얻는 민중들…….

이것은 실로 인류 정신사의 장관이며, 최대의 신비(神秘)로 보인다. 장엄한 민중견성운동의 절정이며 언어도단의 감동으로 다가온다.
이 '여자 종 뿐나의 쌀겨 빵 공양과 견성사건'은 초기불교의 실상을 여지없이 드러내 보이는 붓다-담마의 한마당이다. 붓다와 4부의 전법대중들, 그리고 거리의 민중들이 함께 어울려 엮어내는 한마당 대중견성의 현장인 것이다.〔p.4 주제화 참조〕
이 자리에서, 여자 종 뿐나는 즉신견성의 놀라운 광경을 실현해 내고 있다. 지극히 평범한 한마디 담마에, 일찍이 참선 한번 한 적 없는 무지몽매한 여자 종 뿐나가 선 채로 그 자리에서 눈을 뜨고 견성 열반의 길로 들어서고 있는 것이다. 미천한 한 여인이 생사해탈의 성자(聖者), 성중(聖衆)·성(聖)시민으로 새롭게 태어나고 있는 것이다.
이것은 얼마나 큰 신비인가?
이것은 얼마나 놀라운 경이이며 기적인가?
세상 사람들이 '신비'·'기적'을 말들 하지만, 이 이상의 신비·기적이 어디 있겠는가? 사람·사람들을 이렇게 근본적으로 바꿔놓는 것 이상의 신비·기적이 어디 있겠는가?

그러나 돌이켜 생각해 보면, 붓다의 45년 역사를 통하여, 이러한 신비 기적은 무수히 반복되어 왔다는 것을 우리는 분명한 사실로 보아 온 것이 아닌가?

도둑·외도·상인·금세공·무용수·노동자·노인·어린이·심부름꾼·난쟁이·걸인·곡예사·미친 여인·깡패들·농부·어부·사냥꾼·목동·사형집행인·머슴·소매치기·병자들·온갖 장애인들·나병환자·창녀·궁녀들·시녀들·하녀들·노비들·보통의 남정네들·부인들·양가집 자녀들·학자들·종교지도자들·기업가들·은행가들·자산가들·관리들·장군들·대신들·왕족들·왕과 왕비들······.

이 무수한 보통 사람들이 여자 종 뿐나같이, 담마 한마디에 눈을 크게 뜨고 견성 열반의 길로 들어서는 놀라운 역사를 보아 온 것이 아닌가?

그런 의미에서, 붓다의 역사에서는 이러한 대중·민중들의 견성 열반이 오히려 '일상사(日常事)'이며 '다반사(茶飯事)'로 일컬어도 좋을 것이다. 그래서 붓다는 매양 이렇게 설하고 있는 것이다.

"눈 있는 자는 와서 보아라.

있는 그대로 보아라."

(ethi-passika, yatha-bhutam)

스스로 솟구치는 '순수 헌신'

이것은 어떻게 가능한 일인가?

어떻게 해서 있는 그대로 볼 수 있는가?

어떻게 해서 견성 열반이 가능한 것인가?

어떻게 해서 여자 종 뿐나같이, 수많은 민중들이 한마디 담마에 그 자리에서 선 채로 눈을 뜨고 여실히 볼 수 있는가? 보잘것없는 한 조각 쌀겨 빵의 공양으로 견성 열반의 성자로 들어설 수 있는 것인가?
 그러나 그 대답은 '뿐나 사건' 속에 이미 드러나 있는 것, 자명한 것으로 보인다.
 순수 헌신,
 순수하고 헌신적인 삶·삶들,
 이 삶과 삶들의 만남…….
 다함없는 연민과 헌신의 삶—
 거친 빵 한 조각을 망설이며 베풀고 그 거친 빵을 먹으며 담마로 감사하는 뿐나와 붓다의 순결무구하고 평등한 삶의 태도,
 잠 못 드는 이들을 안타까워하고, 보잘것없는 여인의 심정을 낱낱이 헤아리는 그 연약하고 다정다감한 삶, 삶들…….
 이 '순수 헌신'이야말로 이 모든 것을 가능하게 하는 근본 동기이며 동력으로 보인다. 이 다함없는 연민과 나눔의 '순수 헌신'이야말로 붓다와 사부대중의 전법사들이 신명을 걸고 추구해 온 대중견성운동의 마지막 키-워드(Key-Word)로 보인다.
 '순수하다', '청정하다'는 것은 어둔 식(識)을 극복했다는 것을 의미한다. 5온적·이기적 자아의식(自我意識)을 밝혀보고 내려놓았다는 것을 의미한다. 그렇게 해서 목전의 이 작은 생명, 초라한 생명에게서 우주적 전일성(全一性)·연기성(緣起性)을 보고, 그 생명 하나하나에 대하여 한없는 공감과 연민을 느끼며 헌신한다는 것을 의미하는 것이다.

 순수 헌신,
 순수하고 헌신적인 삶, 삶의 태도,

일체 생명에 대한 다함없는 연민과 헌신의 삶, 삶들, 삶의 태도들…….

이것은 누구나 한결같이 본래 스스로 지니고 있는 자연의 모습일 것이다. 누구에게 배워야 알고, 수십 년 앉아 수행해야 깨닫는 것이 아닐 것이다. 지금 모든 사람들이 그대로 온전히 간직하고 있는 불가역(不可逆)의 모습일 것이다. 결코 거스를 수 없는 마음의 흐름, 심성의 발로일 것이다.

다만 이 진실을 이해하고 그대로 열심히 살아가면 그것으로 족한 것이다. 그것으로 깨달음이다. 그것으로 견성 열반이고, 그것으로 직지견성인 것이다. 그래서 '본래 스스로 이미 깨달아 있는 것이다.' 한 것이 아니겠는가?

무지몽매한 여자 종 뿐나(Puṇṇā).

그는 제 고단한 신세에도 불구하고, 수행승들이 늦도록 잠 못 드는 것을 걱정하고 있다. 그는 밤새 일하고 허기진 몸인데도, 제가 먹을 유일한 음식을 붓다에게 기꺼이 베풀고 있다. 붓다는 이 진솔한 여인의 마음을 헤아리고, 그 자리에 앉아 거친 빵을 먹고 있다. 그러면서 붓다는 감사하는 마음으로 여인에게 말을 걸고, 한 조각 담마를 전하려고 애쓰고 있다. 아난다 비구는 여인의 마음을 이해하고, 또 붓다의 마음을 알아차리고 발우와 앉을 자리, 물을 마련하고 있다. 수많은 거리의 민중들이 이 놀라운 광경을 지켜보고 있다.

뿐나와 붓다의 만남,

뿐나와 붓다와 아난다와 민중들의 이 소박하고 따뜻한 만남,

이 소박하고 평등한 인간적인 만남,

이 만남 가운데 솟구치는 순수하고 헌신적인 삶, 삶들,
스스로 솟아나 넘쳐흐르는 연민과 헌신, 순결무구한 대비심(大悲心)의 물결…….

이것이 바로 붓다-담마의 키-워드로 생각된다. 만인의 깨달음--대중견성의 신비를 열어가는 마지막 키-워드로 생각된다.

순수 헌신,
순수하고 헌신적인 삶, 삶들의 만남,
여자 종과 붓다가 마주 보며 함께 나누는 평등하고 순수한 삶, 삶들의 만남,
풀 한 포기도 차마 뽑지 못하는 연약하고 순수하고 헌신적인 삶, 삶들의 만남…….

이렇게 '순수 헌신'으로 키를 두들기면, 거기에 문득 깨달음의 천지가 열린다. 견성 열반의 신천지가 광활한 네트 워크를 타고 무한히 열려 온다. 영구평화의 광명이 분수처럼 솟아오른다. 다함없는 희망의 광명이 무변제(無邊際)의 사이버 공간으로 펼쳐져 온다.

'순수 헌신.'
(The pure devotion).

이 키-워드는 누구든지 두들길 수 있다. 이 넉 자는 누구든지 두들길 수 있다. 보잘것없는 몸으로도, 번뇌망상의 마음으로도 누구든지 두들길 수 있는 것이다. 지금 당장 두들길 수 있는 것이다.

두들기면, 즉시로 열린다. 견성 열반의 평화가 즉시로, 무변제로 열린다. 누구든지 볼 수 있다. 이 광명에 찬 희망의 신천지를 볼 수 있다.

여자 종 뿐나가 거리에 선 채로 보듯이, 누구든지 여기서 지금 바로 볼 수 있는 것이다.

3) 사제의식(司祭意識)을 넘어서

재가운동(在家運動, a lay movement)으로
순수 헌신,
순수 헌신을 통한 깨달음의 실현,
순수 헌신의 일상적 삶을 통한 대중견성의 실현—

이것이 붓다와 초기 대중들이 추구해온 불교운동의 주류로서 규정되고 관찰되었다. 그리고 새 천년의 영구평화를 지향하는 인류견성운동의 원형적 패러다임으로 논의되어 왔다.

이 과정에서, 예민한 관찰자라면 하나의 동기, 또는 심리적 요구가 알게 모르게 끊임없이 작동해온 사실을 감지하고 있을 것이다. 곧 어떤 형태의 사제의식(司祭意識)도 인정하지 않으려는 대중의식(大衆意識)을 감지하고 있을 것이다.

사제의식이란 무엇인가?

그것은 전문적 종교인들, 사제·승려[31]들의 우월적 독점의식·차별의식으로 규정될 수 있을 것이다. 사제 일반의 이러한 우월적 독점

---

31) 비구(比丘, bhikkhu)·비구니(bhikunī)를 '승려(僧侶, monk)'로 호칭하는 것은 본질에 맞지 않는 것으로 생각된다. 'sangha'를 '승가(僧伽)'로 한역(漢譯)하면서 비구·비구니를 '승(僧)·승려(僧侶)'라고 호칭하는 오류가 발생한 것으로 보인다. '비구'·'비구니'는 번역 없이 그대로 부르거나 '사문(沙門, samana)'·'출가 수행자'·'출가 수행중'·'스님(스승님)'으로 일컬어지는 것이 역사적 사실에 부합하는 것으로 보인다.

의식·차별의식을 이기적이며 허위적인 '사견(邪見)'으로 비판하고 혁파하면서, 깨달음의 문을 만인 앞에 활짝 열고 견성 열반의 세계를 사부대중들에게 환원시키려는 심리적 기제(機制, system)가 대중의식(大衆意識)으로 정의되고 있는 것이다.

초기불교의 이러한 반(反)사제적 대중의식은, 기원전 7~5세기, 북동 인도의 불교 형성의 역사적 상황과 관련 깊은 것이다. 이미 관찰한 바와 같이[1집 제1편 4장 참조], 붓다의 불교운동은 정통적 사제·승려들, brahmin들의 특권적 우월주의와 반(反)민중적 독점주의를 혁파하려는 자유사상가 운동 — samana 운동의 한 주류로서 전개된 것이다. 붓다가 brahmin 중심의 카스트 체제를 부정하고 대중견성이라는 지적(知的)·정신적(精神的) 각성운동에 헌신한 것은 거의 전적으로 이 brahmin 사제주의(司祭主義)와 의식주의(儀式主義)를 변혁하려는 대중적(大衆的)·재가적(在家的) 동기에서 출발하고 있는 것이다. R. 데이비스는 이렇게 논하고 있다.

오해를 피하기란 실로 어려운 일이다. 그래서 나는 다음과 같은 사실을 반복적으로 밝힌다. 사제들(brahmin)은 언제나 거기(인도사회) 있었고, 언제나 전투적이고 강력하였다. 그들의 다수는 학식 있는 사람들이다. 학식 있는 자들의 경우는 드물었지만, 그들 중 일부는 부유하였다.……

그들 사제들은 그들만이 학식 있는 그룹, 또는 지적(知的) 그룹이 아니었다. 더 이상 그들만이 부유한 그룹이 아니었다. 그들의 책에 기록되어 있는 종교나 관습들이 어느 때나 다수 인도 민중들의 종교며 관습은 아니었다. 불교 흥기 이전의 시기에 전개된 지적 운동(samana 운동,

저자 註)은 크에 보아 재가운동(在家運動)이었지 사제운동(司祭運動)이 아니었다.

(The Intellectual movement before the rise of Buddhism was in large measure a lay movement, not priestly one.)32)

간디의 깨달음, 간디의 조언

재가운동(在家運動) —

반(反)사제적 재가운동(在家運動, a lay movement) —

이것이 붓다와 4부대중의 초기 불교운동 과정에서 치열하게 관철되어 온 기본적 동기로 분석된다. 붓다는 전 생애를 통하여, 우월적 독점적 사제주의(司祭主義)-사제의식(司祭意識)을 혁파하고 대중평등-만인평등의 담마를 관철하기 위하여 신명을 던져 저항하고 헌신한 것으로 보인다. 신(神)에 대한 공희-제사를 독점했던 것같이 소수 특권의 사제들·승려들이 깨달음을 독점하려는 이기적 사제주의에 맞서, 붓다는 마지막 순간까지 헌신한 것이다. 죽음을 넘어서는 자비 헌신으로 대결하고 극복해 간 것이다. '벨루바 마을의 대법문'에서 후계자의 지명을 거부하고,33) 입멸의 땅 구시나가라 사라쌍수 언덕 마지막 가르침에서, 붓다가 자신의 장례를 말라족 백성들에게 부촉하며 비구·비구니들에게 당부하지 않은 것도34) 이러한 반(反)사제적 대중의식(大

---

32) Rhys Davids, *Buddhist India*(Motilal Banarsudas, Delhi, 1981), pp.158~159.
33) DN 16.2.25(text. iii. 101, Mahaparinibbana-Sutta) ; *The Long Discourses of The Buddha*(tr. Maurice walshe), p.245.
34) DN 16.5.20(text. ii. 143, Mahāparinibbāna-Sutta) ; Ibid, p.264.

衆意識)의 관철로 생각된다.
 델리(Delhi)에 있는 간디(Gandhl) 박물관 복도에는 그가 스스로 쓴 글이 걸려 있다. 거기서 간디는 이렇게 논하고 있다.

> 만약 사제주의(司祭主義)를 조복시키는 데 있어 자신의 자비의 힘이 (자신의 죽음과) 동등한 위력을 지녔다는 것이 증명되지 않았더라면, 붓다는 사제주의에 저항하여 죽음을 택했을 것이다.
> (Buddha would have died resisting the priesthood, if the majesty of his love not proved to be equal to yhe task of bending the priesthood.)(Ghandi, Delhi Gandhi 박물관에서)

 죽음을 선택하는 저항,
 사제주의·사제의식에 대한 목숨을 건 저항-
 그만큼 이 사제·승려들의 우월적 독점의식과 차별의식은 깨달음의 길에 있어 치명적인 장애인 것이다.
 '누구만이 견성할 수 있다.'
 '참선은 아무나 하는 것이 아니다.'
 '간화선만이 견성의 길이다.'
 '견성하는 데는 특별한 근기가 있어야 된다.'
 '위빠사나를 하면 어떤 특별한 경계가 나타난다.'
 '오래 수행해야 깨달을 수 있다.' ……
 이런 생각들이 독점적 사제의식의 잔재라고 할 것이다. 깨달음을 일상적 삶으로서가 아니라 어떤 특별한 경지, 신비한 초월적 경지나 전문적 기능으로 인식하려는 이런 생각들이 바로 차별적 사제의식의 잔

재적 유혹이라 할 것이다. 누구의 마음속에도 이러한 어둔 자기 중심적 사제의식·승려의식이 남아 있다면, 그는—그들은 깨달음으로부터 영원히 멀어져 있을지도 모를 일이다.

순수 헌신,
피땀 흘리며 헌신하는 일상적인 삶—
이것이 유일한 대안으로 생각된다. 사제·승려의식을 놓아 버린 대중들이 깨달음—견성 열반에 다가가는 거의 유일한 출로(出路)로 생각된다. 수천 년 유전인자로 몸에 배인 이기적 사제·승려의식을 정화시키는 거의 유일한 담마로 생각된다. 간디가 자각한 바와 같이, 이 길을, 순수 헌신의 길을 가는 것밖에 달리 도리가 없는 것으로 보인다. 제2의 붓다 간디 옹의 조언같이, '단순하게, 겸허하게(simply and humbly),' 붓다가 간 이 길을 좇아가는 것이 만인견성—인류견성을 실현하는 최선의 선택으로 보인다.〔p.6 주제화 참조〕.

4) 피땀 흘리는 삶의 현장으로

노동하는 삶이 최선의 수행
키-워드로 들어가는 길은 무엇일까?
견성 열반의 키-워드를 두들길 자판은 지금 어디 있는 것일까?
라자가하의 강 언덕에서, 붓다는 여자 종 뿐나와 시민들을 향하여 이렇게 일깨우고 있다.

"항상 깨어 있어 살펴보는 사람들

밤낮으로 정진하는 사람들
열반을 위하여 노력하는 사람들
그들은 번뇌를 여의느니라."
(They that are ever watchful,
they that study both by day and by night,
They that strive after nibbāna,
such men rid themselves of the evil passions.)〔Dhp vers. 226〕

항상 깨어 있어 열심히 일하는 것,
밤낮으로 굳건한 의지로 열심히 일하는 것, 노동하는 것…….
바로 이것이 대중견성의 키-워드로 들어가는 길이다. 이 가운데 견성 열반의 키-워드를 두들길 자판이 있다. 이렇게 피땀 흘리며 일하는 사람들 앞에 자판이 열려 있는 것이다.

그리고 밤늦도록 잠자지 못하고 온몸이 땀으로 젖도록 쌀 방아를 찧고 있는 여자 종 뿐나를 통하여, 이 키-워드의 길은 분명한 사실로 입증되고 있다. 깊은 밤에도 잠자지 않고 깨어나 마음을 관찰하고 있는 수행승들을 통하여, 이 마지막 키-워드의 담마는 명백한 현실로 드러나고 있는 것이다.

로히니 강변에서 무기를 던져 버리고 평화의 춤을 추는 석가족과 꼴리아족 백성들,
바라나시 사슴동산에서 최초로 법의 눈을 뜨는 다섯 고행자들,
야사스와 그 친구 54인들,
우루벨라의 강 언덕에서 불을 피우며 제사를 지내는 까샤빠 3형제

와 천 명의 배화교도들,

　라자가하 근교 라티 숲을 낙엽처럼 가득 메우고 붓다를 환호하며 깨달음의 길로 들어서는 빔비사라 왕과 수만 명의 시민들,

　알라위의 배고픈 농부,

　알라위의 베짜는 소녀,

　난파당한 해상(海商) 바히야,

　꼬삼비 왕궁의 여자 종 쿠주따라와 사마와띠 왕비, 500명의 궁녀들,

　꼬살라국의 500명의 도둑들,

　사창가에서 몸을 팔던 비말라 비구니,

　높은 장대 위에서 줄을 타던 곡예사 욱가세나,

　먹을 것을 찾아 헤매던 나병환자 수빠붓다,

　술에 취하여 날뛰던 사밧티의 500 여인들,

　그리고 잠자지 못하고 일하는 여자 종 뿐나와 라자가하의 수행승들…….

　돌이켜 보면, 붓다의 역사에 동참하는 이 수많은 대중견성운동의 주역들은 한결같이 치열한 삶의 현장에 있었고, 몸을 던져 열심히 노동하고 있었다. 세속의 삶에서 고뇌하고 좌절하며 집착하고 방황하며, 그러면서 살기 위하여 피땀 흘리며 일하고 있었던 것이다.

　이들을 통하여, 피땀 흘리며 노동하는 삶이 최선의 수행이란 진실이 입증되고 있다. 초기 견성대중들의 성공을 통하여, <u>진지하고 치열한 이 세속의 삶이야말로 최선의 수행이라는</u> 크나큰 진실이 역사적으로 입증되고 있는 것이다.

출가대중의 세속은 어디인가

출가대중의 세속은 어디일까?

재가대중들에게는 가정과 직장·마을과 나라가 그들의 세속이라면, 출가대중들에게는 원림과 정사·토굴이 그들의 세속일 것이다. 무엇보다 유행과 탁발의 거리와 마을이 그들의 세속이며 삶의 현장이 될 것이다. 출가대중들, 수행승들이 끊임없이 거리와 마을에서 유행하고 탁발하며 살아간 것이 그들의 직지견성의 원동력이 되었던 사실은 참으로 의미심장한 메시지로 들린다.

'왜 오늘의 출가대중들 가운데 깨닫는 이들이 적은가?

근기가 부족해서일까?

참선이 부족해서일까?

용맹정진·장좌불와(長坐不臥)가 부족해서일까?……'

이런 것이 아니라고 생각된다.

그들에게서 부족한 것은 단 하나―

그것은 유행(遊行) 정신이며 탁발(托鉢)의 삶이다. 마을과 거리를 끊임없이 유행 탁발하며, 민중들에게 담마를 전파하고 담마를 입증하는 진지하고 치열한 삶의 현장을 상실한 것이 그들이 깨달음을 상실한 가장 본질적인 원인이라고 생각된다.

어둔 식(識)을 극복할 순수 헌신의 체험이 결여되어 있다면, 무엇을 더 기약할 수 있겠는가? 이 순수 헌신의 체험이 전제될 때, 참선이 참선이 되고, 장좌불와(長坐不臥)가 장좌불와가 되는 것 아니겠는가?

그래서 붓다는 출가대중들에게 이렇게 묻고 있다.

"매양 그대들은 풀잎을 먹었고

그대들은 붉은 쌀겨의 찌꺼기를 먹었느니라.

그런 것이 지난 날 그대들의 음식이었느니

오늘, 왜 그대들은 그대들의 음식을 먹지 않는가?"〔Dhp-Com. 17. 6(text. N. ⅲ. 235. vers. 226)〕

풀잎도 마다하지 않고,

붉은 쌀겨 찌꺼기도 즐겨 먹고…….

이것이 유행정신이고 탁발의 삶이다. 이 진지하고 치열한 삶의 고뇌와 체험이 그들의 마음에서 순수하고 헌신적인 마음을 분출시킨다. 본래 이미 깨달아 있는 마음을 있는 그대로 드러낸다. 진지하고 치열한 삶의 현장 속에서만 청정자성은 드러난다. 그래서 붓다는 '자성청정의 담마'에서 이렇게 선언하고 있는 것이다.

"수행자들이여, 이 마음은 청정하다. 빛을 발하고 있다.

수행자들이여, 그러나 이 마음은 온 곳이 없는(본래적인 것이 아닌) 번뇌로부터 벗어나 있다.

수행자들이여, 아직 생겨나지 않은 악(惡)을 생겨나게 하고, 만일 악이 이미 생겨났으면, 그 악으로 선(善)을 쇠퇴하게 하는 것으로서, 게으름과 같은 힘을 나는 아직 보지 못하였구나.

수행자들이여, 아직 생겨나지 않은 선(善)을 생겨나게 하고, 만일 선이 이미 생겨났으면, 그 선으로서 악을 쇠퇴하게 하는 것으로서, 진지함과 같은 힘을 나는 아직 보지 못하였구나."〔AN 1.6.1-10(text. i. 10)〕

5) 현대인들을 향한 붓다의 경고

"매양 그대들은 풀잎을 먹었고
그대들은 붉은 쌀겨의 찌꺼기를 먹었느니라.
그런 것이 지난 날 그대들의 음식이었느니
오늘, 왜 그대들은 그대들의 음식을 먹지 않는가?"

이것은 실로 경책이다. 수행자들에게 던지는 붓다의 무서운 경책이다. 그리고 이것은 현대인들에게 들어 보이는 경고이다. 감각적 쾌락주의의 홍수 속에서 급속히 전면적으로 마비되어 가는 위기의 현대인들을 향하여 들어 보이는 마지막 옐로우-카드(yellow-card)이다. 전율마저 느껴진다.

"현대인들이여,
그대들은 지금 무엇을 먹고 있는가?
그대들은 지금 무엇을 입고 있는가?
그대들은 지금 무엇으로서 쾌락을 삼고 있는가?
그대들은 지금 무엇을 위하여 밤잠을 설치고 있는가?
그대들은 지금 이 지구 환경을 어떻게 바꾸고 있는가?
그대들은 지금 이웃에게 무엇을 베풀고 있는가? 무엇을 함께 나누고 있는가?
그대들은 지금 무엇으로서 인생의 목표를 삼고 있는가?
정보화 사회는 어디로 가는 것인가?
그 속에서 그대들은 무엇인가?

주인인가? 종인가?
신(神)의 종에 더하여, 거대한 인터넷의 부속품이 되어가고 있는 것은 아닌가?……"

붓다의 준엄한 질문은 끊임없이 계속되고 있다.
밤늦도록 잠자지 아니하고,
피땀 흘리며 노동하고, 수행하고,
거친 음식, 성긴 옷으로 소박하게 살고,
제 먹을 한 끼니의 빵마저 배고픈 이웃과 함께 나누고,
한 조각 담마를 전하기 위하여 세속의 진흙 속으로 기꺼이 들어서고…….
그들은 이미 이렇게 살고 있다.
붓다·아라한·출가대중·재가대중·거리의 민중들…….
초기불교 시대의 이 모든 사람들이 이미 이렇게 견성 열반으로 살고 있다. '깨닫겠다', '깨닫는다'는 생각이 개입할 여지없이, 이미 그렇게 치열하게 살고 있는 것이다.
'깨달음·견성 열반·붓다·아라한·중생…….'
이 모든 생각들이 텅 빈[空] 가운데, 여실히 살아 있는 것은 이렇게 열심히 살아가는 진지하고 치열한 삶 그 자체가 아니겠는가?
모든 것이 텅 빈 것이라 할지라도 피땀 흘리며 노동하는 치열한 삶, '순수 헌신' 이 하나는 실로 있는 것이 아니겠는가?
깨달음을 이미 포기한 대승보살의 삶이 바로 이런 것이라고 할까?
대승(大乘, Mahāyāna)은 말로, 관념으로 드러내지만, 붓다와 초기의 사부대중들은 삶으로 드러낸다. 초기 불교도들은 피땀 흘리는 삶으

로 묵묵히 드러내는 것이다. 이것이 지금까지 초기 불교운동을 관찰해 온 근본 이유이다.

6) '들꽃공양 하나의 노래'

붓다 앞에 나아가 꽃공양 하나 올린다.
노동하여 번 아까운 돈으로 들꽃 한 다발 사서 공양 올린다.
향 하나 사르고, 붓다 앞에 들꽃 한 다발 공양 올린다.
비록 몇 푼 안 되는 보잘것없는 공양이지만, 라자가하의 뿐나 여인이 올린 쌀겨 떡을 받아 드신 것같이
붓다는 이 들꽃공양도 꼭 받을 것이다.
들꽃공양 하나 올리고,
붓다의 발아래 엎드려 삼배 올린다.
두 손 곱게 모아 이마에 대고,
붓다 발아래 삼배 올린다.
그러면서 마음속으로 가만히 빌어본다.
저 뿐나 여인이 한 것같이, 마음속으로 가만히 빌어본다.

'세존이시여,
이 보잘것없는 들꽃공양 받으시고
저를 축복해 주소서.
저의 순결한 마음을 받아주소서.
세존이시여,
저는 아무 바라는 것이 없습니다.

깨달음도, 견성 열반도 바라지 않습니다.
천국도, 왕생정토도 바라지 않습니다.
세존이시여,
다만 한 가지, 부처님같이 살고 싶습니다.
저도 이 보잘것없는 이 몸으로,
부처님같이 살고 싶습니다.
몇 생을 다시 와서도, 부처님같이 살고 싶습니다.
세존이시여,
이 청 하나는 들어주시겠지요.'

이제, '깨달음'을 내려놓을 때가 된 것 같다.
직지견성・해탈열반의 무거운 짐을 그만 내려놓을 때가 된 것 같다.
이 '들꽃공양 하나의 노래'를 듣고, 대중들이 오랫동안 짊어지고 온 '견성 열반'이라는 무거운 짐을 미련 없이 내려놓을 때가 된 것 같다.
'불교'도 내려놓을 때가 된 것 같다. 불교 몰라도 사람답게 사는 사람들 많지 않은가? 이교도 가운데서도 헌신 수고하는 정각자들 많지 않은가?
빈 몸으로 일어설 것이다.
빈 몸으로 일어나, 대중들은 붓다 앞에 나아가 공양 하나 올릴 것이다.
아무것도 구하지 않는 빈 마음으로 붓다 앞에 공양 하나 올리고, 그 발아래 절할 것이다.
그리고 '서가모니불 서가모니불······.' 이렇게 부를 것이다.
빈 마음으로 올리는 공양 하나와 경배, 그리움으로 부르는 '서가모

니불—.'

 이것으로 실로 족한 것이다. 이 공양과 경배, 부름 속에서, 대중과 붓다의 순수 헌신의 삶, 삶들이 온전히 서로 만난 것이다. 라자가하의 뿐나 여인과 붓다의 삶, 삶들이 서로 만났던 것같이, 대중과 붓다는 서로 만난 것이다.

 그때, 뿐나 여인 곁에 붓다가 앉아 있듯이, 지금 여기서, 대중 곁에 붓다는 앉아 있다. 그러면서 담마를 설하고 있다. 무변제(無邊際)의 육성으로 담마를 설하고 있다.

"항상 깨어 있어 살펴보는 사람들
밤낮으로 정진하는 사람들
열반을 위하여 노력하는 사람들
그들은 번뇌를 여의느니라."〔Dhp vers. 226〕

 지금 바야흐로 일터로 나갈 시간 아닌가.
 내 도움을 기다리는 외로운 이웃들 곁으로 달려갈 시간 아닌가.
 무작정 지금 당장, 그들을 위해서 구체적인 작업을 시작해야 될 시간 아닌가!

결론
이 몸, 이 일상(日常)의 삶으로

1. 어둔 이기적 자아의 허위의식 – 자아의식(自我意識)을 통찰하고

견성(見性)은 여실지견(如實知見)으로 규정된다. 있는 그대로 보는 것이다. 제 마음[自性]을 있는 그대로 보는 것이고, 제법(諸法)의 실상(實相)을 있는 그대로 보는 것이다. 있는 그대로 보고, 보는 그대로 살아가는 것이 직지견성(直指見性)이다.

자성(自性)이란 무엇인가? 제법의 실상이란 무엇인가?

실로 불가득(不可得)이며 불가설(不可說)이다. 다만 볼 뿐이다.

그러나 붓다는, '최초의 3회 설법'을 통하여 견성의 정요를 다음 '세 가지 근본 담마'로 발로함으로써, 견성에 대한 객관적이며 보편적인 이해와 판단의 기준을 제시하고 있다.

① 우주적 상관성(相關性)의 보편적 원리로서의 연기법(緣起法)
② 깨달음을 실현하는 삶의 방법으로서의 4제 8정도(四諦八正道)
③ 자아실현의 실체적 삶으로서의 무아(無我)

여기서 가장 긴요하게 인식되어야 할 것은, 무아(無我)의 담마가 존재의 당체를 문제삼는 것이 아니라, 시종일관 식(識)을 문제삼고 있다는 것이다. 색(色, rūpa) 등 5온의 어둔 식(識)에 의하여 조작된 어둡고 이기적인 자아의식(自我意識)의 소멸을 문제삼고 있다는 것이다. 나고 죽는 것은 나의 당체가 아니라 이 어둔 자아의식인 것이다. 이 식(識)이 모든 고통과 갈등, 생로병사의 근본 원인인 것이다.

무아(無我, Anattā)는 '나 없음'이 아니라, '이것이 나(我・自我, Attā, SK. Ātman, Self)라고 고집하는 어둡고 이기적인 생각이 본래 없음'인 것이다. 따라서 무아(無我)는 허위적 자아의식을 놓아 버리는 일상의 삶이다. 보다 정확하게 말하면, '나(自我, Atta)'라는 것이 실로 놓아 버릴 것도, 내려놓을(放下着) 여지도 아예 없는, 소멸시킬 건덕지도 아예 없는 그대로 텅 빈 것임을 통찰하는 삶이다. 그대로 보는 것이다. 여실지견(如實知見)하는 것이다. 그래서 빠알리-니까야 도처에서, '와서 보아라(come and see).'고 끊임없이 설하고 있는 것이다.

무아(無我, Anattā)-.

이것은 더 이상 논리의 문제가 아니다. 관념적 명상, 선적(禪的) 사유의 대상이 아니다. '이 뭣고-' 화두(話頭)의 대상마저 아닌 것이다. 이것은 시종일관 행위의 문제, 삶의 문제이다. 피땀 흘리는 치열한 삶의 문제인 것이다. 어둔 이기적 자아의식은 사람들의 마음과 몸속에 유전적으로 육화(肉化)되어 있기 때문에, 노동-헌신하는 진한 피땀을 통해서만 증발되는 것이다. 화두를 들려면 피땀 흘리는 노동-헌신의 현장에서 들어야 비로소 활구(活句)가 될 것이다.

초기 대중들이 노동-헌신의 현장에서 문득문득 견성 열반하는 것이 바로 이 이치이다. 사밧티의 가난한 노비 뿐나(Puṇṇā) 여인이 밤새 방아찧고 거친 쌀겨 빵 한 조각을 붓다에게 공양 올리고 즉시견성하는 것이 이 이치이다.(p.4 주제화 참조) 초기의 비구・비구니들이 아침마다 탁발하며 유행하는 것이 이 이치이다. '순수 헌신'이 대중견성의 마지막 키-워드(key-wosd)로 규정되는 것도 바로 이 이치인 것이다. 여기서 오늘날 많은 수행자들이 착각하고 있는 것은 아닐까? 간화선・위빠사나의 우월을 논하면서 실로 근본처에서 어긋나고 있는 것은 아닐까? 붓다가 바라나시 초전법륜에서 '나는 없다'라고 설한 것은[Mv 1.6.44] 이 착각을 경각시키고 삶의 근본 입각처를 시현(示顯)하려는 통찰 때문으로 분석된다.

2. 견성 열반, 만인이 일상(日常)으로 실현하는 보통 사건

깨달음은 심심난해(甚深難解)한 것으로 규정되고 있다. 그러나 탁월한 대중적 방편시설(方便施設)을 통하여, 진지하게 경청하고 노력하면 누구든지 깨달음을 실현할 수 있는 대중견성・만인견성의 문을 활짝 연 곳에 붓다의 초기 불교운동의 역사적 위대성이 빛나고 있다.

*Dhammapada-Commentry*의 299건의 설법사건을 통계적으로 분석한 결과, 총 12,975명(+α)의 대중이 견성하여 깨달음의 길로 들어서거나 궁극의 경지, Arhat의 경지에 이르고 있는 대중적・민중적 견성상황이 드러나고 있다.

청정한 비구・비구니의 출가 수행자들
 왕・왕족・귀족과 관리・장군, 자산가와 은행가, 거사・장자들, 브

라민들,

　상인 · 농부 · 어부 · 목동 · 금은세공 · 무용수 · 마부 · 나무꾼 · 곡예사 · 머슴 등 노동자들,

　난쟁이 · 시각장애자 · 나병환자 · 정신병자 등 장애인들,

　도둑 · 걸인 · 깡패 · 창녀 · 하녀 · 노예들,

　어린이 · 청년 · 처녀 · 주부 · 노인들―.

　이 다양한 계층의 보통 사람들을 중심으로, 초기불교의 견성운동이 대중적 · 민중적으로 확산되었다는 역사적 사실이 확인되었다. 뛰어난 상근기의 엘리트들과 더불어 하열한 근기의 천민에 이르기까지, 실로 모든 계층의 민중들이 견성의 주역이 되고, 성자 · 성중, Ariya가 된 것이다.

　출가대중들과 더불어 세속의 재가대중들도 깨달음을 실현하였다. 선정(禪定) 등 전문적인 수행자들과 더불어 전문적 수행의 경험이 전혀 없는 대중들도 적절한 계기만 부여되면, 담마를 여실히 보고 견성하였다. 평생을 수행해도 못 깨닫는가 하면, 담마 한마디에, 즉시에, 장대 끝에 서서도 깨달았다.〔Dhp 348〕 무소의 뿔처럼 혼자서도 깨달았고, 비구니들 · 비구들 · 도적들 · 관리들 · 관리 부인들 · 궁녀들 · 시녀들 · 주부들 · 처녀들 · 하녀들……. 여러 계층의 대중들이 수백 수천으로, 대중적으로도 깨달았다는 사실이 명료하게 규명되었다.

　만인(萬人)의 길, 보통(普通)의 길,

　일상사(日常事), 보통(普通) 사건―.

　깨달음의 길은 실로 '만인의 길' · '보통의 길'로 크게 열린 것이다.

진지하게 노력하면 누구든지 체험할 수 있는 일상사(日常事)이며 보편(普遍) 보통(普通) 사건이다. 이렇게 해서 대중 견성운동이 도도한 시대적 물결을 형성하며 역사와 민중을 향도해간 것이다.

여기에는 어떤 전제도 없고, 유보 사항도 없다. 출가・재가의 구분도 없다. 오로지 '행위의 담마'만이 유일한 원리로 작용한다. '재가자나 출가자나 올바른 행위를 하면, 그 올바른 행위에 의하여 그들은 진리의 길, 청정한 담마를 성취하기 때문이다.'〔MN 99.4(text. ii. 197. Subha-Sutta)〕

3. 치열한 일상의 삶 그대로 깨달음이며 수행

"수행자들이여, 이 마음은 청정하다. 빛을 발하고 있다.
그러나 이 마음은 온 곳이 없는(본래적인 것이 아닌) 번뇌로 더렵혀져 있다.
이 마음은 청정하다. 빛을 발하고 있다.
그러나 이 마음은 온 곳이 없는 번뇌로부터 벗어나 있다."

(This mind is luminous, but it is defiled by taints that come from without. This mind is luminous, but it is cleansed of taints that come from without.)〔AN 1.6.1-10(text. i. 10〕

깨달음, 대중견성・만인견성 — .
이것은 본래 빛나고 있는 이 마음이 빛을 발하는 것이다. 청정자성(清淨自性)이 광명을 열어 드러내는〔開顯〕 것이다. 장엄한 히말라야 산맥이 거기 본래 그렇게 있듯이, 저마다의 마음속에 장엄하게 거기 그렇게 있어 온 열반이 홀연 모습을 드러내 광명을 발하는 것이다. 이것은 '모든 사람들, 모든 생명들이 본래 이미 깨달아 있다.'라는 대법문을 명백한 현실로 드러내 보이고 있는 것으로서 특히 주목된다.

열반은 만들어지는 것이 아니다. 어떻게 해서 만들어내는 유위법(有爲法)이 아니다. [Udana 8.1-3] 깨달음은 만들어지는 것이 아니다. 이리저리 애쓰고 수행해서 만들어지는 유위법이 아니다. 수행의 결과가 아닌 것이다. 그것은 무위(無爲)이다. 무위법(無爲法)이다. 자연 그대로 이미 있는 것이다. 저마다의 마음속에서 이미 본래 찬연히 빛나고 있는 것이다. 다만 보는 것이다. 볼 뿐이다. 눈뜨고 보는 것으로 족한 것이다. 그래서, '와서 보아라. 보고 이해하고, 그렇게 살아라.'라고 끊임없이 설하는 것이다.

8정도가 무엇인가?
'8정도가 깨달음을 실현하는 유일한 길'로 규정되는 것은 무엇 때문인가?
그것은 곧 보는 것이다. 8정도는 일상의 삶에서 청정자성을 보는 것이고, 열반을 보는 것이고, 본래 깨달음을 여실히 보는 삶이다. 그래서 8정도의 첫머리에서, '보아라. 바르게 보아라. 바르게 이해하라(正見, Sammā-diṭṭhi, Right Understanding).' 이렇게 고구정녕 설하고 있는 것이다.

8정도-.
이것은 있는 그대로 보고, 그대로 이해하고, 그대로 살아가는 것이다. 8정도는 교리가 아니다. 교리체계가 아니다. 계(戒)·정(定)·혜

(慧) 삼학(三學)이 아니다. 신(信)·해(解)·행(行)·증(證)도 아니다. 8정도는 깨달음의 길이 아닌 것이다. 깨달음 그 자체이다. 깨달음의 삶 그 자체이다. 문득 그대로 행위하는 것이다. 살아가는 것이다. 무작정 그대로 행위하면, 문득 깨달음이 드러난다. 무작정 그렇게 살면, 문득 견성 열반이 드러난다. 한발 한발 산행(山行)하면 한발 한발 히말라야 산맥이 드러난다. 그런 까닭에 치열하게 살지 않으면 안 된다고 설한다. 불방일(不放逸)·정진(精進)·용맹정진(勇猛精進), 피땀 흘리며 순간순간 치열하게 살지 않으면 안 된다고 끊임없이 경각하고 있는 것이다.

무작정 열심히 듣고 읽고 베끼고,
붓다 발아래 절하고, 붓다 명호 외우고,
밥 한 그릇, 미소 하나, 말씀 한마디,
피 한 줌 함께 나누고,
5계 받아 지니고,
때때로 대중 앞에 엎드려 허물을 묻고,
무턱대고 반가부좌로 앉아 호흡 헤아리고,
몸과 느낌·마음·담마에 마음집중 하여
'이것은 무상하고 텅 빈 것이다.
본래무일물(本來無一物),
텅 빈 자성자리, 고요하고 청정하다. 생명기운이 넘쳐 흐른다.'
이렇게 관찰하고-.

이것이 8정도의 삶이다. 이 삶 가운데 '순수 헌신', 이 일념만 살아있다면, 이렇게 열심히 살아가는 것이 깨달음의 삶이고 곧 대중견성의 삶이다. 깨달음 그 자체인 것이다. 이 가운데 어느 하나라도 정신차려 열심히 하면, 그것으로 족한 것이다. 그것으로 이미 견성이고 대방광(大放光)이다. 찬란한 삶의 빛이 솟아오른다. 출가대중들이 탁발유행(托鉢遊行)을 기본적인 삶의 담마로 준수한 것도 그 자체가 이미 깨달음의 발로임을 자각하고 있었기 때문일 것이다.

이 책 '대중견성론(大衆見性論)' 2집, 『붓다의 대중견성운동』에서는, 빠알리-니까야의 실체적 분석을 통하여, 이러한 치열한 일상적 삶을 초기불교의 견성대중들이 증거해 보이고 있는 수행(修行)으로 규명하고 있다. 그들은 확철대오(廓徹大悟)를 결코 앉아서 기다리지 않았다는 역사적 사실을 규명하고 있다.

4. 시장원리를 넘어서 인류견성 원리로

유사(有史) 이래 사람들은 끊임없이 반복 확대되는 시장원리에 쫓겨 살아오고 있다. 21세기의 세계인들 또한 더욱 빨라지고 더욱 확장되는 사이버 시장 공간에서 더욱 치열한 적자생존의 무한경쟁에 쫓겨 살아가고 있다.

시장의 원리, 경쟁의 원리가 인간의 창의를 촉진시키고, 합리주의적 사고와 작업 능률을 높이며, 물적 공급의 지속적인 확대 재생산을 통하여 개인의 자유를 증진시키고 사회복지를 향상시키는 등 인류 발전에 긍정적으로 기여한 바가 큰 것은 부정할 수 없는 사실이다. 이것이 오늘날 자본주의를 승승장구하게 하는 잠재력일 것이다.

시장원리 · 자본주의의 최대 강점은 인간의 본능적 욕구를 최대한으로 충족시키려는 그 솔직성에 있는 것으로 생각된다. 인간은, 인간 가치에 대한 수많은 찬사에도 불구하고, 본질적으로 여전히 이기적 실존이다. 인간은 끊임없이 감각적 쾌락을 추구하는 심리적 욕망에 의하여 행동하고 있는 것이다. 이러한 인간의 욕구·욕망에 솔직히 복무함으로써 자본주의자들은 경쟁력을 강화할 수 있었고, 사회주의를 포함한 도덕주의자들은 여기에 실패함으로써 몰락하게 된 것으로 보인다.

이점에서, 붓다는 매우 현실적인 입장을 취하고 있다. 붓다와 초기 주역들은 지금 여기서, 눈에 보이는 사람들의 상황적이며 실제적인 이익과 행복을 가장 중요한 해탈 열반의 요소로 추구하였다. 인간의 다양한 욕구와 성취동기를 인정하고, 그 실현을 위하여 봉사하였다. '행위의 원리'에 입각하여 적절한 경쟁도 권장되었다. 이것이 대기법(對機法)의 본지이다. 본론은 이것을 '현장성(現場性)의 원리로 규명하였다.〔1집 제2편 1장 참조〕

붓다와 초기 주역들은 이 수준에서 멈추지 않고, 사람들의 욕구·욕망 속에 내재해 있는 청정한 자성을 긍정하고, 그 실현을 위하여 더욱 봉사하였다. 현장 그대로가 겁외(劫外)의 본질인 담마를 일깨우기 위하여 더욱 봉사하였다. 번뇌(煩惱)-보리(菩提)의 담마를 깨닫게 하기 위하여 더욱 봉사하였다.

그들은 사람들로 하여금 병(病) 속에 치유의 길이 있고, 탐욕 번뇌 그대로가 역동적인 생명 에너지이며 견성 에너지라는 사실을 보이고 있다. 보잘것없는 이 몸, 이 일상의 삶 속에 죽음·고통(苦痛, dukkha)의 원인도 있고 불사(不死)·해탈(解脫, moksa)의 원인도 내재해 있다는 담마를 실현해 보이고 있다.[1] 병·죽음·고통·좌절·실패·고독·갈등·

투쟁……. 이 모든 부정적 상황들이 실로는 자성의 발로이며, 직면하고 대결하여 깨달음으로 전환시켜야 할 발심과 실현의 기회라는 담마를 입증해 보이고 있다. 이러한 고통 없이는 깨달음도 없고, 피땀 흘리는 고뇌 없이는 견성 열반도 없다는 담마를 일깨워 보이고 있는 것이다.

이렇게 해서 붓다와 초기 주역들은, 현대의 심리학자들이 과학적으로 입증하는 바와 같이, '동서양을 막론하고 종교수행에서 볼 수 있는 것처럼, 자기부정이나 욕망의 부정으로부터 자기초월로 나아가는 소수의 사람만이 가능한 길이 아니라, 자기긍정·욕구의 충족으로부터 자기치유(自己治癒) – 자기실현(自己實現) – 자기초월(自己超越)에 이르는 길이 모든 사람에게 열려 있는 자연스러운 길이 있다는 것'을[2] 널리 선포하고 입증해낸 것이다. 이것이 즉신견성(卽身見性)의 원리이고, 만인견성(萬人見性)의 원리인 것이다.

이 과정에서 붓다와 초기 주역들이 가장 경계하고 혁파하려고 노력한 것이 사제적(司祭的) 우월의식(優越意識)과 차별의식(差別意識), 곧 사제의식(司祭意識)으로 보인다. 붓다는 정통 브라민들의 사제적 우월성도 인정하지 않았을 뿐만 아니라, 교단 내의 출가 우월주의나 차별주의도 인정하지 않고 있다. 붓다가 마지막 순간까지 어떤 형태의 후계체제도 거부했던 사실을 통하여 붓다의 이러한 반(反)사제적 대중의식(大衆意識)은 분명하게 입증되고 있는 것이다.〔DN ii. 101 ; 1집 제2편 4장 참조〕

붓다는 간디 옹이 지적한 바와 같이, 실로 목숨을 걸고, 정확하게 말

---

1) '집(集)의 법이 곧 멸(滅)의 법(法)이다.' ; Mv 1.6.29.
2) 정인석, 『트랜스퍼스날 심리학』(대왕사, 1998), p.138.

하면 죽음까지를 넘어서, 완고한 차별적 사제주의-사제의식을 혁파하고 만인 평등의 대중의식(大衆意識) - 대중주의(大衆主義)를 일으켜 세우고 있는 것이다. 붓다가 마지막 죽음의 길에서 화려하고 번창한 도시들을 다 버려두고 작고 외로운 구시나가라의 궁핍한 사람들을 찾아서 그들 속에서, 그들의 짐을 함께 나눠지고 있는 것도 바로 이러한 대중의식·이야말로 견성 열반의 기저적 에너지이며, 이러한 대중적 삶 자체가 견성 열반 그 자체라는 '대열반의 담마'를 일깨우고 있는 것이다.3)

대중의식,

*Dhammapada-Commentry*에 등장하는 수천·수만의 작고 궁핍한 대중들과 함께 가는 만인평등의 대중의식-

붓다와 초기 대중들은 그들의 치열한 삶을 통하여, 이러한 반사제적 만인 평등의 대중의식을 실증함으로써 대중견성-만인견성운동의 문을 활짝 열어놓고 있다. 동시에 인류견성-영구평화운동의 보편의 문을 크게 열어 보이고 있다. 그리고 예수(Jesus)와 간디(Gandhi)가 붓다가 선행한 길을 동행하고 있고, 수많은 사람, 사람들-대중들이 함께 가고 있다. 2,600년 전 라자가하의 뿐나(Puṇṇā) 여인과 시민들같이, 우리 시대 지구촌의 수많은 뿐나들도 함께 가고 있는 것이다.〔p.4 주제화 참조〕

대중견성·즉신견성-

이것은 실로 인류 정신사의 일대 개벽(開闢)이다. 시장의 현장 속에

---

3) 졸고,『룸비니에서 구시나가라까지』(불광출판부, 1999), pp.312~315. ; 1집『초기불교 개척사』제2편 4장 참조.

솔직히 서서, 시장의 원리를 넘어 인류견성운동의 새 지평을 여는 구원의 개벽인 것이다. 언제 다시 인류를 대량 살육으로 몰아넣을지 모르는 전체주의적 집단광기와 시장의 야만성으로부터 사람들·생명들을 구하는 유일한 출구라는 의미에서, 인류견성운동은 우리 시대의 찬란한 희망으로 기약되어도 좋을 것이다. 한 사람 한 사람, 그들이 스스로 깨닫는 것밖에 달리 무슨 출구가 있겠는가?

간화선,
이것은 수승한 견성법임이 분명하다.
간화선·묵조선·위빠사나·진언·염불·예배·기도·독경·보시·전법·봉사……
이것 하나하나가 수승한 깨달음의 길임이 분명하다. 누가 있어 인류 정신사의 이 찬란한 보배들을 훼손하려 들 것인가?
일상적·세속적인 삶의 현장에서, 일체의 차별의식을 버리고, 사제-승려적 우월의식과 전문가 의식을 떨쳐 버리고, 순수일념으로 작고 외로운 대중들과 피땀을 함께 나누며 동행하려는 순수 헌신 일념으로 정진하는 그들이 어찌 깨치지 못하겠는가? 라자가하의 나병환자 수빠붓다가 깨닫고, 뿐나 여인이 깨닫고, 500명의 도둑들이 깨닫고, 1만 명의 외도-이교도들이 깨닫는데 누군들 깨닫지 못하겠는가? 바로 여기서 우리 시대 인류견성운동의 패러다임이, 새벽빛같이, 축복같이 열려 오고 있는 것이다.

들꽃 한 다발 모아 들고
붓다 앞에 나아가 예배 올리고,

고단한 벗들과 피 한 줌 나누고,
흙을 파고 기계를 돌리고 음식을 조리하고……
누가 이 일을 못할까? 누군들 이 일을 못할까?

참고문헌

1. 경 론(經論)

1) 기본 Text : Pāli-Nikāyas(英譯本)

- Sutta-Piṭaka

① Dīgha-Nikāya
- *The Long Discourses of the Buddha*(tr. Maurice Walshe, Wisdom Pub. Somerville, Massachusetts, 1995)

② Majjhima-Nikāya
- *The Collection of the Middle Length Sayings 3 Vols* (P.T.S, tr. L. B. Horner, M. A., oxford, 1996)
- *The Middle Length Discourses of the Buddha* (tr. Bhikkhu Nanamoli and Bhikkhu Bodhi, Wisdom Pub., Boston, 1995)

③ Sangyutta-Nikāya
- *The Book of the Kindred Sayings 5 Vols* (P.T.S, tr. F. L. Woodward, M. A., Oxford, 1997)

④ Aṅguttara-Nikāya

- *The Book of The Gradual Sayings 5 Vols* (P.T.S, tr. E. M. Hare, Oxford, 1995)

• Khudakka-Nikāya

⑤ *Dhammapada* (tr. Bhikkhu Thanissaro , Microsoft Word 6)
⑥ *Udāna* (〃)
⑦ *Sutta-nipāta* (〃)
⑧ *Theragāthā* (〃)
⑨ *Therīgāthā* (〃)

• Vinaya-Piṭaka

⑩ Mahāvagga
- *The Book of The Discipline 4* (P.T.S, I. Horner, Oxford, 2000)
⑪ Cullavagga
- *The Book of the Discipline 5* (P.T.S, Oxford, I. B. Horner, Oxford, 1996)

• Pāli-Aṭṭhakathā(註釋書)

⑫ Dhammapada-Aṭṭhakathā
- *Dhammapada-Commentry 3* Vols (Buddhist Legends)(tr. Eugene Watson Burlingame, Munshiram Manoharlal Pub. Pvt. Ltd.,New Delhi, 1999)

2) 참고자료 : 한글 번역본

- 한글대장경(동국역경원, 서울)
  ① 『雜阿含經』 3권
  ② 『中阿含經』 3권
  ③ 『長阿含經』 1권
  ④ 『增一阿含經』 2권
- 『아함경전(阿含經典) 3권(한갑진 역, 서울, 한진출판사, 1998)
- 마음으로 읽는 불전(서울, 민족사, 1991)
  ① 『우다나』(기쁨의 언어 진리의 언어)
  ② 『테라가타・테리가타』(비구의 고백 비구니의 고백)
  ③ 『마하빠리닙바나』(붓다의 마지막 여로)
- 『법구경』 1・2(거해 역, 서울, 고려원, 1992)
- 『빠알리대장경 쌍윳따니까야』 3권(전재성 역주, 서울, 한국빠알리어성전협회, 1999)
- 『숫타니파타』(불교경전 16, 석지현 역, 서울, 민족사, 1993)

2. 저 술(단행본)

- 국내학자 저술・편집
- 김동화, 『佛敎學槪論』(서울, 보련각, 1980)
- 김동화, 『原始佛敎思想』(서울, 보련각, 1973)
- 김열권, 『위빠사나』 1・2 (서울, 불광출판부, 1997)

- 김재영, 『룸비니에서 구시나가라까지』(서울, 불광출판부, 1999)
- 김재영, 『민족정토론』(서울, 불광출판부, 1990)
- 심재관, 『탈식민시대 우리의 불교학』(서울, 책사랑, 2001)
- 이봉순, 『菩薩思想成立史硏究』(서울, 불광출판부, 1998)
- 이중표, 『아함의 중도체계』(서울, 불광출판부, 1991)
- 정인석, 『트랜스퍼스널 심리학』(서울, 대왕사, 1998)
- 최봉수, 『原始佛敎의 緣起思想硏究』(서울, 경서원, 1991)
- 최봉수, 『原始佛敎 資料論』(서울, 경서원, 1991)
- 여익구 편, 『佛敎의 社會思想』(서울, 민족사, 1987)
- 한길사 편, 『現代社會와 佛敎』(서울, 한길사, 1983)
- 동국대 편, 『佛敎와 諸科學』(開校八十周年記念論叢, 1987)

■ 번역서
- 냐나뽀띠까(Nyanaponika)·송위지, 『불교 선수행의 핵심』(서울, 시공사, 1999)
- 에드워드 콘즈(Edward Conz)·안성두 외 역, 『印度佛敎思想史』(서울, 민족사, 1999)
- F. 카프라(Fritjof Capra)·이성범 외, 『現代物理學과 東洋思想』(서울, 범양사, 1985)
- H. 사다티사(H. Saddhatissa)·조용길, 『根本佛敎倫理』(서울, 불광출판부, 1997)
- J. B. 노스·윤이흠, 『世界宗敎史』(下)(서울, 현암사, 1988)
- P. 딧사나야케·정승석, 『불교의 정치철학』(서울, 대원정사, 1988)
- 水野弘元·무진장, 『佛敎의 基礎知識』(서울, 홍법원, 1984)

- 中村 元・김지견, 『佛陀의 世界』(서울, 김영사, 1984)
- 平川 彰・이호근, 『印度佛敎의 歷史』(상)(서울, 민족사, 1989)

■ 외국학자 저술・편집
- E. A. Bart, *The Teaching of The Compassionate Buddha* (Mentor, 1961)
- E. Conze, *Buddhism*(Harper Torchbooks, New York, 1999)
- Edward J. Thomas, *The History of Buddhist Thought* (Kegan Paul, 1933)
- Edward J. Thomas, *The Life of Buddha* (Motilal Banarsidass Pub., Delhi, 1997)
- Etienne Lamotte, *History of Indian Buddhism* (De L'Institut Orientaiste De Louvin, La Neuve, 1988)
- G. C. Pande, *Studies in The Origins of Buddhism* (Motilal Banarsidass Pub., Delhi, 1995)
- Hajime Nakamura, *Indian Buddhism*(Motalil Banarsidass, Delhi, 1987)
- H. W. Schumann, *The Historical Buddha* (Arkana, London, 1989)
- John M. Koller, *The Indian Way* (Macmillan Pub. Co., New York, 1982)
- T. W. Rhys Davids, *Buddhist India* (Motilal Banarsidass, Delhi, 1981)
- Walpola Rahula, *What The Buddha Taught* (The Gorden Fraser

Gallery Ltd., London, 1978)
- ed by A. L. Basham, *A Cultural History of India* (Oxford University Press, Delhi, 1987)
- ed by D. C. Ahir, *A Panorama of Indian Buddhism* (Sri Satguru Pub., Delhi, 1995)
- ed by P. V. Bapat, *2500 Years of Buddhism* (Pub. Div. Ministry of Information And Broadcasting of India, New Delhi, 1909)

3. 논 문

- 金鎭轍, '佛敎와 民主主義', 『佛敎와 諸科學』(서울, 東國大 開校八十周年記念論叢, 1987)
- 洪庭植, '佛敎의 政治觀', 『佛敎의 國家政治思想硏究』(서울 東國大 佛敎文化硏究所, 1973)
- B. R. Ambedkar, 'The Rise and Fall of the Hindu Woman', *A Panorama of Indian Buddhism*(ed. D. C. Ahir)
- B. R. Ambedkar, 'Buddha and The Future of His Religion', Ibid.
- L. M. Joshi, 'Modenity of Ancient Buddhism', Ibid.
- Maheshe Tiwary, 'Social Reforms Among Buddhists', Ibid.

부록

Dhammapada-Commentry 내용 분석표

총 302건 중복 3건 실제 총 299건

Eugene Watson Burlingame,
Dhammapada-Commentry
(Buddhist Legends)(Munshiram Manoharlal Pub. Ltd.,
New-Delhi, 1999)에 기록된 내용을 분석한 자료임.

사건번호	게송번호	대중구분	견성여부	4쌍계위	즉시견성	신 분
1	1	비 구	·	·	·	·
2	2	우바새	○	소따빳띠	○	브라민 2
3	3, 4	비 구	○	소따빳띠 (다수)	·	왕족 1 (다수)
4	5	우바이	·	·	·	·
5	6	비 구	○	소따빳띠 (다수)		
6	7, 8	비 구	○	아라한	·	상인
7	9, 10	비 구	·	·	·	왕족
8	11, 12	비 구	○	아라한2	·	브라민 2
9	13, 14	우바새 비 구	○ ○	아나가미 아라한	○ ·	왕 왕족
10	15	우바새	·	·	·	백정
11	16	우바새	·	·	·	·
12	17	비 구	·	·	·	왕족
13	18	우바새 우바이2 우바이1	○ ○ ○	소따빳띠 소따빳띠 사까다가미	· · ·	자산가 1 자산가 2 재산가 3
14	19, 20	비 구1 비 구1 비구 다수	○ · ○	아라한1 · 아라한	· · ·	귀족 1 귀족 1 ·
15	21~23	우바이1 우바이1 우바이500	○ ○ ○	소따빳띠 소따빳띠 소따빳띠	○ ○ ○	왕비1 궁녀1 궁녀500
16	24	우바새	○	소따빳띠	○	은행가
17	25	비 구2	○	아라한2	·	자산가2
18	26, 27	·	·	·	·	·

사건번호	게송번호	대중구분	견성여부	4쌍계위	즉시견성	신 분
19	28	비구	·	·	·	·
20	29	비구2	○	아라한1	·	·
21	30	우바새	○	소따빳띠	○	왕족
22	31	비구	○	아라한	·	·
23	32	비구	·	·	·	·
24	33, 34	비구(다수)	○	소따빳띠1 사까(다수)	·	·
25	35	우바이 비구	○ ○	아나가미 아라한	· ·	촌장 母
26	36	비구(다수)	○ ○	아라한1 아라한 다수	· ·	자산가1
27	37	비구	○	소따빳띠	·	·
28	38, 39	비구	○	아라한	·	·
29	40	비구500	○	아라한	·	·
30	41	비구	○	아라한	·	청년
31	42	우바새	○	소따빳띠	·	목동
32	43	비구	○	아라한	·	자산가
33	44, 45	비구500	·	·	·	·
34	46	비구	○	아라한	·	·
35	47	·	·	·	·	·
36	48	우바이	·	·	·	꽃상인
37	49	우바새	·	·	·	자산가
38	50	우바이	○	소따빳띠	○	외도 여인
39	51, 52	우바새 우바(다수) 우이(다수)	○ ○ ○	사까다가미 사까(다수) 아나(다수)	· · ·	·

부록 395

사건번호	게송번호	대중구분	견성여부	4쌍계위	즉시견성	신 분
40	53	우바새 우바이 우이(500) 우바새	○ ○ ○ ○	소따빳띠 소따빳띠 소따빳띠 소따빳띠	○ ○ ○ ○	자산가 자산가 시녀 외도자산가
41	54, 55	비 구	·	·	·	왕족
42	56	비 구	·	·	·	·
43	57	비 구	○	아라한	·	·
44	58, 59	우바새2	○	소따빳띠	·	자산가 2
45	60	우바새	○	소따빳띠	·	·
46	61	비구(다수)	○	소따빳띠		·
47	62	우바새			·	재정관
48	63	우바새2	○	소따빳띠	○	소매치기2
49	64	비구(다수)	○	아라한	·	·
50	65	비 구30	○	아라한	○·	귀족청년
51	66	우바새	○	소따빳띠	○	나병환자
52	67	우바새	○	소따빳띠	○	농부
53	68	우바새 우바새	○ ·	소따빳띠 ·	· ·	왕 꽃장수
54	69	비구니	○	아라한	·	자산가
55	70	우바새	○	아라한	○	자산가
56	71	귀 령	·	·	·	귀령
57	72	귀 령	·	·	·	귀령
58	73, 74	우바새 비 구	○ ○	소따빳띠 아라한	○ ·	자산가

부록 397

사건번호	게송번호	대중구분	견성여부	4쌍계위	즉시견성	신 분
59	75	사 미 우바(다수) 우이(다수)	○ ○ ○	아라한 소따빳띠 소따빳띠	· ○ ○	자산가 子 마을사람 마을사람
60	76	비구니	○	아라한	·	빈민
61	77	비 구500	·	·	·	·
62	78	비 구	○	·	·	마부
63	79	비 구 비구1,000 비구니 비니1,000	○ ○ ○ ○	아라한 아라한 아라한 아라한	· · · ·	왕 관리 왕비 관리 부인
64	80	사미(7살)	○	아라한	·	자산가 子
65	81	비 구	○	아라한	·	난쟁이
66	82	우바이	·	·	·	·
67	83	비 구500	·	·	·	·
68	84	비 구 사 미 비구니	○ ○ ○	아라한 아라한 아라한	· · ·	
69	85, 86	대 중	○	소따빳띠	·	주민들
79	87~89	비 구500	·	·	·	
71	90	대 중	○	소따빳띠	·	다수 대중
72	91	비 구	·	·	·	
73	92	비 구	·	·	·	
74	93	비 구	·	·	·	왕족
75	94	비 구	·	·	·	
76	95	비 구	·	·	·	
77	96	사미(7살)	○	아라한	○	어린이

사건번호	게송번호	대중구분	견성여부	4쌍계위	즉시견성	신 분
78	97	비구30	○	아라한	·	·
79	98	사미(7살)	○	아라한	·	어린이
80	99	비구	·	·	·	·
81	100	우바새	·	·	·	·
82	101	우바새	○	아라한	○	海商
83	102, 103	비구니	○	아라한	·	자산가
84	104, 105	우바새	·	·	·	브라민
85	106	우바새	○	소따빳띠	○	외도브라민
86	107	우바새	○	소따빳띠	○	외도브라민
87	108	우바새	○	소따빳띠	○	외도브라민
88	109	우바새 비구500	○ ○	소따빳띠 소따빳띠	· ·	· ·
89	110	비구500	○	아라한	○	500도둑들
90	111	비구 비구500	○ ·	아라한 ·	· ·	· 도둑들
91	112	비구	○	아라한	·	·
92	113	비구니	○	아라한	·	자산가
93	114	우바이 비구니	○ ○	소따빳띠 아라한	○	자산가
94	115	비구니	·	·	·	·
95	116	우바새 우바이	· ·	· ·	· ·	· ·
96	117	비구	·	·	·	·
97	118	우이(天女)	○	소따빳띠	·	여자종
98	119, 120	우바새 神將	○ ○	소따빳띠 소따빳띠	· ·	자산가 神將

사건번호	게송번호	대중구분	견성여부	4쌍계위	즉시견성	신 분
99	121	비 구	·	·	·	·
100	122	우바새	○	소따빳띠	○	자산가
101	123	비 구500	○	소따빳띠	·	·
102	124	우이(소녀) 우바새 우바새7 우바이7	○ ○ ○ ○	소따빳띠 소따빳띠 소따빳띠7 소따빳띠7	· ○ ○ ○	자산가 딸 사냥꾼 사냥꾼7 사냥꾼 처7
103	125	비 구	○	아라한	·	·
104	126	비 구	○	아라한	·	·
105	127	비 구 (다수, 3회)	○	소따빳띠 다수 3회	·	·
106	128	우바새	·	·	·	왕
107	129	비구(다수)	·	·	·	·
108	130	비구(다수)	·	·	·	·
109	131, 132	우바(다수)	○	소따빳띠	○	청년들
110	133, 134	비구(다수)	·	·	·	·
111	135	우바이500	·	·	·	·
112	136	비구(다수)	·	·	·	·
113	137~140	비 구	·	·	·	·
114	141	비구(다수)	○	소따빳띠	·	·
115	142	우바새	○	아라한	○	장관
116	143, 144	비 구	○	아라한	·	걸인(소년)
117	145	사미(7살)	·	·	·	어린이
118	146	우바이500	○	소따빳띠	○	주부500
119	147	비 구	○	소따빳띠	·	·
120	148	비구니	○	소따빳띠	·	노인

사건번호	게송번호	대중구분	견성여부	4쌍계위	즉시견성	신 분
121	149	비구500	○	아라한	·	·
122	150	비구니	○	아라한	·	왕족
123	151	우바새	·	·	·	왕
124	152	비구	·	·	·	·
125	153, 154	비구	○	아라한	·	왕자
126	155, 156	우바새	·	·	·	자산가
127	157	우바새	○	소따빳띠	·	왕자
128	158	비구2	○	소따빳띠	·	·
129	159	비구500	○	소따빳띠	·	·
130	160	비구 비구니	○ ○	아라한 아라한	· ·	· 주부
131	161	비구(다수)	·	·	·	·
132	162	비구(다수)	○	소따빳띠	·	·
133	163	비구500	·	·	·	·
134	164	우바이	○	소따빳띠	·	노인
135	165	우바새	○	소따빳띠	·	·
136	166	비구	○	아라한	·	·
137	167	비구	○	소따빳띠	·	·
138	168, 169	우바새	○	소따빳띠	·	왕
139	170	비구500	○	아라한	·	·
140	171	우바새	·	·	·	왕자
141	172	비구	○	아라한	·	·
142	173	비구	○	아라한	·	살인강도
143	174	우바이 비구	○ ○	소따빳띠 아라한	· ·	베짜는소녀 직조공

사건번호	게송번호	대중구분	견성여부	4쌍계위	즉시견성	신 분
144	175	비구30	○	아라한30	·	·
145	176	비구(다수)	·	·	·	·
146	177	대 중	·	·	·	·
147	178	우바새	○	소따빳띠	·	자산가
148	179, 180	비 구 비구니	○ ○	아라한 아라한	· ·	브라민 브라민 처
149	181	비구500	○	아라한	·	·
150	182	우바새 용 왕	○ ·	소따빳띠 ·	○ ·	청년 용왕
151	183~185	비 구	·	·	·	·
152	186, 187	비 구	○	소따빳띠	·	·
153	188~192	우바새(1)·우바 새(다수1만여)	○ ○	아라한 아라한	· ·	제사장 외도부리 (1만여)
154	193	비 구	·	·	·	·
155	194	비구500	·	·	·	·
156	195, 196	우바새	○	소따빳띠	○	농부
157	197~199	대중(다수)	○	소따빳띠	○	·
158	200	우바이500	○	소따빳띠	○	처녀들500
159	201	우바새	·	·	·	왕
160	202	우바새 우바이	○ ○	소따빳띠 소따빳띠	○ ○	· ·
161	203	우바새 대중(다수)	○ ○	소따빳띠 소따빳띠	○ ○	농부 ·
162	204	우바새	·	·	·	왕
163	205	비 구	○	소따빳띠	·	·
164	206~208	비 구	·	·	·	·
165	209~211	비구 비구니	· ·	· ·	· ·	· ·

사건번호	게송번호	대중구분	견성여부	4쌍계위	즉시견성	신 분
166	212	우바새	○	소따빳띠	○	자산가
167	213	우바이	·	·	·	·
168	214	우바(다수)	·	·	·	왕자들
169	215	우바새	○	소따빳띠	○	청년
170	216	우바새	○	소따빳띠	○	농부
171	217	우바새500	·	·	·	소년들 ·
172	218	비구(다수)	○	아라한	·	·
173	219, 220	우바새	·	·	·	자산가
174	221	우바이 대중(다수)	○ ○	소따빳띠 소따빳띠	○ ○	공주 ·
175	222	木神	○	소따빳띠	·	木神
176	223	우바이 우바이500	○ ○	소따빳띠 소따빳띠	○ ○	창녀 하녀500
177	224	비 구	·	·	·	·
178	225	우바새 우바이	○ ○	아라한 아라한	· ·	노인 노인
179	226	우바이	○	소따빳띠	○	노비
180	227~230	우바새 (500+1)	○	소따빳띠	·	·
181	231~234	비 구6	·	·	·	·
182	235~238	우바새	○	아나가미	○	백정
183	239	우바새	○	소따빳띠	○	브라민
184	240	비구(다수)	·	·	·	·
185	241	비구(다수)	·	·	·	·
186	242, 243	대중(다수)	○	소따빳띠	○	·
187	244, 245	대중(다수)	○	소따빳띠	·	·

부록 403

사건번호	게송번호	대중구분	견성여부	4쌍계위	즉시견성	신 분	비고
188	246~248	우바새5	○	소따빳띠	·	·	
189	249, 250	비 구	·	·	·	문지기子	하인
190	251	우바새	○	소따빳띠	·	브라민	
191	252	우바새2 우바이3 우바이	○ ○ ○	소따빳띠 소따빳띠 소따빳띠	○ ○ ○	자산가2 자산가3 하녀	
192	253	비 구	·	·	·	·	
193	254, 255	비 구	○	아라한	·	고행자	
194	256, 257	비구(다수)	·	·	·	·	
195	258	비 구6	·	·	·	·	
196	259	비 구	○	아라한	·	·	
197	260, 261	비 구30	○	아라한	·	·	
198	262, 263	비구(다수)	·	·	·	·	
199	264, 265	비 구	·	·	·	·	
200	266, 267	우바새	·	·	·	브라민	
201	268, 269	비구(다수)	·	·	·	·	
202	270	우바새	○	소따빳띠	○	어부	
203	271, 272	비구(다수)	○	아라한	·	·	
204	273~276	비 구500	○	아라한	·	·	
205	277~279	비 구500 비 구500 비 구500	○ ○ ○	아라한 아라한 아라한	· · ·	· · ·	
206	280	비 구499 비 구 1	○ ·	아라한 ·	· ·	청년들500 청년1	
207	281	비구(다수)	·	·	·	·	
208	282	비 구	○	아라한	·	·	

사건번호	게송번호	대중구분	견성여부	4쌍계위	즉시견성	신 분	비 고
209	283, 284	비구5	○	아라한	·	·	
210	285	비구5	○	아라한	·	금세공	
211	286	우바새	○	소따빳띠	·	자산가	
212	287	우바이	○	소따빳띠	○	·	중복114
213	288, 289	우바이	○	소따빳띠	○	·	중복113
214	290	비구(다수)	·	·	·	·	
215	291	우바이	○	소따빳띠	○	주부	
216	292, 293	비구(다수)	○	소따빳띠	·	·	
217	294, 295	비구(다수)	○	소따빳띠	·	·	
218	296~301	우바새 우바새 우바이	○ ○ ○	아라한 아라한 아라한	· · ·	가장 소년 주부	
219	302	비 구	○	아라한	·	왕자	
220	303	우바이	○	아나가미	·	자산가	
221	304	대 중	·	·	·	·	
222	305	비 구	·	·	·	·	
223	306	비구(다수)	·	·	·	·	
224	307	비구(다수)	·	·	·	·	
225	308	비구(다수)	·	·	·	·	
226	309, 310	우바새	○	소따빳띠	○	자산가	
227	311~313	비구2	○	아라한	·	·	
228	314	우바새 우바이	○ ○	소따빳띠 소따빳띠	○ ○	가장 주부	
229	315	비구(다수)	○	아라한	·	·	
230	316, 317	비구(다수)	·	·	·	·	
231	318, 319	대 중	○	소따빳띠	○	외도	

사건번호	게송번호	대중구분	견성여부	4쌍계위	즉시견성	신 분
232	320~322	우바새 우바(다수)	○ ○	아나가미 소따빳띠	· ○	깡패다수
233	323	비 구	·	·	·	·
234	324	우바새5 우바이4	○ ○	소따빳띠 소따빳띠	○ ○	브라민5 브라민처4
235	325	우바새	·	·	·	왕
236	326	비 구	○	아라한	·	·
237	327	비구(다수)	○	아라한	·	·
238	328~330	비구(다수)	·	·	·	·
239	331~333	마 라	·	·	·	마라
240	334~337	대 중	·	·	·	·
241	338~343	비구니	○	아라한	·	주부
242	344	우바새	○	소따빳띠	·	도둑
243	345, 346	비 구30	·	·	·	·
244	347	비구니	○	아라한	·	왕비
245	348	우바새 비구니	○ ○	아라한 아라한	○	곡예사 곡예사
246	349, 350	비 구	○	소따빳띠	·	·
247	351, 352	마 라	·	·	·	악마
248	353	우바새	·	·	·	·
249	354	天王들	·	·	·	天王
250	355	대 중	·	·	·	·
251	356~359	天人	·	·	·	天人
252	360, 361	비 구5	·	·	·	·
253	362	비 구	·	·	·	·
254	363	비 구	·	·	·	·

서건번호	게송번호	대중구분	견성여부	4쌍계위	즉시견성	신 분
255	364	비구	○	아라한	·	·
256	365, 366	비구	·	·	·	·
257	367	우바새 우바이	○ ○	아나가미 아나가미	○ ○	농부 농부 처
258	368~376	비구100 비니100	· ○	아라한	·	도적들
259	377	비구500	○	아라한	·	·
260	378	비구	○	아라한	·	·
261	379, 380	비구	○	아라한	·	노동자
262	381	비구	○	아라한	·	브라민
263	382	비구(사미)	○	아라한	·	자산가
264	383	비구(다수)	·	·	·	·
265	384	비구30	○	아라한	·	·
266	385	마 라	·	·	·	악마
267	386	우바새	○	소따빳띠	○	브라민처
268	387	비구	·	·	·	·
269	388	우바새	○	소따빳띠	·	브라민
270	389, 390	비구(다수)	·	·	·	·
271	391	비니500	·	·	·	왕족500
272	392	우바새 비구2	○ ○	소따빳띠 아라한	○ ·	· ·
273	393	우바새	·	·	·	고행자
274	394	우바새	·	·	·	사기꾼
275	395	天王	·	·	·	사까天王
276	396	우바새	○	소따빳띠	○	브라민
277	397	비구	○	아라한	·	곡예사

부록 407

사건번호	게송번호	대중구분	견성여부	4쌍계위	즉시견성	신 분	비 고
278	398	비구500	○	아라한	·	·	
279	399	우바이 비구4	○ ○	소따빳띠 아라한4	· ·	주부 브라민	
280	400	비구(다수)	·	·	·	·	
281	401	비구니	○	아라한	·	·	
282	402	비 구 우바새	○ ○	아라한 소따빳띠	· ○	노비 브라민	
283	403	비구니	○	아라한	·	·	
284	404	비 구	○	아라한	·	·	
285	405	비 구	○	아라한	·	·	
286	406	비 구4	○	아라한	·	사미(7살)	
287	407	비 구	○	아라한	·	·	
288	408	비 구	·	·	·	·	
289	409	비 구	○	아라한	·	·	
290	410	비 구500	·	·	·	·	
291	411	비구(다수)	·	·	·	·	
292	412	비구(다수)	·	·	·	·	
293	413	비 구	○	아라한	·	자산가	
294	414	비 구	○	아라한	○	귀족	
295	415	비 구	○	아라한	·	자산가	
296	416	비 구	○	아라한	·	자산가	
297	417	비 구	○	아라한	·	무용수	
298	418	·	·	·	·	·	중복417
299	419, 420	비 구	○	아라한	·	브라민	
300	421	우바새 비구니	○ ○	아라한 아라한	· ·	가장 주부	
301	422	비 구	·	·	·	·	
302	423	우바새	·	·	·	브라민	

후기
나팔꽃 한 송이의 명상

'나는 죽어야 하는가?
나도 사람들처럼 죽어야 하는가?
어떻게 죽을까? 겁나서 어떻게 죽는단 말인가? 어머니, 친구들……
사랑하는 이 모든 사람들과 어떻게 헤어질 수 있단 말인가?'

1954년 겨울, 고등학교 1학년 겨울방학 어느 날 밤, 자다가 문득 깨어나면서 나는 느닷없이 죽음의 공포에 휩쓸렸다.
이 죽음의 공포로 인하여 나는 사흘 밤을 떨면서 지새웠지만, 어떤 출구도 보이지 않았다. 시간이 지나면서 죽음의 공포는 눈에서 멀어지는 듯했지만, '왜 살아야 하는가? 내가 살아서 결국 무엇이 될 것인가?' 하는 보다 애매하고 섬세한 어둠이 서서히, 그리고 강인하게 내 내면을 덮어오고 있었다.
이 어둠은 10대, 20대의 내 삶을 철저히 지배하고 있었다. 그것은 정말 숨막히는 공포로, 형언할 수 없는 불안, 우울로 내 의식·무의식을 잔인하게 압도하고 있었다. 힘들게 들어간 대학 4년도 허송하고,

군대 3년도 허송했다. 청운의 꿈도 물거품이 되었다. 결혼하고 아버지가 되고 학교 선생임이 되고……. 이런 세속적인 일에 열중하면서도 어둔 불안의 그림자는 조금도 물러서지 않았다.

1967년, 가을하늘이 유난히도 푸르던 10월 어느 날, 나는 안식하지 못하고 방황하다가 우연히 학교 도서실로 들어가 서가를 이리저리 배회하고 있었다. 북쪽 창쪽의 한 서가 앞에 섰을 때, 『법구경(法句經)』이란 낯선 제목이 눈앞에 확 닿았다. 책을 집어들고 먼지를 툭툭 틀고 첫장을 넘겼다. 무심코 눈길이 갔다.

'마음이 모든 것의 근본이다.
마음이 모든 것에 앞서가고 마음이 모든 것을 시키나니
나쁜 마음으로 생각하고 행동하면 고통이 그를 따르리
마치 수레가 황소를 따르듯이 – .'

순간 번쩍 섬광이 스쳐갔다. 뇌성벽력이 우루루 쾅쾅 울렸다. 내 안에서 두껍고 깜깜한 장벽이 쩌억 – 금이 가는 소리가 들렸다. 흐물흐물 뭔가 무너져 내린다는 것을 감지할 수 있었다. 창밖을 보니 가을빛이 포근하게, 아주 포근하게 운동장에 뒹굴고 있었다. 오랜만에 한숨을 크게 내쉬었다. 나는 내가 드디어 살아났다는 사실을 직감하고 있었다.

'이게 아닌데,
깨달음이란 것이 이런 게 아닌데,
견성 열반이란 이런 것이 결코 아닌데…….'

불교공부를 계속하면서, 나는 점차 깊은 회의에 빠져들고 있었다. 경허·혜월·만공·전강…… 선사들의 행적을 읽고 참선을 흉내내고 절 집안의 수행풍토를 넘겨다보면서, 눈이 뜨이고 감격하는 바가 많으면서도, 한국불교가 뭔가 근본에서 일탈하고 있다는 회의를 떨쳐버릴 수 없었다.

'세속의 현장에서 고뇌하며 방황하는 저 동포들 속에서 그들과 함께하지 못하는 깨달음이 과연 깨달음일까?

만인이 공감, 공유하지 못하는 참선법이 아무리 수승한들 무슨 의미가 있는 것일까?

한 소식을 기다리며 앉아 있는 저들은 언제 일어날 것인가? 과연 일어날 날은 올 것인가? 견성 각자들이 이 역사 속에서 한 일이 무엇일까?'

'부처님은 어찌 하셨는가?
붓다 석가모니는 어떻게 깨치고 어떻게 사셨는가?
부처님은 왜 부처님이신가?'

이때부터 나는 부처님을 찾아 나섰다. 룸비니에서 구시나가라까지, 하루도 쉼없이 찾아 나섰다. 그리고 '부처님 찾기' 화두공부는 이후 30여 년 계속되어 오고 있다.

이 길에서 나는 진금장(眞金藏)을 보았다. 이 인류를 구하고도 남을 무한의 광맥을 본 것이다. 이 거대하고 은혜로운 산맥을 외면하고, 사람들은 한갓 야산에서 뭘 캐려고 하는 것일까? '대중견성론'도 그 길목에서 만난 한 줄기 은혜일 뿐이다.

2001년 8월 17일 아침 6시경,

향적당에서 아침공양을 마치고 산방(山房)으로 돌아오는 길목, 나팔꽃들이 잡초 속에 숨어 머리를 내밀고 있다. 하늘빛 푸른 꽃들, 진홍빛 붉은 꽃들, 이제 막 가슴을 벌리는 놈, 어느 새 가슴을 닫고 움츠러드는 놈······.

나는 거기서 생명을 본다. 피고 지는 생명의 만개(滿開)를 본다. 한없는 희열로 미소하며 손을 모은다. 벽력같이 한소리 질러본다.

'마하반야바라밀. 우리도 부처님같이 용맹정진하리!'

2001년 8월 17일
안성 죽산 도솔산 도피안사 玉川山房에서 無圓 합장

찾아보기

1. 한글

* ( ) 안의 로마자는 Pali어. 필요에 따라 Pali어 다음에 Sanskrit를 병기함.

〔가〕

간화선(看話禪) 294
갈애(渴愛)의 담마 308
감각적 쾌락 90, 332
감촉(感觸, samphassa, affected) 81
견성 185, 348
'견성 열반 사부대중 평등의 담마' 147, 149
견성 열반의 길 142
경향(ruci, inclination) 189
계(戒, sīla) 235
계목(戒目, pātimokkha) 255
계행(戒行) 259
계향(戒香) 242, 259
고(苦, dukkha) 60, 203
고다바리(Godavari) 223
고멸도제(苦滅道諦, Dukkhaniro-dhagā-minī-paṭipāda-ariyasacca) 201
고행(苦行)주의 192

'곡예사 욱가세나(Uggasena)의 즉시견성 사건' 157
'공동체 번영의 원리' 169
공성(空性) 63
공양거부운동 168
공업(共業) 334
관념론(觀念論) 15
관찰지(觀察智) 32
교단의 7불쇠법 169
근본 3대 담마 33
근본 담마 16, 32, 33, 140, 188
'까샤빠 어머니의 견성사건' 101
까차야나(Maha-Kaccayana) 62, 63
깨달음 348
깨달음 그대로 344
깨달음의 삶 69, 347
'꼬삼비 비구들의 분쟁사건' 168
'꼬삼비 시민들의 붓다 박해사건' 335
꾸마라-까샤빠(Kumara-Kassapya) 96, 100, 104

〔나〕

'나, 자아(Attā)라는 큰 덩어리의 존재' 84

'나가세나(Nāgasena, 那先) 비구의 수레 분석' 87
나갈쥬나(Nāgārjuna, 龍樹) 42
나꿀라삐따(Nakulapitā) 147
'나병환자 수빠붓다(Suppabuddha) 견성 사건' 182, 230, 243
낙(樂) 60
느낌(受, vedana) 84, 270

〔다〕

다반사(茶飯事) 356
다성(多性, puthutta) 60
담마(dhamma) 30, 32
담마 공부 191
담마의 실체 247
대방광(大放光) 106
대삼매(大三昧) 349
대중견성(大衆見性) 110, 195
대중견성-만인견성 11
대중견성운동 17, 152, 167, 173
대치(對治, pratipaksa) 63
'데카르트-뉴턴적 세계관'(Cartesian-Newtonian world-view) 45, 48, 61
데카르트-뉴턴적인 오류 85
도성제(道聖諦) 345
독존적(獨存的) 실체 46
'독화살의 비유' 55
돈오돈수(頓悟頓修) 157, 350
'동업중생(同業衆生)의 담마' 333
동체대비(同體大悲) 235
따바깡니까(Tavakannika) 147
따뿟사(Tapussa) 146

또데야뿟따(Todeyaputta) 143

〔마〕

'마가다(Magadha)의 대행진' 142
마라(māra, 惡魔) 201, 339
마음집중(mindfulness, attention) 264
마하까사빠(Mahā-Kssapya, 摩訶迦葉) 209
마하나마-사카(Mahānāma-Sakka) 147
마할리(Mahāli) 158
'만인견성(萬人見性)의 원리' 383
만인의 길 172, 196
만인의 본성(本性) 214
만인의 평등 142
말륭카(Māluṅkya-putra) 53, 54
말륭카경(Māluṅkya-Sutta, 箭喩經) 54
메티까(Mettika) 171
멘다까(Meṇḍaka) 147
명상〔禪定〕 165
모순구조 58, 62
목갈라나(Moggallāna, 目健蓮) 237
무(無, natthita, non-being) 60
무기(無記, avyākata) 20, 54
무명(無明, avijjā) 63
무상(無常, Aniccā) 73, 75, 76
무상경(無常經) 88
무상정등정각(無上正等正覺, anuttara-samyaksambodhi) 37
무소득(無所得) 344
무식(無識) 295
무아(無我, Anattā) 20, 72, 94, 191, 374
무아(無我)에 관한 관찰 277

무아(無我)의 논리 77
무아(無我)의 담마 80, 86, 104, 101
무아설(無我說) 75
무오류성(無誤謬性, infallibility) 251
무위법(無爲法, asaṃkhata-dhamma) 145, 304
무유애(無有愛, vibhava-taṇhā) 308
무의식(無意識) 시스템 85
무지(無知, 無明, avijjā) 41, 76
무타(Mutta) 171
무학도(無學道) 344
'물질이라는 의식의 덩어리' 83
미가라마투(Migāramatu, 鹿子母) 247
'미가라마투(Migāramatu) 보름밤의 빠바라나(自恣) 사건' 250
믿음(saddha, sraddha) 188, 224, 225
밀린다빵하(Milindapañha) 87

〔바〕

바라나시(Vārānasī, Benares) 33
'바라나시의 무아(無我)법문' 75
바라드바자(Bhāradvājā) 189
바셋타(Vāseṭṭha) 147
바히야-다루치리야(Bāhiya-Dāruciriya) 132, 133, 135,
발리까(Bhallika) 146
발심(發心) 330, 336, 348
밧지야마히따(Vajjiyamahita) 147
'밧지족의 7불쇠법' 169
밧차고타(Vacchagotta) 104
방기사(Vaṅgīsa) 248
번뇌보리(煩惱菩提) 13

번뇌의식(煩惱意識) 315
범천(梵天, Brahma) 53
법계(法界, dhammadathu) 40
'법구경(法句經) 사건' 114
법구경 주석서(法句經 註釋書) 111
법념처(法念處, dhammānupassanā) 275
법등(法燈) 49
법력(法力) 246
법륜(法輪, dhamma-cakra) 205
법무아(法無我, dhammā-nairatmya) 77
법바퀴(dhamma-cakra, 法輪) 53
법신(法身, dhamma-kaya) 349
법의 눈(法眼, dhamma-cakku) 187
'벨루바(Beluva) 마을의 대법문' 30, 102, 281
'보석상 꼬시야(Kosiya) 부부의 빵 사건' 243
보시(布施, dāna) 241
보시와 5계 244
'보잘것없는 이 몸으로의 담마' 325, 328, 331, 335
보통 사건 131
보통 일 187
보통의 길 131, 172
'본다(to see)' 343
'본래 깨달아 있는 담마' 336
본래무일물(本來無一物) 266
부정주의자(否定主義者, negativist) 55
'분명히 이해하다(解, parijānāti)' 344
분별(分別, vibhajjavāda, vibhaṅga) 31, 188
분별 관찰 32
분별식(分別識) 61, 62

분별지(分別智) 32
불가지론(不可知論, agnosticism) 55
불사(不死) 69, 146, 336
불생불멸(不生不滅) 349
불퇴전(不退轉) 139
붓다고사(Buddhagosha, 佛音) 112
붓다-담마(Buddha-Dhamma) 11, 15, 134, 140, 184, 189
붓다-담마의 심장(The Heart of Buddha's Teaching) 202
붓다-담마의 정수 66
붓다 석가모니(Buddha Sakyamuni), 佛陀 釋迦牟尼) 258
붓다의 길 210, 212, 214
붓다의 선(禪) 194
붓다 참선법 19, 22, 261, 281, 295
붓다의 최초 3회 설법 33
붓다의 침묵 55
브라민(brahmin, 婆羅門) 53, 81
브라티야(vratya) 130
비구(bhikkhj, 比丘) 128
비구니(bhikkhunī, 比丘尼) 128
비사카(Visakha) 95, 338
비(非)이성적인 부정(irrational denial) 87
비자야(Vijaya) 147
비판주의(criticism) 57
빠따차라 장로니(Paṭacārā-Therī) 292
빠바라나(Pavāraṇā, 自恣) 247, 256
빠쩨까-붓다(pacceka-buddha, 辟支佛) 334
빤타까(Panthaka) 261
뽀틸라(Poṭhila) 156
뿌라나(Pūrana) 147
뿐나(Punna, 富樓那) 23, 351, 355, 358,

〔사〕

사견(邪見, macchā-diṭṭhi) 39, 61, 98, 217
4념처(四念處, sati-paṭhāna) 23, 193, 264, 288
4념처의 담마 283
사락가(Sāragga) 147
사리뿟따(Sariputta, 舍利弗) 213, 247, 281
사밧티(Savatthi, 舍衛城) 133
'사밧티 500 여인들의 취중 견성사건' 340
4부대중(四部大衆) 152
사상의 승인(diṭṭhimijhaana, reflection on and approval of an opinion) 190
4성제(四聖諦, Cattāri-Ariyasaccāni) 52, 66, 198, 201
4쌍팔배(四雙八輩) 21, 148
4제-8정도(四諦八正道, cattari-ariyasaccaniariyo atthangiko maggo) 12, 68, 190, 374
4제 팔정도에 관한 관찰 275
사함빠띠(Sahampati) 316
산다나(Sandhāna) 147
살불살조(殺佛殺祖) 13
살펴봄(awareness) 264
삼귀의(三歸依) 230
삼뮤티 상가(Sammuti-sangha) 140
3전 12상(三轉十二相) 71

삼학(三學) 204
상낏짜(Saṁkicca) 162
'상낏짜와 500 도둑 견성사건' 165
상대적 진리(sammuti-sacca) 103
상의상관성(相依相關性) 41
색(色, rūpa) 20, 75, 80, 81, 83
색온(色蘊, rūpa-kkhandāḥ) 83
생각(想, sanna) 84
생사열반(生死涅槃) 13
생사해탈(生死解脫) 93
선(禪, Jhana, Dhyāna) 156, 264
선정(禪定) 21, 155, 158
선정(禪定)주의 192
성도(成道) 94
성스러운 삶 203
세 가지 근본 담마 374
세속적인 진리(Conventional Truth, 俗諦) 103
세존(世尊, Bhaggava) 251
소따빳띠 팔라(sotāpatti-phala, 豫流果) 118
수념처(受念處, vedanāupassanā) 269
수닷타-아나타삔디까(Sudatta-Anātha-piṇḍika) 146
수라-암바타(Sūra-Ambattha) 147
수바(Subha) 31, 143
수빠라까(Supparaka) 132
수빠붓다(Suppabuddha) 178, 183
'수빠붓다 즉시견성 사건' 178
수습(修習, bhaveti) 345
수식관(數息觀, Anapatisati) 262
수행(修行)의 주체 102
'수행하다(修行, bhāveti)' 344

순수 헌신 357
'순수하다' 357
시설(施設, prajñapti) 103
식(識)의 소멸 93
식(識, viññāṇa) 91
신(信)·해(解)·행(行)·증(證) 206
신(神) 53
신(神)과의 관계 15
신(神)절대주의 309
신념처(身念處, kāyānupassanā) 262, 266
신의식(神意識) 309
신해(信解, Skt. sraddhadimukta) 224
실개성불(悉皆成佛) 150
심념처(心念處, cittānupassanā) 272
심지법문(心地法門) 201
심해탈(心解脫) 245
10계(十戒, dasa-sīla) 255
16 수행자 223
12연기(十二緣起, dvādasaṅga-paṭicca-samupāda) 41, 91, 94, 190
싼따띠(Santati) 135

〔아〕

아난다(Ānanda, 阿難) 335
아누룻다(Anuruddha) 217
아라한(arahant, arhat, 阿羅漢) 74, 134, 195, 209
아라한 4계위설(四雙八輩) 149
아리야 상가(Ariyā-sangha) 140
아리타(Ariṭṭha) 147
아바야 비구니 269

아지따 222
악기닷따(Aggidatta) 135
악마(惡魔, mara) 53
알라비(Alavi) 115
앙굴리마라(Aṅgulimāla) 317, 319, 326
'앙굴리마라 비구의 죽음 사건' 336
'앙굴리마라의 순법(殉法) 사건' 320
'앙굴리마라의 청정선언' 322
양극단의 문제 60
업(業)의 법칙 145
업보의식(業報意識) 315
업의 담마 173
여래(如來, Tathāgata) 251
여래선(如來禪) 281
여섯 가지 일 146
여실지견(如實知見) 285
'여자 종 뿐나(Punna)의 쌀겨 빵 공양과 견성사건' 355
연기(緣起) 34
연기법 37, 84
연기법(緣起法) 374
연기법(緣起法, paṭicca-samuppāda, pratitya samutpāda) 34, 35, 37, 84, 374
연기법법설(緣起法法說) 38
연기법에 관한 관찰 275
연민과 헌신 244
열반 304
열반(涅槃, nibbāna) 93, 304
열반무위(涅槃無爲) 13
'열반의 노래' 303, 310
열반의 삶 69
염처(念處, sati-paṭṭhāna) 264
염처경(念處經, Sati-Sutta) 265

영구평화의 길 336
예류(豫流, sotāpatti) 139
예류(豫流, sotāpatti, 須陀洹) 150
예류인(預流人) 139
옐로우-카드(yellow-card) 369
5계(五戒, pañca-sīla) 253
'500 비구 견성사건' 200
5분법신(五分法身) 242
5분향(五分香) 242
5온(五蘊, pañcakkhandhāḥ) 75
5온 무아(五蘊無我), pañcakkhandāh-anattā) 20, 75, 77
5온 형성의 담마 83
5온의 본질 82
5종의 중도 64
'와서 보라' 216
욕애(慾愛, kāma-taṇhā) 308
우루벨라(Uruvela) 33
'우루벨라 보리수 아래서의 사유' 93
'우루벨라의 범천 권청사건' 316
'우루벨라의 연꽃보관(蓮花普觀) 사건' 184, 313
우바새(upasaka, 優婆塞) 129
우바이(upasika, 優婆夷) 129
우빨리(Upāli, 優婆離) 95
우안거(雨安居, vassa) 256
'우주적 상관성의 원리(Pribciple of Universal Relativity)' 42
우주적 연민과 헌신 241
욱가-베살리까(Ugga-Vesālika) 147
욱가세나(Uggasena) 135, 153
웃바리 280

위빠사나(Vipassanā) 23, 193, 194, 289
유(有, atthita, being) 60
유기적 통일체 이론(有機的 統一體 理論, organic whole) 48
유아주의(唯我主義) 91
유애(有愛, bhava-taṇhā) 308
유위(有爲, saṃkhata) 145, 304
유일한 깨달음의 길 211
유전문(流轉門) 63
유행(遊行) 정신 367
육체(身, sarīra) 60
윤회의 주체 102
의식(意識, vinnana) 83, 84
의식(意識)의 문제 86
의왕(醫王, vaidta-rāja) 202
'이 뭣고' 104, 193
이기주의(egoism) 90
'이미 깨달아 있다는 담마' 322
이시닷타(Isidatta) 147
이해, 곧 깨달음 221
인과(因果) 320
인무아(人無我, pudgala-nairatmya) 77
인식의 위기 45
일대사(一大事) 320
일상사(日常事) 356
일성(一性, ekattā) 60
일체지자(一切知者) 252
입문의식(入門儀式) 254

〔자〕

자기(自己)주의(egotism) 90
자등명(自燈明) 법등명(法燈明) 23
'자등명(自燈明) 법등명(法燈明)의 담마' 281
자비의 경(慈悲經, Metta-Sutta) 233
자성본정(自性本淨) 314
자성청정(自性淸淨) 13, 314
'자성청정(自性淸淨)의 담마' 313, 320
'자성청정의 경' 313
자아(自我, Attā, Ātman) 76
자아·개인의 위기 43
자아의식(自我意識) 84, 89, 91, 375
자자(自恣, pavāraṇā) 60, 253, 254
자작(自作, sayaṃ-kata) 60
자작자수(自作自受) 102
작증(作證, sacchikanoti) 345
'잘 알다(知, abhijānāti)' 344
잠부까(Jambuka) 135
재가(在家) 134
재가성중(在家聖衆) 138, 141
적취설(積聚說, arambha-vāda) 61
전변설(轉變說, parimama-vāda) 61
전설(傳說, anussava, report) 190
전일성(全一性, universal conformity) 47, 84
전지자(全知者) 252
정각자(正覺者) 195
정견(正見, Sammā-diṭṭhi) 39, 215, 217
정념(正念, sammā-sati) 262, 264, 288
정도(正道, Sammā-paṭipāda) 65
정명(正命, sammā-ājiva) 234, 240
정법당간(正法幢竿) 33
정사유(正思惟, sammā-saṅkappa, right thought) 215, 227, 229
정신(命, jīva, 영혼) 60

정신적 상가(ariya-sangha) 140
정어(正語, sammā-vācā) 234, 239
정업(正業, sammā-kammanta) 234, 240
정정(正定, sammā-samādhi, 三昧) 264
정정진(正精進, sammā-vāyāma) 262
제도적 상가(sammuti-sangha) 140
제법무아(諸法無我, sabbe-dhammāanattā) 77
조사선(祖師禪) 13, 294
조작(行, samkhara) 84
좋은 벗(善友, kalyana-mitra) 170
좌선(坐禪, yoga, 瑜伽) 156
죄의식(罪意識) 315
죄인(罪人) 321
주인공 102
중도(中道, majjhimā-patipadā) 50, 58, 63
중도적(中道的, Madhyamika) 56
중생(衆生, sat) 315
중송(重頌, Madhyamikakarika) 42
즉신견성(卽身見性) 19, 158, 191, 320
'즉신견성(卽身見性)의 담마' 325, 329
'즉신견성(卽身見性)의 원리' 16, 323, 383
'증득하다(證, sacchikaroti)' 344
지관법(止觀法) 193
지바까-코마라박카(Jīvaka-Komārabhacca) 147
지혜(paññā) 41
지혜와 자비의 삶 210
'직조공 부녀의 견성사건' 125
직조공의 딸 117
직지견성(直指見性) 192

'직지견성, 즉신견성의 담마' 347
진리의 눈(Dhamma-Loka, 法眼) 53
진리의 시현자(示顯者) 40
집멸(集滅)의 이해 220
쭐라-빤타까(Cullā-Panthaka) 217
'쭐라-빤타까의 발걸레' 261
찟타핫타(Cittahattha) 274

〔차〕

차제설법(次第說法) 244
착한 벗(善友, kalyāna-mitra) 213
참선 21
천인사(天人師, sasta-deva-manusya-ṇaṃ) 251
청정자성(淸淨自性) 349, 378
'청정하다' 357
청정한 염(正念, 念處, sati) 285
초기불교(初期佛敎, Early Buddhism) 16
초전법륜(初轉法輪) 59, 200
총림(叢林, vindhyavana) 175
최선의 담마 246
최초의 3회 설법 374
추론(akara parivitakka, consideratio of reasons) 190
축복(Sukkha) 41
찟타-마치까상디까(Citta-Macchikāssaṇḍika) 147

〔카〕

카스트(caste) 130
케마(Khema) 323, 328
크나큰 고통의 덩어리 333

키-워드(Key-Word) 20, 357, 359, 365

〔타〕

타작(他作, paraṃ-kata) 60
탁발(托鉢)의 삶 367
탐욕(貪慾, 渴愛, taṇhā, craving) 76, 89, 186

〔파〕

8계(八戒, aṭṭhaṅga-sīla) 255
팔만 사천 법문 349
8정도(八正道, Ariyo-aṭṭhaṅgiko-maggo) 12, 66, 198, 201, 211
패스워드(pass-word) 220
평상심(平常心) 13
포살(布薩, uposatha) 253

〔하〕

'한 물건' 104
핫타까-알라바까(Hatthaka-Ālavaka) 147
항마의식(降魔意識) 334
'해상(海商) 바히야(Bāhiya)의 아라한 사건' 133, 141
해탈(解脫, mokṣa, vimutti) 41, 74, 348
행위(業)의 담마 378
행(行)의 중도(中道) 64, 65
허위의식(虛僞意識) 22, 62, 82, 251
헌신의 담마 105
'현관하다(現觀, abhisamaya)' 344
현장성(現場性)의 원리 382

형성의 원리(the Doctrine of Becoming) 64
혜해탈(慧解脫) 245
혜향(慧香) 231
호흡에 대한 마음집중(ānāpāna-sati, 安那般那念) 262
환멸문(還滅門) 63
활구(活句) 375

2. Pali어

〔A〕

abhijānāti 344
abhisamaya 344
Aggidatta 135
akara parivitakka 190
Alavi 115
Ananda 335
ānāpāna-sati 262
Anattā 20, 77, 94
Aniccā 76
Aṅgulimāla 317
Anuruddha 217
anussava 190
anuttara-samyaksambodhi 37
arahant 134, 209
arambha-vāda 61
Ariṭṭha 147
Ariyā-sangha 140

찾아보기 421

Ariyo-aṭhaṅgiko-maggo 12, 66
asaṃkhata-dhamma 304
Asmiti 94
atmiya 76
Attadīpā, Dhammadīpā 23
aṭṭhaṅga-sīla 255
atthita 60
avijjā 41, 63
avyākata 54

[B]

Bāhiya 133
Bāhiya-Dārucirīya 135
Bhaggava 251
Bhallika 146
bhava-taṇhā 308
bhāveti 344
Bhikkhu 128
Bhikkhuni 128
Brahma 53
brahmacariya 213
Brahmajāla-Sutta 54, 227
brahmin 53, 81
Buddha-Dhamma 15, 67

[C]

Cattāri-ariya-saccāni 66
Cattari ariyasaccani-ariyo atthangiko-maggo 12

Cittahattha 274
Citta-Macchikāssaṇḍika 147
cittānupassanā 272
Cullā-Panthaka 217

[D]

dāna 241
dasa-sīla 255
dhamma-cakra 53
dhamma-dathu 40
dhammadīpa 49
dhamma-loka 53
dhammā-nairatmya 77
dhammānupassanā 275
Dhammapada 111
Dhammapada-Aṭṭhakathā 26, 113
dhyāna 156
diṭṭhimijhaana 190
dukkha 203
dvādasaṅga-paṭiccasamupāda 41

[E]

ekattā 60

[H]

Hatthaka-Ālavaka 147

[I]

Isidatta 147

〔J〕

Jambuka 135
Jātaka-Aṭṭhavannana 113
jhāna 156
jīva 60
Jīvaka-Komārabhacca 147

〔K〕

Kaccayana 63
kalyāna-mitra 213
kāma 60
kāma-taṇhā 308
kāyānupassanā 266
Khudaka-Nikāya 112
Kosiya 243

〔M〕

macchā-diṭṭhi 39
mahā-dukkhanda 333
mahā-karuna 240
Mahā-Kssapya 209
Mahāli 158
Mahānāma-Sakka 147
majjhimā-patipadā 63
Māluṅkya-putra 54
Māluṅkya-Sutta 54
māra 201, 334
Meṇḍaka 147

Mettā-Sutta 233
Mettika 171
Migāramatu 247
Milindapañha 87
Mutta 171

〔N〕

Nāgasena 87
Nāgārjuna 42
Nakulapitā 147
natthita 60
Nibbāna 27
Nibbāna-Sutta 303

〔P〕

Pāli-Nikāya 24
pañcakkhandāḥ 75, 77, 80
pañcakkhandāḥ anattā 77
pañca-sīla 253
paññā 41, 214
paraṃ-kata 60
parijānāti 344
parimama-vāda 61
Pāsādika-Sutta 54
Paṭacārā 292
paṭicca-samuppāda 35
pātimokkha 255
pavāraṇā 247, 254
Poṭhila 156

prajñapti 103
pratipaksa 63
pudgala-nairatmya 77
Puṇṇa 23, 351
Pūrana 147
puthutta 60

[R]
ruci 189
rūpa 20
rūpa-kkhandāḥ 83

[S]
sabbe dhammā anattā 77
sacchikaroti 344
saddha 189
Sahampati 316
samkhara 84
samkhata 304
Saṁkicca 162
sammā-ājiva 234
sammā-diṭṭhi 39, 215
sammā-kammanta 234
sammā-paṭipāda 65
sammuti-sacca 103
sammā-samādhi 264
sammā-saṅkappa 215
sammā-sati 262, 264
sammā-vācā 234

sammā-vāyāma 262
sammuti-sangha 140
samphassa 81
Sandhāna 147
saṅkhāra 77
sanna 84
Santati 135
Sāragga 147
sarīra 60
Sariputta 213
sasta-deva-manusyaṇaṃ 251
sati-paṭṭhāna 23, 264
Sati-Sutta 265
sayaṃ-kata 60
Subha 31, 143
Sudatta-Anāthapiṇḍika 146
Sukkha 41
Suppabuddha 178, 183
Supparaka 132
Sūra-Ambattha 147

[T]
taṇhā 76
tapo-jeguccha 60
Tathāgata 251
Tavakannika 147
Todeyaputta 143

[U]

Udāna 303
Ugga-Vesālika 147
Uggasena 135, 153
Uggata 147
upasaka 129
upasika 129
uposatha 253
Uruvela 33

[V]

Vacchagotta 104
vaidta-rāja 202
Vajjiyamahita 147
Vangīsa 248
Vāseṭṭha 147

vassa 256
vedanā 84, 270
vedanāupassanā 269
vibhajjavāda 31
vibhava-taṇhā 308
Vijaya 147
vimutti 41
vindhyavana 175
vinnana 84
viññāṇa 91
vipaka 189
vipassanā 23, 193
Visuddhi-Magga 113

[Y]

yoga 156